As Garantias do Cidadão no Processo Civil

RELAÇÕES ENTRE CONSTITUIÇÃO E PROCESSO

0768

G212   As garantias do cidadão no processo civil: relações entre constituição e processo / Adriane Donadel ... [et. al]; org. Sérgio Gilberto Porto. — Porto Alegre: Livraria do Advogado, 2003.

278p.; 16 x 23 cm.

ISBN 85-7348-250-8

1. Processo civil. 2. Constituição. 3. Direitos e garantias individuais.

CDU - 347.9

Índices para o catálogo sistemático:

Processo civil
Constituição
Direitos e garantias individuais

(Bibliotecária responsável: Marta Roberto, CRB-10/652)

Sérgio Gilberto Porto
ORGANIZADOR

AS GARANTIAS DO CIDADÃO NO PROCESSO CIVIL

Adriane Donadel
Andréa Pécora
Cristiane Flôres Soares Rollin
Cristina Reindolff da Motta
Daniel Ustárroz
Duílio Landell de Moura Berni
Francisco Tiago Duarte Stockinger
Gustavo Bohrer Paim
Juliano Spagnolo
Luís Antônio Longo
Márcio Louzada Carpena
Patrícia Teixeira de Rezende Flores

RELAÇÕES ENTRE CONSTITUIÇÃO E PROCESSO

livraria
DO ADVOGADO
editora

Porto Alegre 2003

©
Adriane Donadel
Andréa Pécora
Cristiane Flôres Soares Rollin
Cristina Reindolff da Motta
Daniel Ustárroz
Duílio Landell de Moura Berni
Francisco Tiago Duarte Stockinger
Gustavo Bohrer Paim
Juliano Spagnolo
Luís Antônio Longo
Márcio Louzada Carpena
Patrícia Teixeira de Rezende Flores
Sérgio Gilberto Porto (Organizador)
2003

Capa, projeto gráfico e composição
Livraria do Advogado Editora

Revisão
Rosane Marques Borba

Direitos desta edição reservados por
Livraria do Advogado Ltda.
Rua Riachuelo, 1338
90010-273 Porto Alegre RS
Fone/fax: 0800-51-7522
livraria@doadvogado.com.br
www.doadvogado.com.br

Impresso no Brasil / Printed in Brazil

Sumário

Apresentação
Sérgio Gilberto Porto (organizador) 7

1. Da Garantia da Inafastabilidade do Controle Jurisdicional e o Processo Contemporâneo
Márcio Louzada Carpena 11

2. O Princípio do Juiz Natural e seu Conteúdo Substancial
Luís Antônio Longo 31

3. A Garantia da Igualdade no Processo Civil frente ao Interesse Público
Cristiane Flôres Soares Rollin 53

4. O Provimento Jurisdicional e a Garantia do Contraditório
Francisco Tiago Duarte Stockinger 77

5. Princípio da Publicidade: Restrições
Patrícia Teixeira de Rezende Flores e Andréa Pécora 97

6. A Democracia Processual e a Motivação das Decisões Judiciais
Daniel Ustárroz 125

7. A Garantia do Juiz Natural e a nova redação do art. 253 do Código de Processo Civil (Lei 10.358/01)
Juliano Spagnolo 147

8. A Garantia da Licitude das Provas e o Princípio da Proporcionalidade no Direito Brasileiro
Gustavo Bohrer Paim 165

9. O Duplo Grau de Jurisdição como Garantia Constitucional
Duílio Landell de Moura Berni 191

10. A Garantia Constitucional da Coisa Julgada: Compreensão e Alcance
Adriane Donadel 227

11. *Due Process of Law*
Cristina Reindolff da Motta 261

Apresentação

O Brasil, muito embora socialmente injusto, é um país juridicamente civilizado. Tanto é assim que o cidadão quando comparece em juízo, não o faz desamparadamente, na medida em que o Estado, através da Constituição, lhe outorga determinadas garantias que necessariamente deverão ser respeitadas no processo civil.

Realmente, bem examinada a Carta Magna, verifica-se que esta assegura às partes determinados direitos, tais como: a publicidade dos atos processuais (5, LIII, e 93, IX), a isonomia no trato das partes (5, *caput*), o devido processo legal (5, LIV), a motivação das decisões judiciais (93, IX), o contraditório judicial (5, LV e LIV), a inafastabilidade de lesão ou ameaça de direito da apreciação do Poder Judiciário (5, XXXV), o acesso, que a todos deve ser assegurado, à Justiça (5, XXXV), a proibição da obtenção de prova por meio ilícito (5, LVI), a segurança decorrente da coisa julgada (5, XXXVI), a atuação do juiz e do promotor natural (5, LIII) e o duplo grau de jurisdição.

No manejo do direito hodierno, constata-se, contudo, que nem sempre é dispensada a adequada atenção às garantias constitucionais-processuais antes apontadas, haja vista que por vezes – equivocadamente – são aplicadas as leis ordinárias antes do exame da constitucionalidade da pretensão e isto induz a hipervalorização dos dispositivos de natureza infraconstitucional e a subvalorização dos comandos fundamentais. Este quadro, longe de dúvida, merece ser invertido, porque, como notório, antes de toda e qualquer valorização legal, é dever do operador, examinar, justamente, a adequação constitucional.

No processo civil contemporâneo, percebe-se preocupação com a constitucionalidade do instrumento, daí nascer, na embricação da Constituição e do Processo Civil, verdadeiro direito constitucional-processual, com o fito de fazer valer o processo, contudo, sempre respeitada a Constituição. Porém, bem examinado o comportamento do Judiciário e do Legislativo perante as chamadas garantias constitucionais, verifica-se que há uma clara tendência no reconhecimento de que estas não são absolutas.

Realmente, na ordem jurídica nacional, por vezes, emergem antinomias, e a forma de superá-las se constitui exatamente na necessidade de atenuar certos comandos ou, dito de outro modo, relativizar uma situação diante de outra.

Este comportamento, do balanceamento dos valores como forma de superação dos conflitos, encontra amplo respaldo e tem sido largamente aplicado, quer por decisões jurisdicionais, quer pela edição de leis. Estas últimas, entretanto, *venia concedida*, sem a consciência da proporcionalidade necessária. Esta prática, no entanto, deve estar atenta para a justa medida da ponderação, através da adequação ao caso concreto.

Identificam-se, assim, como atenuação desta ou daquela garantia algumas hipóteses. Por exemplo, propõe a Carta Magna a publicidade dos julgamentos, porém é admitido o segredo de justiça. Estabelece a Constituição a isonomia, contudo disciplina o processo tratamento prazal diferenciado à Fazenda Pública. Reconhece a Carta Fundamental o contraditório, todavia, permite o processo decisões *inaudita altera pars*. Sustenta a Lei Fundamental a inafastabilidade do controle jurisdicional, entretanto, admite-se que decisões proferidas no juízo arbitral adquiram o *status* de coisa julgada. Assegura a Carta o acesso à Justiça, mas o processo impõe limitações à legitimação para estar em juízo. Veda a produção da prova ilícita, porém observa-se seu aproveitamento no processo em determinadas situações. Faculta intuir a existência do duplo grau, todavia existem demandas originárias. Garante a estabilidade da decisão através do instituto da coisa julgada, porém o processo regula a ação rescisória. E outras circunstâncias passíveis de identificação como forma de demonstrar que as garantias constitucionais processuais sofrem mitigação.

Diante deste quadro, de todo importante identificar quando – e em que medida – a pretexto de não engessar a efetividade do ordenamento jurídico constitucional, não se está impondo-lhe um desprestigiamento excessivo, ferindo as garantias, mormente porque a relativização é medida extrema, e não ordinária. Assim, pois, em tudo e por tudo, adequado que se lance a meditação circunstâncias especiais em torno das garantias constitucionais-processuais.

Diante desta realidade, pareceu-me adequado incentivar um grupo qualificado de ex-alunos (muitos, hoje, professores de processo civil em Faculdades do Rio Grande do Sul) a enfrentar a matéria referente às garantias das partes no processo civil, sob um ponto de vista determinado, aos efeitos lançar ao debate certas questões que merecem ser discutidas.

Assim, nasceu a obra aqui levada a conhecimento da comunidade jurídica e que conta com a contribuição de Adriane Donadel, Andréa Pécora, Cristiane Flôres Soares Rollin, Cristina Reindolff da Motta, Daniel Ustárroz, Duílio Landell de Moura Berni, Francisco Tiago Duarte Stockinger, Gustavo Bohrer Paim, Juliano Spagnolo, Luís Antônio Longo, Márcio Louzada Carpena e Patrícia Teixeira de Rezende Flores.

Cada qual debruçou-se no estudo de uma determinada garantia, contextualizando-a no sistema constitucional-processual contemporâneo e, em seqüência, procedeu exame de certa circunstância, em seu sentir, digna de destaque. Assim, p. ex., a democracia processual frente à garantia da motivação das decisões, a compreensão que deve ser dada à infastabilidade do controle jurisdicional no processo contemporâneo, o conteúdo substancial da garantia do juiz natural, a igualdade frente ao interesse público, as restrições imposta à publicidade, dentre outros temas de igual relevo.

É, pois, longe de dúvida, um conjunto de ensaios que não pode faltar a todos que militam na cena judiciária e, muito especialmente, aos apreciadores das relações da Constituição com o Processo Civil Contemporâneo.

Porto Alegre, inverno de 2002.

Sérgio Gilberto Porto

1. Da Garantia da Inafastabilidade do Controle Jurisdicional e o Processo Contemporâneo

MÁRCIO LOUZADA CARPENA
Professor de Direito Processual Civil da Faculdade de Direito da PUC/RS,
Professor de Pós-Graduação convidado da UFRGS e UPF
Mestre em Direito e Advogado em Porto Alegre/RS.

Sumário: 1. Intróito; 2. Da inafastabilidade na Constituição Federal de 1988; 3. Da inafastabilidade da prestação jurisdicional sob a perspectiva processual; 4. Conclusão; 5. Bibliografia.

1. Intróito

Se não se pode privar o cidadão de ver resguardado aquilo que é seu, eis que isso constitui um direito fundamental do ser humano e elemento basilar para o bom convívio em sociedade, e se também não se permite que ele possa se valer da força privada para assegurar a manutenção ou obtenção do que lhe pertence, eis que tal ato compete a um Poder Estatal específico responsável pela distribuição da Justiça, denominado Judiciário, parece evidente que essa atividade própria de efetivar direitos, por esse Poder (Estado) que a avocou, não se constitui faculdade, mas, sim, dever mínimo para a conservação da legitimidade do sistema imposto.

Nesses termos, pode-se sustentar que a inarredabilidade da Justiça Estatal passa a ser, então, *garantia* não só à coletividade, mas a cada um dos jurisdicionados individualmente; aliás, além de *garantia*, mostra-se também, diante da estrutura ideológica oferecida à sociedade contemporânea, um *princípio* de direito, assim considerado uma *máxima nuclear do sistema jurídico*.[1]

---
[1] LOPES, Maurício Antonio Ribeiro. *Garantia de acesso à justiça: assistência e seu perfil constitucional*. Coord. José Rogério Cruz e Tucci, Garantias constitucionais do processo. São Paulo: Revista dos Tribunais. p. 55.

É que, sendo corolário à manutenção da atual ordem jurídica a concreta obtenção de respostas às alegadas afrontas a direitos, não há como se afastar do jurisdicionado o serviço justamente *destinado a entregar a cada um o que é seu* sem se comprometer o sistema em suas bases e o próprio mantimento do estado de direito. Cortar-se a justiça de quem a necessita é forçar que suporte o insuportável e, como forma de insurgência, desenvolva, inexoravelmente, meios próprios de auto-defesa e de obtenção do que julga lhe pertencer, o que, de fato, ocasiona a tentativa de imposição de valores individuais ditados ao sabor da força de cada um, situação que é deletéria a fleuma social. Tal circunstância já foi testada e experimentada em diversos momentos do passado, não sendo positivos os resultados obtidos, cuja expressão se deu principalmente pelo anarquismo social e solidificação de comportamentos medievais compulsivos, caracterizadores de muitos exemplos que envergonham a história humana.

Não é por outra razão que a inafastabilidade de acesso à justiça apresenta-se como um direito fundamental na Declaração Universal dos Direitos do Homem, subscrita em Paris em 1948, ao salientar que toda pessoa tem direito a "...ser ouvida publicamente e com justiça por um tribunal independente e imparcial, para a determinação de seus direitos e obrigações...". Da mesma forma, o Pacto Social de Direitos Civis e Políticos, aprovado pelas Nações Unidas em 1966, refere que todas as pessoas têm direito a, com as devidas garantias, serem julgadas por um tribunal competente, independente e imparcial, em razão de qualquer acusação de ordem penal ou para a determinação de direitos ou obrigações de ordem civil.

Essa garantia, que decorre do próprio sistema lógico e moderno social, encontra-se presente também expressamente em várias Constituições latino-americanas,[2] assim como também em algumas norte-americanas[3] e européias,[4] referindo sistematicamente, com pequenas alterações de redação, a impossibilidade de se privar o cidadão do acesso à prestação jurisdicional dada pelo Estado. A importância de sedimentação de tal direito em Cartas Constitucionais apresenta objetivo ideológico evidente, qual seja, o de positivar de forma latente e como princípio de cada sistema jurídico, a impossibilidade de se deixar de entregar justiça a quem pede.

Na Constituição Federal pátria vigente, observa-se que tal princípio está previsto no art. 5º, inc. XXXV ("a lei não excluirá da apreciação do Poder Judiciário lesão ou ameaça a direito"), sendo que não

---

[2] CAPPELLETTI, Mauro; TALLON, Denis. *Les garanties fondamentales des partes dans le procès civil.* Milano: Giuffré Editore, 1973.

[3] Idem.

[4] Idem.

encontrou espaço constitucional somente em 1988, já restando expresso em Cartas anteriores. Na realidade, foi registrado pela vez primeira na Constituição Federal de 1946 (art. 141, § 4º), sendo repetido na Carta Magna de 1967 (art. 150, § 4º) e na Emenda Constitucional nº 1 de 1969 (art. 153, § 4º), com redação apenas um pouco mais restritiva que a constante na atual Constituição.

Importante mencionar que na oportunidade em que foi positivado primeiramente na Carta de 1946, vivia o Brasil um regime ditatorial (instaurado em 10 de novembro de 1937),[5] tendo o constituinte da época, cautelosamente, tratado de assegurar, de forma proficiente e clara, a dita garantia, principalmente por causa de certas tendências políticas e legislativas da época, que excluíam da apreciação jurisdicional determinadas situações fáticas em prejuízo do cidadão e da Justiça.

De 1946 aos dias atuais, no país, a impossibilidade de afastamento do serviço jurisdicional tem despertado notável atenção, obtendo, contudo, somente mais hodiernamente uma conotação ampla e aprofundada, decorrente da sua própria sedimentação e amadurecimento.

2. Da inafastabilidade na Constituição Federal de 1988

Dentro da órbita jurídica interna, em que pese a inarredabilidade do controle jurisdicional possa parecer se dirigir, à primeira vista, apenas ao legislador (quando o inc. XXXV do art. 5º menciona que "a lei não excluirá..."), o fato é que, a partir de uma análise mais minuciosa, se concluiu atingir a todos indistintamente; não é só o responsável pela edição de normas que sofre a limitação de não poder afastar do Judiciário lesão ou ameaça a direito, mas qualquer um.

Pela interpretação *literal* e *isolada* de tal inciso constitucional se retiraria uma idéia limitadíssima e distorcida sobre a vedação à afastabilidade jurisdicional, haja vista a curta envergadura da redação atribuída pelo constituinte. Note-se que, da leitura de referida disposição legal extrai-se apenas que "a lei não excluirá da apreciação do Poder Judiciário lesão ou ameaça a direito". Logo, a inafastabilidade do controle jurisdicional só se daria em relação à "lei". Os atos administrativos, judiciais ou até mesmo entre particulares que impedissem o acesso à prestação jurisdicional não o estariam, então, o contrariando?

---

[5] A constituição de 1946 demonstra muito mais garantir direitos individuais, em atenção ao governo anterior de Getúlio Vargas, do que do próprio governo então atual, de Marechal Dutra, até porque este recém estara começando seu mandato. Segundo Junqueira Ferreira, a inclusão do princípio no texto constitucional "foi sem dúvida evidente reação ao contido no parágrafo único do artigo 9º da Carta de 1937, e que havia sido revogado pela Lei Constitucional nº 1 de 11 de dezembro de 1945." (FERREIRA, Junqueira. *Comentários à Constituição de 1988*, p. 165).

À evidência que a abrangência da disposição legal é muito maior do que a redação que lhe foi imposta, pois essa, na realidade, somente preconiza um *espírito de consagrar que ao Judiciário poderá ser levado os conflitos sociais*, sendo plenamente contrária à disposição do sistema qualquer ordem, independente de origem, que venha a impedir que o cidadão possa pleitear socorro ao Estado para defender seus direitos. A simplória idéia ou conceito de que a inafastabilidade do controle jurisdicional se resume apenas às palavras constantes no dispositivo legal em que está positivado falece de qualquer razoabilidade, pois, se assim fosse, por certo que, além de certa forma inoperante, não estaria de acordo com os anseios sociais e com a estrutura política eleita para solução dos litígios e para a manutenção do estado de direito.

Concepção nesse sentido, sem embargo da perspectiva do mesmo enquanto garantia e princípio fundamental, decorre da própria conjectura interna de diversas outras referências normativas da atual Carta Constitucional pátria que, mencionando máximas, tais como "Estado Democrático", "dignidade da pessoa humana", "constituição de uma sociedade livre", "justa e solidária", "reduzir as desigualdades sociais", "promover o bem de todos, sem discriminação", levam impreterivelmente a essa conclusão de se dar conotação larga à impossibilidade de afastamento ao cidadão da prestação da Justiça, a qual cumpre, obrigatoriamente, analisar e solucionar todos os conflitos surgidos na sociedade, adimplindo com o papel que o Estado lhe atribuiu no momento em que vetou a autotutela. Além disso, os outros princípios, inseridos no atual Diploma Magno, como "acesso à justiça", "isonomia", "devido processo legal", além de seu preâmbulo quando menciona que os "representantes do povo reunidos para instituir um Estado Democrático destinado a assegurar o exercício dos direitos sociais e individuais, a liberdade, a segurança, o bem-estar, o desenvolvimento, a igualdade e a justiça como valores supremos de uma sociedade fraterna, pluralista e sem preconceitos, fundada na harmonia social e comprometida", não deixam qualquer dúvida quanto à procedência desta interpretação.

Ora, o sistema jurídico é uma rede axiológica e hierarquizada de princípios gerais e tópicos, de normas e valores jurídicos cuja função é a de, superando ou evitando antinomias, dar cumprimento aos princípios e objetivos fundamentais do Estado Democrático de Direito, tal como se encontram consubstanciados, expressa ou implicitamente, na Constituição, segundo lembra Juarez Freitas.[6] Em se tratando de regra constitucional, a exegese há de ser sedimentada no conjunto de cláusulas gerais que ela traz e que demonstram sua ideologia. Rudolf Smend,[7]

---

[6] FREITAS, Juarez. *A interpretação sistemática do Direito*. 2 ed. São Paulo: Malheiros, 1999, p. 46.

[7] SMEND, Rudolf. *Constitución y derecho contitucional*. Trad. José Beneyto. Madrid: Centro de Estudios Constitucionales. 1992, p. 98.

em sede de hermenêutica Constitucional, corretamente sustenta que "a constituição deve ser interpretada através de uma interpretação de conjunto, sempre como um todo, com percepção global e captação de sentido."

Nesses termos, a abrangência do princípio sob análise é muito maior agora do que outrora, quando esculpido entre nós nas Cartas anteriores, posto que, na Constituição vigente, há, propositadamente, uma maior gama de referências e princípios que frisam as bases do sistema como um todo, dando maiores garantias aos cidadãos.

Na Carta de 1988, por outro lado, o legislador foi mais feliz ao positivar a impossibilidade de se excluir do Judiciário lesão ou ameaça a direitos, sem fazer qualquer referência a serem esses direitos "individuais", aliás, como constava nas Constituições anteriores. Daí que a atual norma obviamente se dirige a todos os direitos, sejam eles: "individuais", "coletivos" ou "difusos". Aliás, essa disposição vigente apenas aderiu à opinião unânime da doutrina que, na oportunidade dos ordenamentos precedentes, criticava e considerava imprópria e temerária a expressão limitativa "individual".

Destarte, modernamente, a inafastabilidade do controle do Poder Jurisdicional assume, como garantia e princípio constitucional, proporções concretas, não admitindo, de regra, que nenhuma norma venha a impedir que o Poder Judiciário analise determinada lesão ou ameaça a direito.

Somente se cogita *exceção* à inafastabilidade se a mesma se justificar ante aos ditames do próprio sistema e dos parâmetros constitucionais eleitos, como é o caso da outorga ao Senado Federal, em vez de ao Poder Judiciário, do processamento e julgamento do Presidente e Vice-Presidente da República, dos Ministros do Supremo Tribunal Federal, do Procurador-Geral da República e do Advogado-Geral da União nos crimes de responsabilidade e dos Ministros de Estado nos crimes da mesma natureza conexos com aqueles dois primeiros. Tais disposições, positivadas no art. 52, incs. I e II, da CF/88, que outorgam ao Senado Federal tal competência, têm natureza claramente política, de organização social e de proteção ao desempenho de tais atividades, sendo, portanto, justificadas.

Dentro dessa mesma conveniência política e organizacional, poder-se-ia indagar se o art. 58 da CF/88, que permitiu a criação de Comissões Parlamentares de Inquérito, CPIs, com poderes investigatórios próprios do Poder Judiciário, não seria outra exceção à inafastabilidade?

A resposta é negativa. Têm essas Comissões Parlamentares de Inquérito, respeitados os mesmos limites de fundamentação e motivação que são aplicáveis ao Poder Judiciário, condições de abrir processo investigatório para apuração de fato determinado e por prazo certo, sendo suas conclusões, se for o caso, encaminhadas ao Ministério Público, para que promova a responsabilidade civil ou criminal dos infratores. É certo que a natureza das atribuições institucionais das CPIs restringem-se, unicamente, ao *campo da indagação probatória*, com notável exclusão de quaisquer outras prerrogativas que se incluem, ordinariamente, na esfera de competência dos magistrados e Tribunais, inclusive aquelas que decorrem do poder geral de cautela conferido aos juízes, como o poder de decretar a indisponibilidade dos bens pertencentes a pessoas sujeitas à investigação, conforme já decidiu o Supremo Tribunal Federal.[8] Ademais, é justamente em razão de os poderes investigatórios de uma CPI serem essencialmente limitados que a Corte Suprema já decidiu que as Comissões Parlamentares "não podem formular acusações e nem punir delitos (RDA 199/205, Rel. Min. Paulo Brossard), nem desrespeitar o privilégio contra a auto-incriminação que assiste a qualquer indiciado ou testemunha (RDA 196/197, Rel. Min. Celso de Mello - HC 79.244-DF, Rel. Min. Sepúlveda Pertence), nem decretar a prisão de qualquer pessoa, exceto nas hipóteses de flagrância (RDA 196/195, Rel. Min. Celso de Mello - RDA 199/205, Rel. Min. Paulo Brossard)." Cumpre lembrar, outrossim, que determinados atos que necessitam de prévia autorização do Judiciário, ainda que sob o pálio de cunho investigatório, não podem ser praticados pelas Comissões Parlamentares sem autorização daquele, tais como busca domiciliar (CF, art. 5º, XI), interceptação telefônica (CF, art. 5º, XII) e decretação da prisão de qualquer pessoa, ressalvada a hipótese de flagrância (CF, art. 5º, LXI), posto que segundo interpretação do Supremo Tribunal Federal para estes "assiste ao Poder Judiciário, não apenas o direito de proferir a última palavra, mas, sobretudo, a prerrogativa de dizer, desde logo, a primeira palavra, excluindo-se, desse modo, por força e autoridade do que dispõe a própria Constituição, a possibilidade do exercício de iguais atribuições, por parte de quaisquer outros órgãos ou autoridades do Estado",[9] como é o caso das CPIs que, enquanto projeção orgânica do Poder Legislativo da União, nada mais são do que a *longa manus* do próprio Congresso Nacional ou das Casas que o compõem.

As atividades de uma Comissão Parlamentar se resumem a mero inquérito, prévio a eventual prestação jurisdicional, portanto, não impede o acesso ao Judiciário, muito pelo contrário, a instauração da mesma se dá justamente para propiciar o encontro de elementos através dos quais se possa apreciar e julgar questões de interesse público no Judiciário.

---

[8] STF, Tribunal Pleno: MS 23452 –RJ - Min. Celso de Mello - DJU 12.05.00.

[9] Idem.

Por outro lado, não há a necessidade de que, para haver processo judicial, deva ter havido prévio inquérito parlamentar, já que este se dá como forma de impulso ao caso ao Judiciário, não como *conditio sine qua non* de processamento do mesmo. Aliás, a recorribilidade direta ao Poder Judiciário no que concerne à ameaça ou lesão a direito, ou, em sentido inverso, o condicionamento de prévio procedimento ao ingresso em juízo, somente pode ter sua exigência legitimada se, na Constituição, houver expressa previsão nesse sentido.

Na Carta anterior, claramente existia a seguinte disposição: "o ingresso em juízo poderá ser condicionado a que se exauram previamente as vias administrativas, desde que não exigida garantia de instância, nem ultrapassado o prazo de cento e oitenta dias para a decisão sobre o pedido."[10]

A Carta Magna vigente não faz exigência nesse diapasão, sendo que qualquer disposição, norma ou decisão judicial a requerê-la configura-se inconstitucional, não só por ofensa da inafastabilidade, mas também do próprio princípio da legalidade (art. 5º, inc. II).[11]

A única norma constitucional, por extrema exceção, a exigir procedimento prévio à prestação jurisdicional na Carta atual é a que concerne às atividades e competições desportivas, em que, aí sim, deverá ocorrer esgotamento da questão na justiça desportiva, conforme se verifica no seu art. 217, § 1º.

Nessa perspectiva, inexoravelmente, toma a inafastabilidade do controle jurisdicional proporções quase absolutas, situação contra a que se insurge parte da doutrina. José Maria Rosa Tesheiner[12] é um dos que salienta que "o estado não pode pretender através do Poder Judiciário reger e regular todas as esferas da vida social", na medida que isso se torna "as vezes, deletério; outras vezes, apenas ridículo." Sustenta, ainda, com apoio em Álvaro Melo Filho que, por exemplo, não teria cabimento o Judiciário determinar quem é o campeão de uma atividade desportista ou qual é a Escola de samba vencedora em um Concurso de Carnaval.[13]

---

[10] Disposição introduzida pela Emenda Constitucional nº 7, de 13.04.77.

[11] CARPENA, Márcio Louzada. Hierarquia das fontes positivas. *Direito e Justiça, Revista da Faculdade de Direito da PUCRS*. n. 25, Ano XXIV, 2002. p. 97.

[12] TESHEINER, José Maria Rosa. *Elementos para uma teoria geral do processo*. São Paulo: Saraiva, 1993, p. 33.

[13] Salienta, *in verbis*: "Se o Poder Judiciário começar a envolver-se na disciplina das competições e a examinar decisões dos tribunais desportivos, os jóqueis estarão discutindo em juízo as punições que lhes são aplicadas pela comissão de corridas do hipódromo, as tripulações de barcos irão as últimas instâncias contra a decisão da liga náutica, e os campeonatos vão ser definidos na tribuna das cortes judiciárias mais do que nas canchas dos estádios. E é certo que não ficaríamos nisso. Sendo o Carnaval não menos importante que o futebol, a classificação das escolas de samba do Rio de Janeiro terminaria sendo também decidida pelos tribunais civis. 'A vista da perícia de fls., concede-se o primeiro lugar aos Unidos do Padre Miguel...'"(Melo Filho, Álvaro. *Desporto na nova Constituição*, Porto Alegre, Fabris, 1990, p. 31).

Em nossa concepção, em que pesem as situações bisonhas que, de fato, podem bater à porta do Judiciário, cremos que não há como, em nome destas, afastar ou diminuir a abrangência de dito princípio, pois esse é genérico e imperativo, somente sendo limitado pelas disposições impostas no próprio Diploma Magno.

No entanto, isto não deixa de instigar determinados setores da sociedade a se organizarem e estabelecerem suas regras sociais sem precisar trazer seus litígios para o Poder Judiciário. O acesso à Justiça Pública é um direito, e não um dever. Os próprios exemplos trazidos por José Rosa Maria Tesheiner, com apoio em Álvaro Melo Filho, parecem ser de típicos segmentos (grupos) que, bem organizados, não deduzem seus conflitos perante o Poder Judiciário. A limitação não precisa ser do princípio da inafastabilidade, na medida em que a mesma derivará dos próprios anseios e objetivos das partes.

Em eventual desentendimento e desorganização destes segmentos (grupos - partes) que dispõem de ordem jurídica própria, não se poderá privá-los da apreciação jurisdicional estatal, eis que a condição que os afasta da apreciação, *a priori*, da esfera jurisdicional é apenas volitiva, não podendo ser imposta pelo magistrado. É evidente, por outro lado, que toda e qualquer decisão tomada pelo Judiciário em relação a eles deverá observar as suas ordens jurídicas positivas próprias. A inafastabilidade é no que concerne à disposição processual, o que nada tem a ver com o que diz respeito à ordem jurídica interna no campo do direito material, que poderá ser analisado como contrato. *In casu*, haverá apreciação do processo, eis que este é inafastável; no entanto, aplicável será a norma de direito material dentro das conjecturas e valores impostos pelo sistema jurídico próprio das partes, desde que não agridam a ordem pública.

Somente ficaria o Judiciário afastado da apreciação da lide se houvesse prévia e expressa convenção entre as partes delegando a um terceiro, que não ao Estado, nos termos da Lei 9.307/96, a tarefa de solucionar o conflito, hipótese em que, sendo disponível o direito, se teria por válida a opção, não havendo que se falar em ser ela inconstitucional, mormente contemporaneamente quando o Supremo Tribunal Federal já definiu a constitucionalidade de tal lei que dispõe sobre a convenção de arbitragem.[14] É que o princípio da inafastabilidade estabelece que a "lei não excluirá da apreciação do Judiciário lesão ou ameaça a direito", e não que as partes interessadas não excluirão da

---

[14] STF, Pleno: SE 2506 – Rel. Min. Sepúlveda Pertence – DJU 19.12.2001. Neste julgamento, votaram vencidos pela inconstitucionalidade do parágrafo único do artigo 6º; do artigo 7º e seus parágrafos; no artigo 41, das novas redações atribuídas ao artigo 267, inciso VII, e ao artigo 301, inciso IX, do Código de Processo Civil; e do artigo 42, todos da Lei n. 9.307, de 23 de setembro de 1996, os Ministros Sepúlveda Pertence, Sydney Sanches, Néri da Silveira e Moreira Alves.

apreciação judicial suas questões ou conflitos; não dispõe que os interessados devem sempre levar ao Judiciário as suas demandas.

A Lei de arbitragem, na realidade, vem para auxiliar o Poder Judiciário, pois, no momento em que o cidadão resolve previamente dispor de seu direito de ir a juízo, entregando a responsabilidade de solucionar eventual conflito a terceiro que não o Estado, está permitindo que esse se ocupe, no exercício da jurisdição, de maneira mais prestadia aos demais cidadãos que dos seus serviços não renunciaram. Com isso, incrementa-se a efetividade da prestação jurisdicional, que é uma das preocupações contemporâneas em todo o mundo.

Especificamente no Brasil, a proposição de meios alternativos, positivados por reformas legislativas, para resguardar solução de conflitos sociais de forma dinâmica tem sido uma expressão constante. Afora a Lei de arbitragem, a criação de Juizados Especiais para solucionar, de forma simplificada, pendências de pequeno porte econômico perante a Justiça Comum, e também na Justiça Federal, bem demonstra esse propósito de dinamizar a prestação jurisdicional, conseguindo-se também alcançar o objetivo de socializar e popularizar o ingresso do cidadão às Cortes, na mais alta tradução de acesso à Justiça.

Outrossim, as reformas constantes no Código Processual Civil, enquanto instrumento de alcance do direito material, têm, da mesma forma, demonstrado o melhor objetivo do Estado em trazer aos cidadãos um serviço mais eficiente e célere, resguardando um estado justo, democrático de direito e cumpridor de seus objetivos fundamentais esculpidos constitucionalmente. A sedimentação, nos últimos tempos, de um instituto de tutela antecipatória, a positivação de instrumentos desestimuladores (inibitórios) ao descumprimento de ordens judiciais, a disposição de aprimoramentos a tutela de urgência, as reformas no âmbito recursal e no processo de execução são alguns exemplos disso.

3. Da infastabilidade da prestação jurisdicional sob a perspectiva processual

Não basta que o operador do direito tenha consciência sobre tudo o que definido linhas atrás a respeito da garantia constitucional do jurisdicionado ter acesso à Justiça, se não compreender que esta garantia não se resume apenas ao ingresso da ação ou pleito frente ao Judiciário, mas, sim, vai muito mais longe, tendo guarida durante todo o processo, enquanto instrumento de efetivação do direito material, ameaçado ou violado, reclamado ao Estado.

Na mais profunda e correta interpretação do princípio da inafastabilidade tem-se que ele, de acordo com o que acentua de forma proficiente a doutrina italiana,[15] não só se propõe a proteger o abstrato direito de ação, mas também garante que, em nome dele, seja afastado todo e qualquer embaraço ao exercício dos direitos substanciais ou aos interesses legítimos, seja em plano formal, seja em plano material, que configure na prática denegação da tutela jurídica devida pelo Estado aos indivíduos.[16]

De igual maneira, perfeita é a observação de Kazuo Watanabe, ao referir que a inafastabilidade do controle jurisdicional não assegura "apenas o acesso formal aos órgãos judiciários, mas sim o acesso à Justiça que propicie a efetiva e tempestiva proteção contra qualquer forma de denegação da justiça e também o acesso à ordem jurídica justa."[17] O acesso não é apenas um direito social fundamental, crescentemente reconhecido; ele é, também, necessariamente, o ponto central da moderna processualística, conforme bem observam Mauro Cappelletti e Bryant Garth.[18]

A regra do art. 5º, inc. XXXV, da Carta Federal pátria, em última análise, garante o direito à ação, bem como o de ter um processo direcionado à entrega do direito material de maneira efetiva e eficaz a todos os jurisdicionados, independente de posição econômica, social, cultural, etc., propiciando que o Estado alcance o propósito de prestar a jurisdição, a que se incumbiu.

E é, nesses termos, que passa a ser corolário o entendimento de que exigências normativas que "não se apresentam naturais ou essenciais ao escorreito desenvolvimento do processo e que afastam a prestação jurisdicional do cidadão são, *in concreto*", afrontosas ao princípio que veda o afastamento da Justiça.

Declarar-se a negativa de processamento de demanda em razão do não-preenchimento de requisitos naturais e essenciais para o seu desenvolver não representa qualquer afronta ao princípio da inafastabilidade, posto que isso tem correlação direta com a própria disposição jurídica que impõe limites e condições básicas à apreciação das lides, à apreciação do direito material; em verdade, são limites naturais ao direito de ação, os quais decorrem de outros princípios, tais como: o da isonomia, ampla defesa, contraditório, devido processo legal, etc.

---

[15] COMOGLIO, Luigi Paolo. *La garanzia constitucionale dell azione ed il processo civile*.Padova: Cedam, 1970, nº 26, p.155.

[16] THEODORO JUNIOR, Humberto. A garantia fundamental do devido processo legal e o exercício do poder de cautela, no direito processual civil. *Revista Forense*. Rio de Janeiro: Forense. n. 310, p. 20.

[17] WATANABE, Kazuo. Tutela Antecipatória e Tutela Específica das Obrigações de fazer e não fazer - arts. 273 e 461 do CPC. Coord. Sálvio de Figueiredo Teixeira, Reforma do código de processo civil. São Paulo: Saraiva. 1996, p. 20.

[18] CAPPELLETTI, Mauro; GARTH, Bryant. *Acesso à Justiça*. Tradução de Ellen Gracie Northfleet. Porto Alegre: Sérgio Antonio Fabris Editor, 1988, p. 13.

A presença dos pressupostos processuais é, por exemplo, indispensável à possibilidade de se prestar jurisdição, sendo que, não estando presentes, a lide será extinta sem pronunciamento do mérito, o que não significará quebra a esse princípio constitucional, uma vez que aqueles são requisitos mínimos para o desenvolvimento regular de validade ou eficácia do processo.

Da mesma forma, não é por outra razão que as decisões de não-conhecimento de recursos por ausência de seus pressupostos de admissibilidade, desde que suficientemente motivadas, não importam, só por si, em recusa de prestação jurisdicional e nem traduzem, por isso mesmo, violação ao postulado da inafastabilidade do controle judicial, conforme já decidiu o Supremo Tribunal Federal.[19]

Tem-se que, para configuração de afronta à inafastabilidade, a exigência processual há de ser não essencial para o justo desenvolvimento da lide, mas sim *abusiva*, assim podendo ser considerada claramente aquela que, entre outras: "exige condição desnecessária e ou desvinculada ao *due process of law*; exige quantia para o jurisdicionado ter acesso à Justiça, além das forças econômicas dele; que ofereça benefício, ante a renúncia da recorribilidade ao Judiciário; que, direta ou indiretamente, venha impedir o acesso ao direito e a prestação jurisdicional adequada, eficaz e efetiva".

Por *exigência de condição desnecessária e/ou desvinculada do processo*, podemos considerar qualquer disposição legislativa, executiva, judiciária ou privada que exija e/ou condicione ato inútil ou supérfluo para ingresso em juízo. A exigência de providência desnecessária atenta contra o ideal de justiça na medida em que, mesmo que não repelindo diretamente a pretensão, torna-a protelada de maneira injustificada, o que, de fato, se apresenta contrário a direito; a doutrina na busca de elementos para efetivar a prestação jurisdicional não tem cansado de, reiteradamente, afirmar: *Justiça demorada não é tão Justiça assim!* Um exemplo de exigência desnecessária seria o de decisão judicial que, mesmo não pendendo dúvida sobre o interesse de agir da parte postulante, exigisse esgotamento da via administrativa antes de ingresso na via Judicial, após a Carta Magna de 1988, que baniu de vez a dita condição existente em Carta anterior, conforme visto acima.

Por *exigência de pagamento ou depósito de quantia para ter acesso à justiça, que ultrapasse as forças econômicas do jurisdicionado*, podemos considerar qualquer norma, decisão ou disposição que acabe afastando-o da prestação jurisdicional em razão de exigência de ordem financeira, com a qual não tem condições de arcar.

A exigibilidade de custas processuais não representa uma afronta ao acesso à Justiça, pois, a rigor, estas, por si só, não vêm a impedir que

---
[19] STF, 1ª Turma: AGRAG 170.775 – RJ – Rel. Min. Celso de Mello – DJU 10.05.1996.

a parte ingresse em juízo, sendo apenas mero ônus para recebimento do serviço jurisdicional, que é um serviço como outro qualquer. Todavia, é claro que, se as mesmas tolhem o acesso à Justiça daqueles que com elas não têm recursos para arcar, exigíveis não serão, não em razão da legislação ordinária que define o estreito conceito de "pobreza" e de quem faz jus à Assistência Judiciária Gratuita, mas, sim, em razão do princípio da inafastabilidade diante do caso específico. Ora, se assim não fosse, certamente as pessoas jurídicas não teriam direito ao não-pagamento de altas custas processuais mesmo quando em estado de incapacidade ou indisposição financeira, nem tampouco se concederia isenção no pagamento dessas taxas às pessoas físicas que não preenchessem os reduzidos limites do conceito de pobreza definido na legislação ordinária,[20] situações essas duas que, com absoluta certeza, configurariam denegação de jurisdição,[21] denegação de um serviço que é essencial[22] e, como já afirmado, responsável pela manutenção da legitimidade do sistema imposto.

Em outras palavras, garantia de acesso à Justiça não significa que o processo deva ser gratuito, no entanto, se a taxa judiciária for excessiva frente às partes de modo a criar obstáculo ao seu acesso à Justiça, tem-se entendido ser ela inconstitucional.[23]

A inafastabilidade do controle jurisdicional deve ser vista tanto para o primeiro quanto para o segundo grau de jurisdição, motivo pelo qual o raciocínio acima referido serve para o condicionamento do conhecimento do recurso ao depósito de multa. Nesses termos, o art. 557, § 2º, do CPC, que refere a interposição de recurso ficar adstrita ao depósito de multa arbitrada em sede de agravo manifestamente inadmissível ou infundado, pode se apresentar inconstitucional, se evidenciado o exato impedimento de ingresso do recurso em função da incapacidade financeira de realizar o pagamento de que trata esse

---

[20] Araken de Assis, com apoio em Mauro Cappelletti, leciona com precisão que a gratuidade da justiça se mostra essencial à garantia do acesso à Justiça: "É natural que, evitando tornar a garantia judiciária inútil à maioria da população, e ao menos para os desprovidos de fortuna e recursos, a ordem jurídica estabelece mecanismos de apoio e socorro aos menos favorecidos. Antes de colocar os necessitados em situação material de igualdade, no processo, urge fornecer-lhes meios mínimos para ingressar na Justiça, sem embargo de ulterior necessidade de recursos e armas técnicas, promovendo o equilíbrio concreto. Neste sentido, a gratuidade é essencial à garantia do acesso à Justiça." (ASSIS, Araken. Doutrina e prática do processo civil contemporâneo. São Paulo: Revista dos Tribunais. 2001, p. 74)

[21] STJ, 6ª Turma: REsp 127.330-RJ – Rel. Min. Luiz Vicente Cernicchiaro. DJU 23.06.1997.

[22] STJ, 5ª Turma: "A gratuidade da Justiça, sendo um direito subjetivo público, outorgado pela Lei nº 1.060/50 e pela Constituição Federal, deve ser amplo, abrangendo todos aqueles que comprovarem sua insuficiência de recursos, não importando ser pessoa física ou jurídica." (REsp 223.129 – MG – rel. DJU 07.02.2000).
STJ, 4ª Turma: A microempresa pode receber o benefício da assistência judiciária gratuita. (REsp 200597 – RJ – Rel. Min. Ruy Rosado de Aguiar – DJU 28.06.1999).

[23] RTJ 112/34.

artigo. Cabe à Corte que irá julgar o recurso interposto contra a decisão que julgou o agravo manifestamente inadmissível ou infundado decidir, mediante requerimento e de prova, se a exigibilidade da multa mostra-se, frente ao caso específico, fator capaz de tolher a tutela jurisdicional adequada e a ampla defesa, declarando-se, em caso positivo, sua não-aplicação para preservar o princípio da inafastabilidade.

Em síntese, tem-se que, não tendo a parte condições financeiras de pagar a multa, impedida não ficará de recorrer da decisão, porquanto, ante ao caso particular, mostra-se inadmissível a exigência, por violar o acesso à Justiça e também à ampla defesa. A prestação jurisdicional não pode ser afastada por deficiência econômica. A prevalecer raciocínio diverso, somente os ricos e abastados teriam direito a recurso e eventual reforma da decisão.

O mesmo pode ser dito ainda para multa de que trata o parágrafo único do art. 538 do Código Processual Civil, referente à interposição de embargos declaratórios, tidos como manifestamente protelatórios, na medida em que o conhecimento de qualquer outro recurso ficaria condicionado à realização do depósito dessa multa imposta.

Da mesma forma, pode-se considerar ainda, frente a determinados casos fáticos, violador ao princípio da inafastabilidade, e também ampla defesa, o depósito de que trata o art. 488, inc. II, do CPC, para ingresso de ação rescisória, no patamar de 5% (cinco por cento) sobre o valor da causa, a título de multa, caso a ação seja, por unanimidade de votos, declarada inadmissível ou improcedente. Ainda que *a priori* e *in abstrato*, por si só, não represente afastabilidade do controle jurisdicional a exigência desse depósito, eis que dispositivo de ordem processual genérica para o exercício da ação, é claro que se se demonstrar expediente capaz de impedir o jurisdicionado de ter acesso à Justiça, *in concreto*, será considerado inexigível, com base no princípio sob análise.

A exigibilidade do depósito, como no caso da multa para ingresso de novo recurso, ficará adstrita à condição econômica da parte postulante; se o mesmo representar-se expediente impeditivo ao exercício do seu direito de ação, não poderá se ter por válido. A questão que pertine, na realidade, para definição de ter essa imposição (art. 488, inc. II) como inconstitucional ou não é, tão-somente, a condição particular e econômica da parte-autora que terá que fazer o depósito, emergindo daí a necessidade de perquirir suas forças econômicas frente ao valor a ser depositado.

Data venia, não nos parecem procedentes os argumentos de Nelson Nery Júnior[24] de que não há que se falar em inconstitucionalidade na

---
[24] Nery Júnior, Nelson. *Princípios do processo civil na constituição federal*. 5.ed. São Paulo: Revista dos Tribunais, 1999. p. 100.

exigibilidade da multa para propositura da ação rescisória, na medida em que não haveria ferimento ao direito de ação, "pois a lide já foi apreciada pelo Poder Judiciário e sobre ela pesa a coisa julgada."

Em primeiro lugar, a ação rescisória é ação nova, com outra causa de pedir e outro pedido, completamente diversos daquele deferido ou não na decisão rescindenda, de forma que apreciação dela, em si, não houve.

Em segundo lugar, o fato de pesar a coisa julgada sobre o conflito não se apresenta impeditivo para a apreciação da matéria, muito pelo contrário, só em função dessa é que se vislumbra a possibilidade da rescisória.

Por outro lado, cabe lembrar que o acesso à Justiça e sua vinculação a valores não se limita a mera exigência de pagamento de taxas judiciais para propositura da ação ou recurso, ou depósitos incidentais ao processo. Vai muito além. Em verdade, a perspectiva tem cabimento para todas as questões em geral que se referem a valores, com os quais não têm condições de arcar aqueles que pedem Justiça.

Há necessidade de, com base em tal princípio e para preservá-lo, entre outras coisas, assegurar defensores públicos para resguardar o exercício da justiça aos necessitados que não possuem condições de contratar um advogado particular.

Por outro lado, também com base no mesmo princípio, é dever do Estado garantir a realização de provas indispensáveis à solução de conflitos, com as quais a parte postulante não teria forças financeiras de suportar. Sendo, por exemplo, o exame de DNA o único meio probatório possível a definir o estado de paternidade em determinada situação e sendo o autor beneficiário da Assistência Judiciária Gratuita, não tendo meios de adimplir com os custos deste exame, cabe ao Estado arcar com os ônus desse.

Por *oferecimento de benefício, ante a renúncia da recorribilidade ao Judiciário*, pode-se entender qualquer lei, ato administrativo, particular, enfim, que venha a dar "benefício" para a parte que renunciar ou desistir de dirigir-se ao Poder Judiciário para reclamar direito, ameaça ou lesão a ele. Exemplo que pode ser citado é o do Recurso Extraordinário nº 94.141, em que definiu o Supremo Tribunal Federal[25] que "lei estadual que atribui ao pedido de parcelamento de credito fiscal o efeito de confissão irretratável e de renúncia a qualquer defesa ou recurso administrativo ou judicial, bem como desistência dos já interpostos" apresenta-se inconstitucional no relativo a expressão "judicial".[26]

---

[25] STF, RE 94.414-SP- Rel. Min. Soares Muñoz - DJ 04/03/83. RTJ 105/678.

[26] Celso Ribeiro Bastos lembra também o exemplo a respeito do "pagamento de uma multa administrativa com desconto de 50% caso o contribuinte abra mão de ir a juízo." (*Comentários à Constituição Federal de 1988*. São Paulo: Saraiva. 1996. v. 2, 211).

Por *disposição que venha impedir o acesso à prestação jurisdicional adequada*, têm-se aquelas que, direta ou indiretamente, impedem o desenvolvimento da prestação jurisdicional de forma efetiva e eficaz.

É questão assente no meio doutrinário que o direito de ação não significa somente o direito de demandar, mas também o de obter tutela jurisdicional de forma adequada e efetiva. Analisando o art. 5º, inc. XXXV, da Constituição Federal, Luiz Guilherme Marinoni bem adverte: "O direito de acesso à Justiça, albergado no art. 5º, XXXV, da CF, não quer dizer apenas que todos têm direito a recorrer ao Poder Judiciário, mas também quer significar que todos têm direito à tutela jurisdicional efetiva, adequada e tempestiva."[27] No mesmo caminho, refere Carreira Alvim que "o preceito constitucional não alcança apenas a proibição de acesso à Justiça, em termos absolutos, mas toda restrição que relativa, que limite esse acesso, tornando-o insuficiente para garantir, na prática, ao jurisdicionado, a necessária proteção ao seu direito. Assim, qualquer limitação ao exercício do direito de ação, pelo particular, e ao dever de (prestar) jurisdição, pelo Estado, deve ser afastada, *in concreto*, sempre que importe transgressão ao sistema de defesa dos direitos, agasalhado pela Constituição."[28]

Destarte, não é por outra razão que esses dois doutrinadores, entre outros, como, por exemplo, José Roberto dos Santos Bedaque,[29] Sérgio Seiji Shimura,[30] Marcelo Lima Guerra,[31] Wilson Alves de Souza[32] e Francisco Barros Dias,[33] tem sustentado com absoluta firmeza que leis ordinárias que vedam liminares e antecipações de tutela contra o Poder Público, prejudicando a prestação jurisdicional efetiva contra esse, para os casos que visem à liberação de recursos, inclusão em folha de pagamento, reclassificação, equiparação, concessão de aumento ou extensão de vantagem a servidor da União, Estados, Distrito Federal e dos Municípios, inclusive de suas autarquias e fundações, são manifestamente inconstitucionais.

---

[27] MARINONI, Luiz Guilherme. *A antecipação da tutela*. 3. ed. São Paulo: Malheiros, 1996. p. 211.

[28] ALVIM, José Eduardo Carreira. Medidas liminares e elementos co-naturais do sistema de tutela jurídica. *Revista Trimestral de Jurisprudência dos Estados*, São Paulo: Editora Jurídica Vellenich Ltda., n. 160, p. 88, 1997.

[29] BEDAQUE, José Roberto dos Santos. *Tutela cautelar e tutela antecipada: tutelas sumárias e de urgência*. São Paulo: Malheiros, 1998. p. 84.

[30] SHIMURA, Sérgio Seiji. *A eficácia das medidas liminares*. São Paulo: Revista dos Tribunais, 1995, p. 109.

[31] DIAS, Francisco Barros. Estudos sobre o processo cautelar. *Revista AJUFE*, n. 39, p. 91, dez., 1993.

[32] SOUZA, Wilson Alves de. Normas proibitivas de concessão de liminares: inconstitucionalidade. *Revista de Processo*. São Paulo: Revista dos Tribunais, ano 17, n. 66, p. 104-109, abr.-jun., 1992.

[33] DIAS, Francisco Barros. A inconstitucionalidade das normas impeditivas de liminares. *Revista de Processo*. São Paulo, Revista dos Tribunais, ano 15, n. 59, p. 125-134, jul.-set., 1990.

Particularmente, temos que no momento em que a eficácia ou efetividade da prestação jurisdicional está iminentemente ligada à antecipação de tutela, via liminar ou não, viável não parece, sob pena de prejudicar a prestação da justiça de maneira adequada, tolher o direito daquele que faz jus a recebê-la, eis que preenchidos os requisitos para tanto, somente pelo fato de a parte adversa ser o Estado. Mostra-se, destarte, inconstitucional a vedação por clara afronta ao direito de ação de forma plena, útil, eficiente e efetiva.

O Supremo Tribunal Federal, nos autos da ADIn 233-6 DF, acabou por decidir a questão da inconstitucionalidade de tais normas limitadores da prestação jurisdicional contra o Poder Público no sentido de que, *in abstrato*, não há inconstitucionalidade; entretanto, cada caso merece uma análise particular. Mais especificamente, salientou que a rejeição da inconstitucionalidade em tese "não prejudica o exame judicial em cada caso concreto de constitucionalidade, incluída a razoabilidade, da aplicação da norma proibitiva da liminar."[34]

Assim, a questão referente à inconstitucionalidade de normas que vedam liminares parece estar resolvida em termos meridianos. Conforme já consignamos em outra oportunidade, o direito à tutela jurisdicional adequada não se dá somente em relações entre particulares, mas também desses para com o Estado. Não é porque a ação é dirigida contra esse que a Justiça pode ser retalhada, inadequada, inútil, teratológica ou inócua. O acesso à Justiça está insculpido na Carta Magna, e representa muito mais do que o direito de ir a juízo; representa, sim, receber do Poder Judiciário uma resposta efetiva e profícua, em adequado espaço de tempo, e da forma menos danosa possível. Nesse desiderato é que foram expandidos os conceitos de tutela de urgência e realizadas alterações substancialmente profundas no ordenamento processual positivo, aplicando-se ao sistema jurídico como um todo, sendo inaceitável o seu não-cabimento em favor de um jurisdicionado quando presentes os requisitos para tanto, somente porque a parte adversa não é outro particular, mas, sim, o Estado.

Verificando, no caso concreto, que a não-concessão de liminar representa denegação à Justiça, caem por terra as limitações impostas pela lei ordinária. Ainda que se possa admitir que, em tese, não se afigura inconstitucionalidade da vedação às medidas *initio litis* – eis que, como constou na ADIn 233-6, não se sabe "até onde são razoáveis as proibições impostas, enquanto contenção ao abuso do poder cautelar, e onde se inicia, inversamente, o abuso das limitações e a conseqüente afronta à plenitude de jurisdição e ao Poder Judiciário"–. A verdade é que, no caso específico, se se vislumbrar prejuízo ao

---
[34] STF, Pleno: ADIN 233-6 DF - Rel. Min. Sepúlveda Pertence – j. 05.04.90. RTJ 132/572.

recebimento da prestação jurisdicional adequada, não se pode tirar a mesma conclusão no sentido da constitucionalidade de tais normas impeditivas, mas, sim, justamente em contrário: de inconstitucionalidade.

Outra não é a visão de Athos Gusmão Carneiro, quando registra em seu magistério que "oportunidades existem em que a peremptória negativa de liminar pode motivar, com certeza, ou com grande nível de probabilidade, o perecimento da própria pretensão, apresentada no processo com visos de real verossimilhança. Nestes casos excepcionais, e apenas neles, o direito constitucional a uma jurisdição eficaz suplantará as limitações estabelecidas em lei ordinária".[35]

Outrossim, o próprio Supremo Tribunal Federal vem ressaltando esse posicionamento de que a constitucionalidade de vedações às liminares é verificável no campo do controle difuso, não restando inviabilizado o seu debate pelo julgamento da ADIn 233-6. Aliás, no julgamento da SS 286-4/DF, DJU 01.08.90, p. 7.071, o Min. Carlos Velloso bem colocou:

> "Abrindo o debate, acentuo que também eu entendo que a medida provisória que proíbe a concessão de medida liminar em mandado de segurança é inconstitucional. Assim votei, nesta Corte, vencido na companhia dos Mins. Paulo Brossard e Celso Melo.
> Sob esse aspecto, pois, nada há que reparar na decisão sob exame, já que, segundo penso, a não concessão de liminar, pela Corte Suprema na ação direta que tem por objeto a citada medida provisória, nada impede que os juízes, no controle de constitucionalidade difuso, deixem de aplica-la, por inconstitucionalidade se assim entenderem."

Nestes termos, assim, define-se a ampla possibilidade de declaração de inconstitucionalidade das normas que limitam liminares ou antecipações de tutela contra o poder público, por violarem no caso específico, a amplitude do princípio da inafastabilidade do controle jurisdicional.

Em última análise, tem-se que, como corretamente observado por José Frederico Marques,[36] o princípio da inafastabilidade outorga ao processo a "dignidade de instrumento constitucional destinado a assegurar, de maneira eficaz, os direitos subjetivos de ordem privada ou de caráter público", e nesse diapasão deve ser visto e desenvolvido.

---

[35] CARNEIRO, Athos Gusmão. *Tutela antecipada*. 2.ed. Rio de Janeiro: Forense, 1999. p. 90.

[36] MARQUES, José Frederico. *Revista de Direito Processual Civil*. São Paulo: Saraiva. II vol, p. 13.

4. Conclusão

Destarte, pode-se afirmar que o princípio da inafastabilidade do controle jurisdicional, cuja interpretação se faz à vista do seu caráter teleológico e das conjecturas de diversos outros princípios ínsitos na atual Carta Constitucional pátria, em que também está disposto, apresenta-se como máxima do sistema jurídico representando verdadeira garantia aos jurisdicionados de que do Poder Judiciário, salvo exceções ideológicas e políticas previstas na própria Constituição, não será privado a apreciação de lesões ou ameaças a qualquer modalidade de direito.

De clareza solar que esse princípio não pode ser visto somente pelo prisma da mera impossibilidade de se afastar o cidadão de ingressar em juízo, mas também e principalmente, importa compreender que o mesmo repele toda e qualquer exigência que, direta ou indiretamente, acabe impedindo o cidadão de ter acesso à prestação jurisdicional adequada, eficaz e efetiva. Segundo bem afirma Gomes Canotilho, ao analisar esse princípio no direito constitucional português, o mesmo dá "operatividade prática à defesa dos direitos".[37]

Nesses termos, normas de caráter processual que não representam limites naturais ou essenciais ao desenvolvimento escorreito da prestação jurisdicional, e que, na prática, tolhem o acesso do cidadão à manifestação do Estado quanto a seus direitos, não podem ser tidas como válidas em tais situações, devendo ser afastadas em nome do princípio e da garantia constitucional aqui analisado.

5. Bibliografia

ALVIM, José Eduardo Carreira. Medidas liminares e elementos co-naturais do sistema de tutela jurídica. *Revista Trimestral de Jurisprudência dos Estados*, São Paulo: Editora Jurídica Vellenich Ltda., n. 160, p. 88, 1997.

ASSIS, Araken. Antecipação da tutela. ALVIM, Teresa Arruda, org. *Aspectos polêmicos da antecipação de tutela*. São Paulo: Revista dos Tribunais, 1997.

——. *Doutrina e prática do processo civil contemporâneo*. São Paulo: Revista dos Tribunais. 2001.

BASTOS, Celso Ribeiro. Comentários à Constituição Federal de 1988. São Paulo: Saraiva. 1996. v. 2.

BAUR Fritz. *Tutela jurídica mediante medidas cautelares*. Porto Alegre: Fabris, 1985.

BEDAQUE, José Roberto dos Santos. *Tutela cautelar e tutela antecipada*: tutelas sumárias e de urgência. São Paulo: Malheiros, 1998.

CALAMANDREI, Piero. *Direito processual civil*. Tradução de Luiz Abezia e Sandra Fernandez Barbery. Campinas: Bookseller, 1999. v. 1,2,3.

[37] CANOTILHO, J.J. Gomes. *Direito Constitucional*. Coimbra: Almedina, 6ª ed., p. 386.

———. *Introdução ao estudo sistemático dos procedimentos cautelares*. Tradução de Carla Roberta Andreasi Bassi. Campinas: Servanda, 2000.

CANOTILHO, J.J. Gomes. *Direito Constitucional*, 6ª ed. Coimbra: Almedina.

CAPPELLETTI, Mauro; GARTH, Bryant. *Acesso à Justiça*. Tradução de Ellen Gracie Northfleet. Porto Alegre: Sérgio Antonio Fabris Editor, 1988, p. 13.

———; TALLON, Denis. *Les garanties fondamentales des partes dans le procès civil*. Milano: Giuffré Editore, 1973.

CARNEIRO, Athos Gusmão. *Da antecipação de tutela no processo civil*. 2.ed. Rio de Janeiro: Forense, 1999.

CARNELUTTI, Francesco. *Derecho y proceso*. Tradução de Santiago Sentis Meleno. Buenos Aires: Ediciones Juridicas Europa –America, 1981.

CARPENA, Márcio Louzada. Da efetividade do processo de execução: alterações dos arts. 652, 737 e 739 do código de processo civil. *Rev. Ajuris*, Porto Alegre: Ajuris, ano 26, n. 77, p. 380, mar., 2000.

———. *Do Processo Cautelar Moderno*. Rio de janeiro: Forense, 2002.

———. Hierarquia das fontes positivas. *Direito e Justiça, Revista da Faculdade de Direito da PUCRS*. n. 25, Ano XXIV, p. 97, 2002.

———. Medidas liminares no processo cautelar. *Revista Jurídica*, Porto Alegre: Ajuris, ano 47, n. 263, p. 5, set. 1999.

CHIOVENDA, Giuseppe. *Instituições de direito processual civil*. Tradução: Paolo Capitanio. Campinas: Bookseller, 1998. v. 1 e 3.

COMOGLIO, Luigi Paolo. *La garanzia constitucionale dell azione ed il processo civile*.Padova: Cedam, 1970, nº 26, p.155.

DIAS, Francisco Barros. Estudos sobre o processo cautelar. *Revista AJUFE*, n. 39, p. 91, dez., 1993.

DINAMARCO, Cândido Rangel. *A instrumentalidade do processo*. São Paulo: Revista dos Tribunais, 1987.

———. *Fundamentos do processo civil moderno*. São Paulo: Revista dos Tribunais, 1986.

FERREIRA, Junqueira. *Comentários à Constituição de 1988*.

FREITAS, Juarez. *A interpretação sistemática do direito*. 2 ed. São Paulo: Malheiros, 1999.

GOLDSCHMIDT, James. *Princípios gerais do processo civil*. Tradução de Hiltomar Martins Oliveira. Belo Hozironte: Líder. 2002.

LOPES, Maurício Antonio Ribeiro. "Garantia de acesso à justiça: assistência e seu perfil constitucional.". Coord. José Rogério Cruz e Tucci., Garantias constitucionais do processo. São Paulo: Revista dos Tribunais, 1999.

LORENZETTI, Ricardo Luis. *Fundamentos do direito privado*, São Paulo: Revista dos Tribunais. 1998.

MANDRIOLI, Crisanto. *Corso di Diritto Processuale Civile*. Torino: Giappichelli editore. 1983.

MARINONI, Luiz Guilherme. *A antecipação da tutela*. 3 ed. São Paulo: Malheiros, 1996.

———. *Efetividade do processo e tutela de urgência*. Porto Alegre: Fabris, 1994.

MARQUES, José Frederico. *Manual de direito processual civil*. São Paulo: Saraiva, 1974. v. 1 e 2.

———. *Direito Processual Civil*. São Paulo: Saraiva. V.1.

MELLO, Celso Antônio Bandeira de. *Discricionariedade e controle jurisdicional*. 2.ed. São Paulo: Malheiros, 1993.

MELO FILHO, Álvaro. *Desporto na nova Constituição*, Porto Alegre: Fabris, 1990

MIRANDA, Pontes de. *Comentários ao código de processo civil* (de 1939). 2.ed. Rio de Janeiro: [s.n.], 1969. t. 9.

Nery Júnior, Nelson. *Princípios do processo civil na constituição federal*. 5.ed. São Paulo: Revista dos Tribunais, 1999.

PASSOS, J.J. Calmon de. *A ação no direito processual civil*. Salvador: Livraria Progresso, 1960.

PORTANOVA, Rui. *Princípios do processo civil*. 3.ed. Porto Alegre: Livraria do Advogado, 1999.

PORTO, Sérgio Gilberto. *Coisa julgada civil*. 2.ed. Rio de Janeiro: AIDE, 1998.

REDENTI, Enrico. *Derecho procesal civil*. Tradução de Sentis Melendo. Buenos Aires: Ejea, 1957. v. 2.

ROSEMBERG, Leo. *Tratado de Derecho Procesal Civil*. Buenos Aires, 1958. v. III.

Siches, Luis Recanséns. *Nueva filosofia de la interpretación del derecho*. 3. ed. México: Porrúa, 1979.

SHIMURA, Sérgio Seiji. *A eficácia das medidas liminares*. São Paulo: Revista dos Tribunais, 1995, pp. 109.

SOUZA, Wilson Alves de. Normas proibitivas de concessão de liminares: inconstitucionalidade. *Revista de processo*, São Paulo: Revista dos Tribunais, ano 17, n. 66, p. 104-109, abr.-jun., 1992.

SMEND, Rudolf. *Constitución y derecho contitucional*. Trad. José Beneyto. Madrid: Centro de Estudios Constitucionales. 1992, p. 98.

TESHEINER, José Maria Rosa. *Elementos para uma teoria geral do processo*. São Paulo: Saraiva, 1993.

THEODORO JUNIOR, Humberto. A garantia fundamental do devido processo legal e o exercício do poder de cautela no direito processual civil. *Revista Forense*. Rio de Janeiro: Forense. n. 310, p. 20.

TUCCI, José Rogério Cruz e. Garantia do processo sem dilatações indevidas. *Revista jurídica*, Porto Alegre, Notadez, ano 48, n. 277, p. 5-25, nov. 2000.

WATANABE, Kazuo. Tutela Antecipatória e Tutela Específica das Obrigações de fazer e não fazer - arts. 273 e 461 do CPC. Coord. Sálvio de Figueiredo Teixeira, Reforma do código de processo civil. São Paulo: Saraiva. 1996

2. O Princípio do Juiz Natural e seu Conteúdo Substancial

LUÍS ANTÔNIO LONGO
Advogado e Professor de Direito Processual da PUC/RS e ULBRA

Sumário: 1. Considerações introdutórias; 2. Os princípios do processo; 3. O princípio da adequação como forma de instrumentalização do direito processual; 4. Conteúdo substancial do Juiz Natural; 5. As garantias contidas no juiz natural; 6. Tentativa de enunciá-lo; 7. A gênese do juiz natural; 8. O Juiz Natural e sua evolução histórica; 9. O Princípio do Juiz Natural e o Constitucionalismo Brasileiro; 10. Os juízos especializados; 11. Conclusão.

1. Considerações introdutórias

Ao longo dos tempos, a ciência do direito tem sofrido profunda influência de preceitos constitucionais. Tal fenômeno se verifica, inclusive, em ramos que outrora seriam de difícil constatação.[1] Especialmente no direito processual civil, tal influência torna-se vital a ponto de Dinamarco[2] – respaldado em ampla doutrina contemporânea – informar o surgimento do Direito Processual Constitucional. Todavia, convém advertir que não estamos diante de um novo ramo do direito público.[3]

Do bom relacionamento entre o Direito Constitucional e o Direito Processual nasce para o cidadão uma série de garantias inerentes ao

---
[1] Nesse sentido, Aula Magna ministrada para o Mestrado em Direito da PUCRS, pelo Prof. Luís Edson Fachin, sob o tema A Pesquisa na Pós-graduação e a Publicização do Direito Privado, no dia 14 de maio de 1999.
[2] Cândido Rangel Dinamarco. *A Instrumentalidade do Processo*, 1994, p. 24. Especialmente nota 1, onde o autor faz um apanhado dos processualistas que se debruçaram sobre a análise desse tema.
[3] Nelson Nery Júnior. *Princípios do Processo Civil na Constituição Federal*, 1999, p. 21. Cândido Rangel Dinamarco, op. cit., p. 24. Cintra; Grinover; Dinamarco. *Teoria Geral do Processo*, 1991, p. 76.

estado democrático. Mauro Cappelletti[4] adverte: "O processo civil (e o processo penal, não menos do que o civil) é um fenômeno que atinge alguns dos mais fundamentais 'direitos humanos'". Dessa maneira, absolutamente inviável falar-se em democracia enquanto não existir um Direito Processual que conduza a tanto.

Galeno Lacerda,[5] em seu ensaio, há muito demonstrou que o processo é um fato social e intimamente ligado à cultura. Enfatiza o professor: "Ele, na verdade, espelha uma cultura, serve de índice de uma civilização". É dessa percepção que Pontes de Miranda se refere ao direito processual como sendo "o ramo das leis mais rente à vida. Por ele poder-se-iam classificar os povos."[6] Por essa razão, concebe-se o processo como instrumento intimamente atrelado à própria sociedade que se destina a regular.

O individualismo – que preponderou perante boa parte da história do Direito – fez com que Gustav Radbruch[7] anunciasse a criação de uma nova imagem que corresponderia ao *homo economicus*. O jurista alemão atribuiu ao processo civil a seguinte observação: "Pero es en el procedimiento civil donde mas fuerza se destaca esta forma individualista del estilo en el Derecho".

Dentro da sociedade contemporânea – pós-liberal – vencida a idéia que o bem comum identificava-se com a liberdade e autonomia (concebida em termos puramente formal-abstratos) não se cogitava apenas da liberdade do homem nas ruas, mas da liberdade do "cidadão". Portanto, a igualdade era tida como mero acessório da liberdade, importando no reconhecimento, também formal, de que todos são igualmente livres.[8] Em face do fracasso do modelo liberal, a sociedade fez nascer um novo modelo, onde a questão social é colocada em um primeiro plano. Portanto, é da ligação existente entre o processo e a cultura que nascem as necessidades sociais contemporâneas em termos processuais, restando a norma Constitucional e a Legislação Infraconstitucional proporcionarem a efetivação dos postulados do Estado Social, especialmente, àquelas inerentes à asseguração dos direitos humanos. Não é outra a lição de Galeno Lacerda, quando preceitua: "Uma das marcas mais características do Direito brasileiro, na atualidade, consiste em sua abertura para o social, acentuada, principalmente, a partir da CF de 1988".[9]

---

[4] Luiz Guilherme Marinoni. *O Processo Civil Contemporâneo*, 1993, p. 13.

[5] Galeno Lacerda. Processo e cultura. *Revista de Direito Processual Civil*, n. 3, 1963, p. 74-86.

[6] Pontes de Miranda. *Comentários ao código de processo civil*, v. 1, 1947, p. 7.

[7] Gustav Radbruch. *Introducion a la Filosofia del Derecho*, 1951, p. 158.

[8] Paulo Bonavides. *Do Estado Liberal ao Estado Social*, 1980, p. 2.

[9] Galeno Lacerda. Eficácia da prestação jurisdicional no atendimento às demandas sociais. *Revista da AJURIS*, Porto Alegre, n. 59, p. 49, nov. 1993.

Com relação a essa realidade, Fix-Zamudio assevera:

"es decir, que al lado del venerable Estado de Derecho liberal e individualista, que ya cumplió su misión histórica, ha surgido el Estado de derecho democrático de carácter social, como expressamente se establece en el artículo 20,fracción I, de la Constitución de la Federal Alemaña, hasta el extremo de que el jurisconsulto alemán Ernst Forsthoff ha podido sostener que solo como Estado Social, el Estado tiene un futuro."[10]

Portanto, "O Estado Social de Direito, como Estado de Justiça, visto sob o ângulo do ordenamento constitucional e suas relações com as categorias processuais, deve tornar possível a justiça a todos os governados, como apoio nos direitos humanos mais importantes: direito à justiça ou à jurisdição."[11]

Para que o processo – respaldado na Constituição – cumpra seu papel, deverão encontrar-se insculpidos na norma maior, permissivos que outorguem ao cidadão efetividade às suas garantias. Levando-se em conta a concepção de Luigi Ferrajoli para a compreensão do que vem a ser *garantias*, essas: "mais não são do que técnicas criadas pelo ordenamento para reduzir a divergência estrutural entre normatividade e efetividade, e portanto, para realizar a máxima efetividade dos direitos fundamentais em coerência com a estatuição constitucional."[12]

Nesse contexto, deverá o processo cumprir sua dupla finalidade, como já muito bem percebeu Galeno Lacerda:[13] obter a solução da lide e restabelecer a paz social.

2. Os Princípios do Processo

Todavia, as garantias antes referidas deverão ter como ponto de partida os princípios processuais constitucionais. Porém, a incidência dos princípios não se encontra adstrita àqueles positivados pelo ordenamento jurídico.

Inegavelmente, o Direito é um sistema. Como tal, esse sistema deve ser harmônico, portanto, descarta-se – de imediato – qualquer concepção que relacione o direito como um sistema fechado.[14] Ou seja, inexiste no sistema "estreitos" e "definitivos" limites, até mesmo

---

[10] Zamundio *apud* Baracho. *Processo Constitucional*, p. 128.

[11] José Alfredo de Oliveira Baracho. *Processo Constitucional*, 1984, p. 128.

[12] Luigi Ferrajoli. *O Direito como sistema de garantias. Direito e Política*, p.1 00. V. tb. o mesmo texto publicado em obra editada na Espanha, *Derecho y garantias. La ley del más débil, El Derecho como sitema de garantias*, 1999, p. 25.

[13] Galeno Lacerda. Processo e cultura. *Revista de Direito Processual Civil*, v. 3 , 1962, p. 74.

[14] Juarez Freitas. *A Interpretação Sistemática do Direito*,1998, p. 34.

porque impossível imaginar que dentro desse sistema inexistam contradições e lacunas imanadas às normas.

Dessa maneira, invocando o ensinamento de Juarez Freitas,[15] impõe-se conceituar sistema jurídico como:

> "uma rede axiológica e hierarquizada de princípios gerais e tópicos, de normas e de valores jurídicos cuja função é a de, evitando ou superando antinomias, dar cumprimento aos princípios e objetivos fundamentais do Estado Democrático de Direito, assim como encontram consubstanciados, expressa ou implicitamente, na Constituição."

Dentro dessa visão de sistema aberto, entende-se que o mesmo se fundamenta com base em princípios. Mais uma vez utilizando-se do conceito proposto pelo já referido professor, faz-se necessário fixar o que se entende por princípio: "Por Princípio ou objetivo fundamental, entende-se o critério ou a diretriz basilar de um sistema jurídico, que se traduz numa disposição hierarquicamente superior, do ponto de vista axiológico, em relação às normas e aos próprios valores, sendo linhas mestras de acordo com as quais se deverá guiar o intérprete quando se defrontar com antinomias jurídicas".[16]

Após fixarmos a idéia de que o sistema jurídico é um sistema aberto, bem como afirmarmos que os princípios constituem-se bases para todo ordenamento jurídico (normas e valores) cumpre transportar-se tais premissas ao campo do direito processual, ou melhor, para a Teoria Geral do Processo.

Fernando Luso Soares,[17] após referir a importância dos princípios, assevera que os mesmos são como: "esqueleto básico da ciência do direito processual civil". Carnelutti,[18] ao referir-se sobre o assunto, explica: "Tal assim como a raiz é a mais funda lei da planta, os princípios são as leis das leis"

No campo do direito processual, coube a Mancini[19] a divisão dos princípios do Direito Processual Civil em: "informativos e fundamentais". Os informativos se subdividem em lógico, jurídico, político e econômico. Esses se diferem dos fundamentais pelo fato de que "independem de demonstração, pois são de cunho axiomático" enquanto, os princípios fundamentais são aqueles "sobre os quais o sistema jurídico pode fazer opção, considerando aspectos políticos e ideológicos. Por essa razão, admitem que em contrário se oponham

---

[15] Ibidem, p. 46.
[16] Ibidem, p. 47.
[17] Fernado Luso Soares. *Processo Civil de Declaração*, 1985, p. 471.
[18] Carnelutti *apud* Luso Soares, *op. cit.* p. 472.
[19] Mancini *apud* Nery Júnior. *Princípios do Processo Civil na Constituição Federal*, 1999, p. 28.

outros, de conteúdo diverso, dependendo do alvedrio do sistema que os está adotando".[20]

Assim, o delineamento seguro dos princípios incorporados pela ordem jurídica processual vigente, bem como sua inclusão e utilização – por parte dos operadores do direito – outorgarão à cidadania efetiva, condição de um processo participativo e democrático. Pertinente à aclamação dos princípios, porém, consiste em grave equívoco, relegá-los para fora do mundo dos fatos. Tal concepção faz perpetrar o equívoco denunciado por Ovídio Araújo Baptista da Silva[21] quando denuncia o erro cometido por filósofos jusnaturalistas dos séculos XVII e XVIII, entre eles Leibniz e Hobbes, quando incluíam o direito *"entre as ciências que não dependem dos fatos, tal qual a lógica, a matemática, a geometria e a mecânica".*[22] O distanciamento entre o direito processual e a sociedade também foi denunciado por Eduardo Novoa Monreal:[23]

"También este Derecho debe abandonar su actitud teorizante y dedicar-se a resolver un problema social que muy pocos países pueden sostener haber solucionado: El que todos los ciudadanos tengan acceso fácil y gratuito a una administración de justicia comprensiva de sus dificultades y activamente dispuesta a imponer soluciones rápidas y efetivas en las controvérsias y conflitos que surgen dentro de la sociedad."

Conseqüentemente os princípios, tão conclamados e saldados pela processualística contemporânea, deverão incorporar-se a *praxis* jurídica, tomando-se por base o conceito expresso por Gustavo Gozzi, ao afirmar que a "Práxis exprime precisamente o poder que o homem tem de transformar o ambiente externo, tanto natural como social ...".[24]

3. O princípio da adequação como forma de instrumentalização do direito processual

A ciência processual no Brasil encontra-se na fase de sua evolução, que autorizada doutrina identifica como *instrumentalista*. É a

---

[20] Nelson Nery Júnior. *Princípios do Processo Civil na Constituição Federal*, 1999, p. 28.

[21] "Esta aproximação das ciências do espírito às matemáticas e às demais ciências da natureza que, como observa Cassier, igualou o mundo moral ao mundo dos fenômenos naturais, é a matriz filosófica de todos os positivimos modernos e, particularmente, da profunda alienação dos juristas contemporâneos dos problemas sociais de seu tempo. É a mesma indiferença, preconizada por Locke, para com as questões sociais que se agitam sob os grilhões de uma armadura jurídica opressiva e alheia às transformações históricas – como se o direito tanto quanto a lógica e a matemática fosse eterno – que é glorificada pela nossa metodologia universitária." Ada Pellegrini Grinover. *Participação e Processo*, 1988, p. 112.

[22] Op. cit., p. 111.

[23] Eduardo Novoa Monreal. *El Derecho como Obstáculo al Cambio Social*, 1979, p. 140.

[24] Norberto Bobbio. *Dicionário de política*, 1993, p. 988.

conscientização de que a importância do processo está em seus resultados.[25]

Partindo-se do binômio-antitético: *direito material* e *direito instrumental*, Galeno Lacerda criou o *princípio da adequação*.[26] Para explicar tal criação, o professor gaúcho e Doutor *Honoris Causa* pela Universidade Coimbra, lança mão do seguinte raciocínio:

> "Instrumento é conceito relativo, que pressupõe um ou mais sujeitos agentes, um objeto sobre o qual, mediante aquele, atua o agir, e uma finalidade que condiciona a ação.
> Requisito fundamental para que o instrumento possa atingir e realizar seu objetivo há de ser, portanto, a *adequação*. Como são três os fatores a considerar, a adequação se apresenta sob tríplice aspecto: *subjetiva, objetiva* e *teleológica*.
> Em primeiro lugar, cumpre que o instrumento se adapte ao sujeito que o maneja: o cinzel do Alejadinho, forçosamente, não se indentificava com um cinzel comum.
> Em segundo, impõe-se que a adaptação se faça ao objeto: atuar sobre madeira ou cobre exige instrumental diverso e adequado.
> Em terceiro, urge que se considere o fim: trabalhar um bloco de granito para reduzi-lo a pedras de calçamento, ou para transformá-lo em obra de arte, reclama de igual modo adequada variedade de instrumentos.
> Assim também há de se suceder com o processo, para que possa cumprir com a missão de definir e realizar o direito.
> O princípio da adequação, nestes termos, funciona, pois como princípio unitário e básico, a justificar, mesmo, a autonomia científica de uma *teoria geral do processo*."

Nessa perspectiva, tem-se que o princípio da adequação incidirá como princípio basilar de toda a teoria geral do processo, bem como a todo direito processual enquanto sistema, na concepção já referida de Juarez Freitas.

Partindo das premissas acima fixadas, enfrentar-se-á, a seguir, o tema do presente trabalho: *o princípio do juiz natural ou juiz constitucional, ou, ainda, juiz legal ou competente*.

4. Conteúdo Substancial do Juiz Natural

Absolutamente impossível se falar do princípio do juiz natural sem tratar do princípio da imparcialidade. Tal paridade revela-se pela

---

[25] José Roberto dos Santos Bedaque. *Direito e Processo*, 1995, p. 14.

[26] Galeno Lacerda. O código como sistema legal de adequação do processo. Revista do Instituto dos Advogados do Rio Grande do Sul, 1976, p. 164. V. tb. *Comentários ao Código de Processo Civil*, v. 8, tomo I, 1998, p. 23.

simples condição de que o processo jurisdicional encontra-se visceralmente ligado à atuação do juiz no processo, podendo-se afirmar que a garantia da alheiabilidade consiste em pressuposto para a sua existência.[27] É por essa razão que José Maria Rosa Tesheiner, ao analisar tal princípio, conclui : "Trata-se em última análise, de assegurar a imparcialidade o órgão julgador..."[28]

Porém, asseguração do Juiz Natural significa uma forma de colocar em relevo uma série de outras garantias constitucionais, além da imparcialidade. Alessandro Pizzorusso preceitua que "come la garantia costituzionale del giudice naturale non sia fine a se stessa, ma rappresenti um mezzo per assicurare il rispeto di altri valori, logicamente pregiudiziali, qual l'independenza, l'idoneità, l'imparcialità e la specializzazione del giudice, la garantia dei diritti della difesa, la giustizia della legge, ecc.".[29] Luiz Flávio Gomes observa que: "A ele acham-se conectados outros importantes princípios, como a) o da igualdade, b) o da imparcialidade, c) o da anterioridade e o d) da legalidade".[30]

Como se vê, o princípio ora examinado, dada sua importância político-jurídica, catalisa em si outros princípios fundamentais.

O professor Sérgio Gilberto Porto enxerga na igualdade a nota essencial do mesmo, vejamos:

> "É exatamente na igualdade jurisdicional que encontramos a mais pura essência do juízo natural, ou seja, se é certo que ninguém pode ser subtraído de seu Juiz constitucional, também é certo que ninguém poderá obter qualquer privilégio ou escolher o juízo que lhe aprouver, sob pena de tal atitude padecer de vício de inconstitucionalidade por violação exatamente do juízo natural."[31]

Partindo dessas considerações, pode-se afirmar que o princípio em análise possui duplo conteúdo substancial. Um *imediato*, ligado à imparcialidade do juiz relacionado à própria existência da função jurisdicional, e outro *mediato*, ligado à igualdade de partes. Ou seja, a partir da imparcialidade do órgão jurisdicional é que se alcançará, por conseqüência a igualdade entre os cidadãos.

---

[27] Ada Pellegrini Grinover. *Processo em sua Unidade*, 1984, p. 3.

[28] José Maria Rosa Tesheiner. *Elementos para uma teoria geral do processo*, 1993, p. 36.

[29] Alessandro Pizzorusso, Il principio del giudice naturale nel suo aspetto di norma sostanziale. *Rivista Trimestrale di Diritto e Procedura Civile*, anno XXIX, numero 1, p. 6, marzo 1975.

[30] Luiz Flávio Gomes. Apontamentos sobre o princípio do juiz natural. *Revista dos Tribunais*, vol. 703/420, mai. 1994.

[31] Sérgio Gilberto Porto. Litisconsórcio: noções e recusabilidade da formação por violação do juízo natural, *Revista da AJURIS*, Porto Alegre/RS, n. 60, p. 41, mar. 1994.

Todavia, conforme demonstra A. Pizzorusso,[32] se tal garantia estiver ancorada tão-somente em aspectos formais, desrespeitando a dimensão substancial da mesma, essa deve ser desconsiderada. Tal garantia há de ser como uma garantia da parte, não como um princípio organizativo da magistratura, ou seja, deve – sobretudo – ser considerada do ponto de vista substancial. Absolutamente inviável seria rotular alguns preceitos como instrumentos garantidores do juízo legal, enquanto esses, na verdade, contêm regras de cunho eminentemente formal, prejudicando o princípio fundamental da imparcialidade. Por conseguinte, simples fato de uma situação revestir-se da garantia aparente do juiz natural, não significa a consagração da existência de um juiz imparcial capaz de promover a igualdade.

Assim, a imparcialidade de função e a igualdade não meramente formal das partes, mas, sobretudo, substancial, configuram-se nos pontos de partida para a incidência da garantia do Juiz Natural, ou Constitucional, consolidando-se assim, tal princípio, como manifestação de um Estado Democrático de Direito.

Partindo-se da idéia de Galeno Lacerda[33] de que o processo nasce com o objetivo de resolver a lide e obter a paz social, pode-se afirmar que, do ponto de vista individual, o princípio preponderante é o da *igualdade*. Contudo, sob o prisma coletivo, no sentido de o processo funcionar como efetivo instrumento de pacificação social, o princípio que consolida o juiz natural é o da *imparcialidade*.

5. As garantias contidas no juiz natural

A doutrina contemporânea identifica no princípio em análise uma natureza dúplice.[34] Tal significado indica que o mesmo, além de proibir o juízo ou o tribunal de exceção, assegura que ninguém será processado nem sentenciado senão pela autoridade competente.

A primeira garantia – que veda a existência de tribunal de exceção – objetiva a vedação da criação de tribunais *ad hoc* para julgamento de ações civis ou penais. Ou seja: veda a criação de juízos extraordinários, constituídos *ex post facto*.[35] Tal postulado encontra-se incorporado à ordem constitucional vigente, especificamente no inciso XXXV do art. 5º.

---

[32] Alessandro Pizzorusso. Il principio del giudice naturale nel suo aspetto di norma sostanziale. *Rivista Trimestrale di Diritto e Procedura Civile*, anno XXIX, n. 1, p. 1-17, marzo 1975.

[33] Galeno Lacerda. Processo e Cultura. *Revista de Direito Processual Civil*, v. 3/74, jan. 1961, p. 74.

[34] Ada Pellegrini Grinover. O Processo em sua unidade – II, 1984, p. 3-40. Rogério Lauria Tucci. *Princípios e regras orientadoras do novo processo penal brasileiro*, 1986, p.1 24. Luiz Flávio Gomes. Apontamentos sobre o princípio do juiz natural. *Revistas dos Tribunais*, v. 703/419, mai. 1994. José Frederico Marques. *Enciclopédia Saraiva do Direito*, 1977, p. 443, v. 3.

[35] Ada Pellegrini Grinover, *op. cit.* p. 39.

Enquanto a segunda garantia, consagrada pelo inciso LIII do supracitado artigo, consiste em assegurar que: "ninguém será processado nem sentenciado senão pela autoridade competente". Essa garantia significa que devem existir juízos pré-constituídos para efetuarem julgamento dos fatos submetidos à apreciação jurisdicional. Da mesma forma, tal dispositivo legal consagra a existência do Princípio do Promotor Natural.[36]

Tal determinação deve ser exigida tanto no aspecto genérico, quanto no aspecto individualizado, consistindo essa em garantir a especialização (determinação) do juiz legal para fixar-se então qual o "o juiz da causa".

Luigi Luchini,[37] em obra escrita no início do século, assegurava que para a jurisdição ser considerada legítima deve ser: a) legal, no sentido de que não se poderá derrogar a organização judiciária senão por força de uma lei; b) positiva e indeclinável, afirmando que ninguém pode se subtrair à jurisdição exceto nos casos previstos em lei; c) inalterável, no sentido que uma vez que firmada pela lei, não possa modificar-se o juiz natural.

Assim, temos que a consagração da garantia do juiz natural parte de uma normalidade de regime de competências, prefixadas pela lei, tomando-se por base a concepção de que a competência é a medida da jurisdição.[38]

Luigi Ferrajoli,[39] tratando de dar significado à garantia em análise, vê no mesmo a existência de três coisas distintas e relacionadas entre si: 1- a necessidade de que o juiz seja pré-constituído pela lei e não indicado *post factum*; 2- a inderrogabilidade e a indisponibilidade das competências; 3- a proibição de juízes extraordinários ou especiais.

Dessarte, vê-se novamente, que é absolutamente imperioso, sob pena de violência ao juiz constitucional, que haja um conjunto de garantias para levar-se a cabo tal princípio, sendo absolutamente impossível pensar o mesmo, como já foi dito, de maneira isolada e assistemática. Assim, não pode o Legislativo, através de lei, retirar do Judiciário a apreciação das lesões de direito individual, bem como é vedado ao Poder Executivo criar comissões, juntas, tribunais, cortes especiais, juízos, que não integrem o aparelho judiciário constitucionalmente previsto, para julgar em caráter definitivo as lesões ou ameaças a direitos.

---

[36] Paulo Cezar Pinheiro Carneiro. *O ministério público no processo civil e penal: promotor natural: atribuição e conflito*, 1995, p. 104.

[37] Luigi Luchini. *Elementi de Procedura Penale*, 1908, p. 205.

[38] Idem, p. 209.

[39] Luigi Ferrajoli. *Derecho y Razón*, 1995, p. 589/591.

Em tese de doutoramento apresentada junto a UFPR, Romeu Felipe Bacellar Filho,[40] partindo do tríplice dimensionamento ao princípio em análise, firmado pelo jurista português Jorge de Figueredo Dias, formula notável e completa sistematização do conteúdo da garantia do juiz natural. Identifica, o referido autor, a existência de cinco significados.

O primeiro sentido diz *quanto ao plano da fonte*, sendo que esse "institui a reserva absoluta da lei para a fixação da competência do juízo",[41] quer dizer que cabe somente à lei instituir e fixar competência, cabendo a mesma "concretizar" a competência estabelecida pela Constituição. Dessa maneira, a garantia em análise deve, também, ser respeitada pela atividade legislativa dos Estados-membros. Aliás, tal conclusão advém do ensinamento de José Frederico Marques, que "o órgão judiciário que não encontrar, na Constituição, sua origem e fonte criadora, não está investido de atribuições jurisdicionais, o mesmo se verificando com os órgãos que não se estruturam segundo o previsto na Lei Maior".[42] Por conseguinte, consistir-se-ão juízes ou tribunais de exceção o órgão criado por ato que não tenha eficácia de lei, ou à margem do texto constitucional, subtraindo competência de órgão delimitado pela constituição.[43]

O segundo diz respeito ao plano da *referência temporal*.[44] Essa categoria relaciona-se com a garantia de que ninguém será processado ou julgado por órgão instituído após a ocorrência do fato, assegurando ao cidadão a impossibilidade de serem criados tribunais ou juízos para a resolução de casos específicos. Tal garantia refere-se, também, à definição "do agente público" que será competente para julgar. Figueredo Dias[45] identifica nessa hipótese um *princípio da irretroactividade*.

O terceiro conteúdo dessa garantia diz respeito ao plano *da imparcialidade*.[46] Aliás, a própria legislação processual, por intermédio das exceções, objetiva resguardar tal princípio por meio de mecanis-

---

[40] Romeu Felipe Baccelar Filho. *Princípios Constitucionais do Processo Administrativo Disciplinar*, 1998, p. 289.
[41] Op. cit., p. 289.
[42] José Frederico Marques. *Manual de Direito Processual Civil: Teoria Geral do Processo Civil*, 1986, p. 82.
[43] Romeu Felipe Bacellar Filho, op. cit., p. 290.
[44] Idem, ibidem.
[45] Dias *apud* Bacellar Filho, op. cit., p. 289.
[46] Op. cit., p. 291. A esse respeito o Estado de Roraima viveu curiosa situação, narrada pelo autor, por ocasião de ajuizamento de ação popular que buscava a anulação da nomeação de todos os membros do Tribunal de Justiça daquele Estado, estando os juízes de primeiro grau do mesmo Estado em estágio probatório, portanto sem as garantias de independência da vitaliciedade, dependentes do Tribunal cujos integrantes eram litisconsortes passivos na ação popular. Buscando assegurar a necessária imparcialidade, na forma do disposto no art. 102, I, "n", da Constituição Federal, a demanda fora remetida ao Supremo Tribunal Federal, para julgamento.

mos destinados a resolver questões que visem a evitar a prestação de atividade jurisdicional por juiz impedido ou suspeito.

Outra importante manifestação da imparcialidade diz respeito à ligação dessa com a independência, que visa a assegurar autonomia funcional do órgão judicante, imune a ordens e instruções hierárquicas, enquanto no exercício de atividades jurisdicionais.

O quarto conteúdo diz respeito à *abrangência funcional*[47] que visa a garantir ao jurisdicionado a determinabilidade de qual órgão irá decidir o fato levado a juízo. Tal abrangência envolve questões de ordem subjetiva (regras inerentes à imparcialidade) e de ordem objetiva que estipulam os órgãos e agentes que se exige a predeterminação legal da competência.

Como quinto e último, tem-se a garantia de *ordem taxativa de competência*,[48] que assegura a pré-constituição dos órgãos e agentes excluindo qualquer alternativa deferida à discricionariedade de quem quer que seja.[49] Eventual modificação de competência deve estar prevista em leis anteriores ao fato.

Dessa maneira, vê-se que o juiz natural consiste em um dos elementos indispensáveis para a consumação do devido processo legal. Aliás, oportuna a lição de Vigoritti[50] ao afirmar que: "a igualdade e contraditório das partes perante o juiz; pré-constituição por lei do juiz natural; sujeição do juiz somente à lei; proibição de juízos extraordinários ou especiais e, finalmente, a independência e imparcialidade dos órgãos jurisdicionais, consistem nos principais elementos do *due process of law* ".

6. Tentativa de enunciá-lo

Diante das premissas até aqui firmadas, podemos enunciar que o princípio do juiz natural consiste na garantia inerente aos litigantes em processo judicial ou aos interessados em procedimentos administrativos de, mediante a pré-constituição pela lei e a prévia individualização dos juízes, no pleno e material exercício da imparcialidade e da igualdade, obter, mediante critérios objetivos e prefixados, a definição da competência de maneira inderrogável e indisponível, tanto de forma genérica e individualizada, observando os procedimentos referentes à divisão funcional interna dos organismos.

---

[47] Op. cit., p. 293.

[48] Romeu Felipe Bacellar Filho, ob. cit., 1998, p. 295.

[49] Antônio Carlos de Araújo Cintra *et al. Teoria Geral do Processo*, 1991, p. 53.

[50] Vigoritti *apud* Theodoro Júnior. *A execução de sentença e a garantia do devido processo legal*, 1987, p. 61.

7. A gênese do juiz natural

O estudo da origem do Juiz Natural é o estudo do próprio nascimento do juiz modernamente concebido. Tal análise encontra-se imanada ao surgimento do próprio Estado Moderno e tripartido, onde o juiz, de maneira independente aos outros poderes, passa a ter assegurada sua imparcialidade e, por conseqüência, propiciar a plena igualdade entre os cidadãos. Assim, impõe-se a necessária e breve abordagem acerca da origem do mesmo.

Tal proteção surge da necessidade histórica de não só resguardar o juiz da influência dos demais poderes, ou poderes externos, mas também de assegurar possíveis influências internas, da própria organização.[51]

Consabidamente, antes da concepção de Estado Moderno com sua forma tripartida, o poder era enfeixado nas mãos do soberano. Ficou célebre a fórmula francesa, "toute justice emane du roi", servindo essa como verdadeira síntese ao poder encarnado pelos monarcas absolutos, que se colocavam além do bem e do mal, livre dos vínculos morais que delimitavam a ação de simples mortais.

Como reação contra o Estado Absoluto surge o Estado moderno, liberal e democrático. Tal nascimento tem como fases culminantes as duas revoluções inglesas do século XVII e a Revolução Francesa que, acompanhadas por teorias políticas, visavam a encontrar um remédio contra o absolutismo do poder do príncipe. Foi da tradição do pensamento político inglês que surgiu a maior contribuição para a solução do problema ora analisado. Tal solução adveio do conjunto de movimentos que lutam contra os abusos do poder estatal recebendo, esse, o nome de "constitucionalismo".[52]

Norberto Bobbio[53] assevera que o problema fundamental que preocupa os "constitucionalistas" decorre do fato que: "Se o príncipe tem um poder absoluto, pode abusar dele. Como se pode impedir o abuso do poder ?" Como resposta a essa pertgunta, o notável jurista italiano, conclui pela impossibilidade de se controlar tais poderes, exceto por um modo: "limitando-o". Porém, qual seria a maneira de se limitar esses poderes? O próprio Bobbio identifica três grandes grupos, as teorias capazes de evitar o abuso do poder: "Teoria dos direitos naturais, ou jusnaturalista; Teoria da separação dos poderes e Teoria da Soberania popular ou democracia."

Partindo dessas premissas que limitam a ação do Estado ante o cidadão, vê-se a incidência da garantia do juiz natural presente nas três

---
[51] Luigi Ferrajoli. *Derecho y razon*, 1995, p. 584.
[52] Norberto Bobbio. *Direito e Estado no Pensamento de Emanuel Kant*, 1992, p. 15.
[53] Idem, ibidem.

formas de limitação dos poderes acima expostas. Na primeira, baseada na via jusnaturalista, nada mais necessário aos cidadãos, do que o exercício de direito próprio de serem julgados com imparcialidade e igualdade; impondo ao Estado, alheio até mesmo da participação desta ou daquela comunidade política, o reconhecimento de sua garantia. Aliás, tal necessidade é a que fundamenta a concepção antes referida da garantia material do juiz natural, devendo o Estado reconhecê-las e torná-las efetivas.

Uma segunda teoria constata que a melhor forma de conter o poder seria quebrá-lo. Tal concepção faz surgir a idéia de Estado Constitucional, ou seja, a clássica divisão tripartida entre Executivo, Legislativo e Judiciário, onde cada um desses poderes apresenta-se independente um do outro em posição que podem controlar-se reciprocamente.

Tem-se como verdadeiro marco para o surgimento da figura do juiz moderno a progressiva diferenciação entre "gubernaculum y juridictio",[54] devido ao fenômeno da delegação das funções judiciais e a sua autonomia em relação às autoridades delegantes de funções de direito próprio. Na ideologia Medieval, a jurisdição era vista como uma função soberana, exercida pelo Papa ou delegada a terceiros. Com o processo de enfeudamento da justiça, e posteriormente o início da apropriação da mesma por parte dos municípios – *comuni* –, quer por concessão quer por usurpação os feudatários, bispos e alcades começaram a exercer *iure* próprio as funções originalmente delegadas e a delegá-las a terceiros. Por fim, surgiu a discussão se a *iuridictio* plena pertenceria aos imperadores e seus imediatos ou também aos feudatários.[55]

Como se vê, houve por um grande período uma multiplicidade de jurisdições até encontrar-se alguma estabilidade acerca da mesma. Tal modificação surge com a formação dos estados nacionais onde as autoridades supremas do papa e o imperador, notadamente na Inglaterra e França, passam a ser substituídas pelo rei, surgindo a distinção entre a figura do juiz e a do governante, negando-se aos príncipes a qualificação de juízes. Ferrajoli[56] aponta este momento como sendo "momento en que puede situarse el nacimiento del juez moderno". Vencida a noção medieval de jurisdição como poder soberano, identificar-se-ão em três as funções do governo: legislativa, executiva e jurisdicional.

Dessa separação surgiram memoráveis conflitos entre juízes e reis, em Inglaterra e França, durante os séculos XVII e XVIII. Tais conflitos advieram, principalmente, pelo fato de surgirem contínuas intromissões por parte dos príncipes nas atividades jurisdicionais.

---

[54] Luigi Ferrajoli. *Derecho y razón*, 1995, p. 585.
[55] Idem, p. 585.
[56] Idem, p. 586.

A partir desse lento e trabalhoso processo, os pensadores teorizaram a independência dos juízes, como um verdadeiro marco na teoria em análise. Decisivas foram as contribuições de Locke, através de sua clássica obra "Two Treastises of Civil Government" (1688), onde houve a formulação de vigorosas críticas à monarquia absolutista, fundamentando-as na necessária subordinação da atividade dos governantes ao consentimento popular. Com a obra de Locke, a luta sistemática contra o absolutismo, vazada na inspiração individualista dos direitos naturais oponíveis ao Estado, se obtinha a força, para a aparição da obra de Montesquieu, que veio com o propósito de dar "espírito" às leis.

Dessa maneira, identifica-se na teoria da separação dos poderes a garantia da independência da magistratura, bem como a todos os cidadãos no que diz respeito a todos os poderes tanto públicos como privados, políticos ou econômicos, oligárquicos ou de maioria, premissa essa inerente à garantia do juiz natural.

A terceira forma de impor limites ao Poder Estatal surge da Teoria da Soberania popular ou democracia. A mesma, segundo Bobbio[57] "não se trata de conter o poder limitando o mesmo por meio de direitos naturais ou por meio de distribuição para órgãos diferentes, mas alcançar a participação de todos os cidadãos". Na verdade, o que essa teoria propõe é a mudança do titular do poder, outorgando o mesmo a alguém que "por sua própria natureza não pode abusar dele, ou seja, à vontade geral." Da mesma maneira como as demais teorias, observa-se nessa sincronia a necessidade de preservação da garantia do juiz natural, que, igualmente, assegurará a imparcialidade e a igualdade.

Portanto, conforme acima demonstrado, a gênese da garantia do juiz natural encontra-se atrelada à própria existência do estado democrático de direito e do livre exercício da jurisdição, abstraindo-se de sua origem qualquer conteúdo capaz de violar direitos naturais inerentes a todos os cidadãos. Bem como qualquer idéia centralizadora e ilimitada do exercício dos poderes do estado sobre os jurisdicionados; tudo isso centrado e voltado à vontade geral. A ausência do juiz natural é sinônimo de violento retrocesso sociopolítico, inviabilizando o exercício do poder estatal, especialmente a jurisdição.

8. O Juiz Natural e sua evolução histórica

Ferrajjoli[58] identifica como infrutíferas a intenção de situar a origem da garantia do Juiz Natural na Magna Carta de 1215. Afirma que tal garantia se identifica como uma aquisição moderna, onde a

---

[57] Norberto Bobbio. *Direito e Estado no Pensamento de Emanuel Kant*, 1992, p. 16.

[58] Luigi Ferrajoli. *Derecho y razón*, 1995, p. 590.

mesma, em uma formulação mais madura, se deve ao pensamento francês do século XVIII, depois das declarações revolucionárias dos direitos. Tal entendimento é esposado por Ada Pellegrini Grinover, que, baseada no autor italiano, Taormina, afirma "que a problemática do juiz natural, como hoje entendemos, é sucessiva à época da Magna Carta".[59]

A expressão "juez natural" tem sua primeira aparição na "Encyclopédie *(A.G. Boucher D'Arguis, juge [Jurisp.],IX, p.13)*", em 1766, para designar o que vem a ser o juiz ordinário, em oposição aos juízes extraordinários, dotados de competência legalmente estabelecida e não instituídas depois da ocorrência do fato.[60]

No âmbito legislativo, contemplando o tríplice conteúdo apontado anteriormente por Ferrajoli, esse identifica tal garantia pela primeira vez, no art. 4º, cap. V, tít. III, da Constituição Francesa de 1791. O referido autor esclarece que em dispositivo legal datado de 24.08.1790, no art. 17, tít.II, foi utilizada tal expressão, todavia, ausente a tríplice dimensão proposta para se enquadrar a garantia em análise.[61] É por isso que Grinover[62] identifica este diploma como o primeiro a utilizar tal expressão.

Refere também Ferrajoli que as Constituições francesas que se seguiram proporcionaram um progressivo debilitamento a essa garantia; uma vez que a Constituição de 22 de agosto de 1795 não vedou a avocação, os artigos 61 e 62 da Carta Constitucional de 4 de junho de 1814 e o art. 53 da Constituição de 1830, bem como o art. 4º da Constituição de 1848, contemplaram somente, a proibição da comissão, isto é, da instituição de juízes extraordinários, não fazendo constar a proibição da avocação, bem como a atribuição de juízes especiais. Conclui o notável jurista italiano que a garantia objeto da presente análise ficou reduzida exclusivamente à proibição de instituir juízes extraordinários *post factum*.[63] Tal conclusão também é esposada por Grinover.[64]

José Frederico Marques[65] vê o surgimento do princípio do juiz natural na Carta Constitucional francesa de 1814, repetido na Carta de 1830. Tal conclusão é endossada por Luiz Flavio Gomes.[66]

---

[59] Ada Pellegrini Grinover. *O Processo em sua unidade,* 2 , 1984, p. 5.
[60] Luigi Ferrajoli. *Derecho y razón*, 1995, p. 591.
[61] Idem, p. 591.
[62] Ada Pellegrini Grinover, op. cit., p. 10.
[63] Luigi Ferrajoli. *Derecho y razón*, 1995, p. 591.
[64] Ada Pellegrini Grinover. *O Processo em sua Unidade,* 2, 1984, p. 11.
[65] José Frederico Marques. *Enciclopédia Saraiva do Direito*, 1977, p. 445, v. 3.
[66] Luiz Flávio Gomes. *Revista dos Tribunais*, v. 703/418.

Fixada a origem francesa do princípio em análise, cabe ressaltar que o mesmo influenciou de sobremaneira quase todos os ordenamentos jurídicos posteriores, irradiando tal garantia ao Universo Jurídico, transformando-o no dizer de Bluntschlli[67] entre os "princípios comuns a todas as jurisdições".

Ferrajoli criticando a redução do juiz natural tão-somente à proibição da fixação de juízes extraordinários *post factum*, informa que tal princípio fora herdado – com essa restrição – para a Constituição da Bélgica, para a dos estados italianos pré-unitários e ao Estatuto Albertino.[68]

A Constituição Belga, de 1831, o princípio do juiz natural e a proibição de tribunais extraordinários estavam separados, o primeiro no art. 8º, e o segundo, no art. 94. No direito espanhol, a expressão "juiz natural" é substituída por "juiz competente" tanto na Constituição de 1876 – art. 16 – como no art. 28 da Constituição republicana de 1931 e pelo "juiz ordinário predeterminado em lei", na de 1978 (art. 24, 2).

O direito alemão usa nomenclatura diversa, pois a vigente Constituição da República Federal da Alemanha usa a expressão *juiz legal* proibindo ao mesmo tempo a "jurisdição de exceção" no seu artigo 101,I, sendo que, o artigo 105 da Constituição de Weimar já reconhecia a vedação da criação de tribunais de exceção, assegurando a todos a vedação da subtração do "juiz legal".[69] [70]

Também a Declaração Universal dos Direitos do Homem, proclamada em 1949, pela Assembléia Geral das Nações Unidas, em seu artigo 10, bem como a Convenção Americana sobre Direitos Humanos – Pacto de São José da Costa Rica – que passou a vigorar para o Brasil em 25.9.92 (Dec. 678/92) adotaram tal garantia. Todavia, como se verá a seguir, tal garantia já fazia parte da tradição jurídica pátria.

9. O Princípio do Juiz Natural e o Constitucionalismo Brasileiro

A previsão da garantia em análise surgiu pela primeira vez na Constituição Política do Império do Brasil, de 25 de março de 1824, em dois artigos: 149, II, e 179, XVII. A Constituição Republicana, de 24 de fevereiro de 1891, no art. 72, §§ 15 e 23, mantém a garantia em estudo, o mesmo acontecendo com a Carta de 16 de julho de 1934, no art. 113, números 25 e 26.

---

[67] Bluntschli *apud* Marques, op. cit., p. 445.
[68] Luigi Ferrajoli, op. cit., 591.
[69] Ada Pellegrini Grinover. *O processo em sua unidade*, 2, 1984, p. 13.
[70] José Frederico Marques. *Enciclopédia Saraiva do Direito*, 1977, p. 445.

A partir de 1930, com o início de governos autoritários e com algumas restrições impostas ao princípio da inafastabilidade do controle judicial, o juiz natural sofre profundas restrições. O Decreto Institucional do Governo Provisório de 1930, e mais tarde o Decreto nº 24.233, de 12 de maio de 1934, que estabelecia a competência da Câmara de Reajustamento Econômico, a entidade administrativa criada para reajustar as dívidas dos agricultores, excluindo, nesses casos, a apreciação judiciária.[71]

Sob a égide da Carta Constitucional promulgada em 10 de novembro de 1937, em face da implantação do regime ditatorial, tal garantia viu-se omitida, impondo não só séria limitação à apreciação judiciária, como também um grave retrocesso. Nada obstante essa omissão, o legislador constituinte foi mais longe, prescrevendo: "Os crimes cometidos contra a segurança do Estado e a estrutura das instituições serão sujeitos à justiça e processos especiais, que a lei prescreverá". Tal previsão, segundo Grinover, visava a salvar a constitucionalidade do Tribunal de Segurança, criado em 1935 e que se configurava num autêntico tribunal de exceção.[72]

O princípio em análise foi restabelecido somente em 18 de setembro de 1946, com a nova Constituição, quando se incorporou à ordem jurídica os artigos 141, § 26 e 27.

Na Constituição de 24 de janeiro de 1967, tal princípio aparece no artigo 150, § 15, *in fine* e no artigo 153, § 15, *in fine*, da Emenda Constitucional nº 1, de 17 de outubro de 1969. Todavia, convém destacar que tal garantia foi brutalmente violada em função dos Atos Institucionais, alguns anteriores a própria vigência da Carta de 1967, como, por exemplo, o Ato Institucional nº 1, de 1964, que limitava a atuação do Poder Judiciário, da mesma forma o Ato Institucional nº 2, de 27 de outubro de 1965, onde em seu artigo 19, há verdadeiro libelo contra a democracia ao impedir a apreciação judicial uma série de atos praticados pelo Comando Supremo da Revolução.[73] Isso sem se falar no Ato Institucional nº 5, de 13 de dezembro de 1968, onde havia expressa disposição, no art. 11: "Excluem-se de qualquer apreciação judicial todos os atos praticados de acordo com este Ato Institucional e seus Atos Complementares, bem como os respectivos efeitos".

Assim, salvo períodos de exceção – que não foram poucos em nossa república – a garantia do juiz natural faz parte da tradição jurídica nacional.

---

[71] Ada Pellegrini Grinover. *As Garantias Constitucionais do Direito de Ação*, 1973, p. 135.

[72] Ada Pellegrini Grinover. *O Processo em sua Unidade*, 2, 1984, p. 17.

[73] Idem, p. 139.

10. Os juízos especializados

A Carta Constitucional de 1988 prevê a determinação do juiz natural em três situações, contidas no art. 5º e seus incisos XXV, XXXVIII e LIII.[74] Tais dispositivos implicam as garantias antes estabelecidas. Contudo, a vedação de "juízos de exceção" não pode ser confundida com a existência de "juízos especiais", estabelecidos conforme a natureza da causa.

O sistema constitucional pátrio jamais mostrou aversão à instituição de justiças especializadas, aceitando expressamente o poder de atribuição. Com efeito, o juiz natural não se contrapõe a juízos especiais, orgânicos, pré-constituídos, integrantes do Poder Judiciário em que, o que ocorre é apenas uma prévia distribuição de competências – ora em razão das pessoas – ora em razão da matéria. Como se vê, não se pode confundir Tribunais de exceção, transitórios e arbitrários, com justiças especializadas, permanentes e orgânicas; os primeiros funcionam *ad hoc*, para cada caso concreto, enquanto a segunda aplica a lei a todos os casos de determinada matéria ou que envolvam determinadas partes.[75]

Assim, encontram-se em completa consonância com a ordem jurídica vigente, as Justiças Especiais, como a Justiça Eleitoral, do Trabalho e a Justiça Militar, consagradas no artigo 92 da Constituição Federal. Da mesma forma, vale lembrar que as leis de organização judiciária têm autonomia de criar varas especializadas visando ao julgamento de causas cíveis ou criminais de determinadas matérias, sem violação do princípio do juiz natural ou da proibição dos tribunais de exceção. As varas especializadas se inserem na estrutura regular do Poder Judiciário, pois seus juízes têm as garantias de investidura e exercício e possuem competência geral para todos os fatos posteriores sobre a matéria especificada.[76]

Convém, contudo, destacar que tal posicionamento não se constitui em unanimidade. Claudio Pacheco[77] encontra dificuldades em aceitar a distinção entre Justiça Especializada e Justiça de Exceção.

Porém, parece inevitável a conclusão pela admissibilidade dos juízos especiais, desde que esses cumpram com as premissas estabelecidas pela Constituição.

---

[74] Rogério Lauria Tucci. *Direitos e garantias individuais no processo penal brasileiro*, 1993, p. 125.

[75] Ada Pellegrini Grinover. O procedimento sumário, o princípio do juiz natural. *Revista da AJURIS*, Porto Alegre/RS, n. 32, p. 105, nov. 1984.

[76] Vicente Greco Filho. *Os direitos individuais e o processo judicial*. 1977, p. 79.

[77] Pacheco *apud* Grinover. O procedimento sumário, o princípio do juiz natural. *Revista da AJURIS*, Porto Alegre/RS, n. 32, p. 105, nov. 1984.

11. Conclusão

Percebe-se, hoje, que o direito processual migrou para o lado dos direitos fundamentais da pessoa humana, ocupando importante posição no cenário jurídico. Após longo processo de maturação e desde a sua independência em relação ao direito material, graças à obra de notáveis cientistas desse ramo do direito público, é chegada a hora de o mesmo fazer as pazes com a sociedade. É chegado o momento do direito processual cumprir – de maneira efetiva – com o seu papel de instrumento, posto à disposição da cidadania, pela via do estado democrático de direito.

Assim, baseado nos novos ares de inspiração constitucional, cabe aos operadores do direito, enxergar o direito processual, não mais pelo o prisma anacrônico da individualidade, mas sim como instrumento a serviço da cidadania plena, norteado pelas normas e princípios constitucionais. Tal visão deve endereçar-se a valores de cunho coletivos e impessoais, para bem de que a jurisdição – uma vez por todas – seja vista como um exercício de uma das funções do Estado, e, como tal, encontrar-se norteada por valores públicos e não privados. Aliás, a sociedade contemporânea, vivendo a plenitude de ter assegurado na Carta Constitucional uma série de conquistas obtidas pelo "estado social", transformadas em garantias oferecidas aos jurisdicionados por meio do direito processual constitucional, merece, de imediato, o ingresso de medidas que outorguem à cidadania a efetivação dessas conquistas, realizando os direitos fundamentais.

Talvez, a deficiência da materialização dessa inarredável conquista seja pela falta da visão sistemática do direito, ignorando – por completo – a existência de princípios que auxiliem o intérprete na resolução das antinomias jurídicas.

Nesse sentido é de incorporar-se a *praxis* jurídica à formulação sugerida pelo Professor Galeno Lacerda, onde, a instrumentalidade processual dar-se-á por intermédio do *princípio da adequação*. A regra da adequação é – na verdade – verdadeiro mecanismo posto à disposição dos operadores do direito para fazer valer os princípios processuais previstos na Carta Política, equacionando as relações existentes entre o direito processual e o direito material, fazendo, assim, a interação do direito processual dentro do sistema jurídico. Absolutamente impossível relegar a um plano abstrato e teórico os importantes mecanismos oferecidos pelo direito processual constitucional, sob pena de grave regressão política, impondo-se a necessidade de integrá-los ao dia-a-dia forense.

Sob essa ótica é que sustentamos que a garantia do juiz natural nasce com tendência não meramente formal, mas substancial. A mesma deve vir centrada em duas premissas, uma imediata – a "imparcialidade do julgador" – e outra, mediata – a "igualdade dos jurisdicionados". Pelo prisma da plena existência da imparcialidade, e a conseqüente promoção da igualdade é que será possível aferir-se a configuração da garantia do juiz natural.

Assim, em conclusão, pode-se asseverar a plena configuração da quintuplicidade de sentidos outorgados ao juiz natural na Constituição Federal de 1988, conforme elaboração antes transcrita, de acordo com a lição de Baccelar Filho.

A importância da garantia, objeto do presente trabalho, advém do fato de que a análise do mesmo se confunde com o próprio surgimento do estado e do juiz moderno, encontrando-se a mesma visceralmente ligada às mais importantes funções do estado. Violar a garantia em estudo significa golpear o próprio estado de direito.

A autonomia do juiz em relação aos demais poderes passou por lenta e gradual evolução, até chegarmos à pacífica conclusão da absoluta necessidade de que seja dada ao juiz a autonomia em relação aos demais poderes. Autonomia essa que, hodiernamente, se constata não dizer respeito somente ao exercício da jurisdição, mas constitui-se sinônimo de garantia a todos os jurisdicionados.

Também, à guisa de conclusão, convém afirmar que a existência de juízos especializados não constitui ofensa à garantia do juízo natural, desde que respeitadas as regras previstas pela Constituição Federal.

No que diz respeito à tradição Constitucional Brasileira, a garantia do juiz natural ganha importante reconhecimento, apesar de a mesma ter sido abolida ou ofendida durante períodos de nossa recente história.

Assim, resta aguardar que o direito processual constitucional ganhe, vez por todas, a justa dimensão para que se transforme a cada dia em instrumento de garantia e efetivação dos direitos fundamentais no novo século. Essa é nossa esperança, esse é o nosso dever.

Obras consultadas

BACELLAR FILHO, Romeu Felipe. *Princípios Constitucionais do Processo Administrativo Disciplinar*, São Paulo: Editora Max Limonad, 1998.

BARACHO, José Alfredo de Oliveira. *Processo Constitucional*, Rio de Janeiro: Forense, 1984.

BEDAQUE, José Roberto dos Santo. *Direito e Processo: Influência do Direito Material sobre o Processo*, São Paulo: Malheiros, 1995.

BOBBIO, Noberto. *Direito e Estado no pensamento de Emanuel Kant*, 2.ed. Brasília, Ed. Universidade de Brasília, 1992.

——; MATTEUCCI, Nicola; PASQUINO, Gianfrenco; Constitucionalismo. *In*: Dicionário de política. 5 ed. Brasília: Ed. Universidade de Brasília, 1993, 1 v. p. 246-258.
BONAVIDES, Paulo. *Do Estado Liberal ao Estado Social*. 4 ed. Rio de Janeiro: Forense, 1980.
CARNEIRO, Athos Gusmão. *Jurisdição e Competência*. 7 ed. São Paulo: Saraiva, 1996.
CARNEIRO, Paulo Cézar Pinheiro. *O Ministério Público no Processo Cível e Penal: Promotor Natural: Atribuição e Conflito*. 5.ed. Rio de Janeiro: Forense, 1995.
CINTRA, Antônio Carlos de Araújo; GRINOVER, Ada Pellegrini; DINAMARCO, Cândido Rangel. *Teoria Geral do Processo*. 8 ed. rev. e atual, São Paulo: Revista dos Tribunais, 1991.
DELGADO, José Augusto. Princípios processuais constitucionais. *Revista da Associação dos Juízes do Rio Grande do Sul – AJURIS*. Porto Alegre, n. 39, p. 223-232, mar. 1987.
DINAMARCO, Cândido Rangel. *A instrumentalidade do processo*. 4 ed. São Paulo: Malheiros Ed. 1994.
FERRAJOLI, Luigi. *Derechos y garantias. La ley del más débil*. Traduzido por Perfecto Andrés Ibanez e Andrea Grappi. Madri: Editoral Trotta, 1999, Tradução de: *Il diritto come sistema di garanzie*.
——. *Derecho y razón*. Traduzido por Perfecto Andrés Ibánez *et al*. Madrid: Editorial Trotta, 1995. Tradução de *Diritto e ragione*.
FRANÇA, Rubens Limongi (coord.). Juiz Natural. *In*: Enciclopédia Saraiva do Direito, São Paulo: Saraiva, 1977, v3, p. 444-450.
FREITAS, Juarez. *A interpretação sistemática do direito*, São Paulo: Malheiros, 1998.
GOMES, Luiz Flávio. *Apontamentos sobre o princípio do juiz natural*. Revista dos Tribunais, n 703, p.417-422, maio 1994;
GREGO FILHO, Vicente. *Os direitos individuais e o processo judicial: habeas-corpus, mandado de segurança, outros instrumentos constitucionais*, São Paulo: Atlas, 1977.
——. *Direito processual civil brasileiro*, 3 ed. São Paulo: Saraiva, 1986.
GRINOVER, Ada Pellegrini. O Procedimento sumário, o princípio do juízo natural. *Revista da Associação dos Juízes do Rio Grande do Sul - AJURIS*, v.32, nov. 1984.
——. *Processo em sua unidade*, 2 Rio de Janeiro: Forense, 1984;
——. *Os Princípios constitucionais e o código de processo civil*, São Paulo: Bushastsky, 1975.
——. *As garantias constitucionais do direito de ação*, São Paulo: Revista dos Tribunais, 1973.
——; DINAMARCO, Cândido Rangel; WATANABE Kazuo (coord.). *Participação e processo*. São Paulo: Revista dos Tribunais, 1988.
LACERDA, Galeno Velinho de. *Comentários ao código de processo civil*, 7 ed. Rio de Janeiro: Forense, 1998.
——. Eficácia da prestação jurisdicional no atendimento às demandas sociais, *Revista da Associação dos Juízes do Rio Grande do Sul - AJURIS*, Porto Alegre, n. 59, p.49-61, nov. 1993.
——. O código como sistema legal de adequação do processo. *Revista do Instituto dos Advogados do Rio Grande do Sul*, Comemorativa do Cinqüentenário, Porto Alegre, 1976.
——. Processo e cultura. *Revista de Direito Processual Civil*, São Paulo, v.3, p. 74-86., 1961.
LUCCHINI, Luigi. *Elementi di Procedura penale*. Firenze: G. Barbera, 1908.
MARINONI, Luiz Guilherme. *Novas linhas do processo civil*. São Paulo: Revista dos Tribunais, 1993.

—— (org.). *O processo civil contemporâneo.* Curitiba: Juruá, 1994.

MARQUES, José Frederico. *Manual de direito processual civil.* v.1. São Paulo: Saraiva, 1986.

MIRANDA, Francisco Cavalcanti Pontes de. *Comentários ao código de processo civil.* v.1, Rio de Janeiro: Saraiva, 1947.

MONREAL, Eduardo Novoa. *El derecho como obstáculo al social.* 3 ed. Máxico: Siglo Veintiuno Editores, 1979.

NERY JUNIOR, Nelson. *Princípios do processo civil na Constituição Federal,* 5 ed. Com a Lei das intercepções telefônicas 9.296/96, Lei da Arbitragem 9.307/96 e a Lei dos recursos nos Tribunais Superiores 9.756/98. São Paulo: Editora Revista dos Tribunais, 1999.

OLIVEIRA, Carlos Alberto Alvaro de. *Do Formalismo no processo civil.* São Paulo: Saraiva, 1997.

PACHECO, José da Silva. *Curso de teoria geral do processo,* Rio de Janeiro: Ed. Forense, 1985.

PIZZORUSSO, Alessandro. Il principio del giudice naturale nel suo aspetto di norma sostanziale. *Rivista Trimestale di Dirritto e Procedura Civile.* Milano, v.1, p. 1-17, Marzo 1975.

PORTANOVA, Rui. *Princípios do processo civil.* Porto Alegre: Livraria do Advogado, 1995.

PORTO, Sérgio Gilberto. *Coisa julgada civil,* Rio de Janeiro: Aide, 1998.

——. Litisconsórcio: noções e recusabilidade da formação por violação do juízo natural. *Revista da Associação dos Juizes do Rio Grande do Sul- AJURIS.* Porto Alegre, n. 60, p. 31-41, mar. 1994.

RADBRUCH, Gustav. *Introduccion a la filosofia del derecho.* México: Fondo de Cultura Econômica, 1951.

ROSAS, Roberto. *Direito processual constitucional: princípios constitucionais do processo civil.* 2. ed. rer. ampl. e atual de acordo com a Constituição de 1988. São Paulo: Revista dos Tribunais, 1997.

SALDANHA, Nelson. *O estado moderno e a separação de poderes.* São Paulo: Saraiva, 1987.

SCHWAB, Karl Heinz. Divisão de Funções e o juiz natural. *Revista de Processo.* São Paulo, n.48, p.124-131, out. 1987.

SILVA, José Afonso. *Curso de direito constitucional positivo.* 9 ed. São Paulo: Malheiros, 1992.

SILVA, Ovídio Araújo Baptista. *Curso de processo civil.* 3 ed. Porto Alegre: Fabris, 1996, v.1.

TESHEINER, José Maria Rosa. *Elementos para uma teoria geral do processo,* São Paulo: Saraiva, 1993.

THEODORO JÚNIOR, Humberto. *A Execução de sentença e a garantia do devido processo legal,* Rio de Janeiro: Aide Ed. 1987.

——. *Direito e processo: direito processual ao vivo.* Rio de Janeiro: Aide Ed. 1997.

TUCCI, Rogério Lauria. *Direitos e garantias individuais no processo penal brasileiro,* São Paulo: Saraiva, 1993.

—— et al. *Princípios e regras orientadoras do novo processo penal brasileiro,* Rio de Janeiro: Forense, 1986.

——; TUCCI, José Rogério Cruz e. *Constituição de 1988 e processo.* São Paulo: Saraiva, 1989.

3. A Garantia da Igualdade no Processo Civil frente ao Interesse Público

CRISTIANE FLÔRES SOARES ROLLIN
Advogada, Pós-Graduada em Direito da Economia e da Empresa pela Fundação Getúlio Vargas.

Sumário: Introdução; 1. Breve escorço histórico; 2. A isonomia nas Constituições Brasileiras; 3. Isonomia formal e isonomia material; 4. Destinatários; 5. A igualdade no processo civil; 6. A igualdade e o interesse público; 7. A concessão de prazos diferenciados à Fazenda Pública e ao Ministério Público; 8. Da dispensa e do posterior recolhimento de custas; 9. Dos honorários advocatícios; 10. Do reexame necessário; Conclusão; Bibliografia.

Introdução

A garantia de que todos são iguais perante a lei foi inserida no corpo de todas as Constituições Brasileiras. Na atual Constituição, integra os direitos e garantias fundamentais do cidadão, o que denota a importância conferida pelo legislador ao postulado, disposto no art. 5º: "Todos são iguais perante a lei, sem distinção de qualquer natureza, garantindo-se aos brasileiros e aos estrangeiros residentes no País a inviolabilidade do direito à vida, à liberdade, à igualdade, à segurança e à propriedade".

A regra constitucional da isonomia tem como destinatário não só o legislador, que não deverá criar normas discriminatórias, mas também o magistrado, que, na condução do processo, deverá assegurar às partes igualdade de tratamento.

Essa garantia não é absoluta, pois a busca da igualdade real comporta exceções. Ao longo do trabalho, serão estudadas algumas das prerrogativas processuais concedidas à Fazenda Pública e ao Ministério Público e será analisado se essas concessões respeitam a garantia da isonomia.

O presente estudo não pretende exaurir a matéria, seu objetivo é mais singelo: tecer considerações acerca da garantia constitucional da igualdade e examinar algumas das prerrogativas processuais concedidas em nome do interesse público.

1. Breve escorço histórico

A igualdade é tema que preocupa a humanidade desde o princípio das civilizações. Difícil é precisar em que momento histórico a questão da igualdade foi abordada e discutida pela primeira vez. Paulino Jaques assevera que "foram os profetas, os apóstolos e os grandes personagens bíblicos, os primeiros que se ocuparam com o tratamento dos semelhantes neste mundo e no outro, perante, os homens e em face de Deus".[1] Destaca que o problema da igualdade, já nessa época, não era percebido em caráter absoluto, mas como postulado relativo, uma vez que todos compareceriam ao *Tribunal Supremo* e responderiam, cada um, por seus atos, recebendo as respectivas recompensas e penas. Como visto, segundo o entendimento bíblico, todas as pessoas seriam iguais perante Deus, mas esta igualdade era relativa, pois cada um seria julgado conforme seus feitos.

Nem sempre a igualdade foi reconhecida como preceito relativo. Platão, conforme pondera Anacleto de Oliveira Faria, defendeu o conceito absoluto de igualdade.[2] Já Aristóteles, defendeu o conceito de igualdade relativa, de tal sorte que a ele se costuma atribuir "a máxima *igualdade consiste em tratar igualmente os iguais e desigualmente os desiguais na medida de suas desigualdades*".[3] Cumpre notar que, não obstante a existência de discussões e debates acerca do conceito de igualdade, a garantia não possuía qualquer efeito prático nesse período, haja vista que era admitida a escravidão, ou seja, a segmentação dos seres humanos em homens livres e escravos. Com efeito, afirma Rui Portanova que "a idéia grega de igualdade, aceitando como naturais as desigualdades e assim justificando a escravidão, é diferente da igualdade atual".[4]

É apenas com o cristianismo que se retoma o conceito de igualdade, de que todos são iguais perante Deus, do qual é corolário a

---
[1] JACQUES, Paulino. *Da Igualdade perante a Lei*. 2. ed. Rio de Janeiro: Forense, 1957, p. 19.

[2] FARIA, Anacleto de Oliveira. Isonomia. *Enciclopédia Saraiva do Direito*. v. 46. São Paulo: Saraiva, p. 276.

[3] PORTANOVA, Rui. *Princípios do Processo Civil*. Porto Alegre: Livraria do Advogado, 1997, p. 36.

[4] PORTANOVA, ob. cit., p. 36.

igualdade perante a lei.[5] Celso Ribeiro Bastos considera que "a idéia de igualdade foi uma contribuição à antigüidade, feita pelo Cristianismo, embora tenha sido de percorrer um longo caminho, defrontando-se com a organização econômica e a necessidade da escravatura e da servidão".[6]

Na verdade, o conceito de igualdade que se tem hoje é conseqüência da evolução histórica da sociedade, apresentando-se como seu reflexo político e econômico. Ao lado da idéia de igualdade, a de liberdade também foi sendo incorporada por vários países (Inglaterra, Estados Unidos, Alemanha e França). Se a Declaração de Direitos do Bom Povo da Virgínia e a Declaração de Independência dos Estados Unidos[7] são consideradas como os primeiros textos legais a conterem disposição sobre a igualdade dos homens, ainda que apenas no aspecto formal, foi com a Revolução Francesa[8] que o conceito de igualdade passou a ser efetivamente observado e a integrar as Cartas Políticas dos demais países.

Neste sentido, Paulino Jacques afirmou que, em 1776, "o princípio da igualdade jurídica, foi, então proclamado, formal e solenemente, pela primeira vez, na Declaração da Virgínia, e, logo após, nas cartas dos demais Estados americanos, até a sua inclusão na Constituição Federal". Todavia, acrescenta que foi a Declaração dos Direitos do Homem e do Cidadão o primeiro estatuto político a ministrar elementos positivos para a conceituação da igualdade jurídica. Ao comentar o art. 1º da referida Declaração, consignou que "a segunda parte do dispositivo dá a medida da primeira, pois afirma não ser absoluta a 'igualdade em direitos', que admite 'distinções sociais', desde que fundadas na 'utilidade comum'. Contanto que seja útil à sociedade, poderá haver distinções entre os indivíduos, sem que isso ofenda a igualdade de direitos".[9]

Com efeito, Ada Pellegrini Grinover evidencia que "indissoluvelmente, ligada à democracia, desde a antigüidade clássica, a igualdade,

---

[5] JAQUES, ob. cit., p. 22.

[6] BASTOS, Celso Ribeiro; MARTINS, Ives Gandra. *Comentários à Constituição do Brasil: Promulgada em 5 de outubro de 1988*. v. 2. São Paulo: Saraiva, 1989, p. 05.

[7] Declaração de Direitos do Bom Povo de Virgínia, de 12 de junho de 1776: "Que todos os homens são, por natureza, igualmente livres e independentes, e têm certos direitos inatos, os quais, quando entram em estado de sociedade, não podem por qualquer acordo privar ou despojar seus pósteros e que são: o gozo da vida e da liberdade com os meios de adquirir e de possuir a propriedade e de buscar e obter felicidade e segurança". Declaração de Independência dos Estados Unidos, de 4 de julho de 1776: "Nós temos por evidentes por si mesmas as verdades seguintes: Todos os homens são criados iguais; eles são dotados pelo criador de direitos inalienáveis, entre os quais se encontram a vida, a liberdade e a busca da felicidade".

[8] Declaração dos Direitos do Homem e do Cidadão, de 26 de agosto de 1789, art. 1º: "Os homens nascem e são livres e iguais em direitos. As distinções sociais só podem fundamentar-se na utilidade comum".

[9] JAQUES, ob. cit., p. 90/92.

em sentido, moderno, tem raízes incontestavelmente francesas (...) Nesse ponto, não se põe em dúvida a importância preponderante das declarações e constituições francesas, em confronto com as americanas".[10] Ives Gandra da Silva Martins também atribui forte influência francesa para a disseminação e aplicação da igualdade como princípio e garantia aos cidadãos, haja vista que "sua introdução no mundo moderno deu-se a partir da sangrenta Revolução Francesa, que, a título de igualdade, fraternidade e liberdade, gerou o mais sangrento período da história".[11]

Como visto, a Revolução Francesa reintroduziu a igualdade no mundo moderno. Entretanto, cumpre notar que a igualdade ressurgiu em seu sentido puramente formal, uma vez que não se admitia qualquer diferença entre os homens. Esta visão da natureza da isonomia reflete exatamente o contexto histórico em que eclodira a Revolução Francesa: queda do Estado feudal-absolutista, substituído pelo Estado liberal. José de Albuquerque Rocha explica que os revolucionários – leiam-se burgueses – ao derrubarem o Estado absolutista eliminaram a pluralidade de ordens jurídicas e jurisdições em razão da condição social das pessoas, com o escopo de que os homens seriam regidos por uma única legislação e, por isso, seriam eles iguais perante a lei. Nesse sentido, foi trazida para o ordenamento jurídico a *igualdade formal* de todos perante a lei, de forma a não "estabelecer a igualdade entre as pessoas, mas de estabelecer a igualdade de todas as pessoas diante dos efeitos e do alcance da lei, no sentido de que a lei opera os mesmos efeitos e tem o mesmo alcance em relação a todos".[12]

Essas foram, pois, as inovações trazidas pela Revolução Francesa, que tiveram forte influência nas Constituições Brasileiras.

2. A isonomia nas constituições brasileiras

Resgatada a idéia de igualdade dos homens, foi a mesma recepcionada pelas Constituições Brasileiras. Já na *Constituição Política do Império do Brasil*, em seu art. 179, inc. 13, está consagrado o princípio da isonomia.[13] Anacleto de Oliveira Faria[14] afirma que "a igualdade

---

[10] GRINOVER, Ada Pellegrini. *Os Princípios Constitucionais e o Código de Processo Civil*. São Paulo: Bushatsky, 1975, p. 25.

[11] MARTINS, Ives Gandra da Silva. O Princípio da Isonomia e os Privilégios da Fazenda Pública. *Cadernos de Direito Tributário e Finanças Públicas*. n 5, p. 20.

[12] ROCHA, José de Albuquerque. O Estado em Juízo e o Princípio da Isonomia. *Revista Pensar*. Fortaleza: v. 3, n. 3, p. 22, jan. 1985.

[13] "A lei será igual para todos, quer proteja, quer castigue, e recompensará em proporção dos merecimentos de cada um".

[14] FARIA. ob. cit., p. 280.

preconizada na Constituição Imperial era, portanto, de caráter formal, negativo e abstrato, não se admitindo qualquer intervenção estatal no sentido de diminuir eventuais desigualdades de fato, as quais, no dizer do maior constitucionalista da época, Pimenta Bueno, constituíam fenômeno 'importante e incontestável'".

A Constituição Imperial e as Constituições Federais subseqüentes (1891, 1934, 1937, 1946, 1967 e Emenda Constitucional nº 1 de 1969, bem como a própria Carta de 1988)[15] não diferiram, substancialmente, entre si. Ressalta-se que, enquanto as demais Constituições elencaram, em rol meramente exemplificativo, algumas das situações em que não deveria haver distinções ou privilégios entre os cidadãos, a Carta Magna de 1946 simplesmente dispôs que "todos são iguais perante a lei". Constata-se, pois, justamente por não elencar qualquer hipótese, ser mais geral e abrangente que as demais.

Em sentido contrário, Paulino Jacques assevera que "o princípio da igualdade jurídica, à sua vez, foi mantido em toda a sua ortodoxia: 'Todos são iguais perante a lei'. Diz muito, por força da generalidade do enunciado; mas diz pouco, porquanto não enumera os elementos integrativos do seu conceito. Numa segunda parte, bem poderia a Constituição de 1946, tê-lo feito, à maneira da Constituições de 1934 e 1891, porque, assim, poria o postulado igualitário a salvo de interpretações restritivas, a cuja sombra aliás, se restauraram, não só as ordens honoríficas, como também, as condecorações e outros privilégios".[16]

Verifica-se também que, enquanto as Constituições anteriores inseriram o princípio da isonomia ao final de seus textos, a atual Magna Carta enunciou o princípio da isonomia e os direitos e garantias fundamentais já em seu art. 5º, *caput*, denotando, no período pós II Guerra Mundial, a preocupação do Estado em priorizar o atendimento aos direitos fundamentais.[17]

---

[15] Constituição Federal de 1988, art. 5º: "Todos são iguais perante a lei, sem distinção de qualquer natureza, garantindo-se aos brasileiros e aos estrangeiros residentes no País, a inviolabilidade do direito à vida, à liberdade, à igualdade, à segurança e à propriedade, nos termos seguintes".

[16] JACQUES, ob. cit., p. 106.

[17] GUERRA FILHO, Willis Santiago. Princípios da Isonomia e da Proporcionalidade e Privilégios Processuais da Fazenda Pública. *Revista de Processo*. São Paulo: Revista dos Tribunais, nº 82, abr./jun. 1996, p. 71, assevera que "considerando agora o princípio da isonomia apenas pelo modo como se apresenta na atual Constituição do Brasil, salta aos olhos a radical modificação topológica por ela introduzida, no contexto de nossa tradição constitucional, pois desde a Constituição Imperial e em todas as demais, do período republicano, o princípio vinha enunciado, juntamente com outros, que consignavam direitos e garantias do cidadão, ao final das Constituições, enquanto agora é já no princípio, em seu art. 5º, *caput*, que o texto constitucional exara o princípio em apreço, elencando em seguida 'direitos e deveres individuais e coletivos'. Essa inovação é de se entender como signo de uma inversão que se deu na própria mentalidade constitucional contemporânea, resultante, basicamente, do 'trauma' político sofrido pela experiência da Segunda Guerra Mundial".

Outra peculiaridade que se percebe à análise dos diversos dispositivos constitucionais é que todas as Constituições Federais, à exceção da Imperial, incluíram em seu texto, ao lado dos brasileiros, os estrangeiros residentes no Brasil, conferindo-lhes vários direitos e garantias.

Com efeito, as garantias previstas no art. 5º da atual Constituição Federal são dirigidas *aos brasileiros e estrangeiros residentes no Brasil*. A partir dessa disposição constitucional, poder-se-ia indagar se os estrangeiros *não residentes* no Brasil também gozariam das mesmas garantias que os brasileiros e estrangeiros residentes no país. A questão não é complexa e vem sendo enfrentada pela doutrina com tranqüilidade. Celso Ribeiro Bastos afirma que "o verdadeiro sentido da expressão 'brasileiros e estrangeiros residentes no País' é deixar certo que esta proteção dada aos direitos individuais é inerente à ordem jurídica brasileira (...) a proteção que é dada à vida, à liberdade, à segurança e à propriedade é extensiva a todos aqueles que estejam sujeitos à ordem jurídica brasileira. É impensável que uma pessoa qualquer possa ser ferida em um desses bens jurídicos tutelados sem que as leis brasileiras lhe dêem a devida proteção. Aliás, curiosamente, a cláusula sob comento vem embutida no próprio artigo que assegura a igualdade de todos perante a lei, sem distinção de qualquer natureza".[18]

As pessoas jurídicas também foram contempladas pela garantia constitucional da isonomia, tanto quanto as pessoas físicas. Quando a Constituição Federal dispõe que *todos* são iguais perante a lei, não exclui as pessoas jurídicas.[19] Além disso, Celso Ribeiro Bastos enfatiza que, muitas vezes, "a proteção última ao indivíduo só se dá por meio da proteção que se confere às próprias pessoas jurídicas".[20]

Assim, há de se entender a garantia constitucional da igualdade no seu sentido mais amplo, incluindo todos aqueles que estejam sujeitos ao ordenamento jurídico brasileiro, sejam eles pessoas jurídicas ou estrangeiros.

3. Isonomia formal e isonomia material

A Constituição Federal garante a todos os cidadãos igualdade perante a lei. Tal preceito, conforme analisado, determina que todos,

---

[18] BASTOS, ob. cit., p. 04.

[19] FERRAZ, Sérgio. Igualdade Processual e os Benefícios da Fazenda Pública. *Revista da Procuradoria Geral do Estado de São Paulo*. n. 13/15, dez. 1978/dez. 1979, p. 426/427, assegura que "se a ordem jurídica criou a categoria *pessoa jurídica*, essa se apresenta no mundo do direito com as mesmas características, potências, deveres e obrigações fundamentais da pessoa física ... é evidente que a regra constitucional quando comina que todos são iguais perante a lei, não está dirigida apenas à pessoa natural, mas a toda a categoria de ente denominado *pessoas*, sejam coletivas, sejam individualmente consideradas".

[20] BASTOS, ob. cit., p. 05.

independentemente de suas diferenças, são iguais perante a lei. Ada Pellegrini Grinover acentua que o sentido formal da igualdade, introduzido no mundo jurídico através da Revolução Francesa, "implicava na abolição dos privilégios e na absoluta nivelação de todos perante a lei".[21] Dessa forma, a lei era aplicada a todos indistintamente, pois nenhuma circunstância poderia ensejar tratamento desigual às pessoas. Sucede que a aplicação da igualdade abstrata para todos – aplicação igualitária de deveres e direitos previstos nos textos legais – acabou por provocar a desigualdade econômica, razão pela qual a preocupação passou a ser não pela igualdade formal, mas pela igualdade substancial, considerando-se as condições concretas das pessoas físicas e jurídicas.

Quando se fala em igualdade real, que nada mais é do que o reconhecimento das desigualdades inerentes aos homens, volta-se ao conceito de igualdade relativa formulado por Aristóteles. Ao Repetir suas palavras, Rui Barbosa, em um de seus discursos, registrou: "a regra da igualdade não consiste senão em quinhoar desigualmente aos desiguais, na medida em que se desigualam. Nesta desigualdade social, proporcionada à desigualdade natural é que se acha a verdadeira lei da igualdade. O mais são desvarios da inveja, do orgulho ou da loucura. Tratar com desigualdade a iguais, ou a desiguais com igualdade, seria desigualdade flagrante, e não igualdade real. Os apetites humanos conceberam inverter a norma universal da criação pretendendo, não dar a cada um, na razão do que vale, mas atribuir o mesmo a todos, como se todos se equivalessem".[22]

Pretender o tratamento igualitário de todos, indistintamente, seria, na verdade, promover a injustiça. Por esta razão, consoante afirma Álvaro Melo Filho, o conteúdo jurídico do princípio da isonomia consiste em definir em que situações a equiparação entre as pessoas é imperiosa e em que situações é curial o estabelecimento de desigualdades para, enfim, colocá-las em situação de igualdade.[23]

---

[21] GRINOVER, ob. cit., p. 26.

[22] BARBOSA, Rui. Oração aos Moços. Escritos e Discursos Seletos, E. José Aguilar, Rio de Janeiro, 1960, p. 685.

[23] MELO FILHO, Álvaro. O Princípio da Isonomia e os Privilégios Processuais da Fazenda Pública. *Revista de Processo*. São Paulo: Revista dos Tribunais, v. 75, p. 166/182, jul./set. 1994, lembrando as lições de Luiz Roberto Barroso, acrescenta: "ao contrário do que se poderia supor à primeira vista, que o princípio da isonomia, em grande número de hipótese, de sua incidência, não apenas não veda o estabelecimento de desigualdades jurídicas, como, ao invés, impõe tratamento desigual, na medida em que o tratamento igual a pessoas que se encontram em situações diferentes constituiria autêntica iniqüidade. O que o princípio da isonomia impede, efetivamente, é que a ordem jurídica promova desequiparações arbitrárias, aleatórias ou mal inspiradas".

4. Destinatários

O texto constitucional é claro ao dispor que todos são iguais perante a lei. Cabe, no entanto, analisar para quem, ou para que órgãos, tal preceito está direcionado. Esta é uma questão que não suscita grande controvérsia: é destinada a todos os Poderes. Ou seja, devem respeitá-la e observá-la o Poder Judiciário, o Poder Legislativo e o Poder Executivo, sob pena de inconstitucionalidade.

Assim como o Poder Legislativo não poderá editar lei que seja discriminatória, que crie privilégios quando não exista efetiva diferença entre as pessoas, também o Poder Judiciário, através do executor da lei, não poderá oferecer tratamento diferenciado às partes quando estiver aplicando o direito (mais precisamente, quando estiver na condução e no controle do processo).

Nesse sentido, as manifestações doutrinárias não têm apresentado divergências.[24] Rogério Lauria Tucci e José Rogério Cruz e Tucci também entendem que a garantia da igualdade é dirigida a todos os poderes do Estado, aí incluídos o legislador e o aplicador da lei: "tal concepção – de que a *igualdade* abrange não só o campo da *criação* da lei, mas, também, o da sua *aplicação* – implica que o juiz, no exercício da função jurisdicional, a despeito de não estar vinculado ao *precedente judiciário*, deve decidir de idêntico modo questões análogas. Quando,

---

[24] CASTRO, Carlos Roberto de Siqueira. *O Princípio da Isonomia e a Igualdade da Mulher no Direito Constitucional*. 1. ed. Rio de Janeiro: Forense, 1983, p. 21/23 "em existindo imposições de cunho igualitário, seja de conteúdo negativo ou positivo, vinculantes ao legislador ordinário e, por força delas, um regime de igualdade fundamental, não pode o Estado, por seus órgãos e agentes de toda sorte, dar causa a desigualdades não toleradas pela Lei Maior, seja editando norma discriminatória contrária à Constituição, seja aplicando de maneira discriminante e inconstitucional norma originalmente válida ou ainda, deixando de promover as condições de igualdade social, econômica e política, cuja promoção o legislador constituinte tenha incumbido os órgãos do governo"; SILVA, José Afonso da. *Curso de Direito Constitucional Positivo*. 16. ed. São Paulo: Malheiros, 1999, p. 218 e 221: "a doutrina como a jurisprudência já firmaram, há muito, a orientação de que a igualdade perante a lei tem o sentido que, no exterior, se dá à expressão igualdade na lei, ou seja: o princípio tem como destinatários tanto o legislador como os aplicadores da lei ... O princípio da igualdade jurisdicional ou perante o juiz apresenta-se, portanto, sob dois prismas: (1) como interdição ao juiz de fazer distinção entre situações iguais, ao aplicar a lei; (2) como interdição ao legislador de editar leis que possibilitem tratamento desigual a situações iguais ou tratamento igual a situações desiguais por parte da Justiça"; GRINOVER, ob. cit., p. 28, assevera que "o princípio da igualdade é uma limitação ao legislador e uma regra de interpretação: como limitação ao legislador, proíbe-o de editar regras que estabeleçam privilégios, inserido o princípio na constituição, a lei que o violar será inconstitucional. É também, um princípio de interpretação: o juiz deverá dar sempre à lei o entendimento que não crie privilégio, de espécie alguma"; e DANTAS, F. C. de San Tiago. *Igualdade Perante a Lei e o Due Process of Law. Problemas de Direito Positivo. Estudos e Pareceres*. Rio de Janeiro: Forense, 1953, p. 57/58, esclarece que "o Judiciário está sujeito à lei, que aplica, e que não pode suprir com criações suas; o Executivo está, também, sob a censura das leis que dispõem abstratamente sôbre as matérias em que lhe cabe concretizar; e suas transgressões são sujeitas ao contrôle dos tribunais; o próprio Legislativo, por sua vez, legisla sob censura de normas editadas; e o Judiciário exerce afinal seu controle sôbre o órgão criador da lei, a que está submetido".

porém, a consciência do agente do Poder Judiciário divergir da jurisprudência dominante (o que é plenamente possível, uma vez que não está obrigado a interpretar no mesmo sentido *ad aeternum* a lei), deverá expor os motivos da *ratio decidendi,* de forma a demonstrar que não visou a uma diferença de tratamento".[25]

Assim, partindo-se da idéia de que a garantia da igualdade deve ser observada tanto pelo legislador quanto pelo magistrado, deve-se assegurar, além da igualdade perante a lei, a igualdade de participação das partes no processo. Esta garantia restou positivada no atual Código de Processo Civil através do art. 125, I: "O juiz dirigirá o processo conforme as disposições deste Código, competindo-lhe: I – assegurar às partes igualdade de tratamento".

Compete ao magistrado, pois, assegurar a igualdade jurisdicional das partes no processo, podendo auxiliar aquela que esteja em flagrante desvantagem, mas deverá manter-se dentro de certos limites, para que o auxílio não extrapole o razoável (limite necessário para equilibrar as partes no processo). Como visto, a atuação do juiz deverá ser moderada, sob pena de se colocar em perigo a paridade de tratamento e a igualdade jurídica e a própria imparcialidade do magistrado.[26]

Antônio Carlos de Araújo Cintra pondera sobre a importância de o juiz agir com a máxima cautela na direção do processo, para que suas decisões não provoquem maior desigualdade entre as partes. Alguns dos exemplos lembrados pelo ilustre jurista, que geraram tais preocupações, são: quando o juiz, ao invés de indeferir a petição inicial, determina que o autor a emende ou, de ofício, promova a adaptação da mesma a certo tipo de procedimento; quando o magistrado determina a produção de provas não requeridas pela parte ou partes; quando na própria colheita da prova oral, inquire as partes e testemunhas; quando controla a participação dos advogados na audiência. É em razão da possibilidade de o magistrado agir de ofício e do fato de estar no controle do processo, que tanto enfatiza o jurista a necessidade de que a conduta do aplicador da lei se paute pelo tratamento isonômico das partes.[27] Na verdade, busca-se assegurar às partes a igualdade de oportunidades no processo.

---

[25] TUCCI, Rogério Lauria; TUCCI, José Rogério Cruz e. *Constituição de 1988 e Processo.* São Paulo: Saraiva, 1989, p. 40.

[26] BAUR, Fritz. O Papel Ativo do Juiz. *Revista de Processo.* São Paulo: Revista dos Tribunais, n. 27, jul./set. 1982, p. 190/191.

[27] CINTRA, Antônio Carlos de Araújo. O Princípio da Igualdade Processual. *Revista da Procuradoria Geral do Estado de São Paulo.* n. 19, p. 39-44, dez. 81/ dez. 82 . "A posição ativa do Juiz no processo tem por finalidade facilitar a realização da justiça substancial, representando, ainda, uma forma de minorar desigualdades reais existentes entre os litigantes. Mas o Juiz deve agir com a maior cautela a fim de não promover, na verdade, maior desigualdade, prejudicando o escopo do próprio processo. Concluindo, parece que a diferença entre igualdade formal e igualdade substancial no processo é uma diferença um tanto difícil de suprir".

Relacionado à garantia de que as partes terão oportunidades recíprocas no processo, o direito à igualdade encontra-se intimamente ligado ao direito ao contraditório. Ao mesmo tempo que o contraditório assegura aos litigantes a possibilidade bilateral e paralela de produzirem provas, de aduzirem suas razões, de recorrerem, enfim, de agirem em juízo, está-se assegurando a isonomia processual das mesmas. Para tanto, a fim de conceder-se às partes o efetivo equilíbrio processual, o contraditório está ligado à igualdade em seu sentido dinâmico, em que cabe ao Estado, também na condição de aplicador da lei, suprir as desigualdades para transformá-las em igualdade real (igualdade material).[28]

José Carlos Barbosa Moreira enfatiza a importância da garantia da igualdade de tratamento a ser dispensada às partes pelo juiz na direção do processo: "para garantizar la observancia de los principios enunciados, es imprescindible que se asegure a los litigantes la igualdad de *tratamiento* por el órgano judicial. Esto exige, ante todo, que la conformación del procedimiento no quede sujeta al arbitrio del juez, sino que se ajuste al modelo previamente instituído por la ley para los procesos en general".[29]

Então, verifica-se que a garantia da igualdade é dirigida tanto ao legislador quanto ao juiz, competindo ao legislador editar normas que não promovam a desigualdade entre as pessoas e, ao magistrado, garantir às partes tratamento paritário no processo, bem como na aplicação da lei.

5. A igualdade no processo civil

O atual Código de Processo Civil contém dispositivo expresso acerca da obrigatoriedade de o juiz garantir tratamento igualitário às partes (art. 125, I). Tal preceito impõe que o juiz verifique a real condição das partes no processo, de sorte a assegurar o equilíbrio processual quando haja uma parte em desvantagem, o que implicará tratá-las diferentemente, conforme se apresentem suas disparidades.

Como visto, há exceções ao caráter absoluto da garantia da igualdade no processo, que se justificam pela busca da igualdade material, cabendo ao magistrado assegurar a proporcionalidade e a correlação lógica entre a diferença das partes e a concessão do tratamento diferenciado.

---

[28] GRINOVER, Ada Pellegrini. *Novas Tendências do Direito Processual: De Acordo com a Constituição de 1988*. Rio de Janeiro: Forense Universitária, 1990, p. 06/07.

[29] MOREIRA, José Carlos Barbosa. La Igualdad de las Partes en el Proceso Civil. *Revista de Processo*. n. 44, p. 178, out./dez. 1986.

Ademais, a própria lei concede vantagens processuais a determinados sujeitos em virtude de sua condição especial. Almeja-se, pois, o verdadeiro equilíbrio das partes no processo e, por isso, na busca da igualdade real, a garantia não é absoluta e comporta exceções, previstas no próprio diploma processual. Sucede que nem todos os dispositivos excepcionais cumprem com seu objetivo, pois, muitas vezes, eles mesmos criam diferenças desproporcionais entre as partes.

Não raras vezes, estas regras, que estabelecem exceções ao tratamento paritário das partes no processo, são consideradas como violadoras da garantia da igualdade. Celso Antônio Bandeira de Mello, ao discorrer sobre o tema, assevera que, para a norma atender à regra da igualdade, é imperioso que haja conexão lógica entre o fato, a circunstância considerada como diferenciadora e a discriminação contida na regra legal. Ou melhor, deve-se perquirir "se há justificativa racional para, à vista do traço desigualador adotado, atribuir o específico tratamento jurídico construído em função da desigualdade afirmada".[30]

Assim, estará violada a garantia do tratamento isonômico sempre que não houver correlação lógica entre a norma que estabeleceu a desigualdade e o fator que a tenha ensejado.

6. A igualdade e o interesse público

Passa-se, agora, à análise de alguns dispositivos processuais que concedem prerrogativas e privilégios à Fazenda Pública e ao Ministério Público, que se configuram em verdadeiras exceções à garantia da isonomia. Primeiramente, cumpre distinguir prerrogativas de privilégios. As prerrogativas são instituídas em razão do interesse público e, por isso, são irrenunciáveis. Os privilégios, em contrapartida, são instituídos para proteção de interesses pessoais.[31] Assim, caracterizada a exceção como prerrogativa, é ela constitucional; caracterizada como privilégio, é inconstitucional, pois a desigualdade imposta não encon-

---

[30] MELLO, Celso Antônio Bandeira de. *O Conteúdo Jurídico do Princípio da Igualdade*. 3. ed. São Paulo: Revista dos Tribunais, 2001, p. 41, ressalta que, para a exceção não contrariar a garantia da isonomia, quatro são os elementos que deverão ser observados pelo legislador ao editar a norma: "a) que a desequiparação não atinja de modo atual e absoluto um só indivíduo; b) que as situações ou pessoas desequiparadas pela regra de direito sejam efetivamente distintas entre si, vale dizer, possuam características, traços, nela residentes, diferençados; c) que exista em abstrato, uma correlação lógica entre os fatores diferenciais existentes e a distinção de regime em função deles estabelecida pela norma jurídica; d) que, 'in concreto', o vínculo de correlação supra-referido seja pertinente em função dos interesses constitucionalmente protegidos, isto é, resulte em diferenciação de tratamento jurídico fundada em razão valiosa – ao lume do texto constitucional – para o bem público", p. 41.

[31] GRINOVER, *Os Princípios* ..., p. 30/31.

traria correlação lógica com a real condição dos beneficiados e não estaria justificada pelo legítimo interesse público.

A concessão de tais prerrogativas são justificadas, genericamente e por grande parte da doutrina, em razão do interesse público que a Fazenda Pública e o Ministério Público representariam ou defenderiam. Segundo Sérgio Ferraz, essas desequiparações previstas no próprio Código de Processo Civil são constitucionais, pois a Fazenda Pública representa os interesses da comunidade e, por isso, é profundamente diferente do particular.[32] No mesmo sentido, Álvaro Melo Filho entende que as desequiparações processuais em favor da Fazenda Pública não são arbitrárias e não agridem a igualdade jurídica das partes, pois não ultrapassariam o conteúdo jurídico do princípio da isonomia.[33]

Todavia, antes que se prossiga na análise das hipóteses em concreto, imperioso que se faça uma breve exposição do que se entende por *interesse público*, para que se possa verificar se este tão aclamado *interesse público* justifica, ou não, o tratamento desigualitário das partes.

Os doutrinadores têm encontrado certa dificuldade em definir, com exatidão, a definição ou o conceito de interesse público, que, além de não ser absoluto, estaria relacionado com o bem comum, outro conceito com alta carga de subjetividade.[34]

---

[32] FERRAZ, ob. cit. "Quando a Fazenda Pública comparece em juízo, na verdade não está em face de iguais. Se a sua submissão, perante a norma substantiva, é idêntica à do particular – apanágio do Estado de Direito – na órbita processual, meio ambiente para viabilizar a pretensão principal, as desigualdades objetivas terão de ser refletidas. Quando o Estado comparece em juízo, ele não é apenas um autor, um réu, um assistente, um oponente, um litisconsorte, enfim ele não é tão apenas isso. Ele está comparecendo em juízo, levando consigo toda uma carga de interesse público, toda uma carga de interesse coletivo, que é a própria razão de ser de sua existência. Inclusive se nós mesmos podemos figurar na relação processual, como adversários do Estado no final das contas, ao menos indiretamente, somos interessados também naquilo a que venha a ser obrigado o Estado, a cumprir em razão do ditame judicial. ... Ora, se os interesses contrapostos não são iguais, e na verdade não são, os chamados privilégios da Fazenda Pública não constituem quebras ao princípio da igualdade".

[33] MELO FILHO, ob. cit. p. 178, assevera que as regras que concedem privilégios e prerrogativas à Fazenda Pública, "a) são normas postas por exigência de interesse público ou social e não no interesse privado, até porque não encontra aplicação nas relações privadas; b) são normas de caráter geral em que a prerrogativa ou privilégio não pode ser fruído por alguém em caráter exclusivo ou individual, daí não se poder cogitar de desequirações injustificadas; c) são normas de ação que não afastam nem afetam as garantias processuais constitucionais do juízo natural, do devido processo legal, da ampla defesa e do contraditório entre outras".

[34] MARTINS, Luciana Mabilia. Interesse público e interesse privado: é possível colisão? *Revista da Procuradoria Geral do Estado*. Porto Alegre: Publicação da Procuradoria de Informação, Documentação e Aperfeiçoamento Profissional, v. 24, n. 53, 2001, p. 44, pondera que "o conteúdo do conceito de *interesse público* não é de determinação objetiva. É preciso aferir, na experiência prática, como concretização das normas constitucionais o seu conceito"; SLAIBI FILHO, Nagib. O interesse como fundamento de direito. *Livros de estudos jurídicos*. TUBENCHLAK, James; BUSTAMANTE, Ricardo Silva de (coord.). Rio de Janeiro: Instituto de Estudos Jurídicos, 1990, p. 6/7, entende que "o interesse público, de todo o povo, como fundamento de toda a organização social, é manifestado e defendido, ordinariamente, pelo Estado, de acordo com a previsão legal. O conceito de interesse público só pode ser entendido após ser vislumbrada a idéia de bem

Realmente, não há como precisar a extensão do conceito de interesse público, pois "pertence a classe dos conceitos abertos e indeterminados e como tal deverá ser interpretado conforme a Constituição e os eventos da vida. Por interesse público entende-se aquelas aspirações ou vantagens licitamente almejadas pela sociedade, e por isso mesmo noção variável e historicamente flexível. Sua noção, definição e extensão, carrega-se de forte conteúdo político e como conceito jurídico, variável no tempo e no espaço".[35]

Além disso, deve-se ter em consideração que o interesse privado nem sempre é antítese do interesse coletivo,[36] pois o indivíduo reflete e é o reflexo da existência do outro e da coletividade.[37] Pode-se dizer, ainda, que o interesse público é a reunião de interesses individuais convergentes na busca do bem comum e do bem social.

Justamente por não ser o conceito de interesse público absoluto e imutável, nem ser dissociado do interesse individual, as exceções processuais concedidas em favor do Ministério Público e, especialmente, da Fazenda Pública nem sempre podem ser consideradas como prerrogativas, pois em determinado momento histórico podem configurar-se em verdadeiros privilégios.

Por essa razão, não é pacífico o entendimento de que o interesse público, por si só, desatrelado da necessária correlação lógica entre os fatores diferenciais existentes no mundo dos fatos e a distinção prevista na norma jurídica, justifique toda e qualquer exceção à garantia da igualdade das partes no processo, existindo diversas interpretações sobre os dispositivos concessivos de benefícios à Fazenda Pública e ao Ministério Público.

7. A concessão de prazos diferenciados à Fazenda Pública e ao Ministério Público

O art. 188 do CPC concede à Fazenda Pública e ao Ministério Público a ampliação do prazo para contestar e recorrer.[38]

---

comum"; BORGES, Alice Gonzalez. Interesse público: um conceito a determinar. *Revista de Direito Administrativo*. Rio de Janeiro: Renovar, v. 205, p. 114, 1996, acrescenta que "o interesse público é o somatório de interesses individuais *coincidentes* em torno de um bem da vida que lhes significa um valor, proveito ou utilidade de ordem moral ou material, que cada pessoa deseja adquirir, conservar ou manter em sua própria esfera de valores".

[35] MELLO JÚNIOR, João Câncio de. O conceito polêmico de interesse público. *Revista do Ministério Público*. Porto Alegre: Ciência Jurídica Nova Alvorada, n. 39, jul./dez./1997, p. 326.

[36] SLAIBI FILHO, ob. cit. 21.

[37] MARTINS, ob. cit. p. 48.

[38] Art. 188: "Computar-se-á em quádruplo o prazo para contestar e em dobro para recorrer quando a parte for a Fazenda Pública ou o Ministério Público".

Ada Pellegrini Grinover entende que há violação à garantia da igualdade no referido dispositivo legal, em razão do excesso de prazo concedido para a Fazenda Pública contestar. Entende que os prazos concedidos à Fazenda Pública devem ser mais amplos, em vista da obediência à igualdade real, mas não *tão amplos*, a ponto de gerar uma desproporcionalidade que imponha tratamento desigual favorecedor – e não igualador – de uma das partes. O prazo quádruplo para contestar, na opinião da ilustre jurista, ao invés de nivelar as partes, acaba por desequilibrá-las, pois é concedida uma vantagem desproporcional à Fazenda Pública. Assim, deveria ser concedido apenas o prazo em dobro para contestar, tal qual concedido para recorrer.[39]

Rogério Lauria Tucci e José Rogério Cruz e Tucci sustentam que a dilação dos prazos para a Fazenda Pública é regra inconstitucional. Afastam os argumentos de outros doutrinadores (Pedro Batista Martins, Pontes de Miranda e Hélio Tornaghi, que entendem pela constitucionalidade da norma, uma vez que a Fazenda Pública defende os interesses públicos; tem maior dificuldade na coleta de informações e provas; e em razão da carga de serviço ser maior do que a de um particular), sob o fundamento de que o Estado deve primar pela perfeição dos seus serviços. Se é certo que a Fazenda Pública possui uma carga de serviços maior do que o particular, também é certo que conta com um número igualmente elevado de procuradores e promotores de justiça. Além disso, com o avanço da informática, não se justificariam as dificuldades argüidas pelo Estado.[40]

O Supremo Tribunal Federal enfrentou a matéria e, por maioria, entendeu que a regra do art. 188 do CPC é compatível com a atual Constituição Federal.[41] O eminente Relator, Ministro Ilmar Galvão, rejeitou preliminar argüida de intempestividade de embargos de divergência, sob o fundamento de que o benefício do prazo em dobro para a Fazenda Pública recorrer foi mantido pela atual Carta Magna, não havendo qualquer afronta ao princípio da isonomia. Seguiram o ilustre Relator os Ministros Néri da Silveira, Moreira Alves e Sepúlveda Pertence, que enfatizou que o prazo em dobro não ultrapassava os limites da razoabilidade, conforme exposto em outro precedente.

Proferiu voto vencido o Ministro Marco Aurélio, sustentando que esse tratamento diferenciado foi conferido pela legislação comum, e não pela Constituição Federal. Além disso, passado tanto tempo, o Estado já teria condições de aparelhar-se, situando-se nas mesmas condições do particular. Sob essa justificativa, a prerrogativa concedida, ou

---

[39] GRINOVER, Os princípios ..., p. 33.
[40] TUCCI, ob. cit. p. 43.
[41] Emb. Div. em Emb. Decl. em Rec. Ext. nº 194.952-2-MG, Rel. o Exmo. Sr. Ministro ILMAR GALVÃO, DJ 19.04.2002.

melhor, o privilégio concedido, desequilibra as partes no processo e está em conflito com a atual Constituição Federal.[42] Como visto, a questão não é pacífica.

Foram editadas medidas provisórias (algumas vezes reeditadas)[43] que buscaram alterar, significativamente, a redação do art. 188 do CPC[44] e do art. 485 do CPC. Além de explicitar os beneficiados pela norma, as novidades insertas nas Medidas Provisórias são o aumento do prazo para o ajuizamento da ação rescisória e nova hipótese de seu cabimento (valor de bem expropriado muito acima do preço de mercado). Contra estas novas regras, foram ajuizadas as ADIns nºs 1753-2 e 1910-1, ambas de relatoria do Ministro Sepúlveda Pertence.

A medida liminar pleiteada na ADIn nº 1753-2 foi deferida pelo Plenário do STF, sob o fundamento de que as inovações consistiriam em privilégios inconstitucionais e violariam o princípio da isonomia. Do voto condutor do aresto colhe-se o entendimento de que, muito embora sejam razoáveis as prerrogativas do art. 188 do CPC, o aumento do prazo para ajuizamento de ação rescisória, bem como a criação de nova hipótese de seu cabimento, extrapolariam os limites do razoável e do proporcional, criando favorecimento exclusivo para o Poder Público.[45] Em 17.09.1998 foi julgada prejudicada a ADIn nº 1753-2.

---

[42] Voto proferido pelo Ministro MARCO AURÉLIO no EVEDRE nº 194.952-2: "de há muito venho meditando sobre a matéria, sobre o alcance do devido processo legal tal como previsto não apenas nos incisos LIV e LV do rol das garantias constitucionais, mas também no inciso XXXV desse rol, ante o tratamento diferenciado emprestado pela legislação comum, e não pela Carta da República, frise-se, a certas pessoas jurídicas de direito público e ao Ministério Público. Não vejo como, nos dias atuais, agasalhar-se uma norma que, em última análise, encerra não uma prerrogativa – a de recorrer considerando o prazo em dobro –, mas um verdadeiro privilégio. A origem, em si, da norma, todos conhecemos, está na visão segundo a qual o Estado não teria como defender-se, porque não organizado suficientemente, nas causas ajuizadas, nas causas em andamento. Isso já não pode mais ser afirmado nos dias de hoje, passados tantos anos para o Estado aparelhar-se e, então, situar-se no processo em condições de igualdade com o particular. O contraditório, tal como ressaltou o nobre advogado da tribuna, tem albergado o que Ada Pellegrini Grinover aponta como paridade de armas, o tratamento igualitário das partes, que deve ocorrer considerado não apenas aquele que tem o ofício judicante, mas também o legislador. Peço vênia, portanto, ao nobre Ministro Ilmar Galvão para assentar a inconstitucionalidade do artigo 188 do Código de Processo Civil. E algum dia teríamos mesmo que enfrentar essa matéria, no que envolvido o prazo em dobro para recorrer e, pasmem, em quádruplo para contestar. Esse tratamento diferenciado, desigualizado, portanto, partes que devem estar no processo em situação de igualdade, de paridade, conflita, ao meu ver, com a Cartas de 1988, com os novos ares constitucionais que notamos nos dias de hoje".

[43] Medida Provisória nº 1703, Medida Provisória nº 1774 e Medida Provisória nº 1798.

[44] "O Ministério Público, a União, os Estados, o Distrito Federal, os Municípios, bem como suas autarquias e fundações, gozarão do prazo: I – em dobro para recorrer e ajuizar ação rescisória; e II – em quádruplo para contestar".

[45] Voto proferido pelo Ministro SEPÚLVEDA PERTENCE: "Admita-se que a burocracia, o gigantismo e a conseqüente lerdeza da máquina estatal impliquem dilatação de prazos processuais em dimensões aceitáveis, qual a do prazo – para responder – multiplicado de 15 para 60 dias, ou a duplicação dos prazos para interposição de recursos. Mas é difícil dizer o mesmo da disparidade criada pela regra discutida, que mantém em dois anos o prazo do particular para propor a rescisória, seja qual for o vício da sentença, mas eleva a cinco o da Fazenda. Avulta

De qualquer sorte, a medida cautelar postulada na ADIn nº 1910-1 também suspendeu a eficácia da nova redação aos arts. 188 e 485 do CPC.[46] Permanecem, pois, inalteradas as disposições do Código de Processo Civil quanto a esses artigos.

Consoante afirmado pelo Ministro Marco Aurélio, a deficiência de organização e funcionamento da Fazendo Pública e do Ministério Público não justifica a concessão de prerrogativas que representem verdadeiras discriminações frente ao particular, devendo sanar-se as dificuldades encontradas para defesa do interesse público. Impõe-se atentar que o avanço da tecnologia e da informática minimizaram os problemas dos entes públicos relativos à busca de informações e documentos para elaboração de suas defesas e recursos. Nesse sentido, também foram as conclusões de Agapito Machado.[47]

---

mais aparente discriminação quando se recorda que a diferença de prazo vai somar-se a três outras vantagens processuais da Fazenda Pública, todas com a conseqüência perversa de retardar sem limites a satisfação do direito do particular reconhecido em juízo: *primeiro*, o condicionamento da exeqüibilidade das sentença, malgrado a ausência de recurso, ao reexame em segundo grau; *segundo*, o sistema de execução mediante precatórios; *terceiro*, a possibilidade – recentemente explicitada – da suspensão dos efeitos da coisa julgada, a título de medida cautelar da ação rescisória". Assim, mesmo reconhecidas dificuldades da *máquina estatal*, as prerrogativas concedidas ao Estado não podem implicar discriminação ao particular. Neste sentido, também é o voto do Ministro Marco Aurélio: "tem-se tratamento diferenciado no que se prevê prazo dilatado para a propositura da ação rescisória, da decadência do direito de propor a ação rescisória. Esse prazo maior é justamente previsto em relação àquele que tudo pode: o Estado. O Estado legisla, o Estado executa as leis, o Estado, em si, julga a execução das leis. Logo, considerados os princípios da razoabilidade e da proporcionalidade, não vejo base para chegar-se a esse tratamento diferenciado; não há uma razão de ser plausível, aceitável, para a distinção, devendo ser levado em conta, principalmente, o princípio isonômico a envolver, também, a administração pública. Aparelha-se esta última visando à defesa dos interesses públicos a aí estará cumprido o seu mister".

[46] Decisão liminar: "O Tribunal, por unanimidade, deferiu o pedido de medida cautelar, para suspender, até a decisão final da ação direta, a eficácia do art. 188 do Código de Processo Civil, na redação dada pelo art. 5º da Medida Provisória nº 1703 – 18, de 27/10/98, em sua reedição no art. 1º da Medida Provisória nº 1798 – 03, de 08/04/99, e, por maioria, vencidos os Srs. Ministros NELSON JOBIM, MAURÍCIO CORRÊA, OCTAVIANO GALLOTTI e MOREIRA ALVES, também deferiu a medida cautelar de suspensão da eficácia do inciso 00X, acrescentada na MP nº 1798 – 03/1999, em seu art. 1º Votou o Presidente. Ausentes justificadamente, os Srs. Ministros CELSO DE MELLO (Presidente) e SYDNEY SANCHES. Presidiu o julgamento o Sr. Ministro CARLOS VELLOSO (Vice-Presidente). Plenário, 22.04.1999". Ainda pende de publicação o acórdão do julgamento do liminar, bem como o julgamento de mérito da ADIn.

[47] MACHADO, Agapito. Princípio da Isonomia e os Privilégios Processuais. *Revista dos Tribunais*. São Paulo: Revista dos Tribunais, v. 693, p. 7-11, jul. 1993, assevera que "o Ministério Público se caracteriza pela unidade e indivisibilidade (CF/88, art. 127), mormente em matéria de direito que se repete na Justiça, sendo objeto de contestações padronizadas via computador, isso sem se cogitar da utilização da ação cível pública que substitui milhares de processos individuais e facilita sobremaneira a missão do Ministério Público (...) Demais disso, se os Procuradores das pessoas jurídicas de direito público, mesmo diante da bipartição das funções do Ministério Público e da Advocacia Geral da União e em breve da Defensoria Pública, bem como da utilização da ação cível pública, ainda tiverem dificuldades em obter elementos para defesa em Juízo, por parte de seus órgãos, que então responsabilizem os responsáveis por tais órgãos. O que não se justifica é transferir uma culpa da administração ao jurisdicionado já tão penalizado por ela".

Assim, tem-se como mais razoável, atendendo ao tratamento igualitário das partes, à igualdade substancial das mesmas e à necessária correlação lógica entre o fator de discriminação e o art. 188 do CPC, a solução apresentada por Ada Pellegrini Grinover: o prazo em dobro, tanto para contestar como para recorrer, é suficiente para alcançar a igualdade material das partes no processo.[48] Acena-se, ainda, que, com o aprimoramento da informática, o aparelhamento do Ministério Público e da Fazenda Pública, as condições destes órgãos e as do particular tendem a se nivelar, de forma que, gradativamente, não será mais necessário conceder-lhes prerrogativas de prazos maiores para equilibrá-las no processo. Não há como negar que a informática trouxe avanços outrora inimagináveis. A utilização da *internet* permite o acesso e a troca de dados e informações instantaneamente (entre os próprios órgãos da Fazenda Pública e do Ministério Público), bem como é possível realizar todo o tipo de pesquisa, em várias matérias, inclusive de cunho técnico, em âmbito nacional e internacional. Apenas como exemplo, hoje é possível o acesso aos acórdãos publicados pelo STF, STJ e outros Tribunais da Federação. Avanços dessa natureza não podem ser ignorados e devem ser considerados para que critérios, que antes poderiam justificar uma prerrogativa, não se tornem verdadeiras fontes de discriminação.

Hoje, entende-se excessivo o prazo em quádruplo para contestar, bem como as vantagens trazidas pelas Medidas Provisórias, que tiveram suas respectivas eficácias suspensas, pois esses dispositivos mostraram-se verdadeiros fatores de discriminação ao particular. Quiçá, em alguns anos, com o aprimoramento da informática e o aparelhamento da Fazenda Pública e do Ministério Público não serão excessivos os prazos duplicados? Há que se ter em conta os princípios da razoabilidade e proporcionalidade, consoante exposto pelo Ministro Marco Aurélio (em voto proferido na ADIn nº 1753-2), entre a real condição das partes e a prerrogativa, mesmo quando em discussão o interesse público (que não é um conceito absoluto), sob pena de violação à garantia constitucional da isonomia.

8. Da dispensa e do posterior recolhimento de custas

Outra prerrogativa concedida à Fazenda Pública e ao Ministério Público, que será objeto de exame, está relacionada com a possibilidade de recolhimento das custas processuais ao final do processo, caso restem vencidos.[49] Novamente, a justificativa para essa prerrogativa

---

[48] GRINOVER, *Os princípios* ..., p. 34.

[49] Art. 27: "As despesas dos atos processuais, efetuados a requerimento do Ministério Público ou da Fazenda Pública, serão pagas a final pelo vencido". Código de Processo Civil.

está no fato de que, tanto o Ministério Público quanto a Fazenda Pública, agem em favor de interesses públicos ou estatais.[50]

Rogério Lauria Tucci e José Rogério Cruz e Tucci têm entendimento diverso. Ao comentarem o art. 27 do CPC, lembram do preceituado no art. 511 do mesmo diploma legal.[51] Em relação ao Ministério Público, acenam que, atuando como *custos legis*, correta a regra que o isenta das despesas processuais, uma vez que não é parte no processo. Mas, atuando como parte, estando na mesma condição do particular, não há razão para dispensá-lo das custas, de sorte que a regra, neste caso, seria inconstitucional. Assim, deveriam o Ministério Público e a Fazenda Pública, porque partes no processo, satisfazerem as despesas processuais nas mesmas condições que os demais litigantes.[52] Finalizam seu entendimento acrescentando que a Fazenda Pública estaria dispensada de arcar com tais ônus quando o credor fosse a União, nas causas de seu interesse, e os Estados da Federação, nos processos em que a respectiva unidade federal fosse parte, pois a Fazenda Pública, nestes casos, estaria pagando a si mesma, o que configuraria o instituto da *confusão*.[53]

Sob o mesmo argumento, de que muitas vezes o credor das despesas processuais da Fazenda Pública é ela mesma, também entende Nelson Nery Júnior que estaria sendo observada a garantia constitucional da igualdade.[54] Ada Pellegrini Grinover comunga do entendimento de constitucionalidade, tanto do art. 27 como do art. 511, ambos do CPC, no que refere ao adiamento e isenção de custas. Sustenta que tais prerrogativas se justificam em função do interesse público e frisa que o particular não restaria em desvantagem processual, pois, se necessário, também poderá gozar de isenção, caso preencha as condições necessárias para a concessão da assistência judiciária gratuita.[55]

---

[50] GRINOVER, *Os Princípios* ..., p. 37, entende que, neste caso, não haveria inconstitucionalidade, pois a prerrogativa está fundamentada no interesse público e, por outro lado, os serventuários e auxiliares de justiça deverão aguardar o término da demanda para que recebam as custas que lhes são devidas, também contribuindo, assim, com o interesse público, para a realização de uma função social.

[51] Art. 511: "No ato de interposição do recurso, o recorrente comprovará, quando exigido pela legislação pertinente, o respectivo preparo, inclusive porte de retorno, sob pena de deserção. Parágrafo único: São dispensados de preparo os recursos interpostos pelo Ministério Público, pela União, pelos Estados e Municípios e respectivas autarquias, e pelos que gozam de isenção legal".

[52] TUCCI, ob. cit. p. 45/47 "em razão da identidade de condição dos litigantes, quaisquer que sejam, igualmente situados como sujeitos parciais do processo, não pode haver lugar para nenhuma diferenciação de tratamento".

[53] Idem.

[54] NERY JÚNIOR, Nelson. *Princípios do Processo Civil na Constituição Federal*. 6. ed. São Paulo: Revista dos Tribunais, p. 62/63.

[55] GRINOVER, *Os Princípios* ..., cit. p. 37/38.

Realmente, não se vislumbra a inconstitucionalidade destes artigos: a Fazenda Pública estaria recolhendo custas para seus próprios cofres; está presente o interesse público em sua atividade e na do Ministério Público; ademais, o particular, preenchidos os pressupostos para concessão da Assistência Judiciária Gratuita, poderá ser beneficiado da isenção de custas. Salienta-se que, muitas vezes, é permitido à parte recolher as custas ao final, caso deferido pelo magistrado, na observância do art. 125, I, do CPC.

9. Dos honorários advocatícios

A Fazenda Pública também goza de privilégio, frente ao particular, no que respeita à condenação em honorários advocatícios quando vencida. Ao particular, a fixação dos honorários advocatícios está atrelada aos limites de 10% e 20% sobre o valor da condenação quando vencido. Todavia, a Fazenda Pública, em dispositivo de questionável constitucionalidade, pode ser condenada a pagar honorários em quantia inferior a 10% do valor da condenação, devendo a fixação ocorrer por apreciação eqüitativa do magistrado. É o que dispõe o art. 20, §§ 3º e 4º do CPC.[56]

A diferenciação de tratamento imposta neste caso afronta a garantia constitucional da isonomia processual, pois está garantido à Fazenda Pública, se vencedora, o recebimento de honorários arbitrados de acordo com o § 3º do art. 20 do CPC, mas, se for vencida, poderá o juiz fixá-lo em valor aquém ao mínimo de 10%. Para o particular, a situação é inversa. Este privilégio concedido à Fazenda Pública não se justifica, pois atua como parte tal qual o particular, correndo os mesmos riscos de sucesso ou insucesso, de forma que deveria arcar com os mesmos ônus relativos à verba sucumbencial.

Nesse sentido, Rogério Lauria Tucci e José Rogério Cruz e Tucci asseveram que "não há como vislumbrar diferença, de que natureza seja, entre a sucumbência de um particular e a de uma pessoa jurídica de direito público, no processo civil. E isso, sobretudo, à vista do motivo determinante da adoção da regra da sucumbência, qual seja,

---

[56] Art. 20: "A sentença condenará o vencido a pagar ao vencedor as despesas que antecipou e os honorários advocatícios. Essa verba honorária será devida, também, nos casos em que o advogado funcionar em causa própria ... Parágrafo 3º: Os honorários serão fixados entre o mínimo de 10% (dez por cento) e o máximo de 20% (vinte por cento) sobre o valor da condenação, atendidos: a) o grau de zelo do profissional; c) o lugar da prestação do serviço; c) a natureza e importância da causa, o trabalho realizado pelo advogado e o tempo exigido para o serviço. Parágrafo 4º: Nas causas de pequeno valor, nas de valor inestimável, naquelas em que não houver condenação ou for vencida a Fazenda Pública, e nas execuções, embargadas, ou não, os honorários serão fixados consoante apreciação eqüitativa do juiz, atendidas as normas das alíneas *a*, *b* e *c* do parágrafo anterior".

o de que ao vencedor deve ser assegurada total reparação patrimonial dos encargos resultantes da demanda.[57] Ada Pellegrini Grinover também acena para a inconstitucionalidade do dispositivo processual. Esclarece que o fundamento da condenação do vencido nas verbas sucumbenciais está na garantia de que a parte favorecida, vencedora, não sofrerá diminuição patrimonial (pagamento de honorários de seu patrono) e que os argumentos normalmente utilizados para concessão de prerrogativas à Fazenda Pública, não se justificam nesta hipótese.[58]

O argumento normalmente utilizado é o do interesse público. Justificam que a condenação da Fazenda Pública em pagar honorários advocatícios nos mesmos critérios do particular implicaria a utilização de verba pública e, reflexamente, a utilização de verba de todos os cidadãos. Ocorre que o privilégio estabelecido pelo § 4º não atinge apenas alguns particulares vencedores que poderiam obter vantagem pecuniária (se é que assim se pode chamar) em detrimento do interesse público, mas atinge uma coletividade, uma infinidade de pessoas que, no exercício de sua cidadania, buscam a tutela jurisdicional e obtêm êxito no seu pleito. São incontáveis, também, as demandas propostas pela Fazenda Pública contra o particular que não logram sucesso.

Consoante exposto, o interesse público não é um conceito absoluto e consiste no somatório de interesses individuais coincidentes. Na situação analisada, o privilégio estabelecido atinge o interesse particular convergente de uma coletividade de cidadãos que, quanto às conseqüências da sucumbência, litigam em situação de igualdade com a Fazenda Pública. O mencionado interesse convergente, também entendido como interesse público, consiste na garantia de que o particular, vencedor do litígio, não sofrerá prejuízo patrimonial.

Tendo em vista que o dispositivo processual em comento não protege o interesse público, assim considerado o somatório de interesses particulares convergentes, não há correlação lógica entre o fator real de diferenciação entre as partes e a norma discriminatória. Não há como afastar a inconstitucionalidade do § 4º do artigo 20 do CPC, pois desiguala as partes que litigam em condições de igualdade.

---

[57] TUCCI, ob. cit. p. 48, acrescenta que não há razão para que se confira tratamento especial à Fazenda Pública quando vencida e que, aplicando-se o dispositivo processual, deverá o magistrado utilizar dois critérios distintos para fixação de honorários no julgamento da mesma causa.

[58] GRINOVER, ob. cit. p. 40/41, afirma: "não se trata de levar em consideração o aparelhamento complexo dos órgãos estatais; não se trata, tampouco, de atentar para o interesse social ou bem comum. O que se pretende, simplesmente, é privar a parte contrária da parcela de honorários que receberia, se seu adversário, sucumbente, não fosse o órgão estatal".

10. Do reexame necessário

O Código de Processo Civil, em seu art. 475, estabelece que algumas decisões estarão sujeitas ao duplo grau de jurisdição.[59] Novamente, é beneficiária a Fazenda Pública de mais um privilégio processual. Esta disposição sujeita as sentenças em que for vencida a Fazenda Pública à confirmação pelo órgão jurisdicional superior. Sérgio Gilberto Porto assevera que o dispositivo não permite que a sentença produza efeitos "senão após implementada condição representada por sua confirmação em grau de jurisdição hierarquicamente superior, em face da natureza do direito posto à apreciação ou da qualidade das partes envolvidas".[60]

Nesse aspecto, tem-se entendido pela inconstitucionalidade do dispositivo. Alfredo Buzaid que, em seu anteprojeto, abolira o instituto do recurso *ex officio*, posicionou-se frontalmente contra o benefício: "salvo os casos de sentença que decreta a nulidade de casamento e a da que homologa desquite amigável (Código de Processo Civil, art. 822), todos os demais se referem a pleitos de que é parte a União, o Estado ou o Município. Ora, os argumentos utilizados pelos defensores do recurso *ex officio* não lhe justificam a necessidade, nem sequer a utilidade prática como meio de impugnação de sentenças; procuram explicar a sua manutenção unicamente pelo receio de conluio entre pessoas que figuram na relação processual ou por deficiente tutela dos interesses públicos. Ora, o argumento de que os representantes do poder público podem agir com incúria não revela defeito de função, mas do órgão, cuja indexação no cumprimento do dever merece ser punida pelos meios singulares de direito e não por transferência ao Judiciário do controle de seu comportamento irregular. A missão do Judiciário é declarar relações jurídicas e não suprir as deficiências dos representantes da Fazenda ou do Ministério Público. Por outro lado, para obstar a formação do conluio entre as partes, no processo, confere o Código meio eficazes".[61]

---

[59] Art. 475: "Está sujeita ao duplo grau de jurisdição, não produzindo efeito senão depois de confirmada pelo tribunal, a sentença: I – proferida contra a União, o Estado, o Distrito Federal, o Município, e as respectivas autarquias e fundações de direito público; II – que julgar procedentes, no todo ou em parte, os embargos à execução da dívida ativa da Fazenda Pública (art. 585, VI). § 1º Nos casos previstos neste artigo, o juiz ordenará a remessa dos autos ao tribunal, haja ou não apelação; não o fazendo, deverá o presidente do tribunal avocá-los. § 2º Não se aplica o disposto neste artigo sempre que a condenação, ou o direito controvertido, for de valor certo não excedente a 60 (sessenta) salários mínimos, bem como no caso de procedência dos embargos do devedor na execução de dívida ativa do mesmo valor. § 3º Também não se aplica o disposto neste artigo quando a sentença estiver fundada em jurisprudência do plenário do Supremo Tribunal Federal ou súmula deste Tribunal ou do tribunal superior competente".

[60] PORTO, Sérgio Gilberto. *Comentários ao Código de Processo Civil*. v. 6. São Paulo: Revista dos Tribunais, 2000, p. 236.

[61] Exposição de Motivos, nº 34, do Anteprojeto de 1964.

Ada Pellegrini Grinover acrescenta que não é o duplo grau de jurisdição que seria inconstitucional, mas os critérios para reexame contidos na lei. Entende que poderia ser estabelecido um critério em que, sendo a relação jurídico-material de relevante importância, sujeitar-se-iam as sentenças ao duplo grau de jurisdição. Mas, estabelecer como critério a pessoa que está envolvida na lide, implicaria verdadeiro privilégio à Fazenda Pública em detrimento do particular, que se encontra em situação de igualdade no processo.[62]

Em que pesem os argumentos de que esta prerrogativa tem fundamento na proteção dos interesses públicos, que estariam melhor salvaguardados se as decisões em que vencida a Fazenda Pública fossem reexaminadas pelo órgão judicial superior para que tivessem validade, ainda assim não se justifica o privilégio. A Fazenda Pública tem procuradores para defender seus interesses. Se foi vencida, lhes competirá interpor o recurso adequado. Ademais, cabe ponderar que a demanda foi examinada e apreciada pelo órgão judicial competente, e, ao não se conferir eficácia à decisão, além de não se assegurar a isonomia das partes, está-se presumindo o equívoco do magistrado.

Se a decisão contiver equívoco, o vencido poderá interpor recurso. O que não pode ocorrer é a presunção de erro do julgado apenas quando vencida a Fazenda Pública, de sorte que o veredito do juiz será confiável e produzirá efeitos quando vencido for o particular e não será confiável e não produzirá efeitos quando vencida for a Fazenda Pública. Cristalina é a contradição da norma processual, que impõe forte discriminação ao particular.

Nem há que se justificar o privilégio em razão de interesse público, pois o mesmo já está resguardado, caso a caso, quando levada a questão à apreciação do órgão jurisdicional, cuja presunção é de imparcialidade e seriedade (não o contrário). Tais aspectos não são razoáveis (presunção de que os interesses do Estado não tenham sido bem representados por seus procuradores, servidores submetidos a concurso público, e de que o magistrado não tenha julgado adequadamente a demanda) e não justificam o benefício concedido. Para a correção de julgado, como bem afirmado por Alfredo Buzaid, há meios mais eficazes para reparar eventuais problemas dessa ordem, que não seja impor a flagrante desigualdade entre a Fazenda Pública e o particular.

Conclusão

A idéia de igualdade vem sendo desenvolvida desde os primórdios da humanidade, tendo sido recepcionada por vários Textos Constitucionais, inclusive, pela atual Constituição Federal.

---

[62] GRINOVER, *Os princípios ...*, ob. cit. p. 44/45.

A garantia constitucional da igualdade é preceito relativo, e não absoluto, ou seja, não tem o escopo de igualar a todos independentemente de suas condições. Ao contrário, ao dirigir-se ao legislador e ao executor da lei, permite a relativização da garantia em busca da igualdade real.

O objetivo do princípio da isonomia é igualar as condições de todos perante a lei e no processo. Contudo, as normas jurídicas que contenham preceitos discriminadores deverão corresponder ao real fator de diferenciação entre as pessoas atingidas, sob pena de inconstitucionalidade.

O fator interesse público, por si só, não é suficiente para justificar exceções à igualdade das partes no processo.

O prazo em quádruplo para contestar conferido à Fazenda Pública e ao Ministério Público tem sido considerado excessivo, assim como as vantagens trazidas pela Medidas Provisórias nºs 1703, 1774 e 1798.

Os dispositivos infraconstitucionais que dispensam ou permitem o posterior recolhimento de custas pelo Poder Público estariam de acordo com a garantia constitucional da isonomia.

Já o artigo 20, § 4º, do CPC, que permite ao magistrado fixar honorários em valor inferior a 10% do valor da condenação, quando vencida a Fazenda Pública, seria inconstitucional, pois impõe desigualdade flagrante entre a Fazenda Pública e o particular.

O privilégio processual do reexame necessário outorgado à Fazenda Pública pelo artigo 475 do CPC é de contestável constitucionalidade, visto que há outras formas mais eficazes para reparação de erros nas decisões judiciais, tal como a interposição do competente recurso.

Com base em todo o exposto, é imperioso que se atente à realidade, à extensão da norma, sua finalidade e adequação ao momento em que inserida no ordenamento jurídico, para que não outorgue verdadeiros privilégios injustificados a determinadas partes, como ocorre em alguns casos com a Fazenda Pública.

Bibliografia

BARBOSA, Rui. *Oração aos Moços. Escritos e Discursos Seletos*. E. José Aguilar, Rio de Janeiro, 1960.

BASTOS, Celso Ribeiro; MARTINS, Ives Gandra. *Comentários à Constituição do Brasil: Promulgada em 5 de outubro de 1988*. v. 2. São Paulo: Saraiva, 1989.

BAUR, Fritz. O Papel Ativo do Juiz. *Revista de Processo*. São Paulo: Revista dos Tribunais, n. 27, p. 186-199, jul./set. 1982.

BORGES, Alice Gonzalez. Interesse público: um conceito a determinar. *Revista de Direito Administrativo*. Rio de Janeiro: Renovar, v. 205, p. 109-116, 1996.

CASTRO, Carlos Roberto de Siqueira. *O Princípio da Isonomia e a Igualdade da Mulher no Direito Constitucional*. Rio de Janeiro: Forense, 1983.

CINTRA, Antônio Carlos de Araújo. O Princípio da Igualdade Processual. *Revista da Procuradoria Geral do Estado de São Paulo*. n. 19, p. 39-44, dez. 81/ dez. 82

DANTAS, F. C. de San Tiago. Igualdade Perante a Lei e o *Due Process of Law*. *Problemas de Direito Positivo*. Estudos e Pareceres. Rio de Janeiro: Forense, 1953, p. 37-63.

FARIA, Anacleto de Oliveira. Isonomia. *Enciclopédia Saraiva do Direito*. v. 46. São Paulo: Saraiva, p. 272-287.

FERRAZ, Sérgio. Igualdade Processual e os Benefícios da Fazenda Pública. *Revista da Procuradoria Geral do Estado de São Paulo*. n. 13/15, p. 421/35, dez. 1978/dez. 1979.

GRINOVER, Ada Pellegrini. *Os Princípios Constitucionais e o Código de Processo Civil*. São Paulo: Bushatsky, 1975.

——. *Novas tendências do Direito Processual: De Acordo com a Constituição de 1988*. Rio de Janeiro: Forense Universitária, 1990.

GUERRA FILHO, Willis Santiago. Princípios da Isonomia e da Proporcionalidade e Privilégios Processuais da Fazenda Pública. *Revista de Processo*. São Paulo: Revista dos Tribunais, n 82, p. 70-91, abr./jun. 1996.

JACQUES, Paulino. *Da Igualdade perante a Lei*. 2. ed. Rio de Janeiro: Forense, 1957.

MACHADO, Agapito. Princípio da Isonomia e os Privilégios Processuais. *Revista dos Tribunais*. São Paulo: Revista dos Tribunais, v. 693, p. 7-11, jul. 1993.

MARTINS, Ives Gandra da Silva. O Princípio da Isonomia e os Privilégios da Fazenda Pública. *Cadernos de Direito Tributário e Finanças Públicas*. N. 5, p. 21-30.

MARTINS, Luciana Mabilia. Interesse público e interesse privado: é possível colisão?. *Revista da Procuradoria Geral do Estado*. Porto Alegre: Publicação da Procuradoria de Informação, Documentação e Aperfeiçoamento Profissional, v. 24, n. 53, 2001, p. 41-62.

MELLO, Celso Antônio Bandeira de. *O Conteúdo Jurídico do Princípio da Igualdade*. 3. ed. São Paulo: Revista dos Tribunais, 2001.

MELLO JÚNIOR, João Câncio de. O conceito polêmico de interesse público. *Revista do Ministério Público*. Porto Alegre: Ciência Jurídica Nova Alvorada, n 39, jul/dez/1997, p. 285-329.

MELO FILHO, Álvaro. O Princípio da Isonomia e os Privilégios Processuais da Fazenda Pública. *Revista de Processo*. São Paulo, v. 75, p. 166-182, jul./set. 1994.

MOREIRA, José Carlos Barbosa. La Igualdad de las Partes en el Proceso Civil. *Revista de Processo*. São Paulo: Revista dos Tribunais, n. 44, out./dez. 1986, p. 176/185.

NERY JÚNIOR, Nelson. *Princípios do Processo Civil na Constituição Federal*. 6. ed. São Paulo: Revista dos Tribunais.

PORTANOVA, Rui. *Princípios do Processo Civil*. Porto Alegre: Livraria do Advogado, 1997

PORTO, Sérgio Gilberto. *Comentários ao Código de Processo Civil*. v. 6. São Paulo: Revista dos Tribunais, 2000.

ROCHA, José de Albuquerque. O Estado em Juízo e o Princípio da Isonomia. *Revista Pensar*. Fortaleza: v. 3, n. 3, p. 20-38, jan. 1985.

SILVA, José Afonso da. *Curso de Direito Constitucional Positivo*. 16. ed. São Paulo: Malheiros, 1999.

SLAIBI FILHO, Nagib. O interesse como fundamento de direito. *Livros de estudos jurídicos*.

TUBENCHLAK, James; BUSTAMANTE, Ricardo Silva de (coord.). Rio de Janeiro: Instituto de Estudos Jurídicos, 1990, p. 1-25.

TUCCI, Rogério Lauria, TUCCI; José Rogério Cruz e. *Constituição de 1988 e Processo*. São Paulo: Saraiva, 1989.

4. O Provimento Jurisdicional e a Garantia do Contraditório

FRANCISCO TIAGO DUARTE STOCKINGER
Advogado

Sumário: Introdução; 1. O direito de ser informado; 2. O contraditório, como elemento de convicção do juiz; 3. O papel ativo do juiz e o contraditório; 4 Os aforismas *mihi factum, dabo tibi ius* e *iura novit curia*; 5. A nulidade absoluta dos atos jurídicos e as decisões *ex officio*; 6. A sentença e os fatos da causa; 7. Direito à prova; 8. A efetividade do direito e a garantia do contraditório e da ampla defesa; Conclusões; Bibliografia.

Introdução

A garantia à ampla defesa e ao contraditório encontra assento em todas as Constituições brasileiras. Sua influência expressa no processo civil, no entanto, só teve início com a promulgação da Carta de 1988, em vista de que as Constituições anteriores só consagravam esta garantia ao processo penal.

No plano constitucional, somente por esforço interpretativo é que se podia antes de 1988 enxergar a garantia da ampla defesa e do contraditório às normas de processo civil. A aplicação do princípio da inafastabilidade da lesão ao Poder Judiciário, combinado com o princípio da igualdade e do devido processo legal, estabelecia que a decisão do órgão jurisdicional, para ser legítima perante um Estado de Direito, necessitava conferir a ambas as partes a possibilidade de apresentarem suas defesas, suas provas e enfim, sua influência sobre a formação do livre convencimento do juiz.[1]

---
[1] GRINOVER, Ada Pellegrini, "O princípio da Ampla Defesa", *Revista da Procuradoria Geral do Estado de São Paulo*, n. 19, 1981/1982, p. 13. No mesmo sentido, MARQUES, José Frederico, *in* Manual de Direito Processual Civil, Rio de Janeiro: Forense, 1974, p. 167.

O constituinte de 1988, ao manifestar que a garantia do contraditório teria influência ao processo civil, dispensou a necessidade de um favorável apoio interpretativo, nem sempre ocorrente. A inovação, que aconteceu para tornar perpétua e induvidosa a aplicação desta garantia, pode ser tida como conseqüência, e também repulsa, a vinte anos de repressão do Estado, em que ficaram subjugados inúmeros direitos individuais de cada cidadão.

Os seus efeitos não foram imediatos, e sim reflexos sobre a interpretação das normas do processo. Em um primeiro momento, é possível afirmar que houve a consolidação da garantia do contraditório e da ampla defesa, seja no âmbito da real necessidade de participação dos litigantes no resultado da sentença, seja na possibilidade da produção de provas.

A inovação não deixou de sofrer as devidas críticas, não em oposição às garantias individuais, mas sim em face de alguns valores que ainda hoje tomam vigor dentro do estudo do processo civil.[2] A efetividade, com o fim de tornar útil a prestação jurisdicional, necessita que o direito seja rapidamente satisfeito ao autor. Sob esta premissa, pode parecer que a garantia insculpida no artigo 5º, LV, da atual Constituição, veio em contramarcha a estes novos valores, pois confere ao réu, que desde logo demonstre não possuir razão alguma, inúmeras prerrogativas para obstar a satisfação do direito do autor.

A doutrina, a seu turno, aponta três elementos básicos pertencentes a esta garantia. O primeiro, o direito de ser informado. O segundo, o direito de ser ouvido em audiência. O terceiro, o direito à produção de prova.

1. O direito de ser informado

O direito de ser informado se consubstancia na prerrogativa de o réu obter ciência da ação intentada contra si, além dos demais atos processuais, e a partir daí, poder se manifestar.

É através da citação que o réu toma ciência do conteúdo do pedido do autor, dos fatos constitutivos e dos fundamentos do direito invocados. No que toca às decisões proferidas no curso da lide, são as intimações dirigidas às partes e aos seus advogados que possuem este efeito.

No sistema brasileiro, a resposta do réu não é obrigatória na lide. É tão-somente necessário que possua ciência da ação intentada contra

---
[2] A este respeito, BAPTISTA DA SILVA, Ovídio. "A 'Plenitude de Defesa' no processo civil", *Os Direitos Fundamentais dos Cidadãos na Justiça*, Coordenador Sálvio de Figueiredo Teixeira. São Paulo: Saraiva, 1993, p. 165.

si, pois a demanda terá curso mesmo a sua revelia. A importância desta informação é fundamental, e a sua ausência pode ensejar a nulidade absoluta do processo. Veda-se, com efeito, que qualquer pessoa venha a sofrer os efeitos de uma sentença, sem que lhe tenha havido a possibilidade de obter conhecimento prévio da ação proposta.

Neste sentido, não sendo o réu encontrado pessoalmente, determina a lei que seja procedida a publicação da ordem citatória em jornais de grande circulação. Ocorrendo esta última hipótese, e ainda assim, o réu não tenha oferecido resposta, será nomeado curador especial a sua pessoa (artigo 9º, II, do Código de Processo Civil), uma vez que a citação por edital não confere certeza inequívoca quanto ao conhecimento da ação interposta. Caso contrário, restaria a possibilidade do demandado de vir a sofrer os efeitos do provimento jurisdicional, sem que de fato possa haver tido a informação da existência da demanda. Dessa forma, com intuito de proteger a garantia de defesa do réu que não fora localizado, e que provavelmente não tenha obtido conhecimento da ação, é que possui relevância a nomeação curador especial.

Todavia, somente o conhecimento é indispensável. A reação da parte a quem é dirigida a citação ou a intimação se constitui apenas em uma possibilidade,[3] poism no âmbito civil, ninguém deve exercer seu direito de defesa compulsoriamente.

2. O contraditório, como elemento de convicção do juiz

Uma das características da garantia do contraditório, como visto, é a parte obter ciência dos fatos relevantes do processo. Após este conhecimento, surge a possibilidade de manifestar seu posicionamento.

Tanto o autor como o réu apresentam a pretensão de obter a tutela jurídica favorável a si, e este motivo impede, em um primeiro momento, que se conceda irrestrita credibilidade às alegações unilateralmente postas. Por outro lado, mesmo que ambas as partes estejam participando do processo por terem a convicção da justiça de seus fundamentos (e não apenas para obter, seja qual forma for, a tutela jurídica que lhe é favorável), podem, ainda assim, estar equivocadas em seu raciocínio.

Como a verdade e a razão não podem ser obtidas pela participação de somente uma das partes interessadas, é indiscutível a premência da "bilateralidade da audiência" (*audiatur et altera pars*). Esta condição enseja a imparcialidade do juiz, pois ouvindo uma das partes, o magistrado terá necessariamente que ouvir a outra.[4]

---

[3] DINAMARCO, Cândido Rangel. "O princípio do Contraditório". *Revista da Procuradoria Geral do Estado de São Paulo*, n. 19, dez. 1981, dez. 1982, p. 31.

[4] CINTRA; GRINOVER; DINAMARCO. *Teoria Geral do Processo*, 17ª ed. São Paulo: Malheiros, p. 55.

O contraditório assume uma garantia a ser obedecida no trâmite processual, não apenas no aspecto paritário de condições das partes, mas também como elemento essencial à formação do convencimento do magistrado.[5] Nos dizeres de *Cândido Rangel Dinamarco*, "é do passado a afirmação do contraditório exclusivamente como abertura para as partes, desconsiderada a participação do juiz".[6] Vale afirmar, a sentença deve decidir o que previamente tenha sido posto à discussão das partes nos autos.

O contraditório é, portanto, uma atividade a ser vista como cooperatória à função jurisdicional, para a boa qualidade desta.[7] Não pode ser encarado apenas como direito conferido às partes de possuírem oportunidades idênticas no processo. O pressuposto indeclinável do contraditório se constitui na garantia que os litigantes possuem de influenciar o convencimento do juiz, seja no que toca à matéria de fato, como à matéria de direito. A este respeito, acentua Michele Tarufo[8] que "della garanzia della difesa viene cioè in evidenza non tanto l'aspetto che riguarda la disposnibilità per parti degli strumenti processuali, quanto l'aspetto che riguarda l'incidenza dell'uso di sifatti strumenti sul convincimento del giudice".

3. O papel ativo do juiz e o contraditório

Nos últimos anos, vem se concedendo importante ênfase ao ativismo judicial, como forma de possibilitar maior efetividade e justiça nas sentenças. Busca-se, com isso, que a aproximação cada vez mais intensa do juiz com a causa em litígio, resulte em proveito à prestação jurisdicional.

Segundo Fritz Baur, "o papel ativo do juiz é visto em estreita relação com a reivindicação de uma razoável aceleração do processo, e com a função social deste. A atuação do juiz deveria impedir a prolongação injustificada ou inútil do processo, e mais, deveria velar que a parte não tivesse desvantagens".[9]

Como meio de alcançar este desiderato, mister será atuação do juiz, para fazer que a igualdade não seja meramente teórica entre os

---

[5] LUCON, Paulo Henrique dos Santos, "Garantia do Tratamento Paritário das Partes" *Garantias Constitucionais do Processo Civil*. Org. José Rogério Cruz e Tucci. São Paulo: Revista dos Tribunais, p. 103.

[6] *Fundamentos do Processo Civil Moderno*. Tomo I, 3ª ed. São Paulo: Malheiros, 2000, p. 125.

[7] Neste sentido, ALVARO DE OLIVEIRA, Carlos Alberto. "Efetividade e Processo de Conhecimento", *Revista de Processo* n. 96, p. 65.

[8] *La motivazione della sentenza civile*, p. 401. Cedam. 1970 (*Apud* WATANABE, Kazuo, *Processo de Cognição*, 2ª ed. Campinas: Bookseller, 2000, p. 68).

[9] O Papel Ativo do Juiz, Revista de Processo, n. 27, p. 187.

litigantes, e sim prática, tendo em conta as possíveis diferenças técnicas e econômicas.[10] De outro lado, a intervenção do magistrado no curso da lide terá o efeito a velar pelo rápido desfecho da causa, impedindo que o transcurso desnecessário do tempo faça perder a própria utilidade da sentença.

Prestigia-se, assim, a atividade de ofício do magistrado, com vistas à produção de provas indispensáveis à correta solução da causa, bem como ao indeferimento de atos processuais despiciendos à instrução do feito. Almeja-se a conduta participativa do juiz, em busca dos melhores fundamentos de fato e de direito, atentando-se para a igualdade das partes e à efetividade da prestação jurisdicional. Requer-se, enfim, um consistente envolvimento com os fatos controvertidos da causa e com as questões de direito, não sendo o magistrado apenas um expectador do litígio travado pelas partes no processo.

No entanto, a maior ênfase à atuação do magistrado não deverá dar margem ao arbítrio e ao desrespeito às garantias fundamentais das partes no processo, fazendo com que o juiz assuma a defesa do interesse material pertencente a uma das partes. Como observado na história dos diferentes sistemas de direito, os fundamentos do processo civil se encontram estritamente ligados ao pensamento ideológico. Na medida em que se concedeu enorme abertura para a incidência do poder judicial no processo, esteve sempre a marca de Estado intervencionista, que buscava fazer imprimir a sua vontade na relação jurídica entre os particulares. Assim ocorria com os ordenamentos jurídicos dos sistemas socialistas e comunistas, em que a maioria absoluta dos bens possuía caráter público,[11] e portanto, as partes não possuíam sólidas garantias processuais, pois o direito que buscavam defender em juízo interessava muito mais ao Estado do que a si mesmos. O pressuposto da atividade intensa do juiz estava em fazer realmente efetiva a decisão jurisdicional, seja em relação à verdade objetiva dos fatos, como no tocante à correta aplicação dos valores sociais elegidos pelo Estado. Sob este enfoque, a vontade do poder estatal se sobrepunha aos interesses dos particulares, concedendo azo à opressão e à ofensa aos direitos individuais.

Todavia, o outro extremo do processo civil, também levado a efeito pelo fator ideológico, não confere significativa possibilidade à

---

[10] CAPPELLETTI, Mauro, *Proceso, Ideologias, Sociedad*. Buenos Aires: EJEA, 1974, p. 116. Ainda, segundo o escólio deste jurista italiano, ao final do Século XIX, a decadência da concepção liberal do *laissez-faire*, e a crescente necessidade de intervenções públicas na economia e na vida privada em geral, se constituíram em fatores a refletir em um papel mais ativo do juiz, rompendo com o pressuposto do processo ser assunto privado das partes (*ob. cit.* p. 86).

[11] Com isto, havia a publicização dos direitos substanciais patrimoniais, e neste passo, seria indevida a distinção entre o *ius publicum* e o *ius privatum* (CAPPELLETTI, *ob. cit*, p. 20/21).

justiça na prestação jurisdicional. Quando se procurou ao máximo evitar a interferência do Estado na relação privada dos indivíduos, como aconteceu com o *Code de Procedure Français* de 1806, imbuído dos valores liberais da Revolução Francesa, a atividade desenvolvida pelo juiz fora limitada com bastante vigor, e o meio de alcançar este intento esteve em pronunciar rigorosas garantias às partes litigantes, evitando assim a discricionariedade do magistrado sobre o direito material disputado entre os indivíduos.[12] A maior crítica, todavia, esteve presente sob a constatação de que os indivíduos não são iguais, havendo enorme disparidade econômica e social entre si, o que reflete em induvidosas conseqüências sob o processo, no que se refere ao aspecto técnico dos litigantes. Enfim, não há injustiça maior do que tratar as partes desiguais de modo igual.[13]

Assim, a atividade exclusiva das partes no curso do processo releva para além do necessário a participação do juiz, e não raro terá o magistrado que se conformar em proferir sentenças injustas em face da precária instrução do feito exercida pelos litigantes. Do mesmo modo, a causa em litígio estará sujeita aos mais diversos abusos, em prejuízo à obtenção da tutela jurídica daquele que a necessita.

Nos dias de hoje, à medida que se propõe um papel ativo do juiz, estritamente para evitar que o processo seja amplamente dominado pelas partes, em desfavor a uma tutela jurídica justa e efetiva, não se poderá deixar margem ao exercício abusivo de poder pelo órgão judicial.

Trata-se aqui de afirmar que o processo se constitui em procedimentos realizados através do contraditório, com o intuito de disciplinar o ato de poder do Estado, referente à jurisdição, assim como de propiciar a participação dos indivíduos que irão sofrer as conseqüências jurídicas do ato decisório. Esta constatação vai de encontro ao processo como sendo, pura e simplesmente, um instrumento ao exercício da jurisdição.[14] Este modo de ver a atividade processual tem específica relação com os pressupostos políticos da democracia, que

---

[12] O processo, assim, era visto como coisa privada das partes, em razão do entendimento individual e privatístico acerca dos direitos patrimoniais, conforme CAPPELLETTI, *ob. cit.* p. 16.

[13] *Ob. cit.* p. 19.

[14] Conforme o ensinamento de DINAMARCO. *A Instrumentalidade do Processo*, 6ª ed. São Paulo: Malheiros, 2000, p. 132. Ainda, aduz o insigne jurista que esta característica do processo, referente à regulação do exercício do poder jurisdicional do Estado mediante procedimento, de forma a conferir à participação dos litigantes no uso deste poder, não exclui o fato de o processo também ser uma relação jurídica, existente perante as partes entre si e com o juiz. A relação jurídica processual, enfim, se constitui em outro meio de ver a mesma questão, porém, sem o elemento político e teleológico, que a toda evidência se relaciona com o modo de exercício do poder estatal.

visam a evitar o uso indevido do poder pelo Estado, e ao mesmo tempo assegurar a participação dos particulares.[15]

O que se busca, dessa forma, é uma convivência pacífica entre duas necessidades: o ativismo do juiz perante o processo e a participação efetiva dos litigantes na construção do provimento jurisdicional. O diálogo e a colaboração existente entre o juiz e as partes, sob este aspecto, assume importância vital.[16]

Sem dúvida, estes dois últimos fatores somente vêm em benefício da jurisdição, não havendo em que se falar em retardamento da tutela jurídica, porém, em maior qualidade desta. Não é outra razão pela qual os modernos sistemas processuais europeus possuem expressa disposição legal, no sentido de impedir que o juiz tome iniciativas em prol da boa prestação jurisdicional, sem que ouça as partes previamente.

O Código de Processo Civil português, em seu artigo 3º, 3, dispõe que "o juiz deve observar e fazer cumprir, ao longo de todo o processo, o princípio do contraditório, não lhe sendo lícito, salvo caso de manifesta desnecessidade, decidir questões de direito ou de facto, mesmo que de conhecimento oficioso, sem que as partes tenham tido a possibilidade de sobre elas se manifestarem".

A seu turno, o artigo 16 do novo Código de Processo Civil Francês assinala que o juiz "não pode fundamentar sua decisão sobre pontos de direito que ele próprio haja suscitado de ofício, sem ter chamado previamente as partes a apresentar suas razões".[17]

Estas duas normas exprimem a importância da garantia do contraditório frente ao sistema de processo civil. Com isso, está a se vedar qualquer provimento jurisdicional, em que seus fundamentos de direito ou mesmo de fato, não tenham sido previamente postos à discussão pelas partes.

Mesmo que o Código de Processo Civil brasileiro não possua regras semelhantes, a reflexão deve ser feita com base no artigo 5º, LV, da Constituição Federal, por se constituir norma hierarquicamente superior à legislação ordinária.

---

[15] Neste sentido, fundamenta NORBERTO BOBBIO que, de forma preliminar, a democracia é um conjunto de regras procedimentais, a conceder legitimidade ao sistema (*O Futuro da Democracia*. Trad. da 7ª ed. it. Marco Aurélio Nogueira. São Paulo: Paz e Terra, 2000, p. 77/78). Acrescenta ainda este autor que a regra da maioria é a principal, porém, não é a única. Vale dizer, a existência do procedimento é necessária ao exercício do poder, como forma de evitar o arbítrio em sua utilização. Não obstante, estas regras merecem estar relacionadas a outro fator, na medida em que o procedimento deve ensejar a participação dos indivíduos no exercício deste poder, que no âmbito político ocorre, de forma mais evidente, através do sufrágio universal, enquanto na esfera da jurisdição, acontece através do direito ao contraditório conferido às partes.

[16] A este respeito, ALVARO DE OLIVEIRA, Carlos Alberto. *Do formalismo no Processo Civil*. São Paulo: Saraiva, 1997. p. 139/40. No mesmo sentido, DINAMARCO. *Fundamentos do Processo Civil*., p. 135.

[17] DINAMARCO, *ob. cit.*, p. 135.

4. Os aforismas *mihi factum, dabo tibi ius* e *iura novit curia*

O brocardo latino *mihi factum, dabo tibi ius* (dai-me os fatos, que eu lhes direi o direito), e também da *iura novit curia* (o juiz deve conhecer o direito), possibilitam ao magistrado ter a livre convicção sobre a norma jurídica a ser aplicada em sua decisão. Ou seja, mesmo que as partes não tenham previamente invocado determinada regra de direito que se refira ao conflito, pode o juiz em sua sentença livremente aplicá-la, sem que isso represente a alteração da causa de pedir.[18] Afinal, não poderia a incidência da lei ficar prejudicada, em virtude de não haver sido alegada anteriormente pelo litigante interessado.

Contudo, o que pode ensejar a afronta a garantia das partes e do contraditório, em um caso específico, é a decisão judicial que decide o pedido do autor, sustentando seus fundamentos em razões de direito não invocadas pelas partes, sem que tenha dado a oportunidade prévia aos litigantes de se manifestar a respeito.

Mesmo que a prática forense mostre que as sentenças se utilizam largamente das regras do *mihi factum, dabo tibi ius*, e também da *iura novit curia*, deverá ser exaltada a posição do magistrado que, antes da decisão final, abra vistas às partes para a manifestação sobre a norma de direito não debatida pelos litigantes.[19] Ao invés de ser imparcial, por suscitar dispositivo de lei que poderá ser prejudicial ao interesse de uma das partes, estará o juiz a exercer de forma digna o contraditório, na medida em que concede o direito de defesa para aquele a quem a norma de direito é desfavorável. Deve-se se levar em consideração que o contraditório, em sua essência, significa a possibilidade de haver consignados os argumentos em favor e em desfavor sobre determinado fato ou norma. Por esta razão, o juiz que por sua iniciativa promove o contraditório estará tornando mais legítima a sua sentença, afastando com qualquer estigma de arbitrariedade em sua decisão final. Volta-se aos exemplos dos artigos 3º do Código de Processo Civil Português e 16 do novo Código de Processo Civil Francês, que determinam de forma expressa que o juiz deva promover o contraditório com as partes, sem desconhecer que o sistema processual da Alemanha possui

---

[18] CALMON DE PASSOS, José Joaquim. *Comentários ao Código de Processo Civil*, 5ª ed. Rio de Janeiro: Forense, 1988, v. 3, p. 200.

[19] Esta é a posição de CARLOS ALBERTO ALVARO DE OLIVEIRA, in "A Garantia do Contraditório", publicado na *Revista da Ajuris* nº 79, p. 114. O ilustre professor ainda repercute sob outro enfoque esta questão, no sentido de que o diálogo promovido pelo juiz, sobre o ponto de direito não suscitado pelos litigantes, é benéfico não somente às partes, mas também ao interesse público, na medida em que a decisão judicial que ocasione surpresa, pela aplicação de uma norma não debatida, diminui a fé dos cidadãos na administração da justiça. Por outro lado, é pertinente o ensinamento de CÂNDIDO R. DINAMARCO, de que "não decai o juiz de sua dignidade quando, sentindo a existência de motivos para emitir de ofício uma decisão particularmente gravosa, antes chama as partes para à manifestação sobre este ponto" (*ob. cit..* p. 135).

semelhante disposição. No Brasil, apesar de não existir lei ordinária que disponha em tal sentido, há a prevalência do art. 5º, LV, da Constituição Federal, a servir de norte para a interpretação das normas de processo.

5. A nulidade absoluta dos atos jurídicos e as decisões *ex officio*

Por outro lado, quando se tratar de decisão que decreta de ofício a nulidade de um ato jurídico (ou seja, quando o juiz decide o que não fora objeto do pedido do autor), não se pode sustentar a inconstitucionalidade dos artigos 146, parágrafo único, do Código Civil, e 51, *caput*, do Código de Defesa do Consumidor. Deve ser salientado que a decisão *ex officio*, proferidas com base nestas normas, encontra arrimo na doutrina e na jurisprudência.[20]

Nesta situação, o que pode traduzir a ofensa ao artigo 5º, LV, da Constituição, é o fato de o juiz, de forma precedente, não ter possibilitado às partes declarar os seus fundamentos de defesa.[21] Com isso, a participação dos litigantes para expor argumentos a favor e contra o provimento *ex officio*, em momento anterior à decisão, afasta em muito qualquer sinal de potestatividade do órgão judicial.

Deve ser salientado que a possibilidade de haver decisões *ex officio*, que declarem a nulidade de determinado ato jurídico, sob este entendimento, constitui-se em uma exceção a ser feita ao princípio da demanda, ao qual consigna que só as partes podem requerer provimento do juiz, não sendo afeto ao poder jurisdicional, por sua própria iniciativa, proferir sentença que vá interferir na esfera jurídica dos particulares. A decisão *ex officio*, entretanto, apesar de representar exceção ao princípio da demanda, não pode ser tida como exceção ao princípio do contraditório, *máxime* por este último constituir-se em garantia constitucional. Por esta razão, para ser verdadeiramente legítima a decisão *ex officio*, em face do contido no art. 5º, LV, necessário será que o magistrado ouça as alegações das partes a respeito, ou seja, que possibilite a participação dos litigantes, no que se refere à construção do provimento jurisdicional.

---

[20] A este respeito, NERY JUNIOR, Nelson, *Código Brasileiro de Defesa do Consumidor*. Rio de Janeiro: Forense Universitária, 1991, p. 355. No mesmo sentido, PORTANOVA, Rui. *Princípios do Processo Civil*, Porto Alegre: Livraria do Advogado, 1995, p. 233.

[21] A este respeito, DINAMARCO, *A Instrumentalidade do Processo*, p. 131. Assinala o insigne jurista, ao se referir aos provimentos jurisdicionais, que "se algum procedimento excluísse a participação dos sujeitos envolvidos no litígio, ele próprio seria ilegítimo e chocar-se-ia com a ordem constitucional."

6. A sentença e os fatos da causa

Ao final, outro tema deve ser enfrentado, no que diz respeito à atividade exercida pelo juiz perante o processo e à garantia do contraditório e da ampla defesa. Está-se a referir à possibilidade da sentença decidir a causa, utilizando uma afirmação de fato não debatida no processo. Esta hipótese ocorre, por exemplo, quando a sentença tece a alegação de que um dos litigantes teria deixado de produzir uma prova essencial para o desfecho da causa, e não obstante, o fato pretendido provar não havia sido posto sob controvérsia pelos litigantes, ou mesmo invocado por uma das partes.

Idêntica situação pode acontecer quando a sentença acolhe ou rejeita o pedido, em razão de um fato que não fora alegado pela parte interessada, e que se caracteriza por ser constitutivo, ou então, impeditivo, modificativo ou extintivo do direito do autor.

É evidente que quando isto ocorre, está o magistrado a se inclinar favoravelmente a um dos litigantes, ao motivar a sua decisão tendo em conta um fato não afirmado pela parte interessada, e que como conseqüência, se encontra desprovido de discussão nos autos. Há o nítido prejuízo para um dos litigantes, que esteve privado de exercer seu direito de defesa, para oferecer meios de prova que desafiem a conclusão obtida pelo juiz.[22]

Deve-se ter presente que as alegações de fato pertencem ao poder dispositivo das partes. Dessa forma, os fatos jurídicos que digam respeito diretamente à causa de pedir do autor não podem ser, por iniciativa própria, objeto de busca pelo juiz.[23]

Por esta razão, o artigo 131 do Código de Processo Civil, que permite ao juiz a livre convicção sobre as provas constantes nos autos, deve ser interpretado em consonância com o artigo 128 deste diploma legal, que veda ao magistrado conhecer de questões não suscitadas, a cujo respeito a lei exige a iniciativa da parte. Sob o cotejo destes dois dispositivos, as alegações dos fatos jurídicos, que são os constitutivos do direito material, ou então os impeditivos, modificativos ou extintivos deste direito,[24] pertencem às partes, não sendo permitido ao juiz

---

[22] No sentido da violação à garantia prevista no artigo 5º, LV, da Constituição Federal, pela inserção de fato não debatido pelas partes nos fundamentos do acórdão, é consistente o julgamento, pelo TJRGS, da ação rescisória nº 595132226, rel. o Des. José Maria Tesheiner, publicada na *Revista Forense*, v. 338, p. 300/309.

[23] Pronuncia CARNELUTTI que "a afirmação do fato que constitui o motivo da norma a ser realizada deve estar contida na petição de dita realização, é pelo que o juiz que ponha na sentença um fato (principal) não afirmado, realizará uma norma sem petição, ou segundo a expressão da lei, pronunciará sobre coisa não demandada...." (*A Prova Cível*, trad. 2ª ed. it. Campinas: Bookseller, 2ª ed., p. 39).

[24] AMARAL SANTOS, Moacyr. *Prova Judiciária no Cível e no Comercial*,. Ed. Max Limonad. 1952, p. 146.

conhecer novos fatos desta natureza, uma vez que não hajam sido invocados pelos litigantes.[25] O art. 131 do CPC, como bem acentua Celso Agrícola Barbi,[26] permite ao juiz apenas conhecer questões de fato simples, que digam respeito apenas à existência ou não dos fatos jurídicos pertinentes ao direito material conflituoso, estes últimos em que somente as partes podem alegar.

Afinal, em sua demanda, o autor postula que um fato venha a sofrer determinado efeito jurídico. Cabe ao juiz, diante de todo o ordenamento legal, fazer incidir sobre este fato a melhor norma de direito aplicável (*minhim factum, dabo it ius*), para que assim possa julgar procedente ou não o pedido do autor. Por uma conseqüência lógica, não é possível que para julgar o pedido do autor, o magistrado faça incidir a norma sobre um fato que não aquele alegado na petição inicial.

Por outro lado, o réu, em sua contestação, pode alegar que existe um fato (impeditivo, modificativo ou extintivo) a obstar a procedência do pedido do autor. Por exemplo, sustenta que há o recibo de pagamento de uma obrigação, que tem por efeito extinguir o direito do autor de cobrar o débito. O juiz, nesta hipótese, irá fazer incidir uma regra jurídica sobre este fato (o pagamento tem por efeito extinguir a obrigação). Assim, em sua sentença, a tarefa do magistrado será apenas de fazer atuar a lei sobre o fato alegado pelo réu. Também por decorrência lógica, não poderá o magistrado fazer incidir a norma sobre um fato (extintivo, modificativo ou impeditivo do direito do autor), que não aquele indicado pelo réu.

Por conclusão, não é tarefa do órgão judicial trazer novos fatos, que sejam constitutivos do direito do autor, ou que sejam impeditivos, modificativos ou extintivos a este direito. A tarefa do magistrado é fazer incidir a norma sobre os fatos alegados pelas partes, e não fazer

---

[25] A respeito, convém lembrar que os fatos jurídicos considerados constitutivos, são aqueles que fazem nascer o direito postulado pelo autor, e que estão presentes na causa de pedir da ação. Os fatos jurídicos extintivos, que são suscitados pelo réu, têm por efeito cessar a eficácia da lei sobre o fato constitutivo, em razão de um acontecimento posterior, como por exemplo, o cumprimento da obrigação. Os impeditivos se caracterizam por serem os que obstam a incidência da norma sobre o fato principal alegado pelo autor, em virtude da ausência de uma das circunstâncias necessárias para que o fato constitutivo exprima seus efeitos (CHIOVENDA, Giuseppe, *Instituições de Direito Processual Civil,*, trad. da 2ª ed. it., Bookseller, v. I, p. 23). A seu turno, os fatos modificativos são os que alteram, em fase posterior, os efeitos jurídicos sobre os fatos constitutivos. Assim, depreende-se que os fatos constitutivos, extintivos, impeditivos e modificativos, se caracterizam por sua própria ocorrência, a ocasionar efeitos jurídicos. Possuem características completamente distinta dos fatos simples, pois o acontecimento dos fatos simples não fazem surgir diretamente efeitos jurídicos. O fato simples, como já afirmado, serve apenas para verificar a veracidade ou não dos fatos jurídicos (CALMON DE PASSOS, ob. cit. p. 203).

[26] BARBI, Celso Agrícola. *Comentários ao Código de Processo Civil*. Forense, 5ª ed., v. 5, p. 535.

incidir a norma sobre os próprios fatos que alega. Isto significa que, se o juiz se convencer que existe um fato jurídico não suscitado pelas partes que irá exercer efeitos na pretensão do autor para com o réu, não poderá o magistrado utilizar deste fato em sua decisão.

A regra prevista no artigo 131 do Código de Processo Civil, não pode deixar de ser ressaltado novamente, deve ser interpretada em conjunto com o artigo 128. O artigo 131 significa, portanto, que as provas a serem livremente apreciadas pelo juiz devem dizer respeito somente à existência ou não dos fatos jurídicos principais alegados pelas partes. O juiz não pode apreciar todas as provas constantes nos autos, com intuito de encontrar novos fatos constitutivos do direito do autor, ou então, novos fatos extintivos, modificativos ou impeditivos deste mesmo direito.[27] A seguir esta hipótese, o processo será desprovido de suas devidas garantias fundamentais. A parte prejudicada com esta nova afirmação de fato principal não teve a possibilidade de produzir outras provas, ou mesmo fornecer outros argumentos de direito que pudessem retirar a sua razoabilidade. Em outras palavras, o fato em que o juiz aplicou a regra de direito, não fora afirmado pela interessada, com o que também não fora objeto do contraditório e da instrução processual.

7. Direito à prova

A última característica do princípio insculpido no artigo 5º, LV, da Constituição Federal, a ser enfrentada neste trabalho, se refere ao direito à prova, como forma de garantir a ampla defesa das partes.

A prova tem como finalidade trazer ao processo elementos que possam informar ao julgador a veracidade dos fatos afirmados pelas partes. A necessidade da produção de provas ocorre quando haja controvérsia entre os litigantes sobre estes fatos. Há de prevalecer, diante da controvérsia existente, a versão que mais haja convencido o julgador, segundo o seu livre critério de apreciação.Dessa forma, somente irá surgir o direito à prova quando o autor e o réu discordarem sobre os fatos acontecidos. Assim, como meio de defesa de suas alegações, as partes terão a prerrogativa constitucional de buscar as provas suficientes para dar embasamento à "verdade" que tentarão mostrar ao juiz.

---

[27] Neste sentido, dispõe ANTÔNIO JANYR DALL'AGNOL JÚNIOR, "O princípio do Dispositivo no Pensamento de Mauro Cappelletti", que "as alegações de fato constituem elemento essencial da demanda, devendo inserir-se, pois, na mesma categoria a que pertence a demanda judicial; devem sujeitar-se, portanto, ao poder dispositivo das partes" (*Revista da Ajuris* nº 46, p. 103).

Todavia, se ambas as partes não discordam do que aconteceu no mundo dos fatos, não existirá o direito à prova, e não estará presente a hipótese do artigo 5º, LV, da Constituição Federal. Entretanto, não havendo consenso quanto aos fatos ocorridos, seja porque o réu negue os fatos constitutivos do direito do autor, seja porque o réu alegue ainda a existência de fatos impeditivos, modificativos ou extintivos do direito do autor, ambas as partes terão a prerrogativa de produzir seus elementos probatórios. Note-se que a Carta Constitucional garante o direito à *ampla* defesa, e portanto, é incorreto tecer interpretações restritivas ao direito à prova, nesta situação.

De outro lado, o artigo 130 do Código de Processo Civil possibilita ao magistrado indeferir as provas desnecessárias ao julgamento do feito. A questão vai se mostrar interessante, na medida em que haja fatos controvertidos da causa, e mesmo assim o julgador entender que já formou seu convencimento pelos elementos probatórios declinados por uma das partes. Não estará o julgador, nesta ocasião, antecipando o juízo de mérito, e vedando o direito de produção de provas de uma das partes, e impedindo que esta última forneça elementos outros que possam influir num convencimento diverso do magistrado?

A seguir o preceito constitucional, tem-se que o direito de defesa é amplo, e portanto, o juiz não poderá deixar de deferir a produção de prova para elucidar um determinado fato controvertido, mesmo que, num primeiro momento, incline-se o magistrado pelos elementos probatórios e a interpretação dada por somente uma das partes.

A genérica afirmação de que se indefere a produção de "provas desnecessárias", deve ser vista com certas reservas. Somente será incontestavelmente desnecessária a prova quando a questão em litígio for exclusivamente de direito. Ao revés, se houver controvérsia na seara fática, a parte tem a garantia constitucional de produzir todos os elementos probatórios que julgar necessários para elucidar a questão, e desse modo, fornecer argumentos outros que desafiem o já formado entendimento do juiz.

O que deve ser vedado é o abuso de direito que cada parte possui dentro das garantias do processo. Se a produção de determinada prova for inequivocamente exagerada para convencer o magistrado de certo fato, deve ser a mesma indeferida. O mesmo acontece com os fatos que apesar de controvertidos, possuam pouca ou nenhuma relevância à causa. Como é notório no ambiente forense, nem sempre o processo é conduzido pela parte com o objetivo de alcançar a tutela jurisdicional, e o abuso do direito de defesa serve como meio a atender a esta condenável finalidade.

8. A efetividade do direito e a garantia do contraditório e da ampla defesa

Por outro lado, não se pode esquecer que outros princípios no direito processual se fazem presentes, e que põem em risco, por vezes, o pressuposto do contraditório e da ampla defesa.

Com efeito, a observância irrestrita desta garantia pode ensejar dano a determinado direito material. Neste sentido, Barbosa Moreira preleciona que os princípios do processo civil não são absolutos, e que por vezes será necessário eleger um, e como conseqüência preterir outro, tendo em consideração o "mal menor" que tal escolha irá causar.[28] O insigne jurista remonta percuciente exemplo, ao discorrer que em direito de família, o depoimento do menor cuja guarda se disputa, pode necessitar que seja realizado em exclusividade com o juiz, sem a presença dos advogados e das partes litigantes, em virtude de que dificilmente a criança estaria à vontade para se manifestar na frente dos pais ou de seus representantes. Apesar de restar vedada quanto ao depoimento do filho a participação dos pais e de seus advogados, não se poderá alegar afronta à garantia do contraditório. Nesta situação, está a se prestigiar o verdadeiro interesse da criança, que poderia restar subjugado em face da presença daqueles que disputam a sua posse.

Ainda neste tema, a necessidade de haver uma prestação jurisdicional célere, e que não faça perecer pelo decurso do tempo o direito da parte e a própria credibilidade da justiça, é um problema enfrentado pelos Tribunais. A saída encontrada é em prejuízo do direito de defesa, pois o balanço feito no caso concreto, em juízo de verossimilhança, é que mais vale uma tutela jurídica efetiva, que componha com razoabilidade e rapidez o litígio entre as partes, do que um processo moroso em busca da verdade dos fatos, que dificilmente será alcançada.

Ao final, uma outra questão vem à tona. Será possível afirmar que o direito ao contraditório encontra óbice nas medidas de antecipação de tutela, ou mesmo nas medidas liminares de origem cautelar proferidas sem a audiência da parte contrária? Nestas situações, o julgador concede uma decisão que terá efeito no mundo dos fatos, repercutindo de imediato na esfera jurídica do demandado, ao qual sequer teve oportunidade de se manifestar previamente. Apesar de aparentemente polêmica, a questão não suscita maiores dúvidas, na medida em que a parte adversa, após a concessão da medida, poderá exercer de forma plena o contraditório e a ampla defesa, tendo a certeza de que estas

---

[28] BARBOSA MOREIRA, José Carlos. A Garantia do Contraditório na Atividade de Instrução, *Revista de Processo*, nº 35, p. 238.

decisões proferidas pelo juiz podem a qualquer tempo ser revogadas ou modificadas.

Encontra-se, neste ponto, um conflito de princípios.[29] Há o entrechoque do pressuposto constitucional da inafastabilidade da lesão ou ameaça de direito, e o princípio do contraditório. Se o juiz for obrigado a esperar a resposta do réu para decidir acerca de um provimento liminar, poderá ocorrer a lesão ao direito, ficando o Judiciário impedido de coibir tal acontecimento.

Conclusões

O contraditório e a ampla defesa se constituem em garantias fundamentais dos litigantes no processo civil. A primeira expressão desta garantia se constitui na necessidade de informar as partes, seja quanto à ação intentada, como qualquer outro provimento jurisdicional. Sem este conhecimento, o litigante não possui meio de participar do processo, e, portanto, referida ausência enseja a nulidade absoluta do ato processual.

A segunda característica do contraditório é reflexa ao princípio da igualdade. O processo não se desenvolve mediante as alegações de uma única parte. Dessa forma, é imperativo que se possibilite a participação dos litigantes com interesses díspares, em iguais condições, para que ofereçam resposta à pretensão exposta por seu adversário.

O maior significado do contraditório consiste na possibilidade de fazer os titulares do direito litigioso participarem na construção do provimento jurisdicional. O contraditório, enfim, é elemento necessário à convicção do juiz, e, portanto, deve ser promovido com bastante ênfase no processo. Nesta linha de raciocínio, não deverá ser posta em segundo plano a importância do papel do advogado, pois representante maior dos interesses da parte na obtenção da tutela jurídica.

Os fundamentos da garantia do contraditório estão calcados na defesa dos interesses da parte perante o juízo. Em outras palavras, buscam evitar a discricionariedade de uma decisão jurisdicional, tomada sem a participação dos envolvidos no direito litigioso. O contraditório, com efeito, possui origem nos pressupostos da democracia, que determinam a construção do ato de poder do Estado mediante a participação das pessoas as quais o provimento terá incidência.

A sentença tem como escopo aplicar a norma a determinados fatos jurídicos, para assim acolher ou não a pretensão de direito material. Para ser verdadeiramente legítima a decisão jurisdicional que possui

---

[29] A este respeito, THEODORO JUNIOR, Humberto. *Processo Cautelar*, 17ª ed. São Paulo: LEUD, p. 391.

estas características, faz-se necessário que tanto a norma de direito como o fato jurídico a serem objetos da sentença, estejam sujeitos ao contraditório das partes. Neste sentido, mesmo que as importantes tendências processuais vejam a necessidade de um exercício ativo do juiz, em busca da melhor solução do conflito mediante os valores do ordenamento jurídico, mister será a observância da garantia do contraditório, para que a conduta judicial não transpareça sinal de arbitrariedade.

Dessa forma, será profundamente mais legítima, segundo os valores de democracia e participação, a sentença que seja precedida por um contraditório amplo, realizado pelas partes entre si e também com o juiz. É o que se chama de dever de colaboração entre os litigantes e o magistrado. Como já dito, é necessária a atuação positiva do juiz perante o desenrolar do processo, e à medida que se salienta este dever, necessário será um diálogo mais efetivo com as partes, para que não reste um estigma de arbitrariedade em face de um papel ativo exercido pelo órgão jurisdicional.

Como exemplos importantes a serem observados, têm-se os artigos 3º, 3, do Código de Processo Civil Português, 16 do *Code de Procedure Civile* da França, e o § 278, II, do ZPO germânico. Todas estas regras jurídicas pregam a necessidade de diálogo e cooperação entre um papel ativo do juiz, em busca da melhor aplicação do direito, e a garantia do contraditório da parte, como meio de tornar legítima a decisão judicial. Apesar de o sistema processual brasileiro não conter semelhantes disposições, a garantia do contraditório, hoje elevada a cânone constitucional, impõe a abertura do processo, em seu grau máximo, à participação das partes.

Desta sorte, conclui-se que a característica marcante do contraditório está calcada na necessidade de conceder ensejo à participação das partes na construção do provimento jurisdicional. Por sua vez, este último se constitui, em suma, da composição de dois elementos: a norma de direito e o fato. É assim que, invariavelmente, o contraditório e a ampla defesa devem dizer respeito tanto à norma de direito, como aos fatos em que se aplicam estas normas.

Quanto à aplicação da norma de direito pelo julgador, mister será a observância da garantia insculpida no artigo 5º, LV, da Constituição Federal. Ou seja, para que a sentença seja verdadeiramente legítima, será importante que o juiz promova o contraditório com as partes, em especial no que toca à aplicação uma lei que não fora objeto de prévia discussão nos autos. Nesta senda, a parte litigante que sofre prejuízo pela aplicação da norma invocada diretamente pelo juiz poderá exercer seus direito de defesa, oferecendo os argumentos que possam desafiar a incidência desta regra de direito. Em conseqüência, tal procedimento também serve a evitar outro mal: a insatisfação contida pela parte derrotada na lide, por não poder ter exposto suas razões contra a aplicação de determinada lei. Insatisfação, esta, que só vem a descrédito da prestação jurisdicional.

Ainda, no que diz respeito ao exercício ativo do órgão judicial, as decisões *ex officio*, que tenham por escopo declarar a nulidade absoluta de ato ou negócio jurídico, afrontam a garantia do contraditório e da ampla defesa, na medida em que não concederem ensejo à parte prejudicada de oferecer argumentos, quer de fato ou de direito, em face deste provimento jurisdicional. Em verdade, pretende-se com isso evitar uma decisão sumária, a refletir efeitos sobre a esfera jurídica de uma das partes, desprovida da integral garantia prevista no artigo 5º, LV, da Carta Maior.

A mesma consideração deve ser feita quando a sentença se utiliza de fatos jurídicos não afirmados pela parte interessada, para acolher ou rejeitar o pedido do autor. As alegações de fatos pertencem ao poder dispositivo das partes, especificamente quando se tratarem de fatos jurídicos, que são constitutivos do direito postulado, ou então extintivos, modificativos e extintivos deste direito. Quando a sentença se utiliza destes fatos jurídicos, que não foram invocados pela parte interessada, estará o juiz, nos dizeres de Carnelutti,[30] se pronunciando sobre coisa não demandada. Neste passo, estará o processo também carente de suas garantias fundamentais, em especial a que se refere ao contraditório e à ampla defesa dos litigantes.

Ao final, indispensável ter-se presente que a garantia constante no artigo 5º, LV, da Constituição Federal, não é a única aplicável ao processo civil. Existe um número significativo de outros princípios, que também devem ser observados, em maior ou menor escala, frente ao direito material litigioso. Com isso, é importante dizer que a garantia do contraditório e da ampla defesa não é absoluta, e deve ser cedida, muitas vezes, quando representar perigo a outros valores prestigiados no ordenamento jurídico. Dessa forma, faz-se plenamente justificável a necessidade e a concretização de ritos sumários, a disciplinar o procedimento de causas referentes a determinados tipos de direito, em que se tem por objetivo acelerar a prestação jurisdicional, sem as severas garantias do processo ordinário. A seguir este mesmo entendimento, a antecipação de tutela, prevista no artigo 273 do CPC, a ser deferida em situações específicas no processo de conhecimento, não afronta a garantia constitucional em comento, pois sua finalidade precípua é salvaguardar um direito, que pode vir a sofrer lesão pela observância irrestrita do contraditório e da ampla defesa.

---

[30] Ob. cit. p. 39.

Bibliografia

ALVARO DE OLIVEIRA, Carlos Alberto. A Garantia do Contraditório. *Revista da Ajuris*, nº 76, dez. 1999, p. 103-120.

——. *Do Formalismo no Processo Civil*. São Paulo: Saraiva, 1997.

——. Efetividade e Processo de Conhecimento. *Revista de Processo*. São Paulo: Revista dos Tribunais, n. 96, out./dez. 1999, p. 59-69.

AMARAL SANTOS, Moacyr. *Prova Judiciária no Cível e no Comercial*. São Paulo: Ed. Max Limonad, 1952.

BAPTISTA DA SILVA, Ovídio. A 'Plenitude de Defesa' no Processo Civil. *Os Direitos Fundamentais dos Cidadãos na Justiça*, Coordenador Sálvio de Figueiredo Teixeira. São Paulo: Saraiva, 1993.

BARBI, Celso Agrícola. *Comentários ao Código de Processo Civil*. 5ª ed. Rio de Janeiro: Forense, 1988, v. 5.

BARBOSA MOREIRA, José Carlos. A Garantia do Contraditório na Atividade de Instrução. *Revista de Processo*. São Paulo: nº 35, jul./set. 1984, p. 231-238.

BAUR, Fritz. O Papel Ativo do Juiz. *Revista de Processo*. São Paulo: nº 27. jul./set. 1982, p. 186-199.

BOBBIO, Norberto. *O Futuro da Democracia*. Trad. da 7ª ed. it. Marco Aurélio Nogueira. São Paulo: Paz e Terra, 2000.

CALMON DE PASSOS, José Joaquim. *Comentários ao Código de Processo Civil*. 5ª ed. Rio de Janeiro: Forense, 1988, v. 3.

CAPPELLETTI, Mauro. *Proceso, Ideologias, Sociedad*. Trad. argentina, Santiago Sentis Melendo y Tomás A. Banhaf. Buenos Aires: EJEAS, 1974.

CARNELUTTI, Francesco. *A Prova Cível*. Trad. da 2ª ed. it. Liza Pary Scarpa. Campinas-SP: Bookseller, 2002.

CINTRA, Antônio Carlos de Araújo; GRINOVER, Ada Pellegrini; DINAMARCO, Cândido Rangel. *Teoria Geral do Processo*, 17ª ed. São Paulo: Malheiros Editores, 2001.

CHIOVENDA, Giuseppe. *Instituições de Direito Processual Civil*. Trad. da 2ª ed. it. Paolo Capitanio. Campinas-SP: Bookseller, 1998, v. I.

DALL'AGNOL JÚNIOR, Antônio Janyr. O Princípio do Dispositivo no Pensamento de Mauro Cappelletti, *Revista da Ajuris*, nº 46, jul. 1989, p. 97-115.

DINAMARCO, Cândido Rangel. *A Instrumentalidade do Processo*. 8ª ed. rev. e atual. São Paulo: Malheiros Editores, 2000.

——. *Fundamentos do Processo Civil Moderno*. Tomo I, 3ª ed. São Paulo: Malheiros, 2000.

——. O Princípio do Contraditório. *Revista da Procuradoria Geral do Estado de São Paulo*, n. 19. dez. 1981/ dez. 1982, p. 21-38.

GRINOVER, Ada Pellegrini. O princípio da Ampla Defesa. *Revista da Procuradoria Geral do Estado de São Paulo*. n. 19. dez. 1981/ dez. 1982, p. 9-20.

LUCON, Paulo Henrique dos Santos. Garantia do Tratamento Paritário das Partes. *Garantias Constitucionais do Processo Civil*. Org. José Rogério Cruz e Tucci. São Paulo: Revista dos Tribunais, 1999.

MARQUES, José Frederico. *Manual de Direito Processual Civil*. Rio de Janeiro: Forense, 1974.

NERY JUNIOR, Nelson. *Código Brasileiro de Defesa do Consumidor*. Rio de Janeiro: Forense Universitária, 1991.

PORTANOVA, Rui. *Princípios do Processo Civil.* Porto Alegre: Livraria do Advogado, 1995.

THEODORO JUNIOR, Humberto. *Processo Cautelar.* 17ª ed. São Paulo: LEUD, 1998.

WATANABE, Kazuo. *Da Cognição no Processo Civil.* 2ª ed. Campinas-SP: Bookseller, 2000.

5. Princípio da Publicidade: Restrições

PATRÍCIA TEIXEIRA DE REZENDE FLORES

Procuradora do Município de Santa Maria – RS, Mestre em Processo Civil pela PUCRS, Professora de Direito Processual Civil da Universidade Federal de Santa Maria (UFSM) e da Universidade da Região da Campanha (URCAMP).

ANDRÉA PÉCORA

Advogada. Mestranda em Processo Civil pela PUCRS.

Sumário: 1. Introdução; 2. Fundamento Constitucional do Princípio da Publicidade; 3. Suporte Infraconstitucional do Princípio da Publicidade; 3.1. O Princípio da Publicidade no Código de Processo Civil; 3.2. O Princípio da Publicidade no Código de Processo Penal; 3.3. O Princípio da Publicidade e a Lei dos Juizados Especiais Cíveis e Criminais - Lei 9.099/95; 3.4. O Princípio da Publicidade e o Procedimento Administrativo; 4. Restrições ao Princípio da Publicidade; 4.1. Interesse Público; 4.2. Direito à intimidade; 5. Análise crítica da jurisprudência; 6. Debates doutrinários e/ou jurisprudenciais sobre o Princípio da Publicidade; 6.1. O Princípio da Publicidade e as medidas de arresto, seqüestro e busca e apreensão; 6.2. O Princípio da Publicidade e a fraude à execução; 6.3. O Princípio da Publicidade e o sigilo bancário; 7. Conclusão; 8. Bibliografia.

1. Introdução

Tema de grande relevância na atualidade, os Princípios Constitucionais vêm sendo estudados e reestruturados quanto a sua posição e importância dentro do Ordenamento Jurídico. Hodiernamente, com o reconhecimento de que "não é possível se concebermos a Constituição como um diploma legal à parte, que não se interliga com os diplomas legais que lhe são inferiores",[1] inconcebível se mostra a realização de estudos sobre processo civil prescindindo-se da análise dos princípios abarcados pela Constituição Federal de 1988.

Na visão de Nelson Nery Junior, "era muito comum, pelo menos até bem pouco tempo, interpretar-se e aplicar-se determinado ramo do direito tendo-se em conta apenas a lei ordinária principal que o regulamenta. Assim, o civilista via no Código Civil a única norma que deveria ser consultada na solução de problemas naquela área, o mesmo ocorrendo com o processualista (civil, penal e trabalhista), com o penalista, com o comercialista".[2]

Este posicionamento vem transformando-se, conforme afirma o mesmo autor: "Entretanto, paulatinamente esse estado de coisas tem mudado. É cada vez maior o número de trabalhos e estudos jurídicos envolvendo a interpretação e aplicação da Constituição Federal, o que demonstra a tendência brasileira de colocar o Direito Constitucional em seu verdadeiro e meritório lugar: o de base fundamental para o direito do País".[3]

No texto constitucional, os princípios merecem destaque, já que podem ser considerados como marcos norteadores da manutenção do Estado Democrático de Direito. Em última análise, constituem-se eles em garantias fundamentais, que devem ter aplicação ampla em todos os tipos de processo, quer judiciais, quer administrativos, conforme assevera Pedro Lenza: "Inicialmente, desvenda-se a teoria da processualidade ampla, estabelecendo a tese de que as garantias constitucionais do ordenamento jurídico brasileiro abrangem o processo em seu sentido mais amplo, compreendendo não só o direito processual jurisdicional, como também, as regras procedimentais do processo legislativo e administrativo".[4]

Nesta ordem de idéias, pode-se inferir, desde já, que o ordenamento jurídico não é composto apenas de normas dispostas em leis infraconstitucionais. Há, inquestionavelmente, princípios inseridos na Constituição Federal, os quais devem ser considerados integrantes do sistema como um todo.

Pode-se afirmar, até, que "os princípios são proposições que se colocam nas bases dos sistemas, informando-os, sustentando-os, dando-lhes base, fundamento".[5]

---

[1] ALVIM, Angélica Arruda. *Princípios Constitucionais do Processo*, RP 74/21.

[2] NERY JUNIOR, Nelson. *Princípios do Processo Civil na Constituição Federal*, 6ª ed. São Paulo: RT, 2000, p. 19.

[3] *Idem*, p. 20.

[4] LENZA, Pedro. *As Garantias Processuais dos Tratados Internacionais sobre direitos fundamentais*, RP 92/199.

[5] CRETELLA JÚNIOR, José. *Comentários a Constituição Brasileira de 1988*, Vol. I, nº 34, p. 128.

Transcreve-se, por essencial, o posicionamento de Juarez Freitas quando define sistema jurídico como "uma rede axiológica e hierarquizada de princípios gerais e tópicos, de normas e de valores jurídicos cuja função é a de, evitando ou superando antinomias, dar cumprimento aos princípios e objetivos fundamentais do Estado Democrático de Direito, assim como se encontram consubstanciados, expressa ou implicitamente, na Constituição".[6]

O sistema jurídico, em assim sendo, não é composto apenas de normas reguladoras da conduta humana impositoras de sanção em caso de não-cumprimento. É ele mais amplo, compreendendo os Princípios Constitucionais que, ao final, constituindo-se mais do que disciplinadores do dever-ser, mostram-se como garantias de respeito ao Estado Democrático de Direito, a fim de assegurar a efetivação dos direitos em seu texto inseridos.

Notória a explicação do mestre Nelson Nery Junior quando escreve que: "O intérprete deve buscar a aplicação do direito ao caso concreto, sempre tendo como pressuposto o exame da Constituição Federal. Depois, sim, deve ser consultada a legislação infraconstitucional a respeito do tema".[7]

Os princípios constitucionais aplicáveis ao processo devem ser de uso comum e interativo, sem se olvidar a sua posição hierarquicamente superior às demais leis. "É nessa relação de hierarquia que se pode perceber, com nitidez, a importância do Texto Constitucional, e delimitar a exata dimensão de abrangência dos princípios por ele albergados".[8]

Oportuna é a assertiva de Castro Filho quando ressalta que "é notória a influência exercida pelos preceitos constitucionais sobre todas as demais normas jurídicas e, destacadamente, sobre as de natureza processual".[9]

É de se ter presente, portanto, a idéia de que na composição do sistema jurídico lugar de destaque é reservado aos Princípios Constitucionais, os quais têm aplicação sistemática nos processos, mesmo que implicitamente. Novamente citando Juarez Freitas, "pensar o Direito apenas como um conjunto de normas é subestimar a complexidade e a riqueza do fenômeno jurídico".[10]

Assim, a par de algumas impropriedades contidas da Constituição Federal, defeitos estes brilhantemente esposados por João Carlos Pestana de Aguiar Silva (*prolixidade, inadequação no trato de determinados*

---

[6] FREITAS, Juarez. *A Interpretação Sistemática do Direito*, São Paulo: Malheiros, 1998, p. 46.
[7] NERY JUNIOR, Nelson. Obra citada, p. 20.
[8] ALVIM, Angélica Arruda. *Princípios...*, p. 21.
[9] CASTRO FILHO. *Princípios Constitucionais aplicáveis ao processo civil*, RP 70/154.
[10] FREITAS, Juarez. Obra citada, p. 19.

temas e atecnia jurídica e vocabular),[11] não se pode desconsiderar seu mérito em elencar, no Capítulo I, as regras erigidas a Princípios, fundamentos básicos ligados intimamente ao processo civil, penal ou administrativo. Seguindo este parâmetro, vê-se que as leis inferiores seguiram o norte oferecido pelos dispositivos constitucionais, abarcando em seus textos a grande maioria dos Princípios Constitucionais.

Conforme enuncia Aguiar Silva, "o princípio da igualdade das partes, da publicidade, contraditório (assentado no devido processo legal), do juiz natural, da iniciativa das partes (na delimitação da *res in judicium deducta*), o princípio dispositivo (na instrução da causa e da tutela jurisdicional à lesão ou ameaça a direito), estão alicerçados na norma fundamental, desdobrando-se em outros princípios presentes tanto na própria lei maior, como nas normas federais de processo".[12]

O estudo em apreço, após tecer algumas considerações acerca da importância dos Princípios Constitucionais aplicáveis ao Processo, fixar-se-á mais detidamente no Princípio da Publicidade, por ser o tema central da presente resenha. Não se prescindirá da análise dos demais princípios, quando interligados com o objeto específico deste arrazoado.

2. Fundamento Constitucional do Princípio da Publicidade

Dispõe o artigo 5º da Constituição Federal de 1988: "Todos são iguais perante a lei, sem distinção de qualquer natureza, garantindo-se aos brasileiros e aos estrangeiros residentes no País a inviolabilidade do direito à vida, à liberdade, à igualdade, à segurança e à propriedade, nos termos seguintes: LX – a lei só poderá restringir a publicidade dos atos processuais quando a defesa da intimidade ou o interesse social o exigirem;".

Desse dispositivo constitucional pode-se concluir que a publicidade dos atos processuais é, acima de um direito, uma garantia fundamental conferida a todos, no sentido de que, dos atos emanados pelo Estado no exercício de suas funções jurisdicionais será dado amplo conhecimento aos cidadãos.

Nesse mesmo diapasão, reza o artigo 93 do Texto Maior, ao tratar do Poder Judiciário: "Lei complementar, de iniciativa do Supremo Tribunal Federal, disporá sobre o Estatuto da Magistratura, observados os seguintes princípios: IX – todos os julgamentos dos órgãos do Poder Judiciário serão públicos, e fundamentadas todas as decisões, sob pena de nulidade, podendo a lei, se o interesse público o exigir, limitar a

---

[11] SILVA, João Carlos Pestana de Aguiar. *A Constituição Federal de 1988 e o Processo Civil*, Livro de Estudos Jurídicos, Instituto de Estudos Jurídicos. Rio de Janeiro, 1991, p. 64.

[12] *Idem*, p. 68.

presença, em determinados atos, às próprias partes e a seus advogados, ou somente a estes;".

Depreende-se, da Carta Magna, dois preceitos garantidores do Princípio da Publicidade e que podem ser assim resumidos:
1º - Os atos processuais são públicos;
2º - Os julgamentos proferidos pelo Poder Judiciário são públicos.

Entretanto, e como não poderia deixar de ser, a própria Constituição prevê as circunstâncias onde poderá ser mitigada a publicidade: quando ferir o campo reservado à esfera íntima de cada pessoa ou quando o interesse público assim o exigir.

Arruda Alvim define com percuciência o objetivo maior do Princípio da Publicidade: "A publicidade é garantia para o povo de uma justiça 'justa', que nada tem a esconder; e, por outro lado, é também garantia para a própria Magistratura diante do mesmo povo, pois agindo publicamente, permite a verificação de seus atos".[13]

Nota-se que a publicidade é a regra, sendo o segredo de justiça reservado a casos excepcionais. Incumbe ao Juiz, no exercício de suas funções, verificar se está diante de uma hipótese que impõe a restrição à publicidade, seja em defesa da intimidade ou da privacidade das partes, seja por motivos de interesse social.

No mesmo sentido, estabelece a Constituição Federal que: "São invioláveis a intimidade, a vida privada, a honra e a imagem das pessoas, assegurado o direito de indenização pelo dano material ou moral decorrente de sua violação." (art. 5º, inc. X)

O objetivo do legislador originário, ao estabelecer o Princípio da Publicidade como garantia inafastável de todos os atos processuais e julgamentos (com ressalva aos casos de violação na privacidade ou por razões de interesse social) prende-se na perseguição à obtenção da maior transparência possível em relação à atividade estatal. Nessa esteira, discorre Wellington Moreira Pimentel: "a publicidade do processo e, particularmente da audiência, é um apanágio da Democracia, onde não se pode compreender a Justiça a portas fechadas. As garantias constitucionais ficariam comprometidas pela realização de atos processuais que não se desse notícia ou de audiências secretas em gabinetes inacessíveis ao público".[14]

O Princípio da Publicidade está contido na Declaração Universal dos Direitos do Homem, que foi solenemente aprovada na III Sessão Ordinária da Assembléia Geral das Nações Unidas, e que está assim redigido: "Art. 10 – Todo homem tem direito, em plena igualdade, a uma justa e *pública* audiência, por parte de um tribunal independente e

---

[13] ALVIM, Arruda. *Manual de Direito Processual Civil*, Vol. I, 3ª ed, São Paulo, 1990, RT, p. 99.

[14] PIMENTEL, Wellington Moreira. *Comentários ao Código de Processo Civil*. 2ª ed, vol. III, 1979, p. 436, citado por João Carlos Pestana de Aguiar Silva, obra citada, p. 89.

imparcial, para decidir de seus direitos e deveres ou do fundamento de qualquer acusação criminal contra ele." (g.n.)

De outra banda, a Carta Política de 1988 preocupou-se, também, com a publicidade dos atos emanados pela Administração Pública, consignando em seu artigo 37: "A administração pública direta, indireta ou fundacional, de qualquer dos Poderes da União, dos Estados, do Distrito Federal e dos Municípios obedecerá aos princípios de legalidade, impessoalidade, moralidade, *publicidade*, eficiência, e também ao seguinte:".

3. Suporte Infraconstitucional do Princípio da Publicidade

Como se demonstrou alhures, os Princípios Constitucionais são albergados pela legislação inferior, já que "muito mais do que um texto constitucional, evidenciam verdadeiramente uma marca profunda e acentuada dentro do sistema".[15]

Se assim não fossem considerados, o sistema jurídico tornar-se-ia inócuo, pois, em vez de seguir os parâmetros traçados pela norma fundamental, correr-se-ia o risco de normas inferiores mostrarem-se discrepantes a ela. Seguindo as lições de Hans Kelsen, o qual hierarquizou o ordenamento jurídico, estas buscam sua fundamentação naquela. Aponta Kelsen a existência de um "fundamento de validade de uma ordem normativa, designando-a de norma fundamental, a qual seria a fonte comum da validade de todas as normas pertencentes à mesma ordem normativa, constituindo a unidade de uma pluralidade".[16]

Assim, em um sistema jurídico harmônico e unitário, necessariamente a legislação infraconstitucional deve estar em congruência com a norma maior, sendo que é esta que fornece, em última análise, validade a todas as demais regras, eis que "lei suprema que é a Constituição Federal, situada no ponto culminante da hierarquia das fontes de direito, e contendo os fundamentos institucionais e políticos de toda a legislação ordinária, em seus textos repousam numerosos dispositivos e institutos de direito processual".[17]

Especificamente em relação ao Princípio da Publicidade, que se encontra na Constituição Federal nos artigos 5º, inciso LX, e 93, inciso IX, a legislação de hierarquia inferior está em perfeita consonância com os seus mandamentos.

Veja-se:

---

[15] ALVIM, Angélica Arruda. Obra citada, p. 21.

[16] KELSEN, Hans, citado por FREITAS, Juarez, obra citada, p. 36.

[17] TUCCI, Rogério Lauria; TUCCI, José Rogério Cruz e. *A Constituição de 1988 e Processo*. São Paulo: Saraiva, 1989, p. 1.

3.1. O Princípio da Publicidade no Código de Processo Civil

Dispõe o artigo 155 do Código de Processo Civil:"Os atos processuais são públicos. Correm, todavia, em segredo de justiça os processos: I – em que o exigir o interesse público; II – que dizem respeito a casamento, filiação, separação dos cônjuges, conversão desta em divórcio, alimentos e guarda de menores. Parágrafo único – O direito de consultar os autos e de pedir certidões de seus atos é restrito às partes e a seus procuradores. O terceiro, que demonstrar interesse jurídico, pode requerer ao juiz certidão do dispositivo da sentença, bem como de inventário e partilha resultante da separação judicial."

No mesmo sentido, o artigo 444 do diploma adjetivo pátrio: "A audiência será pública; nos casos de que trata o artigo 155, realizar-se-á a portas fechadas."

Pelos dispositivos acima elencados, nota-se que o Código de Processo Civil seguiu as diretrizes estabelecidas na Constituição de 1988, disciplinando como regra geral a publicidade dos atos, sendo que, no cotejo com a privacidade ou com o interesse público, prevalece o sigilo no andamento dos feitos (excepcionalmente).

Esse é o entendimento de Angélica Arruda Alvim, quando reconhece que "o artigo 155, do CPC, que consagra a regra a nível infraconstitucional está em perfeita consonância com citados dispositivos. As exceções contidas nesse art. 155, do CPC, têm respaldo nesse inc. LX do art. 5º, da CF/88, e, também, na parte final do inc. IX do art. 93, também da CF/88".[18]

Nesta mesma corrente, Nelson Nery Junior: "O art. 155 do CPC, portanto, estabeleceu a regra da publicidade e as exceções nela contidas estão em perfeita consonância com o comando constitucional emergente do art. 5º, n. LX. A recepção do dispositivo do diploma processual vigente pelo novo texto constitucional foi total".[19]

Constata-se, portanto, que o legislador pátrio preferiu a publicidade restrita, isto é, a previsão de que será ela excepcionada nos casos em que o decoro ou o interesse social aconselharem que os atos processuais não sejam divulgados. Conforme asseveram Cintra, Grinover e Dinamarco, "toda precaução há de ser tomada contra a exasperação do princípio da publicidade. Os modernos canais de comunicação de massa podem representar um perigo tão grande como o próprio segredo. As audiências televisionadas têm provocado em vários países profundas manifestações de protesto. Não só os juízes são perturbados por uma curiosidade malsã, como as próprias partes e as testemunhas vêem-se submetidas a excessos de publicidade que infringem seu

---

[18] ALVIM, Angélica Arruda. Obra citada, p. 34.

[19] NERY JUNIOR, Nelson. *Princípios Constitucionais na Constituição Federal*, 6ª ed. São Paulo: RT, 2000, p. 166.

direito à intimidade, além de conduzirem à distorção do próprio funcionamento da Justiça através de pressões impostas a todos os figurantes do drama judicial".[20]

A publicidade é, pois, da essência do processo, já que "a abertura para o conhecimento público dos atos não é uma qualidade só do processo, mas de todo e qualquer sistema de direito que não se embase na força, na exceção e no autoritarismo. A democracia não se compraz com o secreto, com o que não é notório".[21]

Por óbvio que o princípio em tela admite restrições, como já adverte Maria Sylvia Zanella di Pietro: "... como a Administração Pública tutela interesses públicos, não se justifica o sigilo de seus atos processuais, a não ser que o próprio interesse público assim determine, como, por exemplo, se estiver em jogo a segurança pública; ou que o assunto, se divulgado, possa ofender a intimidade de determinada pessoa, sem qualquer benefício para o interesse público; pode ocorrer que, em certas circunstâncias, o interesse público esteja em conflito com o direito à intimidade, hipótese em que aquele deve prevalecer em detrimento deste, pela aplicação do princípio da supremacia do interesse público sobre o individual ...".[22]

Contudo, deve-se observar que a garantia da publicidade dos atos processuais, inobstante ter seu ponto de partida no artigo 155 do Código de Processo Civil, não se restringe somente a ele, onde é citado expressamente. A relação da garantia da publicidade com a legislação em vigor representa mais do que um dispositivo legal, sendo que ela é uma preocupação constante dos elaboradores dos diplomas legais.

Não é por outra razão que Rui Portanova coloca o Princípio da Publicidade como subitem do Princípio do Devido Processo Legal, no sumário de sua obra "Princípios do Processo Civil", já que a publicidade de todos os atos praticados resta clarificada como uma preocupação do legislador durante todo a tramitação processual.

Em todos os Capítulos do Código de Processo Civil há menção a publicidade dos atos, seja explícita ou implicitamente, e não apenas no seu artigo 155. Reduzi-la a apenas uma disposição legal seria restringir a sua importância dentro do contexto processual.

Forte nestas considerações, pergunta-se: Qual a natureza jurídica da citação? O Código define este instituto como sendo o ato pelo qual se chama a juízo o réu ou o interessado, a fim de se defender (art. 213). Como lhe negar a natureza de publicização dos atos processuais? Daí

---

[20] CINTRA; GRINOVER; DINAMARCO. *Teoria Geral do Processo*, 11ª ed. São Paulo: Malheiros, 1995, p. 70/1.

[21] PORTANOVA, Rui. *Princípios do Processo Civil*. Porto Alegre: Livraria do Advogado, 1997, p. 167.

[22] DI PIETRO, Maria Sylvia Zanella. *Curso de Direito Administrativo*, 2ª ed. São Paulo: Saraiva, 1996, p. 43.

poder-se afirmar que, com a citação, será proporcionado ao demandado o pleno conhecimento dos fatos articulados contra ele, eis que ninguém pode sofrer qualquer constrição judicial sem que tenha o pleno conhecimento de todos os fatos. Assim, a citação, bem como as intimações, constitui-se, acima de tudo, em prerrogativa legal necessária para tornar-se efetiva a aplicação do Princípio da Publicidade.

Entretanto, não foi apenas na fase de declarar o Direito que o legislador preocupou-se com a publicidade de seus atos. Ratificando o acima exposto, verifica-se que esta é mais ampla, abrangendo, também, os atos de execução. Daí por que a lei exigir, por exemplo, a publicidade dos atos da praça (art. 687 do CPC).

Poder-se-ia alegar que em alguns casos o legislador mitigou o Princípio da Publicidade, eis que primeiro decide e depois procede a comunicação dos atos aos particulares. Entretanto, esse argumento não tem razão de ser. Na tutela antecipada decidida liminarmente, por exemplo, será ela publicizada aos interessados, abrindo-se prazo para a defesa. Apenas foi postergado tal momento, a fim de atingir-se a efetividade das medidas consideradas tutelas de urgência.

Portanto, não pode ser outra a conclusão: o Princípio da Publicidade está arraigado em toda a legislação, e não apenas no artigo 155 do Código de Processo Civil. Omitir a abrangência desta garantia constitucional seria cometer uma afronta ao sistema jurídico como um todo, eis que seu intuito é primar pela transparência e correta aplicação da lei, com a participação constante dos particulares, o que somente é possível com a plena divulgação de todos os atos processuais.

3.2. O Princípio da Publicidade no Código de Processo Penal

No que pertine à publicidade dos atos processuais na esfera criminal, o Código de Processo Civil assim se manifesta: "Art. 792 – As audiências, sessões e os atos processuais serão, em regra, públicos e se realizarão nas sedes dos juízos e tribunais, com assistência dos escrivães, do secretário, do oficial de justiça que servir de porteiro, em dia e hora certos, ou previamente designados. § 1º - Se da publicidade da audiência, da sessão ou do ato processual, puder resultar escândalo, inconveniente grave ou perigo de perturbação da ordem, o juiz, ou o tribunal, câmara, ou turma, poderá, de ofício ou a requerimento da parte ou do Ministério Público, determinar que o ato seja realizado a portas fechadas, limitando o número de pessoas que possam estar presentes."

Lembra Luis Gustavo Grandinerri Castanho de Carvalho[23] que, no passado, os processos eram secretos, sendo que nem mesmo o Réu

---
[23] CARVALHO, Luis Gustavo Grandinerri Castanho de. *O Processo Penal em face da Constituição*. Rio de Janeiro: Forense, 1992, p. 99.

tinha conhecimento da acusação, não presenciando os atos processuais e não consultando os autos. Esta fase processual mudou com o surgimento do Liberalismo, que pregava o julgamento público como forma de democratizar a justiça e evitar arbitrariedades.

Confrontando-se o disposto na Carta Magna com o Estatuto Adjetivo Penal, vê-se que aquela erigiu a direito fundamental do cidadão a publicidade dos atos processuais, sendo permitida a restrição quando a defesa da intimidade ou o interesse público o exigir, e este autorizou a limitação da publicidade em casos de "escândalo, inconveniente grave ou perigo de perturbação da ordem".

É de se concluir que a norma inferior – Código de Processo Penal – consagrou, à luz da Constituição Federal, a regra de que o direito à publicidade é uma garantia fundamental do cidadão e, por isso mesmo, deve ser interpretada amplamente, enquanto a sua restrição, por constituir-se em exceção, enseja interpretação restritiva.

Mister enfatizar-se que as disposições em comento não autorizam, em hipótese alguma, a conclusão de que todo o julgamento seja secreto. Conforme alerta Castanho de Carvalho "o sigilo pode existir em determinados atos do processo, não durante todo o processo".[24]

Assim, inobstante seja o Código de Processo Penal anterior à Constituição Federal de 1988 e esteja necessitando de reformas urgentes, em relação do Princípio da Publicidade entende-se que não há dicotomias mais graves, eis que está dentro dos parâmetros gerais, com as restrições pertinentes.

Como no processo penal o bem da vida envolvido é de superior importância (a liberdade), a publicidade deve ser a mais ampla possível, tendo o julgador papel primordial na fixação de seus limites. E, em caso de dúvidas, as normas constitucionais sempre hão de prevalecer.

3.3. O Princípio da Publicidade e a Lei dos Juizados Especiais Cíveis e Criminais – Lei 9.099/95

Também o diploma legal que trata dos Juizados Especiais Cíveis e Criminais reserva dispositivos para consagrar em seu bojo o Princípio Constitucional da Publicidade. Ei-los: "Art. 12 – Os atos processuais serão públicos e poderão realizar-se em horário noturno, conforme dispuserem as normas de organização judiciária." e "Art. 64 – Os atos processuais serão públicos e poderão realizar-se em horário noturno e em qualquer dia da semana, conforme dispuserem as normas de organização judiciária."

Houve, pois, a recepção por esta legislação da garantia constitucional da publicidade dos atos processuais, emprestando-lhe, via de conseqüência, efetividade plena.

---
[24] *Idem*, p. 102.

Comentando o assunto, especificamente o artigo 64, que trata dos Juizados Especiais Criminais, esclarecem os autores do Anteprojeto da Lei: "Reafirma a lei a regra da publicidade plena dos atos processuais. Possível, contudo, a limitação com base nos dispositivos da Constituição Federal (art. 5º, LX, e 93, IX) e do Código de Processo Penal (art. 792, § 1º) que permitem restrições para defesa da intimidade ou para resguardar o interesse social, evitando-se escândalo, inconveniente grave ou perigo de perturbação da ordem pública".[25]

Constata-se que os diplomas legais aprovados após a promulgação da Constituição Federal de 1988 dispensaram uma atenção especial às garantias constitucionais. Como não poderia deixar de ser, o Princípio da Publicidade não foi olvidado, por ser a possibilidade de que têm as partes e todos os interessados de acompanhar a atividade do Poder Judiciário, exercendo seus direitos de defesa e impugnações. Com a Lei nº 9.099/95 não foi diferente. Com a previsão de sua criação por força do artigo 98, inciso I, da Carta Magna, esse novo sistema veio a positivar os princípios já inseridos no Texto Político. Assim, para o julgamento de causas cíveis de menor complexidade e causas criminais de menor potencial ofensivo deve ser observado o Princípio da Publicidade com a possibilidade de se aplicar os casos excepcionais de sigilo previstos na Constituição Federal de 1988.

3.4. O Princípio da Publicidade e o Procedimento Administrativo

Em 1º de fevereiro de 1999, foi publicada no Diário Oficial da União a Lei Federal nº 9.784, de 29.01.99, que "regula o processo administrativo no âmbito da Administração Pública Federal".

Apontando-se, apenas à guisa de esclarecimentos, que em realidade trata-se do procedimento administrativo, e não processual (eis que no nosso sistema jurídico vige o Princípio da jurisdição una), deve-se ressaltar que este diploma legal incorporou, em seu texto, os princípios constitucionais realçados pela moderna doutrina de Direito Público.

Especificamente no que pertine ao Princípio da Publicidade, dispõe a lei: "Art. 2º - A Administração Pública obedecerá, dentre outros, aos princípios da legalidade, finalidade, motivação, razoabilidade, proporcionalidade, moralidade, ampla defesa, contraditório, segurança jurídica, interesse público e eficiência.Parágrafo único – Nos processos administrativos serão observados, entre outros, os critérios de: V – divulgação oficial dos atos administrativos, ressalvadas as hipóteses de sigilo previstas na Constituição"; "Art. 46 – Os interessados têm direito à vista do processo e a obter certidões ou cópias

---

[25] GRINOVER, Ada Pellegrini *et al*. *Juizados Especiais Criminais: Comentários à Lei 9.099, de 26.09.1995*. São Paulo: Editora Revista dos Tribunais, 1996, p. 75.

reprográficas dos dados e documentos que o integram, ressalvados os dados e documentos de terceiros protegidos por sigilo ou pelo direito à publicidade, à honra e a imagem."

Há de se considerar, à vista dos dispositivos transcritos, que a Lei ora analisada, em um primeiro momento, consagrou em nível infraconstitucional os Princípios contidos na Carta Magna e, dentre eles, a publicidade dos atos administrativos. Após, reconhecendo que o sigilo é imprescindível em determinados casos, recepcionou as exceções constitucionais, onde a restrição à ampla divulgação é autorizada.

Não olvidou o diploma, também, de conferir aos interessados o direito de ter vista do processo, assim como o direito à obtenção de certidões ou cópias de dados ou documentos, reafirmando, assim, a regra geral da ampla publicidade. É evidente que certos direitos personalíssimos, por integrarem a esfera privada de cada pessoa, devem ficar resguardados. Nessa esteira, o legislador excepcionou a publicidade dos documentos quando protegidos por sigilo ou pelo direito à privacidade, à honra e à imagem.

A par da importância da legislação recente, a publicidade dos atos administrativos já era uma exigência para a Administração Pública, conforme acentua Diogo Figueiredo Moreira Neto: "O Direito Público, além da publicidade, comum a todo o Direito, submete-se à estrita exigência formal. Essa formalidade não tem sua razão de ser em princípios da ciência da Administração, embora eles possam ser úteis neste campo, mas na necessidade jurídica de assegurar-se a observância daqueles requisitos de atuação previamente conhecidos por todos, notadamente quando estejam em jogo direitos, liberdades e garantias individuais. Assim, no Direito Público, nenhuma decisão pode prescindir da satisfação de normas procedimentais mínimas, que garantam, entre outros valores, o conhecimento em geral; a intervenção, na forma admitida; e a sindicabilidade, na forma mais ampla".[26]

O procedimento administrativo acolheu, em assim sendo, os princípios fundamentais do sistema constitucional brasileiro. Quando o administrador público tem a tarefa de julgar, deve atentar para o integral respeito aos princípios processuais, com atenção especial ao Princípio da Publicidade. Nesse sentido, aliás, se manifesta Nelson Nery Junior: "Todos os aspectos de direito processual dos cinco bens jurídicos tutelados pela cláusula due process - vida, liberdade, igualdade, segurança e propriedade: CF, 5º, *caput* - estão protegidos pelo princípio em seu aspecto processual. São manifestações do princípio do devido processo legal processual no processo administrativo: a igualdade processual, o contraditório e a ampla defesa, o direito à

---

[26] MOREIRA NETO, Diogo Figueiredo. *Curso de Direito Administrativo*. 8ª ed. Rio de Janeiro: Forense, 1989, p. 74.

prova, o duplo grau de jurisdição, o juiz ou julgador administrativo natural, a proibição da prova obtida ilicitamente, a publicidade dos atos processuais, a motivação das decisões processuais administrativas, etc".[27]

Dito isso, entende-se justificada a inclusão do procedimento administrativo em um trabalho dedicado aos aspectos processuais do Princípio da Publicidade. As normas constitucionais, por certo, devem ter aplicação dos processos administrativos, no âmbito dos Poderes Executivo, Legislativo e Judiciário. A Lei nº 9.784, de 29.01.99, seguiu o modelo constitucional quanto a aplicação dos princípios constitucionais. No que pertine, especificamente, ao Princípio da Publicidade, trouxe a vigente lei a norma principiológica e garantidora do Estado Democrático de Direito, permitindo, ou melhor, determinando a divulgação oficial dos atos administrativos praticados no curso dos processos, ressalvando as hipóteses de sigilo previstas na Constituição.

4. Restrições ao Princípio da Publicidade

Do exame da legislação infraconstitucional elencada, forçoso é concluir-se que o texto constitucional realmente foi seguido, quer pelos diplomas atuais, quer pelos anteriores à Carta Política, mas que, mesmo assim, guardam estrita correlação com a mesma.

A Publicidade, como já dito, constitui elemento necessário e imprescindível para evitar-se arbitrariedades, ilegalidades ou abusos de poder. Entretanto, há casos, recepcionados pelo Texto Maior, onde este princípio é restrito, por entrar em confronto com bens jurídicos que devem ser tutelados pelo sistema jurídico.

Merecem destaque os esclarecimentos fornecidos por Rui Portanova: "A publicidade não é absoluta. A Constituição Federal (art. 5º, inc. X) considera invioláveis a intimidade, a vida privada, a honra e a imagem das pessoas, assegurando o direito à indenização pelo dano material ou moral decorrente de sua violação. Nesse passo, o interesse público que embasa a regra da publicidade, em algumas hipóteses pode estar melhor resguardado se o conhecimento do processo for 'a portas fechadas'. Com a vigência da atual Carta Magna, as regras de processo devem ser interpretadas e aplicadas de modo que resguardem a proteção do direito à intimidade. Este encontra-se, a cada ato processual praticado, ameaçado, pela possibilidade de pessoas não envolvidas com o litígio terem conhecimento de fatos concernentes à

---

[27] NERY JUNIOR, Nelson; NERY, Rosa Maria de Aandrade. *Código de Processo Civil Comentado e Legislação Processual Civil Extravagente em vigor*, 5ª ed. São Paulo: Editora Revista dos Tribunais, 2001, p. 1641.

esfera íntima das partes. Alguns temas costumam ensejar a exceção ao princípio da publicidade. São exemplos: a defesa nacional, a ordem pública, a intimidade dos interessados, a moral, os bons costumes e a defesa da família. Busca-se, com a restrição da publicidade, evitar a curiosidade geral, as conseqüências desastrosas, a perturbação da ordem, a apreensão do povo, o alarme, o tumulto, o apavoramento, a marca negativa e a afronta à dignidade das pessoas físicas e jurídicas, sejam de direito privado ou público".[28]

Tendo como pacífico, então, que o Princípio da Publicidade sobre restrições, as quais são autorizadas pelo Texto Maior, passa-se a tecer considerações sobre esses direitos que não podem ser publicizados, sob pena de ferir interesse público ou direito à intimidade das pessoas.

4.1. Interesse Público

A professora Odete Medauar, em sua obra *Direito Administrativo Moderno* esclarece: "Ao discorrer sobre democracia e poder invisível, Bobbio caracteriza a democracia, sob tal prisma, como o 'governo do poder público em público', atribuindo a este último vocábulo o sentido de 'manifesto', 'visível' (O futuro da democracia, 1986, p. 84). Por sua vez, Celso Lafer pondera que 'numa democracia a visibilidade e a publicidade do poder são ingredientes básicos, posto que permitem um importante mecanismo de controle *ex parte populi* da conduta dos governantes ... Numa democracia a publicidade é a regra básica do poder e o segredo, a exceção, o que significa que é extremamente limitado o espaço dos segredos de Estado'." (*A ruptura totalitária e a reconstrução dos direitos humanos*, 1988, p. 243-344)".[29]

Seguindo este raciocínio, vê-se que o interesse público autorizador da mitigação da aplicação do Princípio da Publicidade deve ser interpretado de forma restritiva, a fim de não se voltar à época da "justiça a portas fechadas". Necessário se faz, portanto, definir o real significado da expressão *interesse público*, citado pelo artigo 155 do Código de Processo Civil e 792 do Código de Processo Penal. Contudo, esta é uma tarefa árdua. Citando novamente as lições da professora Odete Medauar, observa-se o reconhecimento da imprecisão do vocábulo. Diz ela: "A expressão interesse público tem presença ampla no direito administrativo, em especial como fundamento, fim e limite de atos e medidas. Muitas dificuldades surgem, no entanto, ao se tentar sua explanação conceitual".[30]

---

[28] PORTANOVA, Rui. Obra citada, p. 169.

[29] MEDAUAR, Odete. *Direito Administrativo Moderno*, 2ª ed. São Paulo: Editora Revista dos Tribunais, 1998, p. 139.

[30] *Idem*, p. 152.

Após explanar as dúvidas sobre a terminologia de expressões semelhantes, a eminente mestra fixa-se no conceito de interesse público, o qual, do mesmo modo, não possui uma determinação satisfatória. "Outra dificuldade diz respeito à fórmula conceitual do interesse público. Vários significados lhe são conferidos, dentre os quais: a) consiste na soma dos interesses particulares; b) vai além da soma dos interesses particulares; c) é interesse específico da sociedade, distinto, por sua excelência, dos interesses particulares; d) é a soma, ao máximo, de bens e serviços; e) o valor ético no padrão do interesse público significa que a ação ou ato administrativo é benéfico para todo mundo; f) 'conjunto de necessidades humanas às quais o jogo dos direitos fundamentais não satisfaz de modo adequado e cujo atendimento, no entanto, condiciona a realização dos destinos individuais'".[31]

Assim, como não há uma definição clara do que seja exatamente *interesse público*, cabe ao juiz que está presidindo o processo analisar se, no caso em questão, há algum elemento que evidencia a necessidade de se restringir a publicidade dos atos públicos. A fim de se adotar uma corrente diretiva do que seja interesse público, reproduz-se a conclusão da eminente professora paulista: "Se é difícil enunciar um conceito jurídico preciso de interesse público, parece, no entanto, possível, associá-lo ao que deveria ser o bem de toda a população, a uma percepção geral das exigências da sociedade".[32]

Frise-se que o juiz deverá sopesar, no caso posto a sua análise, se está diante de uma hipótese que autoriza a mitigação do Princípio da Publicidade. Deve ter ele o cuidado de não ceder a pressões sem embasamento, já que "ao sistema processual democrático, a publicidade é essencial. Assim, garante-se às partes uma participação efetiva no processo e respalda-se o direito de peticionar e de provar. A par disso, obriga o Poder Judiciário a prestar contas de seus atos. A sociedade, conhecendo mais assiduamente como decidem seus juízes, verá desmitificada mais rapidamente a falsa idéia de neutralidade judicial".[33]

4.2. Direito à intimidade

A Constituição Federal, assim como as legislações inferiores, demonstra preocupação ímpar com a intimidade das pessoas, mormente as envolvidas em litígios, as quais não podem ver os assuntos restritos a sua esfera de interesses plenamente veiculados, fomentando, via de conseqüência, curiosidades.

---

[31] *Idem.*
[32] *Idem.*
[33] PORTANOVA, Rui. Obra citada, p. 170.

Pode-se resumir o intuito dos legisladores pátrios a uma constatação: a tensão permanente entre a liberdade de informação e o direito à privacidade.

Maurício D'Olivo, ao tentar conceituar o direito à intimidade, ocupa, com muita propriedade, os ensinamentos de José da Costa Junior, o qual assevera: "o direito a intimidade integra a categoria dos direitos da personalidade. Ou mais precisamente, enquadra-se entre os direitos que constituem um atributo da personalidade. E caracteriza-se por ser absoluto, indisponível e por não revestir-se de natureza patrimonial".[34]

Há de se considerar, portanto, que cada pessoa é detentora de uma esfera de sua vida, na qual possui o condão de evitar a interferência das demais.

Anota, sobre este tema, o mesmo autor, que: "Genericamente, a vida privada abrange todos os aspectos que por qualquer razão não gostaríamos de ver cair no domínio público: é tudo aquilo que não deve ser objeto de direito à informação nem da curiosidade da sociedade moderna que, para tanto, conta com aparelhos altamente sofisticados".[35]

Daí poder-se afirmar que, de mesmo modo que o interesse público, o direito à privacidade, ambos autorizadores da restrição ao Princípio da Publicidade, não possui contornos perfeitamente delimitados, quer quanto à definição, quer quanto ao alcance.

A ratificar esta posição, transcrevem-se as lições de Celso Ribeiro Bastos: "Não é fácil demarcar com precisão o campo protegido pela Constituição. É preciso notar que cada época dá lugar a um tipo específico de privacidade. Nos tempos atuais, seria tornar o dispositivo constitucional muito fraco o considerar que ele abrangesse o ocorrido nos casos dos particulares.... O dispositivo oferece guarida ao direito à reserva da intimidade assim como ao da vida privada. Consiste na faculdade que tem cada indivíduo de obstar a intromissão de estranhos na sua vida privada e familiar, assim como o de impedir-lhe que sejam divulgadas informações sobre esta área da manifestação essencial do ser humano".[36]

Nesse sentido também se manifesta Rosângelo R. Miranda: "Não se pode apontar um conceito pronto e acabado do que seja o íntimo de alguém. Não é simples demarcar sua autonomia. Parte da doutrina tem preferido, colocando-o como um círculo concêntrico e de menor raio,

---

[34] DOLIVO, Maurício. *O direito a intimidade na Constituição Federal de 1988*, Cadernos de Direito Constitucional e Ciência Política, Revista dos Tribunais, Volume 15, p. 188.

[35] *Idem*, p. 190.

[36] BASTOS, Celso Ribeiro. *Comentários à Constituição do Brasil*, v. II. São Paulo: Saraiva, 1998, p. 63 e 64.

subordiná-lo ao conceito de privacidade (Hebarre, *apud* Dotti: 1980: 68). Nada obstante, podemos procurar detectar suas especificidades que nunca serão, entretanto, apontadas de modo absoluto, mas, ao revés, analisadas, empiricamente, caso a caso".[37]

J. J. Calmon de Passos, na matéria intitulada *A imprensa, a proteção da intimidade e o processo penal*, questiona-se à cerca desse tema: "Confrontando-se o valor ' privacidade' com o valor ' informação', o que resulta?"; "E até onde o direito à privacidade deve ceder ao direito à informação?"

Respondendo seus próprios questionamentos, conclui que: "Parece-me que, nessa área, permitir a informação é eliminar a privacidade, sacrificar irremediavelmente o direito à intimidade. Tudo que é informado se torna público, deixa de ser íntimo ou privativo. E se a intimidade é constituída por aquele núcleo inexpropriável do indivíduo, somente ele, exclusivamente, pode autorizar sua desprivatização. E esta regra não comporta exceções".

Não há como negar, à vista do exposto, que a Constituição Federal de 1.988 fundou um Estado cuja característica primordial é ser Democrático. Para viabilizar tal escopo, prescreveu sejam os atos praticados pelo Poder Judiciário, parcela estatal competente para dizer o Direito ao caso concreto, públicos. Entretanto, e como não poderia deixar de fazer, consignou certas restrições a este acesso público aos atos processuais, protegendo o interesse público e o direito à intimidade. Não obstante, não há uma conceituação perfeitamente delimitada do que sejam, efetivamente, esses institutos. Cabe ao Juiz analisar o caso concreto e decidir se a publicidade irrestrita não prejudicará direitos das partes envolvidas, sejam particulares ou entidades públicas. Já que há permissivo constitucional para o procedimento desta conduta, nada mais óbvio que se exigir, no *caso sub judice*, a aplicação da publicidade restrita, a fim de preservar interesses maiores, sem que, com isso, retorne-se à época da "Justiça as portas fechadas."

5. Análise crítica da jurisprudência

Conforme preleciona José Maria Rosa Tesheiner, "são fontes do direito a lei, a jurisprudência e o costume".[38]

Na opinião abalizada do gaúcho Carlos Maximiliano, é na participação do juiz, criando a jurisprudência, que ocorre a evolução jurídica.

---

[37] MIRANDA, Rosângelo R. *Cadernos de Direito Constitucional e Ciência Política*, v. 13, Revista dos Tribunais, p. 161.

[38] TESHEINER, José Maria Rosa. *Elementos para uma Teoria geral do Processo*. São Paulo: Saraiva, 1997, p. 21.

Diz ele: "nascido na jurisprudência, o Direito vive pela jurisprudência, e é pela jurisprudência que vemos muitas vezes o Direito evoluir sob uma legislação imóvel".[39]

Nessa ordem de posicionamentos, insatisfatório se mostraria este trabalho se não ingressasse, mesmo que de forma sucinta, na esfera das decisões emanadas pelo Poder Judiciário quando no exercício de sua atividade jurisdicional. Pode-se considerar a jurisprudência como norma concreta que, em razão de sua aplicabilidade reiterada, torna-se geral, resultando em precedentes para casos onde se discute o mesmo Direito.[40]

Analisam-se, a seguir, algumas decisões que se entendeu merecedoras de discussão:

A. "REGISTRO PÚBLICO. ALTERAÇÃO DO REGISTRO DE NASCIMENTO. NOME E SEXO. TRANSEXUALISMO. Sentença acolhendo o pedido de alteração do nome e do sexo, mas determinando segredo de justiça e vedando no fornecimento de certidões referência à situação anterior. Recurso do Ministério Público insurgindo-se contra a mudança de sexo, pretendendo que seja consignado como transexual masculino, e contra a não publicidade do registro. Embora sendo transexual e tendo-se submetido à operação para mudança de suas características sexuais, com a extirpação dos órgãos genitais femininos e a implantação de prótese peniana, biológica e somaticamente continua sendo do sexo feminino. Inviabilidade da alteração sem que seja feita referência à situação anterior ou para ser consignado como sendo transexual masculino, providência que não encontra embasamento mesmo nas legislações mais evoluídas. Solução alternativa para que, mediante averbação, seja anotado que o requerente modificou o seu prenome e passou a ser considerado como do sexo masculino em virtude de sua condição transexual, sem impedir que alguém possa tirar informações a respeito. Publicidade do registro preservada." Apelação provida, em parte. Voto vencido.

---

[39] MAXIMILIANO, Carlos. *Hermenêutica e Aplicação do Direito*. Rio de Janeiro: Forense, 1984, p. 48.

[40] Não se está pugnando, com isso, em absoluto, que o nosso ordenamento jurídico se assemelharia ao sistema da *common law*, onde a jurisprudência é a fonte primeira do Direito (*judge made law*). Mas, em contrapartida, não se pode desconsiderar a influência que as decisões judiciais produzem em relação às posteriores, inobstante estarmos situados no sistema da *civil law*. Não é outro o posicionamento do professor José Maria Rosa Tesheiner, ao incluir a jurisprudência como fonte de direito. Em suas palavras, "nenhuma dúvida há de que nosso sistema jurídico funda-se na supremacia da lei. Há que se afastar, contudo, o dogma da onipotência do legislador, ainda que este se apresente como constituinte." Mais adiante complementa: "Das leis, normas gerais e abstratas, se deduzem as normas jurídicas concretas, que se aplicam a cada caso. Em sentido inverso, das normas concretas, produzidas pelos Tribunais, se induzem normas gerais e abstratas e eis, então, aí, o fenômeno da jurisprudência." (obra citada, p. 25).

(Apelação Cível nº 597156728, 3ª Câmara Cível do TJRS, Porto Alegre, Rel. Des. Tael João Selistre, j. 18.12.97, DJ 08.05.98, p. 27)

Nesta situação, vê-se que estavam em confronto o Princípio Constitucional da Publicidade e o direito que a parte possui de não ter violado assuntos de tratam de sua intimidade. No cotejo destes interesses, ambos juridicamente tutelados, o órgão jurisdicional decidiu de forma equilibrada, qual seja, preservou a publicidade do registro, oriundo da sentença que alterou o nome e o sexo da parte recorrente, mas não impediu, em absoluto, que na certidão constasse a maneira como ocorreu esta mudança, inclusive com a anotação de sua condição de transexual.

Nota-se a perfeita sintonia do aplicador do Direito com as normas em debate, eis que encontrou uma senda que, ao mesmo tempo, não ofende os interesses íntimos da parte envolvida e, tampouco, quebra a garantia constitucional da publicidade dos atos públicos, eis que não foi considerado, este caso, como segredo de justiça, o qual impossibilitaria o fornecimento de certidões com referência ao seu estado anterior, e, também, não foi aceita a tese do Ministério Público quanto à publicidade plena da sentença, e, consequentemente, do registro.

Assim, a solução não foi encontrada ao arrepio da lei. Apenas interpretaram-se as normas envolvidas considerando o sistema como um todo, sopesando-se os interesses envolvidos.

B. "AGRAVO. ADVOGADA NÃO INSCRITA NO SERVIÇO DE INFORMAÇÕES JUDICIÁRIAS (SIJ). PRINCÍPIO DA PUBLICIDADE DOS ATOS. DIÁRIO OFICIAL: CONHECIMENTO UNIVERSAL. A intimação da sentença considerou-se feita com a só publicação do ato no órgão oficial, como dita o art. 236, *caput*, do CPC. O Diário Oficial, aliás, existe exatamente para dar conhecimento universal, mesmo que presumido, dos atos processuais. O Sistema de Informações Judiciárias (SIJ) não tem a finalidade de substituir à forma de intimação prevista em lei; constitui-se coisa estranha à relação processual a relação entre a advogada e o SIJ. Agravo Improvido." (Agravo nº 196020366, 1ª Câmara Cível do TARS, Porto Alegre, Rel. Ari Darci Wachholz. Agravante: Abastecedora de Combustíveis e Garagem Moinhos de Vento Ltda. ou Abastecedora de Combustíveis Ltda. Agravado: João Vita Vacite. J. 07.05.96)

A legislação em vigor estabelece que os atos processuais serão públicos. Como conseqüência desta prescrição, entende-se que deve haver meios para que se tornem de acesso principalmente das partes todos os atos praticados durante o processo. Como a sentença é o ato processual pelo qual o Juiz põe termo ao processo, começando o prazo para eventuais inconformações, imprescindível se faz a plena e correta aplicação do Princípio da Publicidade. A fim de que não pairem dúvidas, o legislador previu que da sentença, caso não seja proferida em audiência, deverão ser intimadas às partes, através da publicação no órgão oficial. (art. 506, incisos I, II e III, do CPC).

Pacífico, portanto, que com a intimação da sentença perfectibilizou-se o Princípio da Publicidade, já que o legislador previu que esta garantia constitucional referia-se ao Diário Oficial. O Serviço de Informação Judiciária é um meio de auxiliar os advogados no controle de seus prazos, facilitando o acesso às intimações. Entretanto, não fere o princípio em voga, eis que: "O termo inicial do prazo para a interposição de recurso recai na data em que foi publicada a decisão impugnada no Diário da Justiça. Descabe, na hipótese, observar projeção quer decorrente da data em que o serviço especial encaminha o recorte pertinente do Diário ao profissional da advocacia, quer da relativa à entrega, em Estado diverso, do exemplar correspondente à assinatura do Diário." (RTJ 146/316 e Lex 144/524)

Assim, considera-se que, para efeitos legais, a intimação publicada no Diário da Justiça é que é válida. As informações prestadas por serviços de informações são meros subsídios aos advogados, não tendo a finalidade de substituírem as formas previstas em lei, tendo sido obedecido, por corolário lógico, na questão vertente, o Princípio da Publicidade dos Atos Processuais.

C. "ADMINISTRATIVO. CONCURSO PÚBLICO. EXAME PSICOTÉCNICO. PREVISÃO LEGAL. LEI Nº 4.878/65. IMPOSSIBILIDADE. VIOLAÇÃO DO PRINCÍPIO DA PUBLICIDADE.

Embora o exame psicotécnico seja considerado uma prova e seja previsto pela Lei nº 4.878/65, não podem ser considerados válidos itens do edital que lhe conferem caráter sigiloso e irrecorrível, pois ainda que dentre os poderes discricionários da Administração, não é absoluto, tendo o candidato direito de saber quais os fundamentos de sua inaptidão, e sendo passível de apreciação pelo Poder Judiciário. O sigilo imposto ao laudo psicológico fere o Princípio da Publicidade, garantia constitucional, que é, por si mesma, forma de controle, permitindo diferenciar o lícito do ilícito. Apelação e remessa oficial improvidas". (Apelação Cível nº 950435577-3/RS, 3ª Turma do TRF da 4ª Região, Rel. Juíza Marga Barth Tessler. Apelante: União Federal. Apelado: Carlos Alberto Balbinot. Remetente: Juízo Federal da 5ª Vara Federal de Porto Alegre/RS, j. 19.06.97, maioria, DJU 03.12.97, p. 105.053)

O Princípio da Publicidade consubstancia-se em um pilar inarredável para a Administração Pública. Na observação de Celso Ribeiro Bastos: "A publicidade dos atos estatais e mais restritamente no caso dos atos da Administração tem sido uma preocupação constante no Estado de Direito. Só a publicidade permite evitar os inconvenientes necessariamente presentes nos processos sigilosos. O conhecimento, portanto, da atuação administrativa é indispensável tanto no que diz respeito à proteção dos interesses individuais como também aos interesses da coletividade em exercer o controle sobre os atos administrativos".[41]

O concurso público, procedimento administrativo necessário para o preenchimento de cargos públicos efetivos, deve ser o mais claro e transparente possível, protegendo-se e não se olvidando, em qualquer de suas fases, da publicidade plena de todos os atos praticados. Assim, não se coadunam, com o nosso sistema jurídico vigente, atos sigilosos na Administração Pública, mormente em certames públicos.

Nesta ordem de idéias, não se admite, como demonstra a decisão acima, sigilo no resultado de qualquer fase do concurso, sendo que a sua ocorrência caracterize, de forma insofismável, violação ao Princípio Constitucional da Publicidade.

6. Debates doutrinários e/ou jurisprudenciais sobre o Princípio da Publicidade

6.1. O Princípio da Publicidade e as medidas de arresto, seqüestro e busca e apreensão

Primordialmente, cabe destacar a existência de divergências quanto à derrogação, ou não, dos artigos 815 - Arresto, 823 - Seqüestro, e 841 - Busca e Apreensão, todos do Código de Processo Civil.

Rezam os seguintes dispositivos: "Art. 815 - A justificação prévia, quando ao juiz parecer indispensável, far-se-á em segredo e de plano, reduzindo-se a termo o depoimento das testemunhas."; "Art. 823 - Aplica-se ao seqüestro, no que couber, o que este Código estatui acerca do arresto."; "Art. 841 - A justificação prévia far-se-á em segredo de justiça, se for indispensável ..."

Antes de adentrar no exame dos posicionamentos doutrinários, mister anotar que a Constituição Federal é posterior ao Código de Processo Civil. Este já previa que a publicidade dos atos processuais poderia ser restringida nos casos de o interesse público exigir e quando se tratasse de questões de foro íntimo. A Carta Magna, em realidade, incorporou em seu texto esse preceito, consignado no artigo 155 do CPC.

---

[41] BASTOS, Celso Riberio. *Curso de Direito Administrativo*, 2ª ed. São Paulo: Saraiva, 1996, p. 43.

É nessa esteira que se posiciona Catro Filho quando aduz que: "Neste particular, outra coisa não fez o constituinte senão atrair para o Texto Constitucional dispositivo que já constava no Código de Processo Civil".[42]

A par destas considerações, a doutrina divide-se quanto à manutenção em nosso ordenamento jurídico do segredo de justiça no caso de justificação prévia em arresto, seqüestro e busca e apreensão.

Celso Ribeiro Bastos manifesta-se no sentido de que essas medidas continuam a ser processadas de forma sigilosa. Justifica-se no fato de que nelas, mesmo tratando de interesses particulares, há a busca da eficiência da medida.

Castro Filho, ao revés, afirma que *"data venia*, ousamos discordar. Senão, em nome dessa eficiência da jurisdição, em todos os demais casos, estaria o Magistrado autorizado a desobedecer ao regramento constitucional. Afinal, os riscos de dilapidação dos bens pelo devedor podem ser evitados com a realização da justificação sem se ouvir a parte contrária".[43]

Este último autor, portanto, propugna pela derrogação desses três artigos pois, à luz da Constituição Federal, não se estaria, com a publicidade dos mesmos, ofendendo a intimidade, tampouco o interesse público.

A maioria da doutrina, contudo, sustenta a aplicabilidade dos dispositivos, asseverando serem eles casos especiais, onde há permissivo à mitigação do Princípio da publicidade, como forma de alcançar-se a efetividade das medidas judiciais.

6.2. O Princípio da Publicidade e a fraude à execução

Discussão importante em nossa doutrina é travada, também, quando se questiona sobre a necessidade, ou não, de se registrar a penhora para a caracterização da fraude à execução.

A Lei nº 6.015/73 determina que: "O registro da penhora faz prova quanto à fraude de qualquer transação posterior." (art. 240) O Código de Processo Civil de 1973 não continha disposição similar. Devido a esta omissão, a doutrina e a jurisprudência entendiam que bastava a citação (para uma corrente) ou o ajuizamento da ação (para outra) para que se caracterizasse a ocorrência de fraude à execução de bem pertencente à esfera patrimonial do devedor. Havia uma terceiro entendimento de que a fraude à execução somente se configurava quando comprovada a inexistência de outros bens capazes de garantir a execução.

---

[42] CASTRO FILHO, Obra citada, p. 162.
[43] Idem.

Com as minirreformas do Código de Processo Civil, o legislador pátrio resolveu pôr termo a essas discussões, prevendo que: "A penhora de bens imóveis realizar-se-á mediante auto ou termo de penhora, e inscrição no respectivo registro." (§ 4º do artigo 659, introduzido pela Lei nº 8.953, de 31.12.94)

Assim, nota-se que o registro da penhora é um ato de natureza administrativa, praticado pelo serventuário do registro imobiliário, que complementa a penhora, ato este eminentemente judicial. Terminaram, destarte, as divergências doutrinárias, eis que o registro tem como finalidade específica fazer prova quanto à fraude de qualquer transação posterior, publicizando, via de conseqüência, o ato processual.

Transcreve-se o entendimento de Dorival Renato Pavan e Cristiane Costa Carvalho sobre o assunto: "Logo, após a sistemática adotada pelo art. 659, § 4º, do CPC, vem a doutrina entendendo que, em ocorrendo a penhora de bem imóvel, sua alienação, ipso facto, não induzirá na ocorrência de fraude à execução, como vinha sendo até presentemente entendido (inclusive com desprezo à norma do art. 240 da Lei 6.015/73), uma vez que será apenas com o registro da penhora que haverá eficácia *erga omnes* e sem tal registro a aquisição do imóvel por terceiro o tornará adquirente de boa-fé, sem que a ele se possa opor os efeitos da penhora".[44]

Forte nestas ponderações, vê-se que o ato processual da penhora é público, conforme preconizado pelo Texto Constitucional e pelo artigo 155 do Código de Processo Civil. Entretanto, como era de alegação corrente nos processos a caracterização de fraude à execução, esta publicidade mostrava-se não suficiente. O legislador, sensível a estes problemas, ao proceder as reformas do texto adjetivo, ocupou-se deste assunto, conforme esclarece Cândido Rangel Dinamarco: "Sem seu cumprimento (o registro) a penhora existe e será válida sem que atenda às demais exigências formuladas em lei. Só poderá não ser eficaz em relação a terceiros. Aí está a grande importância da inovação trazida com esse novo parágrafo: sem ter sido feito o registro, aquele que adquirir o bem presume-se não ter conhecimento da pendência de processo capaz de conduzir o devedor à insolvência. A publicidade dos atos processuais passa a ser insuficiente como regra presuntiva de conhecimento".[45]

Na jurisprudência ainda imperam divergências, mas a posição majoritária é a que entende que somente o registro da penhora faz prova quanto à fraude de qualquer transação posterior, entendendo ser

---

[44] PAVAN, Dorival Renato; CARVALHO, Cristiane Costa. *Da Necessidade do Registro da Penhora como condição para se operar a fraude à execução. Algumas Considerações.* Revista de Processo 88/93.

[45] DINAMARCO, Cândido Rangel. *A reforma do Código de Processo Civil*, 2ª ed. São Paulo: Saraiva, 1995, p. 247.

ele essencial para dar publicidade à garantia. Para que haja efeitos frente a terceiros de boa-fé há necessidade do registro da penhora. Contudo, não se quer com isso negar o caráter de ser o processo público. A penhora, diga-se, antes de registrada, vale e é eficaz perante o executado, mas só é eficaz perante terceiros provando-se que estes conheciam ou deviam conhecer a constrição judicial. Esse é um cuidado do legislador para garantir a publicidade com efeito *erga omnes*.

6.3. O Princípio da Publicidade e o sigilo bancário

Questão relevante que aponta como grande ensejadora de debates é a do sigilo bancário. As autoridades fazendárias defendem o entendimento de que o seu poder de fiscalizar não pode ser barrado pela vedação ao acesso às contas bancárias dos contribuintes. Fundamentam suas alegações no artigo 145, § 1º, da Constituição Federal e artigos 197 e 198 do Código Tributário Nacional, os quais, em síntese, determinam que as instituições financeiras, mediante intimação escrita, são obrigadas a prestar à autoridade administrativa todas as informações sobre bens, negócios ou atividades de terceiros, sendo que a Fazenda Pública não pode divulgar tais dados recebidos em razão de seu ofício.

Entretanto, há uma corrente doutrinária que entende que estes dados bancários são sigilosos, forte no artigo 5º, X, da Carta Magna, o qual estabelece serem invioláveis a intimidade, a vida privada, a honra e a imagem das pessoas. Sustentam que o Código Tributário Nacional menciona um poder fiscalizatório que está subordinado aos direitos e garantias individuais e que não poderia prevalecer sobre as vedações referidas na Constituição.

A justificar o segundo entendimento, o Supremo Tribunal Federal admite apenas a quebra do sigilo bancário se houver autorização judicial ou por força do poder investigatório próprio das Comissões Parlamentares de Inquérito, que é assemelhado àquele do Poder Judiciário.

No Mandado de Segurança nº 21.729-4-DF, o STF decidiu que o sigilo bancário é direito individual, somente podendo ser quebrado por determinação judicial.

Transcrevendo a opinião abalizada do eminente professor Ives Gandra da Silva Martins: "É, nesse particular, que me parece absolutamente correta a postura do legislador e da jurisprudência em preservar o sigilo bancário do arbítrio e admitir sua quebra sempre que houver autorização judicial. A autorização judicial que exterioriza o exame imparcial da licitude do pedido só deve ocorrer na hipótese em que o interesse público assim o esteja exigindo e de que o sigilo esteja acobertando casos de sonegação evidente e não de mero palpite por parte da fiscalização".

Medir-se até que ponto as informações bancárias estão protegidas, constituindo direito à intimidade, continua sendo uma discussão travada nos pretórios. A jurisprudência, nesse passo, amparada por abalizada doutrina, terá, com certeza, papel primordial na fixação desses limites. E, por óbvio, o parâmetro a ser observado será sempre os ditames constitucionais sobre o Princípio da Publicidade e suas hipóteses excepcionais de mitigação.

7. Conclusão

A Constituição Federal de 1988 representa um marco garantidor de direitos. Não é por outra razão que é chamada de "Constituição Cidadã".

A fim de bem desenvolver esta sua função primordial de assegurar a efetivação dos direitos, o legislador originário inseriu em seu bojo preceitos aplicáveis ao processo, os quais se revelam, acima de tudo, em fundamentos inafastáveis para a manutenção do Estado de Direito. Como ramo do Direito Público, o Direito Processual busca suas raízes e parâmetros no Direito Constitucional.

Assim, utilizando deste arcabouço constitucional, o processo busca seus fundamentos nos princípios consagrados pela Carta Magna, princípios estes que se constituem em verdadeiras premissas que orientam a elaboração e conseqüente aplicação das normas hierarquicamente inferiores.

Entender-se o Direito como mero conjunto de leis seria ignorar que o nosso sistema jurídico compreende um todo, e que os princípios são mais do que regras, são verdadeiros fundamentos onde se busca a integração do ordenamento.

De fato, a vigente Carta Política elegeu alguns princípios como fundamentais, com vasta repercussão no Direito Processual. Dentre eles, merece enfoque especial o Princípio da Publicidade, o qual só pode ser restringido nos casos em que o próprio texto constitucional autoriza. Esse princípio encerra uma finalidade essencial no Estado Democrático de Direito, que é "preservar o cânone tradicional democrático da publicidade dos atos forenses para obviar resquício do regime anterior com conotações ditatoriais, nos julgamentos tipicamente jurisdicionais".[46]

Comunga desse entendimento Jorge Araken Faria da Silva, que argumenta: "O princípio da publicidade do processo constitui uma preciosa garantia do indivíduo no tocante ao exercício da jurisdição. A

---
[46] LIMA, Alcides de Mendonça. *O Poder Judiciário e a Nova Constituição*. Rio de Janeiro, AIDE, 1989, p. 39-40, *apud* CASTRO FILHO, obra citada, p. 161.

presença do público nas audiências e a possibilidade do exame dos autos por qualquer pessoa representam o mais seguro instrumento de fiscalização popular sobre a obra dos magistrados, promotores públicos e advogados. Em última análise, o povo é o juiz dos juízes. E a responsabilidade das decisões hão de ser tomadas em audiência pública, na presença do povo".[47]

À evidência, a publicidade dos atos processuais e, também, dos atos administrativos e legislativos tem por escopo assegurar o conhecimento e a presença, quando da realização desses atos, das partes, bem como dos demais integrantes da comunidade. E, da análise dos dispositivos infraconstitucionais que tratam deste tópico, revela-se a recepção, por estes, do mandamento constitucional.

8. Bibliografia

ALVIM, Angélica Arruda. *Princípios Constitucionais do Processo*, RP 74/21.

——. *Manual de Direito Processual Civil*, 3. ed. Vol. I, São Paulo: RT, 1990.

BASTOS, Celso Ribeiro. *Comentários à Constituição do Brasil*. São Paulo: Saraiva, 1998, v. II.

——. *Curso de Direito Administrativo*. 2. ed. São Paulo: Saraiva, 1996.

CARVALHO, Luis Gustavo Grandinerri Castanho de. *O Processo Penal em face da Constituição*. Rio de Janeiro: Forense, 1992.

CASTRO FILHO. *Princípios Constitucionais aplicáveis ao processo civil*, RP 70/154.

CINTRA; GRINOVER; DINAMARCO. *Teoria Geral do Processo*. 11. ed. São Paulo: Malheiros, 1995.

DINAMARCO, Cândido Rangel. *A reforma do Código de Processo Civil*. 2. ed. São Paulo: Saraiva, 1995.

DOLIVO, Maurício. *O direito a intimidade na Constituição Federal de 1988*, Cadernos de Direito Constitucional e Ciência Política, volume 15.

CRETELLA JÚNIOR, José. *Comentários a Constituição Brasileira de 1988*, Vol I, nº 34.

FREITAS, Juarez. *A Interpretação Sistemática do Direito*. São Paulo: Malheiros, 1998.

GRINOVER, Ada Pellegrini e outros. *Juizados Especiais Criminais: Comentários à Lei 9.099, de 26.09.1995*, São Paulo: Editora Revista dos Tribunais, 1996.

LAURIA TUCCI, Rogério; CRUZ E TUCCI, José Rogério. *"A Constituição de 1988 e Processo"*. São Paulo: Saraiva, 1989.

LENZA, Pedro. *As Garantias Processuais dos Tratados Internacionais sobre direitos fundamentais*, RP 92/199.

MEDAUAR, Odete. *Direito Administrativo Moderno*, 2ª ed. São Paulo: Revista dos Tribunais, 1998.

MAXIMILIANO, Carlos. *Hermenêutica e Aplicação do Direito*, Rio de Janeiro: Forense, 1984.

MIRANDA, Rosângelo R. *Cadernos de Direito Constitucional e Ciência Política*, Volume 13.

---

[47] SILVA, Jorge Araken Faria da. *Do princípio da publicidade dos atos processuais*. Revista Forense 334/121.

MOREIRA NETO, Diogo Figueiredo. *Curso de Direito Administrativo.* 8. ed. Rio de Janeiro: Forense, 1989.

NERY JUNIOR, Nelson, NERY, Rosa Maria de Andrade. *Código de Processo Civil Comentado e Legislação Processual Civil Extravagente em vigor,* 5ª ed. São Paulo: Editora Revista dos Tribunais, 2001, p. 1641.

——. *Princípios do Processo Civil na Constituição Federal,* 6ª ed. São Paulo: Revista dos Tribunais, 2000.

PAVAN, Dorival Renato; CARVALHO, Cristiane Costa. *Da Necessidade do Registro da Penhora como condição para se operar a fraude à execução. Algumas Considerações.* RP 88/93.

PORTANOVA, Rui. *Princípios do Processo Civil.* Porto Alegre: Livraria do Advogado, 1997.

SILVA, João Carlos Pestana de Aguiar. *A Constituição Federal de 1988 e o Processo Civil,* Livro de Estudos Jurídicos. Rio de Janeiro: Instituto de Estudos Jurídicos, 1991.

SILVA, Jorge Araken Faria da. *Do princípio da publicidade dos atos processuais,* Revista Forense 334/121.

TESHEINER, José Maria Rosa. *Elementos para uma teoria geral do processo.* São Paulo: Saraiva 1997.

ZANELLA DI PIETRO, Maria Sylvia. *Curso de Direito Administrativo,* 2. ed. São Paulo: Saraiva, 1996.

6. A Democracia Processual e a Motivação das Decisões Judiciais

DANIEL USTÁRROZ
Advogado, Especialista em Direito Civil pela Ritter dos Reis e Mestrando em Direito na UFRGS

Sumário: 1. O recente fenômeno da constitucionalização das garantias processuais; 2. A postura do direito comparado; 3. A garantia da motivação das decisões jurisdicionais; 4. Uma mirada na jurisprudência. Principais conclusões; Bibliografia utilizada.

1. O recente fenômeno da constitucionalização das garantias processuais

De uma análise das principais Constituições dos países ocidentais, nota-se um ponto em comum, qual seja a expressa recepção das garantias processuais, entendidas como direitos individuais adquiridos pela civilização. Justifica-se tal fenômeno em razão da ascensão dos regimes totalitários na Europa e das grandes guerras, dois dos trágicos acontecimentos ocorridos no século XX.[1] Estampando nas Cartas Políticas princípios a serem observados nos processos em que litigarem seus cidadãos, os legisladores objetivaram romanticamente precaver as nações de novos infortúnios.

Como se sabe, é da tradição jurídica romano-germânica a concepção de que os direitos decorrem da lei que, anteriormente, os reconhece. Oferta-se a lei um papel de suma importância dentro do ordenamento, transformando-a na principal fonte de direitos. No espírito desse sistema, tantas vezes malcompreendido e criticado pelo poder discricionário dado ao legislador, mostra-se de todo pertinente a expressa

---
[1] Não foi à toa que ERIC HOBSBAWM apelidou o século XX como o mais assassino da história humana. (*A Era dos Extremos*. São Paulo: Companhia das Letras, 1995).

previsão legal de princípios gerais de direito, por mais basilares que sejam.[2]

No entanto, uma visão extremada desse pensamento pode-se mostrar prejudicial, posto que, ao lado da lei, também existem outras fontes de direito a serem respeitadas. Não se duvida, neste passo, de que a lei pode expressar com bastante fidelidade uma indigitada vontade coletiva e regular determinados setores da vida social com resultados excelentes. Todavia, convém não olvidar que, por mais pormenorizados que sejam os códigos, sempre restarão espaços normativos vazios, que devem ser preenchidos pelo trabalho dos operadores, orientados pela cultura local. Dessa forma, seguindo a tradição brasileira, nada mais útil do que expressar no texto mais importante alguns dos direitos com que os litigantes podem contar durante o *iter* processual.[3] Afinal, através da norma escrita, ninguém pode duvidar da validade dos princípios na realidade jurídica de cada nação e de sua força normativa, cujo alcance há de se pautar pelo interesse que os próprios membros da sociedade desejam.

Explicando as origens da constitucionalização das garantias processuais no direito europeu, assevera Nicolò Trocker que "nelle costituzione europee di democrazia classica è soltanto dopo la fine dell'ultimo conflitto mondiale che determinate garanzie attinenti alla funzione giurisdizionale e al processo si impongono come 'fondamentali' ed inviolabili nel contesto dei diritti e delle libertà personali dell'individuo".[4] Efetivamente, foi o sentimento de impotência do povo europeu frente à assídua negação dos direitos fundamentais que motivou o legislador a valer-se do trunfo de positivar expressamente princípios universais, com o fito de criar mais um obstáculo ao retorno da opressão. Parte-se do pressuposto de que a lei – e o princípio da legalidade (ou constitucionalidade como quer a doutrina de vanguarda) – limitará o exercício e usurpação do poder que emana do povo e para si deve ser exercido.

Rigorosamente, o fenômeno observado na Alemanha, com a democratização e a promulgação do texto constitucional em 1949, e mais

---

[2] Afinal o Estado poderia, através do Poder Legislativo, restringir ou conferir direitos de acordo com a temporária vontade dos seus agentes políticos.

[3] As garantias processuais, enquanto garantias, não deixam de ser direitos subjetivos aptos, por si, a merecer proteção jurídica. Nesse sentido, anota JOSÉ JOAQUIM GOMES CANOTILHO que "rigorosamente, as clássicas garantias são também direitos, embora muitas vezes se salientasse nelas o caracter instrumental de protecção dos direitos. As garantias traduziam-se quer no direito dos cidadãos a exigir dos poderes públicos a proteção dos seus direitos, quer no reconhecimento de meios processuais adequados a essa finalidade" (ex: direito de acesso aos tribunais para defesa dos direitos, princípios do *nullum crimen sine lege e nulla poena sine crimen*, direito de *habeas corpus*, princípio *non bis in idem*). In Direito Constitucional e Teoria da Constituição. 4.ed. Coimbra: Almedina, 2000, p. 390.

[4] *In Il nuovo articolo 111 della costituzione e il 'giusto processo' in materia civile: profili generali*, p. 384.

tarde na Itália, assemelhou-se um bocado com o exemplo brasileiro (Constituição de 1988). Todos os países vinham de um período autoritário, que, historicamente, ficou mais conhecido pelo desrespeito aos direitos individuais do que por qualquer outro mérito. Como produto, seja na Alemanha, seja no Brasil, as Cartas Políticas surgiram estampando minuciosamente verdadeiras garantias de um processo que almeja a justiça, mediante a imparcialidade do magistrado, a isonomia entre as partes, o exercício do contraditório entre todos os figurantes, a motivação das decisões, etc.[5]

Neste particular, dada a similitude entre o momento histórico alemão, ao tempo da promulgação de sua Lei Fundamental de 1949 e a Constituição brasileira de 1988, vale transcrever a oportuna lição do saudoso maestro Fritz Baur,[6] dando conta das razões pelas quais a Constituição tedesca recepcionou com tanta ênfase princípios antes inexpressos: "le non respect et la destruction des principes et garanties constitutionnels par le régime nazi furent le motif principal d'inclure directement dans la loi fondamentale de la Republique fédéral de l'Allemagne du 23 mai 1949 (la constitution-GG) non seulement les droits fondamentaux traditionnels (par exemple: la liberté de la personne, la liberté de culte), mais aussi quelques principes fondamentaux de la procédure (par exemple: le droit d'être entendu par un tribunal) et les principes concernant l'indépendence des tribunaux". A observação cai como uma luva ao direito brasileiro, cujo processo há de se desenvolver na senda das diretrizes constitucionais.

Enfim, tal o espectro do tempo em que reinou o arbítrio no mundo ocidental, que as Constituições findaram por positivar expressamente as principais conquistas da civilização em âmbito processual, intentando, com isso, retirar todo vestígio da violência porventura remanescente no foro.

Nessa linha, o formalismo, que por vezes sofre a pesada crítica de obstar o reconhecimento e a outorga de direitos, sempre serve para restringir a irracionalidade, garantindo ao cidadão segurança contra eventuais investidas do Poder Público e de seus semelhantes. A forma, antes de tudo, representa verdadeira conquista da cultura humana, e mesmo inconscientemente se vai incorporando à realidade dos homens, com o fito de equilibrar o escorreito desenvolvimento das relações sociais.

---

[5] A respeito dessa semelhança, registre-se o ensinamento do Min. VICENTE LEAL, em julgamento recente: "o direito constitucional-penal inscrito na Carta Política de 1988 é concebido num período de reconquista das franquias democráticas consagra os princípios do amplo direito de defesa, do devido processo legal, do contraditório e da inadmissibilidade da prova ilícita" (CF, art. 5º, LIV, LV e LVI). STJ. 6ª Turma. ROMS 8327/MG, DJ:23.08.1999, p. 148.

[6] Les garanties fondamentales des parties dans le procès civil en République Fédérale D'Allemagne. In *Fundamental Guarantees of the Parties in Civil Litigation*. Coord. Mauro Cappelletti e Denis Tallon. Milano: Giuffrè, 1973. p. 3.

Houve um tempo, não muito remoto e transposto com invulgar perfeição à literatura mundial, em que as audiências eram realizadas com portas fechadas, o processo era desencadeado, instruído e concluído sem qualquer participação ativa dos litigantes, e a decisão era proferida secretamente, sem que fossem explicitadas suas razões, carecendo de motivação. Os exemplos de um processo amedrontador e arbitrário poderiam ser exaustivamente elencados, tal como o foram na monumental obra de Franz Kafka,[7] todavia aqui apenas se busca deixar o registro que, no mais das vezes, atrás de uma formalidade esconde-se um direito conseguido pelos homens mediante árduo sacrifício.[8] E no momento em que uma formalidade é violada, com ela é atingida uma proteção de todo e qualquer cidadão.

De toda sorte, é certo que mais singelo é visualizar os malefícios que a obediência cega do formalismo acarreta a descobrir o valor que o mesmo representa, quando observado criteriosamente. Quem não recorda a injustiça da decisão que inadmite uma apelação serôdia que tinha o fito de constituir a paternidade do indefeso bebê, ou a sentença que anula o testamento, pela ausência das prescrições legais, pelo qual o avô lega ao estimado neto parcela de sua fortuna? Daí a explicação pela qual a palavra *formalismo* seja entendida mais pela sua acepção negativa, perniciosa ao homem.[9]

---

[7] *O Processo*. Trad: Modesto Carone. Brasília: Brasiliense, 1988.

[8] Daí afirmar CARLOS ALBERTO ALVARO DE OLIVEIRA que "o formalismo atua, portanto, de um lado como garantia de liberdade do cidadão em face do eventual arbítrio dos órgãos exercentes do poder do Estado, e, de outro, como anteparo aos excessos de uma parte em relação à outra, vale dizer, buscando o equilíbrio formal entre os contendores". In *O Formalismo no processo civil*. Rio de Janeiro: Saraiva, 1997. p. 217.

[9] Sobre o formalismo e sua influência no Direito, mais especialmente no direito romano, veja a lição de RUDOLF VON IHERING: "Existe una relación particular entre la forma y la libertad, dos ideas fundamentales del derecho romano. A pesar de su contradicción aparente, porque la una garantiza la libertad más ilimitada de la voluntad material, mientas que la otra reduce estrictamente esa libertad desde el punto de vista formal, descubren, sin embargo, por el pararelismo de las líneas de su desenvolvimiento, su dependencia mutua y recíproca y dejan adivinar la relación oculta que las encadena. El más completo desarollo de la era de la libertad, marca también el reinado del más tiránico rigor en la forma, que cede de su severidad al mismo tiempo que la libertad zozobra insensiblemente; y cuando bajo la presion continua del régimen cesariano la libertad se desploma por completo y para siempre, desaparecen también el formalismo y las fórmulas del derecho antiguo. (...) El pueblo que profesa verdadero culto a la libertad comprende instintivamente el valor de la forma, y siente que ella no es un yugo exterior, sino el vigía de su libertad. Logo a seguir, lamenta o autor a pesada crítica, por vezes irracional, dirigida ao formalismo virtuoso. Pasa con el formalismo lo que con tantas otras organizaciones: todo el mundo have constar sus defectos y ninguno se fija en sus benefícios: son puramente negativos, esto es, impiden que se produzca el mal. Un solo caso que haga destacar los inconvenientes de la forma, como por ejemplo un testamento declarado nulo, un pleito perdido por un vicio o descuido de forma, hieren y se hacen notar más vivamente que millares de casos en los que, para el curso ordinário de las cosas, la forma ha llenado su misión tutelar. Nada de pasmoso es, por tanto, que el juicio del ignorante se muestre tan hostil al formalismo" (*El Espiritú del Derecho Romano*. Trad: Henrique Príncipe y Satorres. México: Oxford University Press, 2001.p. 583 e 589).

Abstraída a análise do formalismo e sua função no direito processual, dado o objeto do presente ensaio, resta a observação de que também as garantias processuais retratam, em alguma escala, formalidades. No idêntico sentido das Constituições da Europa do pós-guerra, a Constituição Brasileira de 1988 também incorporou diversas garantias processuais. Explicitou, dentre outros, o princípio da isonomia (art. 5º, caput), o da inafastabilidade de lesão ou ameaça do controle jurisdicional (art. 5º, inciso XXXV), o do direito adquirido, do ato jurídico perfeito e da coisa julgada (art. 5º, XXXVI), o do juiz natural (art. 5º, XXXVII e LIII), do devido processo legal (art. 5º, LIV), da ampla defesa (art. 5º, LV), da vedação da prova ilícita (art. 5º, LVI), da presunção de inocência (art. 5º, LVII), da motivação de todas decisões, jurisdicionais ou administrativas (art. 93, IX e X), etc.[10] Enfim, as garantias processuais das partes não se exaurem nos 253 artigos da Constituição Federal. Ao lado dessas, não menos importantes são outras que não foram explicitamente positivadas, mas que, diuturnamente, são observadas no cenário do foro, tal como o duplo de grau de jurisdição e a garantia da tempestividade da tutela jurisdicional.[11]

Importante salientar que todas essas garantias acima elencadas não possuem existência isolada dentro do processo judicial. Ao contrário, a justificação de uma se dá pela valorização das outras. Existe uma relação de convivência entre todos os nortes do processo civil moderno: segurança do jurisdicionado, justiça nos provimentos e efetividade dos direitos. Como assevera Cândido Rangel Dinamarco, "nenhum princípio constitui um objetivo em si mesmo e todos eles, em seu conjunto, devem valer como meios de melhor proporcionar um sistema processual justo, capaz de efetivar a promessa constitucional de acesso à justiça (entendida esta como obtenção de soluções justas – acesso à ordem jurídica justa)".[12]

Com razão, quando se fala em garantias processuais, sabe-se que essa expressão encerra em si uma aparente contradição. Isto porque, em casos não raros, haverá colisão entre dois princípios fundamentais, situação que exigirá dos aplicadores do direito a opção por um em

---

[10] Como afirma o inigualável ELIO FAZZALARI tratam-se valores de todas as épocas e de todas pessoas. Eis o escólio do mestre peninsular: "si tratta di valori transepocali, perché legati ad esigenze immemorabili, e transnazionali, perché corrispondono ad esigenze senza frontiere. La loro costanza si erge e prevale contro i disvalori delle ricorrenti crisi della amministrazione della giustizia". Valori Permanenti del Processo. In Diritto Naturale verso nuove prospettive. Milano: Giuffre, 1977. p. 58.

[11] Nesse diapasão, arremata o Ministro JOSÉ AUGUSTO DELGADO que "em consequência, há de se extrair do texto constitucional o máximo que sua interpretação sistêmica permitir, o que só é possível com a obediência aos princípios explícitos e implícitos que comandam o ordenamento jurídico constituído". A Supremacia dos Princípios nas Garantias Processuais do Cidadão. In Revista de Processo nº 65, p. 92.

[12] A Relativização da Coisa Julgada. Revista Forense, v.358, p, 12.

detrimento de outro, em cada caso concreto. Com efeito, se não existe direito absoluto e se as garantias nada mais são que direitos, logo nenhuma garantia poderá ser tida como válida sempre em qualquer hipótese. Aqui justamente a grande missão dos constitucionalistas e processualistas: saber equilibrar todos os direitos dos cidadãos e respeitá-los na maior escala possível, justificando racionalmente a mínima restrição ou violação que seja necessária, mas preservando, em todas as hipóteses, o núcleo essencial. Nesse contexto, todo operador ao analisar o caso concreto deve proceder a um juízo de proporcionalidade entre os direitos envolvidos, pois é da essência da democracia a tentativa de preservar o maior número de direitos possíveis, sufocando-os tão-somente quando não existir outra saída possível (a fim de prestigiar outros).

As garantias são arquétipos jurídicos de que se valem os operadores para contornar a rigidez das normas e harmonizá-las de acordo com o sistema, permitindo que a dureza de uma lei seja amenizada em prol da segurança do jurisdicionado. Sua textura, aberta, exige dos operadores papel ativo no sentido de colorir suportes fáticos adequados para sua incidência. Por isso, quando a comunidade jurídica abdica de observá-las, sob o pretexto do alto grau de abstração e da imprescindibilidade de ulterior esforço legislativo, é retirada toda a força normativa que a Constituição almeja. Daí a importante função concretizadora da doutrina e da jurisprudência, capaz de oferecer eficácia social às normas estilo garantias.

Nesse panorama, Mauro Cappelletti,[13] em memorável ensaio sobre o tema, afirmou que "certamente la formula: garanzie processuali, è incerta, oscura, multivalente. Ma è próprio qui, è próprio in queste incertezze, in queste oscurità, che si rivela la ragione profonda dellesigenza di un organo specificamente investito della funzione dinterpretazione-attuazione della norma costituzionale. Le Costituzioni, oltre a porre le fondamentali norme di organizzazione, per loro natura sono intese a concretizzare, a storicizzare quella suprema scala dei valori sociali, che fanno capo allidea di giustizia: esse sono intese a rendere per così dire positiva lidea di giustizia, a rendere storico il diritto naturale: esse esprimono il drammatico tentativo di fissare nel tempo quelle idee, quei valori supremi, che sono in realtà essenzialmente mutevoli, perché sidentificano con la storia stessa ossia con la vita delluomo. Ma in questo tentativo le Costituzioni sono fatalmente costrette a fermarsi alle linee generali, alle idee direttive, ai programmi".

---
[13] *In Diritto di Azione e di Difesa e Funzione Concretizzatrice della Giurisprudenza Costituzionale*, p. 81-2.

Efetivamente, é dentro desse espírito que as garantias devem ser entendidas. Mais como símbolos da história de um povo e do sentimento da comunidade do que meras alegorias formais importadas de ordenamentos alienígenas, despidas de propósito prático. Refletem os conflitos, as aspirações do dia-a-dia da sociedade.

Ora, é justamente em razão da textura aberta dessas normas (estilo garantias) que o operador logra captar as singularidades de cada caso concreto com eficiência. Logo, inibir a força normativa daqueles que se constituem os fins do próprio sistema nada mais faz do que chancelar a rigidez do Direito, circunstância que compromete sua utilidade social, menosprezando todas suas fontes: usos, costumes, doutrina, lei, jurisprudência, direito comparado, etc.

A fundamentação das decisões, assim, manifesta-se como autêntica garantia de um Estado democrático, na medida em que permite aos cidadãos verificar a inteligência do órgão judicial e avaliar a correção da sentença. Sob a perspectiva processual-instrumental, a motivação serve àqueles que participam do contraditório, permitindo-lhes entender as razões dos efeitos que deverão suportar, e facultando-lhes, com isso, o uso dos recursos cabíveis para modificar os contornos da eficácia do provimento jurisdicional. Proporciona, ainda, que o juiz natural analise o acerto da decisão recorrida. Por fim, e ainda com maior importância, analisada sob o prisma constitucional, a motivação das decisões serve para afastar (ou diminuir) o risco de que o Poder Judiciário cometa abusos e invada, sem maiores justificativas, a esfera privada dos membros da sociedade. É, enfim, um direito inalienável da coletividade e ínsito ao estado que assegura a participação popular.

2. A postura do direito comparado

A garantia processual da motivação das decisões judiciais não é uma invenção do legislador brasileiro, afinal, como afirma Michele Taruffo, ela "si fissa e si generalizza nella storia degli ordinamenti processuali moderni essenzialmente nella seconda mettà del sec. XVIII".[14] Constitucionalmente, sua história é mais recente, datando do pós-guerra.

Além do Brasil, inúmeros outros países disciplinaram, pela via da legalidade, a obrigação do Poder Judiciário em motivar suas decisões. Alguns seguiram o exemplo brasileiro, ao ordenar constitucionalmente que todas as decisões sejam motivadas. Outros preferiram restringir a garantia explícita aos casos extremos próprios do processo penal. Por

---
[14] Il Significato Costituzionale dell'obbligo di motivazione. *In Participação e Processo*. Coord; ADA PELLEGRINI GRINOVER. São Paulo: RT, 1990, p. 37.

fim, observa-se que parcela igualmente considerável optou por embutir a garantia da motivação em princípios outros, abstendo-se de expressar o dispositivo na Constituição, deixando para a doutrina e a jurisprudência a tarefa de precisar sua validade dentro de cada sistema jurídico.

Exemplo de carta cidadã, a Constituição Portuguesa, de 1976, parece ter influenciado decisivamente o legislador brasileiro. Em seu art. 205, regulando as decisões judiciárias, ficou estabelecido que "as decisões dos tribunais que não sejam de mero expediente são fundamentadas na forma prevista na lei".

Na mesma linha, a Constituição Espanhola de 1978, tida por muitos como verdadeira obra-prima (principalmente em razão da preciosa jurisprudência constitucional daquele país), em seu art. 120, dispôs que: "1) Las actuaciones judiciales serán públicas, con las excepciones que prevean las leyes de procedimiento. 2) El procedimiento será predominantemente oral, sobre todo en materia criminal. 3) Las sentencias serán siempre motivadas y se pronunciarán en audiencia pública".

Outra não poderia ser a orientação belga, na Constituição de 1994 (art. 149: *Tout jugement est motivé. Il est prononcé en audience publique*), italiana, na de 1947 (art. 111, *tutti i provvedimenti giurisdizionali devono essere motivati*) ou holandesa, na de 1983 (art. 121, *except in cases laid down by Act of Parliament, trials shall be held in public and judgements shall specify the grounds on which they are based. Judgements shall be pronounced in public*).

Mais exaustivamente, a Constituição do Equador, de 1998, preferiu discipliná-la, colocando-a dentro do artigo dedicado ao devido processo legal. No art. 24, lê-se no inciso XIII que "para asegurar el debido proceso deberán observarse las siguientes garantías básicas, sin menoscabo de otras que establezcan la Constitución, los instrumentos internacionales, las leyes o la jurisprudencia: Las resoluciones de los poderes públicos que afecten a las personas, deberán ser motivadas. No habrá tal motivación si en la resolución no se enunciaren normas o principios jurídicos en que se haya fundado, y si no se explicar la pertinencia de su aplicación a los antecedentes de hecho. Al resolver la impugnación de una sanción, no se podrá empeorar la situación del recurrente".[15]

---

[15] Orientação ainda diversa encontra-se na Constituição colombiana, de 1991, atualizada pelas reformas de 2001, na qual a garantia aparece dentro do amplo preceito do devido processo legal, no art. 29: "El debido proceso se aplicará a toda clase de actuaciones judiciales y administrativas. Nadie podrá ser juzgado sino conforme a leyes preexistentes al acto que se le imputa, ante juez o tribunal competente y con observancia de la plenitud de las formas propias de cada juicio". Na Constituição suíça, de 1999, a garantia da motivação das decisões exsurge da ampla interpretação do art. 30, que regula o procedimento judicial, estatuindo o princípio da publicidade das decisões. Assim reza o Art. 30 da Constituição Helvética: 1. "Nas causas judiciais todos têm o

Enfim, dentro da perspectiva traçada pelo recente movimento constitucionalista, que busca garantir que o jurisdicionado encontre efetividade quando necessite proteger seus direitos subjetivos, não se descura que o processo desenvolva-se com determinadas formas pré-estabelecidas, todas concebidas com o único fito de proteger o litigante do arbítrio, e assim conferir legitimidade ao Estado, enquanto prestador de tutela jurisdicional. Afinal, legitima-se a decisão do Estado-juiz também pelo procedimento que prepara sua formação.

Nessa linha, a atenta observação de Michele Taruffo, dando conta que "sul piano della giurisdizione, ciò significa che il provvedimento del giudice non si legittima in quanto esercizio di autorità assoluta, ma in quanto il giudice renda conto del modo in cui esercita il potere che gli à stato delegato dal popolo, che è il primo e vero titolare della sobranità. Donde l'obbligo di giustificare la decisione, che risponde sia alla necessità di permettere che tale fondatezza sia diskutierbar, cioè sia controllabile dall'esterno in modo diffuso. L'esercizio del potere giurisdizionale deve dunque essere 'trasparente', razionabile e controllabile, al pari dell'esercizio di qualunque potere nell'ambito dello Stato democratico di diritto".[16]

No Brasil, antes mesmo da Constituição, o Código de Processo Civil de 1973 já exigia a motivação das decisões. Reza o art. 165 que todas decisões devem ser formalmente justificadas, ainda que de modo conciso. Orientação idêntica vem esposada no art. 458, que, ao traçar os requisitos da sentença, aponta a exigência de explicação dos fundamentos da matéria (fática e jurídica) envolvida na demanda. Embora a similitude dos textos constitucionais e infra, não se deve perder de vista que os escopos diferem. No primeiro, a tutela imediata é do interesse público na legitimação das decisões estatais. No segundo, o interesse imediato protegido é o da agilidade do processo, e, por decorrência, um direito subjetivo dos próprios litigantes, que podem se valer dos mecanismos de impugnação que o ordenamento lhes faculta.

---

direito de serem julgados por um Tribunal fundado na lei, competente para o mérito, independente e imparcial. Os Tribunais de exceção são vedados. (...) 3. A audiência e a pronúncia da sentença são públicas. A lei pode prever exceções". No original: "Jede Person, deren Sache in einem gerichtlichen Verfahren beurteilt werden muss, hat Anspruch auf ein durch Gesetz geschaffenes, zuständiges, unabhängiges und unparteiisches Gericht, Ausnahmegerichte sind untesagt. 3. Gerichtsverhandlung und Urteilsverkündung sind oeffentlich. Das Gesetz kann Ausnahmen vorsehen". Outras Constituições tiveram, ainda, por bem positivar expressamente a garantia da motivação das decisões tão-somente em sede de processo penal, caso do Haiti (art. 26, Constituição haitiana de 1987: "Nul ne peut être maintenu en détention s'il n'a comparu dans les quarantes huit (48) heures qui suivent son arrestation, par devant un juge appelé à statuer sur la légalité de l'arrestation et si ce juge n'a confirmé la détention par décision motivée)" e do México (art. 16, Constituição mexicana de 1917: "Nadie puede ser molestado en persona, familia, domicilio, papeles o posesione, sino en virtud de mandamiento escrito de la autoridad competente, que funde y motive la causa legal de procedimiento").

[16] Op. cit.p. 41-2.

Acatando a orientação de Barbosa Moreira,[17] a Constituição Federal anotou em seu art. 93, IX, que todos os julgamentos dos órgãos do Poder Judiciário serão públicos, sendo fundamentadas todas as decisões, sob pena de nulidade. Dessarte, como afirma a Min. Nancy Andrighi[18] "esse pressuposto de validade da decisão judicial – adequada fundamentação - tem sede legal e na consciência da coletividade, porque deve ser motivada toda a atuação estatal que impinja a aceitação de tese contrária à convicção daquele que está submetido ao poder de império da Administração Pública, do Estado. Também, por isso, seu berço constitucional está no art. 93, inciso IX, o qual não distingue o tipo de provimento decisório".

Em apertada síntese, no atual momento histórico, parece-nos que não restam dúvidas de que a garantia da fundamentação, esteja explícita ou não, encontre-se de tal forma arraigada na cultura brasileira que desconhecê-la ou ignorá-la significaria agredir um direito fundamental de qualquer pessoa, qual seja o de saber as razões pelas quais sua esfera jurídica é modificada pelo Poder Público.

3. A garantia da motivação das decisões jurisdicionais

Como dito, o processo sempre intenta afastar o arbítrio das decisões judiciais, impondo formalidades a serem observadas. É o caso do princípio do contraditório, através do qual ambas as partes têm o direito de influenciar a convicção do magistrado. Tal garantia, em sua máxima latitude, ordena que o feito seja conduzido de maneira a proporcionar a participação ativa de todos os sujeitos envolvidos, os quais auxiliam o Estado, perfectibilizando a dialética processual e oferecendo a melhor verossimilhança ao juiz. Partes, advogados, juízes, promotores, peritos, oficiais de justiça e todas demais pessoas que atuam em uma demanda devem ser vistas como colaboradores, e jamais como inimigos, por mais intenso que sejam os debates. A existência de cada sujeito depende justamente do trabalho do outro, vale dizer até hoje ninguém viu processo sem juiz, ou sem advogado,

---

[17] O Professor BARBOSA MOREIRA, em março de 1978, assim concluía célebre ensaio sobre o tema: "1ª) a motivação das decisões judiciais, como expressão da 'justificação formal' dos atos emanados do Poder a que compete, por excelência, a tutela da ordem jurídica e dos direitos subjetivos, constitui garantia inerente ao Estado de Direito. 2ª) O princípio de que as decisões judiciais devem ser motivadas aplica-se aos pronunciamentos de natureza decisória emitidos por qualquer órgão do Poder Judiciário, seja qual for o grau de jurisdição, sem exclusão dos que possuam índole discricionária ou se fundem em juízos de valor livremente formulados. 3ª) é conveniente a inclusão, na Constituição da República, de dispositivo que consagre em termos expressos o princípio da obrigatoriedade da motivação". (A motivação das decisões judiciais como garantia inerente ao Estado de Direito. In Temas de Direito Processual, 2ª série, p. 95).

[18] AGRESP 251049/SP, 2ª Turma, DJ: 01.08.2000, p. 246.

ou sem promotor em determinadas causas. Esse reconhecimento, em última análise, é o reconhecimento de que sob o processo deva sempre existir um mínimo conteúdo ético, que impõe a todos probidade no trato com os demais.

Entretanto, ao lado dos princípios concebidos para atuar antes mesmo da decisão, e que permitem sua pureza (caso do contraditório, isonomia, juiz natural, etc.), existem também outros, destinados a garantir o controle das decisões proferidas. São garantias executadas *a posteriori*, como a publicidade e a motivação. Esta oferece aos leitores a possibilidade de avaliar a atividade intelectiva do juiz, aprovando-a ou não.[19]

Ao conduzir o processo, o magistrado, como participante do poder estatal, exerce jurisdição. Por isso, no momento em que uma sentença é prolatada, mais do que a vontade da pessoa-juiz, naquele ato está presente um interesse público. Para constatar a importância desse fenômeno, basta observar que, caso a decisão não seja atacada por recurso competente, ela transitará em julgado, tornando-se imperativa e indiscutível em relação processual futura.[20] Por conseguinte, uma decisão somente realizará o ideal de um Estado democrático, através da legitimidade de sua prolação, verificada concretamente por sua fundamentação.

Não se pode olvidar que o processo civil moderno, ao libertar-se do dogma do pensamento abstrato e apriorístico, prezado pela filosofia escolástica e aplaudido pelo iluminismo clássico, vem permitindo ao magistrado maior liberdade. No que toca especialmente ao terreno das provas, observa-se o paulatino abandono da prova legal e o recrudescimento da persuasão racional (expressão do livre convencimento). Essa circunstância requer o crédito da sociedade na figura do Estado-juiz, sob pena de ilegitimidade do exercício de função estatal. Bem sopesados os custos e benefícios do sistema do livre convencimento racional,

---

[19] Registre-se, aqui, a lapidar lição de MICHELLE TARUFFO: "Accanto al controllo ex ante assicurato dal metodo contradditorio vi a anche un possibile controllo ex post che può esercitarsi per il tramite della motivazione della sentenza. È noto invero che anche la motivazione è oggeto di uma specifica garanzia, talvolta enunciata da norme costituzionali e che la sua principale funzione consiste nel rendere possibile un controllo successivo sulle ragioni poste dal giudice a fondamento della decisione". In *La Prova dei Fatti Giuridici*, p. 408.

[20] Sobre o tema, refere o Professor FRANCESCO PAOLO LUISO que "un provvedimento giurisdizionale è un atto pubblico, che rappresenta lesercizio di un pubblico potere. La norma è strettamente connessa al diritto di difesa, in quanto un giudice, che può incidere su situazioni sostanziali protette senza motivare le ragioi del suo convincimento, rischia di ledere i diritti della difesa, in quanto può, senza renderne conto, ignorare gli argomenti avanzati dalle parti. Quando se deve rendere conto del fondamento di una decisione, inevitavelmente la decisione è più meditata, e comunque si dà la possibilita di valutare se la decisione è giusta, di verificare linesistenza di errori ed arbitri, e comunque il cattivo esercizio del potere. Il giudice, nella motivazione, deve dare conto dei criteri che sono stati utilizzati per la decisione della causa. Quindi la motivazione è lesplicazione dei criteri e delle ragioni dellatto pubblico giurisdizionale che costituisce esercizio del potere". (*Diritto Processuale Civile*, p. 37)

conclui-se fatalmente que, no nosso momento histórico, as vantagens são incalculavelmente maiores.[21]

Na seara das provas, o magistrado brasileiro goza de expressiva liberdade, podendo valorá-las livremente. Aliás, o convencimento judicial, a partir do sistema da persuasão racional, encontra como limite último a fundamentação do raciocínio levado a cabo para se chegar ao resultado da demanda. Como aduz Michele Taruffo, esse princípio que permite o livre convencimento do juiz manifesta-se fundamentalmente "nell'ambito della valutazione delle prove, poiché a libera valutazione è lo strumento necessario che consente al giudice di pervenire all'accertamento della verità dei fatti. Esso implica però una notevole estensione del potere discrezionale del giudice, e per conseguenza un aumento dei rischi di arbitrarietà della decisione. Per evitare questi rischi ocorre che il giudice decida la *quaestio facti* in modo razionale, dato che il principio del libero convincimento lo svincola dalle regola della ragione nella ricostruzione dei fatti e nella valutazione delle prove. Proprio quando il convincimento è libero, anzi, l'errore di giudizio e contro l'arbitrio: da qui deriva con particolare evidenza la necessità che il giudizio di fatto sia sorretto da una giustificazione razionale, e che le scelte conoscitive e valutative compiute dal giudice nell'ambito della *quaestio facti*, siano controllabili secondo i principi della razionalità conoscitiva".[22]

É claro que ainda subsistem resquícios da filosofia que iluminou a prova legal. Alguns maléficos, como o caso da vedação do aproveitamento da prova oral coligida a partir de pessoas que supostamente tenham interesse no deslinde do feito (mas que têm amplo conhecimento da matéria versada nos autos). Outros positivos, como a presunção de veracidade emanada dos documentos públicos, os quais cumprem satisfatoriamente sua missão de tranqüilizar a população.[23] Todavia, a prova legal encontra-se em franca decadência, também em razão da efetiva consagração do princípio da persuasão racional. Segundo a teoria do livre convencimento, o magistrado aproveita-se da liberdade (e confiança) que lhe é dada para formar sua convicção, ainda que contrarie, aparentemente, uma prova legal encontrada no processo. Aliás, nesse sentido, quiçá o maior mérito da prova tarifada seja justamente oferecer às pessoas segurança no contato social. Isto

---

[21] Nesse ponto, concordamos com MICHELE TARUFFO, quando aduz que "se come è indubitabile, i giudici fanno spesso cattivo uso del loro libero convincimento' il rimedio non sta ovviamente nella sua eliminazione, bensì proprio nella costruzione e nellattivazione di controlli razionali e procedimentali che possano assicurare un buon uso'della discrezionalità nelle scelte relative allimpiego e alla valutazione delle prove". (*La Prova dei Fatti Giuridici*, p. 411.)

[22] *Il significato costituzionale...*, p. 46.

[23] Sobre a valia da prova legal, ver por todos MAURO CAPPELLETTI, *Il Valore Attuale del Principio di Oralità. In Annali dellUniversità di Macerata*. Milano: Giuffrè, 1960.

explica o fato de em alguns processos sua valia ser indiscutivelmente reduzida, caso configurada sua inverossimilhança ou mesmo falsidade.

As próprias concepções sobre a natureza do processo irão determinar o alcance da garantia da motivação das decisões. Registra a história muitos povos que imaginaram o processo como uma mercadoria das partes, conferindo a estas o absoluto domínio da função jurisdicional. Essa importante filosofia legou ao mundo grandes orientações com o fito de assegurar a autonomia da vontade. Lembro aqui dos brocardos *ne procedeat iudex ex officio, ne eat iudex ultra petita partium*, etc.

De outra banda, inúmeras nações (senão todas) em alguma medida vislumbraram interesse público na Administração da Justiça e, mais especificamente, no direito processual (basta lembrar a função ativa do juiz nos estados socialistas da então Cortina de Ferro, período no qual, em determinados países, até o inestimável princípio da demanda sucumbiu).

Na realidade, a solução encontra-se na mescla entre esses pontos de vista antagônicos. Ora o processo privilegia o interesse público, restringindo o das partes. Em outras oportunidades, os particulares poderão livremente condicionar a atuação estatal.[24] E o que é mais interessante é que, no final das contas, em não raras vezes seremos obrigados a concluir que a consecução do fim público irá depender do respeito aos interesses privados, e vice-versa.

Atualmente, todos os ordenamentos democráticos concebem o princípio dispositivo como expressão da autonomia privada dos particulares, permitindo que estes exclusivamente, através da demanda, delimitem o objeto litigioso no processado, isto é, indiquem a matéria sobre a qual o órgão judicante irá manifestar-se. Todavia, após esse momento, permitem que o decisor participe, em maior ou menor escala, de sua condução, conferindo-lhe poderes de produção e valoração das provas. Preservada a integridade do objeto do processo, pode o juiz aclarar os fatos que lhe parecerem duvidosos, inclusive indicando provas a serem produzidas, caso a atividade probatória das partes se tenha encerrado e houver debate sobre direitos indisponíveis.

Alguns dos efeitos da concepção publicista do processo passam pela tutela dos direitos metaindividuais, pela facilitação do acesso à justiça, pela valorização das garantias das partes e pelo papel ativo dos

---

[24] Essa divisão se fez notar sobretudo no período da guerra fria. De um lado, existiam os países do bloco socialista, como a Polônia, que permitia ao juiz conferir direitos aos cidadãos, mesmo que contra sua vontade. Em outros termos, o objeto do processo alargava-se, ou restringia-se, de acordo com a vontade do magistrado (representante do poder estatal), pois era ele quem conduzia o processo, ainda que mediante provocação. Já nos países do bloco ocidental, vigorava concepção oposta, pois outra é a idéia de interesse público, o qual jamais atingia o direito da parte demandar em juízo e formatar o objeto litigioso.

magistrados. Quanto a este último fenômeno, surge ele interligado intimamente com o dever de explicar as razões do convencimento.[25] Com efeito, tanto maior o poder discricionário do magistrado, quanto mais importante a necessidade de fundamentar sua decisão.

Sabe-se que o processo já não pode ser visto como um desafio entre os contendores, no qual cabe ao magistrado restar passivo, observando o contraditório formal desenvolver-se. A concepção privatística do processo, cujo lema poderia ser expressado através da máxima alemã (o processo como *sache der parteien*), cedeu posto à idéia de que sobre o processo deva existir interesse público, consubstanciado na defesa e realização dos direitos subjetivos envolvidos.[26] Nesse espírito, observaremos alguma margem de atuação do Estado-juiz de acordo com a elasticidade do conceito de interesse público. No mesmo diapasão, cambia a leitura do princípio dispositivo.

O direito processual herdou o ensinamento de que cada sistema deva equilibrar o peso dessas duas filosofias opostas. E a influência de cada qual em determinado ordenamento irá alterar-se de acordo com a realidade subjacente de cada povo. Caso se tenha confiança nos magistrados, estes poderão deter maior poder em suas mãos. Do contrário, será necessário prescrever formas exaustivas a serem observadas no processo, como meio de evitar a duvidosa influência dos juízes na condução dos feitos.

O formalismo reveste o processo, afinal seu objetivo precípuo é livrar a parte do arbítrio do Estado e de seu oponente, permitindo que o direito material seja alcançado aos jurisdicionados de forma legítima. Caso a forma seja quebrada, indaga-se o prejuízo resultante e eventualmente aponta-se a sanção correspondente. Um sistema de nulidades inteligente, como o brasileiro, ordena que sejam aproveitados os atos despidos de formalidades, caso seu desiderato tenha sido alcançado, sem prejudicar parte alguma.

Existirá sempre uma relação tormentosa entre formalismo e magistrado. Tanto maior o primeiro, e tanto mais restrita a liberdade do segundo. A relação inversa também é verdadeira, embora poucos tenham em conta. Mais arbitrário o julgador e menos obediência às formas.

Seja como for, é certo que aumentando a liberdade do magistrado existirá fatalmente o risco de que a arbitrariedade entre em cena, sendo

---

[25] Daí realçar JOSÉ ROGÉRIO CRUZ E TUCCI que "a discricionariedade do juiz, na formação do convencimento, assentada na certeza moral, encontra, destarte, exatamente na motivação o seu preço. (...) Ora, se a motivação da sentença consiste, entre outros aspectos, na documentação do esforço intelectivo efetuado pelo juiz, a ausência daquela, como bem anota Torrente, revela, ictu oculi, a preguiça mental do magistrado". (Ainda sobre a nulidade da sentença imotivada, p. 223-5)

[26] Talvez o mais ferrenho defensor da idéia do processo enquanto utilidade pública tenha sido o corifeu do Código Austríaco, FRANZ KLEIN.

imperioso, em qualquer hipótese, evitar que a discricionariedade transforme-se em fonte de arbítrio. Eis a missão das garantias processuais, as quais servem simultaneamente às partes que litigam e ao Estado, que é interessado em ofertar a jurisdição democraticamente.

Dentro dessa concepção, não interessa apenas às partes obter um provimento motivado, muito embora sejam estas que estejam envolvidas mais diretamente no litígio. Entende-se que todo cidadão tenha o direito de analisar as decisões proferidas pelo Poder Judiciário de seu Estado. O comando, assim, destina-se a, por um lado, permitir que os litigantes possam verificar se seu esforço durante o *iter* e suas alegações foram reconhecidos, bem assim como recorrer, acaso insatisfeitos. De outro, a proteger toda a coletividade do arbítrio estatal, convencendo-a da boa justiça ofertada ao caso concreto.[27] Dentro dessa dicotomia, a tutela constitucional pende para a segunda essência da garantia.

4. Uma mirada na jurisprudência

Após titubear, a jurisprudência vem pacificando-se em torno da matéria. Diuturnamente, nossas Cortes se deparam com a questão da exposição do convencimento na sentença. De uma análise de significativas decisões, podem-se observar algumas orientações a respeito do tema.

Primeiramente, é bom que se registre que, ao contrário do que uma leitura literal do dispositivo constitucional poderia sugerir, a jurisprudência vem paulatinamente delimitando o alcance da garantia, permitindo que, em determinados casos, a decisão seja fundamentada de forma concisa ou mesmo com invocação de escólio anterior, desde que semelhantes as questões fáticas e jurídicas.[28] Para usar a dicção, hoje consagrada, busca-se evitar a tautologia, fenômeno que seria observado caso fosse necessário ao juízo *ad quem* transcrever todas as razões da decisão hostilizada, quando esta, em grau de recurso, fosse confirmada por seus próprios méritos. Nessa linha, tem-se admitido que o magistrado adote, como razões de seu convencimento, a funda-

---

[27] Anota BARBOSA MOREIRA que "a possibilidade de aferir a correção com que atua a tutela jurisdicional não deve constituir um como 'privilégio' dos diretamente interessados, mas deve estender-se em geral aos membros da comunidade; é fora de dúvida que, se a garantia se revela falha, o defeito ameaça potencialmente a todos, e cada qual, por isso mesmo, há de ter acesso aos dados indispensáveis para formar juízo sobre o modo de funcionamento do mecanismo assecuratório. Ora, a via adequada não pode consistir, senão no conhecimento das razões que o órgão judicial levou em conta para emitir seu pronunciamento; daí decorre a necessidade da motivação obrigatória e pública". (A garantia da motivação, p. 90).

[28] Nesse sentido: STJ. RESP 325339/SP. Rel. Min. Eliana Calmon. 2ª Turma, DJ: 08.04.2002, p. 190. Ainda, RESP 140701/AM. Rel. Min. Francisco Peçanha Martins. 2ª Turma. DJ: 11.03.2002, p. 217.

mentação da decisão anterior, evitando, com isso, a repetição dos argumentos e o comprometimento da celeridade processual.

Outro exemplo bastante elucidativo diz respeito aos juízos de retratação que alguns recursos ensejam. Ora, ao receber o agravo, pode o magistrado prolator da decisão hostilizada retificar sua posição. No entanto, de regra, não é isso que acontece, pois se presume que, ao julgar, tenha ele se convencido do acerto de seu posicionamento. Neste caso, de todo impertinente que, a cada recurso recebido, tivesse o decisor, que novamente explicar as razões pelas quais optou por manter sua decisão. Daí a fórmula: *mantenho a decisão agravada por seus próprios fundamentos*. Como se trata de decisão interlocutória, quase de mero expediente e certamente de importância menor dentro do processo civil, permite-se que o juiz tenha tal comportamento, em nome de sua manifesta instrumentalidade. O tempo economizado é utilizado para resolver outras lides, em teoria.

Todavia, essa orientação, no sentido de eximir o magistrado de explicitar os fundamentos que lhe influenciaram sua decisão deve ser interpretada com a máxima cautela. Como dito, caso se trate de decisão que, ao menos no plano teórico, não afete com intensidade o direito da parte - quer porque o decisor já tenha explicitado em uma oportunidade as razões de seu convencimento (caso dos juízos de retratação), quer porque a celeridade processual requeira – a mitigação da motivação é cabível, sem que se vislumbre nulidade.

Em que pese a orientação do Código, no sentido de que as sentenças e acórdão serão proferidos com observância do disposto no artigo 458, e as demais decisões serão fundamentadas, ainda que de modo conciso (art. 165), faz-se necessário ter presente que cada ato do juiz, seja uma sentença, decisão interlocutória ou despacho, incluído aqui qualquer de seus tipos, atinge direitos dos litigantes. E é justamente nessa relação de proporcionalidade entre o direito atingido e o teor da decisão (*lato sensu*) que deve ser medido o dever de motivar.

Conduzir o processo é tarefa do juiz, em que pese esse iniciar por iniciativa da parte, mas desenvolver-se por impulso oficial. E esse direcionamento requer inúmeras providências, com o fito de ordenar o procedimento, garantindo os direitos dos contendores. Caso fosse necessário ao magistrado explicitar passo a passo o caminho lógico que percorreu para tomar todas as decisões do processado, por seguro a efetividade processual restaria comprometida. Daí que a motivação, em casos numerosos, poderá ser sucinta ou mesmo, agora em hipóteses especialíssimas, suprimida, dada a presença de outros valores presentes no processo, como a efetividade.

No entanto, quando se tratar de decisões que afetem a esfera jurídica das partes, é evidente que o apego a chavões não terá outro condão que não o de ferir a democracia no processo, impedindo que as pessoas participem ativamente da sagrada atividade jurisdicional do Estado.[29] Lamenta-se, aqui, a freqüência com que apareçam em litígios fórmulas mágicas como as seguintes: "totalmente impertinente a preliminar, que vai rejeitada, ausentes os requisitos legais, inviável a antecipação da tutela postulada", e assim por diante.

A tolerância contra o uso indiscriminado de clichês e brocardos jurídicos, sem a necessária explicação de sua pertinência à causa analisada, deve ser mínima, pois ao magistrado não é dado furtar-se de fundamentar seu raciocínio, sob alegações genéricas que não permitam a identificação de sua linha de pensamento. Nesse diapasão, mostra-se irretocável a lição do Ministro Hamilton Carvalhido,[30] quando afirma que "a fundamentação das decisões do Poder Judiciário, tal como resulta da letra do inciso IX do artigo 93 da Constituição da República, é condição absoluta de sua validade e, portanto, pressuposto da sua eficácia, substanciando-se na definição suficiente dos fatos e do direito que a sustentam, de modo a certificar a realização da hipótese de incidência da norma e os efeitos dela resultantes. Tal fundamentação, para mais, deve ser deduzida em relação necessária com as questões de direito e de fato postas na pretensão e na sua resistência, dentro dos limites do pedido, não se confundindo, de modo algum, com a simples reprodução de expressões ou termos legais, postos em relação não raramente com fatos e juízos abstratos, inidôneos à incidência da norma invocada".

---

[29] Nesse sentido, o alvitre de BARBOSA MOREIRA: "vem a propósito uma observação acerca do dever de motivar as decisões, hoje igualmente consagrado em nível constitucional, e sob expressa cominação de nulidade (Carta da República, art.93, IX). Há um modo puramente formal de prestar homenagem a semelhante preceito, que está longe de corresponder-lhe ao espírito. Quantas vezes lemos pronunciamentos de órgãos judiciais que indeferem o requerido 'por falta de amparo legal', ou 'porque não concorrem os pressupostos necessários'! São fórmulas vazias, que nada significam: fazer uso delas é como tirar o chapéu, para cumprimentar a distância alguém que, ao mesmo tempo, entre dentes, se está mandando ao inferno... É notório que os juízes andam normalmente assoberbados de serviço e não têm possibilidade de alongar-se em dissertações para fundamentar cada ato que pratiquem.. Nem por isso ficam autorizados a escamotear os motivos em que se inspiraram para decidir. A escassez de tempo justifica a síntese: não justifica a omissão. Menor relevância ainda, como escusa para o silêncio, tem o caráter porventura discricionário da decisão, no sentido próprio do termo ou naquele outro, mais amplo, embora menos preciso, em que não raro também se emprega, a respeito de normas cuja redação se vale de conceitos jurídicos indeterminados. Justamente nesses terrenos é que mais imperiosa se torna a explicitação das razões do julgador, a fim de permitir a apreensão e o controle de suas opções filosóficas, ética, políticas - numa palavra, axiológicas, e, por conseguinte, de sua atividade criadora, que adquire aí realce particularíssimo. A constitucionalização do dever de motivar coloca na ordem do dia o aprofundamento de nossa reflexão sobre uma problemática extremamente rica e complexa. Já não nos podemos contentar com a visão tradicional, meio ingênua, meio hipócrita, da matéria. Inclino-me a crer que o tema de imporá com força crescente à atenção dos juristas, na medida mesma em que nos formos compenetrando do relevo que cabe à motivação das decisões na engrenagem de um autêntico e sólido Estado de Direito". (*A Justiça no limiar de novo século*, p. 74)

[30] STJ, 6ª Turma, REsp 210.085/PR, DJ. 15.04.2002, p. 267.

É claro que a regra sempre será a da fundamentação das decisões, administrativas ou judiciais, pois, dentro do sistema brasileiro, esta é uma garantia da mais alta relevância. Nesse panorama, somente por justificada exceção, poderá a mesma ser mitigada, quando, dessa prática, seja observado efetivo prestígio de outros princípios e garantias constitucionais.

Sobre as conseqüências da ausência ou deficiência da motivação, a partir do novo texto constitucional, não restam dúvidas. Trata-se de nulidade insanável, razão pela qual poderá ser argüido em qualquer grau de jurisdição e a todo tempo.[31] Vício absoluto que é, por ferir a ordem pública, jamais preclui. A nosso sentir, talvez fosse o caso de ofertar maior segurança às relações jurídicas em detrimento da indigitada ampla defesa, fixando-se prazo para que a parte interessada alegue o vício, e o feito seja saneado com prontidão, inclusive sob pena de preclusão em determinadas hipóteses, para garantir a segurança da outra parte e da atividade jurisdicional.

O critério que deve servir para a análise da fundamentação produzida é justamente o grau de legitimidade que a decisão almeja. Isto é, tanto mais fundo sua influência no patrimônio jurídico do litigante quanto maior a necessidade de justificação lógica. O objetivo da fundamentação não é outro senão outorgar segurança ao jurisdicionado, fenômeno manifestado através da ciência de que, no processo, houve possibilidade de participação ativa de todos os interessados.

Enfim, estas algumas das orientações da jurisprudência em relação ao tema da fundamentação das decisões judiciais.

Principais Conclusões

1. Manifesta-se, no mundo ocidental, uma tendência de erigir a *status* constitucional as principais garantias de um processo justo. Esse fenômeno tem como origem fatos recentes da história que primaram antes pelo desrespeito do que pela consagração dos direitos fundamentais do homem.

2. Ao lado de valores permanentes do processo, como o contraditório e a imparcialidade dos juízes, a garantia da motivação da sentença ingressa definitivamente no processo civil brasileiro, com a nova dicção da Carta Política nacional.

3. Sendo o processo um fenômeno cultural, que reflete o pensamento da sociedade, todos seus conceitos são constantemente revisados. Daí cambiar a interpretação das normas. Vale dizer, a motivação

---

[31] Nesse sentido, RHC 9.185/SP. Rel. Min. Felix Fischer, DJ 21.02.2000, p. 140.

exigida em determinado momento histórico pode revelar-se insuficiente noutro. Atualmente, com a tendência de democratização do Poder Judiciário, mediante a efetiva participação do cidadão no processo civil, vige a aludida garantia com toda sua exuberância.

4. Nesse panorama, a garantia da motivação das decisões desponta como inimiga jurada do arbítrio, na medida em que proporciona às pessoas possibilidade de analisar os provimentos judiciais. Por essa razão, afirma-se que, enquanto outros princípios intentam afastar o arbítrio durante o *iter* processual (vg. diálogo mediante contraditório, publicidade dos atos processuais, etc), a motivação opera após a prolação da sentença, vinculando a autoridade do órgão judicial à competente explicitação das razões que determinam a decisão e à aprovação da comunidade.

5. Tanto maior o poder discricionário do magistrado e tanto mais competente a necessidade de motivação de seus atos. O Poder Judiciário, ao intentar concretizar as cláusulas gerais, conceitos jurídicos indeterminados, princípios ou regras, não poderá ignorar o valor histórico da garantia da motivação judicial, como forma de permitir a verificação da coerência entre seu entendimento e o espírito do sistema.

6. Registra-se, ainda, que, se por vezes alguns magistrados fazem uso nocivo do princípio que lhes dá a chance de convencer-se livremente, contanto que indiquem as razões de tal entender, isso não é motivo suficiente para pretender restringir seu papel na condução e conclusão do processo.

7. Por fim, salienta-se que é uma expressão do fenômeno da publicização do processo o fortalecimento do *ruolo attivo del giudice*. Maior o âmbito discricionário, maior ainda a preocupação com a higidez da legitimidade estatal, manifestada através do provimento. Daí a exigência de nova leitura e valorização da garantia da motivação dos provimentos judiciais, pois é de sua índole a preocupação com a segurança do jurisdicionado.

8. A falta ou deficiência da motivação induz a vício insanável, cujo reconhecimento pode dar-se em qualquer grau de jurisdição e independentemente de provocação da parte. A nosso sentir, de todo oportuno a relativização desta nulidade para amoldar-se com o espírito do sistema das nulidades, inclusive mediante o emprego da preclusão, para a hipótese de direitos disponíveis. Há que se ter em mente a existência de decisões e decisões. Esta sugestão leva em conta primordialmente a segurança jurídica necessária para que as relações sociais possam desenvolver-se com tranquilidade, sem o risco de nova batalha judiciária.

Bibliografia utilizada

ALVARO DE OLIVEIRA, Carlos Alberto. *Do Formalismo no Processo Civil*. Rio de Janeiro: Saraiva, 1997.

——. A garantia do contraditório. *In As Garantias Constitucionais do Processo Civil*. Org. José Rogério Cruz e Tucci. São Paulo: RT, 1999.

BARBOSA MOREIRA, José Carlos. A motivação das decisões judiciais como garantia inerente ao Estado de Direito. *In Temas de Direito Processual*, 2ª série. 2.ed. São Paulo: Saraiva, 1988.

——. A Justiça no limiar de novo século. *In Revista Forense*, 319/69.

——. O Processo civil brasileiro entre dois mundos. *In Revista Forense*, 359/123.

BAUR, Fritz. *Les garanties fondamentales des parties dans le procès civil en République Fédérale D'Allemagne*. In *Fundamental Guarantees of the Parties in Civil Litigation*. Coord. Mauro Cappelletti e Denis Tallon. Milano: Giuffrè, 1973.

——. O papel ativo do juiz. *In Revista de Processo*, 27/186.

BAVARESCO, Andréia Serra. *Notas sobre o controle do convencimento judicial*. Inédito.

CANOTILHO, José Joaquim Gomes. *Direito Constitucional e Teoria da Constituição*. 4.ed. Coimbra: Almedina, 2000.

CAPPELLETTI, Mauro. Diritto di Azione e di Difesa e Funzione Concretizzatrice della Giurisprudenza Costituzionale. *In Annali dell'Università di Macerata*. Milano: Giuffrè,

——. Valore attuale del principio di oralità. *In Annali dell'Università di Macerata*. Milano: Giuffrè, 1960.

——; VIGORITI, Vincenzo. Fundamental guarantees of the parties in civil proceedings: Italy. *In Fundamental Guarantees of the Parties in Civil Litigation*. Coord. Mauro Cappelletti e Denis Tallon. Milano: Giuffrè, 1973.

——; JOLOWICZ, J.A. *Public interest parties and the active role of the judge in civil litigation*. Milano: Giuffrè, 1975.

CRUZ E TUCCI, José Rogério. Ainda sobre a nulidade da sentença imotivada. *In Revista de Processo*, 56/223.

DELGADO, José Augusto. A supremacia dos princípios nas garantias processuais do cidadão. *In Revista de Processo*, 65/89.

——. Alguns aspectos controvertidos do processo de conhecimento. *In RT*, 664/27.

DINAMARCO, Cândido Rangel. Relativizar a Coisa Julgada Material. *Revista Forense*, v. 358, p. 11.

FAZZALARI, Elio. Valori permanenti del processo. *In Diritto Naturale verso nuove prospettive*. Milano: Giuffre, 1977.

FIX-ZAMUDIO, Héctor. Les garanties constitutionelles des parties dans le proces civil en Amerique Latine. *In Fundamental Guarantees of the Parties in Civil Litigation*. Coord. Mauro Cappelletti e Denis Tallon. Milano: Giuffrè, 1973

GORLA, Gino. Sulla via dei motivi delle sentenze: lacune e trappole. *In Studi in Memoria di Salvatore Satta*, p.661.

GRINOVER, Ada Pellegrini. O controle judicial pelos Tribunais Superiores Brasileiros. *In Revista da Ajuris*, 50/05.

HOBSBAWM, Eric. *A Era dos Extremos*. São Paulo: Companhia das Letras, 1988.

IHERING, Rudolf von. *El Espíritu del Derecho Romano*. Trad: Henrique Príncipe y Satorres. México: Oxford University Press, 2001.

JAUERNIG, Othmar. *Direito Processual Civil*. Trad: F. Silveira Ramos. Coimbra: Almedina, 2002.

KAFKA, Franz. *O Processo*. Trad. Modesto Carone. Brasília: Brasiliense, 1988.

KNIJNIK, Danilo. Os standards do convencimento judicial: paradigmas para o seu possível controle. *Revista Forense*, v. 303, 2001 (separata).

LIEBMAN, Enrico Tullio. Do arbítrio à razão: reflexões sobre a motivação da sentença. *In Revista de Processo*, 29/79.

LUISO, Francesco Paolo. *Diritto Processuale Civile*, v. 1. 3.ed. Milano: Giuffre, 2000.

MONIZ DE ARAGÃO, Egas Dirceu. Procedimento: formalismo e burocracia. *Revista Forense*, v. 358, p.49.

NERY JUNIOR, Nelson. *Princípios do Processo Civil na Constituição Federal*. 6.ed. São Paulo: RT, 2000.

TARUFFO, Michele. *La Prova dei Fatti Giuridici*. Milano: Giuffre, 1992.

———. *La Motivazione della Sentenza Civile*. Padova: CEDAM, 1975.

———. Il significato costituzionale dell'obbligo di motivazione. In *Participação e Processo*, São Paulo: Revista dos Tribunais, 1988.

———. Senso comum, experiência e ciência no raciocínio do juiz. *Revista Forense* nº 355, p.101.

THEODORO JÚNIOR, Humberto. Divagações em torno do tema direito e processo'. *Revista Forense*, v. 332, p. 45.

TROCKER, Nicolo. Il nuovo articolo 111 della Costituzione e il 'giusto processo' in materia civile: profili generali. In *Rivista Trimestrale di Diritto e Procedura Civile*, ano LV, n.2, p.380. Milano: Giuffrè, 2001.

7. A Garantia do Juiz Natural e a nova redação do art. 253 do Código de Processo Civil (Lei 10.358/01)

JULIANO SPAGNOLO
Advogado

Sumário: Introdução; 1. Antecedentes históricos; 2. O Juiz Natural no Direito Comparado; 3. Juiz Natural: significado e abrangência; 4. A questão do Juízo Arbitral e das Justiças Especializadas; 5. Brevíssimas noções sobre o litisconsórcio no CPC; 6. O Juiz Natural, o litisconsórcio e a Lei 10.358/01; Conclusão; Bibliografia.

Introdução

A Constituição do Brasil, de 5 de outubro de 1988, prevê em seu artigo 5º, inciso XXXVII, que "não haverá juízo ou tribunal de exceção"; e no inciso LIII: "ninguém será processado nem sentenciado senão pela autoridade competente". Trata-se da positivação atual em nosso ordenamento jurídico constitucional da chamada garantia do Juiz Natural.

A presença da referida garantia na maioria dos países democráticos traduz-se numa limitação dos poderes persecutórios do Estado e representa uma importante garantia de imparcialidade dos juízes e tribunais,[1] tendo um grande valor para a manutenção do Estado de Direito.[2] Trata-se, em verdade, de uma autêntica norma de *Direito Constitucional Processual*.

---
[1] Nesse sentido já decidiu o STF: "O princípio da naturalidade do Juízo – que traduz significativa conquista do processo penal liberal, essencialmente fundado em bases democráticas – atua como fator de limitação dos poderes persecutórios do Estado e representa importante garantia de imparcialidade dos juízes e tribunais". (1ª Turma – HC nº 69.601/SP – relator Min. Celso de Mello, Diário da Justiça, seção 1, de 18 de dezembro de 1992, p. 24.377).

[2] NERY JÚNIOR, Nelson. *Princípios do Processo Civil na Constituição Federal*. 5. ed. São Paulo. Revista dos Tribunais: 1999, p. 65.

O legislador pátrio corrigiu, com uma recente reforma no Código de Processo Civil, uma das lacunas que davam margem às mais freqüentes violações à garantia do juiz natural ao criar uma importante regra de proteção para o cidadão no processo, que é a nova norma do artigo 253 do CPC, que analisaremos oportunamente.

O estudo desse postulado constitucional, que é irmão gêmeo do Promotor Natural, possuindo íntima ligação com as garantias fundamentais da igualdade e da legalidade[3] e, especificamente, com a garantia da igualdade jurisdicional, configurando-se na sua *mais pura essência*,[4] requer um breve relato de seus antecedentes históricos que veremos a seguir.

1. Antecedentes históricos

A trajetória dessa garantia remonta à Carta Magna inglesa de 1215, delineando-se nas normas dos artigos 21, "condes e barões serão multados senão pelos seus pares, e somente de conformidade com o grau de transgressão"; 39, "nenhum homem livre será preso ou detido em prisão ou privado de suas terras, ou posto fora da lei ou banido ou de qualquer maneira molestado; e não procederemos contra ele, nem o faremos vir a menos que por julgamento legítimo de seus pares"; e do artigo 20, "nenhuma multa será lançada senão pelo juramento de homens honestos da vizinhança", o que não significa de forma alguma que tenham surgido na Carta Magna inglesa os moldes atuais desse postulado.

Ocorre que, conforme trata com maestria do assunto Ada Pellegrini Grinover,[5] naquela época na Inglaterra prevalecia o sistema jurisdicional feudal, com a Corte Feudal; posteriormente surgiram os juízes, que eram itinerantes e recebiam comissão real, e que logo após passaram a desempenhar a dita função jurisdicional estatal.

Daí se deduz que tais garantias dos artigos 21 e 39 se referiam à justiça feudal, prevalente à época, e não à proibição de juízes extraordinários, como bem ressaltou Grinover.[6] Não se trata, portanto, do Juiz Natural propriamente dito, sendo apenas o seu esboço.

Somente no século XVII, com a *Petition of Rights* de 1627 (itens III, VII, VIII, IX e X) e o *Bill of Rights* de 1688 (art. 3º), é que o postulado do

---

[3] CALAMANDREI, Piero. *Instituzioni di Diritto Processuale Civile*. Napolis: Morano, 1970, v. IV, p. 258 – "o Juiz natural é inseparável do sistema da legalidade".

[4] PORTO, Sérgio Gilberto *Litisconsórcio: Noções e Recusabilidade da Formação por Violação do Juízo Natural*. Revista da Ajuris, p. 31-41, 1984.

[5] GRINOVER, Ada Pellegrini. *O Princípio do Juiz Natural e sua Dupla Garantia*. Revista de Processo nº 29, p. 11-33, jan./mar., 1983.

[6] Idem.

Juiz Natural começa a tomar seus moldes atuais, com a proibição de juízes extraordinários (*ex post facto*).

Nos Estados Unidos, através da Declaração de Direitos da Virgínia, de 16 de junho de 1776, e das Constituições dos Estados independentes, a garantia do Juiz Natural é trazida para a América, sendo a garantia da existência de um juízo e da inderrogabilidade de sua competência.

O iluminismo francês do século XVIII, com a Carta de 3 de setembro de 1791 (capítulo V, título III, artigo 4º), assim determinou: "les citoyens ne peuvent être distraits des juges que la loi leurs assigne par aucunes comissions ni par d'autres atributions et évocations que celles qui sont determinées par le lois" e, finalmente, com o advento da Carta Constitucional francesa de 1814, que dispunha no artigo 62, *in verbis*: "Nul ne pourra être distrait de ses juges naturels", passando pela *Charte du 1830*, em seu artigo 53, que trouxe à tona a sua segunda garantia, *in verbis*: "Il ne pourra, en conséquence, être créés comissions et des tribunaux extraordinaires à quelque titre et sous quelque dénomination que se puisse être", é que a garantia do Juiz Natural tomou forma definitiva. Sendo o postulado repetido no artigo 4º da Constuição de 4 de novembro de 1848 e pelos artigos 1º e 56 da Constituição de 14 de janeiro de 1852.

Na Europa do século XIX, a referida garantia foi consagrada nas Constituições da Itália e da Holanda, além da Carta francesa já citada, cabendo menção também às Constituições espanhola, de 19 de março de 1812 (artigos 242 e 251), e portuguesa, de 23 de setembro de 1822 (artigos 176 e 182).

No início do século XX, destaca-se a Constituição do Império alemão (Constituição de Weimar), de 11 de agosto de 1919, que no artigo 105 assim dispôs: "Não podem ser criados tribunais de exceção. Ninguém será subtraído do juiz natural".[7]

A maturidade desse postulado adveio da Declaração Universal dos Direitos do Homem, de 10 de dezembro de 1948, ao estabelecer, em seu artigo 10, que: "Todo homem tem direito, em plena igualdade, a uma justa e pública audiência por parte de um tribunal independente e imparcial, para decidir de seus direitos e deveres ou do fundamento de qualquer acusação criminal contra ele".[8]

---

[7] Segundo KARL HEINZ SCHWAB em palestra proferida no dia 06 de agosto de 1987 em São Paulo, publicada na Revista de Processo, nº 48 (out./dez.), de 1987, sob o título *Divisão de Funções e o Juiz Natural*: "Na Alemanha já se encontravam prescrições sobre o juiz natural na maioria das constituições estaduais do século XIX. (...)"

[8] *In verbis*: "Everyone is entitled in full equality to a fair and public hearing by an independent and impartial tribunal, in determination of any criminal charge against him".

O Pacto de *San Jose* da Costa Rica, de 22 de novembro de 1969, que passou a vigorar em nosso país em 1992,[9] prevê em seu artigo 8º, nº 1, a existência de "um juiz ou tribunal competente, independente e imparcial, estabelecido anteriormente por lei".[10]

No Brasil, a garantia constitucional do Juiz Natural surgiu já na Carta de 25 de março de 1824, única do Império, que em seu artigo 149, inciso II, assim determinou: "Ninguém será sentenciado senão pela autoridade competente, por virtude de lei anterior, e na forma por ela estabelecida". E no artigo 179, XVII, vem a segunda garantia: "A exceção das causas que por sua natureza pertençam a juízos especiais, não haverá foro privilegiado, nem comissões especiais nas causas cíveis e criminais".[11][12]

A Constituição seguinte, de 24 de fevereiro de 1891, também tratou da dupla garantia no artigo 72, § 15, "Ninguém será sentenciado, senão pela autoridade competente, em virtude de lei anterior e na forma por ela estabelecida". E no § 23: "A exceção das causas que, por sua natureza pertencem a juízos especiais, não haverá foro privilegiado".

O texto constitucional de 16 de julho de 1934 é que pela primeira vez fala em "Tribunais de exceção", tendo assim se referido no artigo 113, nº 25: "Não haverá foro privilegiado, nem Tribunais de exceção; admitem-se, porém, juízos especiais em razão da natureza das causas". E o artigo 26 acrescenta a expressão "nem sentenciado" à segunda garantia.

A Constituição posterior suprimiu a garantia do Juiz Natural, prevendo a possibilidade de tribunais de exceção no país, especificamente o Tribunal de Segurança Nacional criado pela Lei nº 244 de 1936,[13][14] eis que assim dispunha o artigo 172 da Constituição de 10 de

---

[9] GOMES, Luiz Flávio. *Apontamentos Sobre o Princípio do Juiz Natural*. Revista dos Tribunais, nº 703, p. 417-422, 1994.

[10] Artigo 8º, nº 1: "Toda pessoa tem direito a ser ouvida, com as devidas garantias e dentro de um prazo razoável, por um juiz ou tribunal competente, independente e imparcial, estabelecido anteriormente por lei, na apuração de qualquer acusação penal formulada contra ela, ou para que se determinem seus direitos ou obrigações de natureza civil, trabalhista, fiscal ou de qualquer outra natureza".

[11] No sentido de que o postulado do Juiz Natural inserido Constituição Imperial de 1824, quanto à garantia da inexistência de foros privilegiados, valia para as "causas cíveis e crimes": NERY JÚNIOR, *op. cit.*, p. 69.

[12] Em sentido contrário, afirmando que o Juiz Natural inserido na Carta Imperial brasileira referia-se apenas ao processo penal: PONTES DE MIRANDA. *Comentários à Constituição da República dos E. U. do Brasil*, Rio de Janeiro: Guanabara, t. 2, 1937, p. 242.

[13] Art. 4º, par. único: "Os processos em andamento na primeira instância serão remetidos ao Tribunal de Segurança Nacional, para os fins da presente lei. Para os mesmos fins, serão encaminhados ao Superior Tribunal Militar os que se acharem em andamento na segunda instância, ou penderem de recurso."

[14] Segundo PONTES DE MIRANDA. *Comentários à Constituição de 1967*, t. V, São Paulo: Revista dos Tribunais, p. 223-224, 1968: a questão da "discutida" constitucionalidade do Tribunal de Segurança Nacional foi resolvida "um tanto 'à la légère" pela então Corte Suprema.

novembro de 1937: "Os crimes cometidos contra a segurança do Estado e a estrutura das instituições serão sujeitos à justiça e processos especiais, que a lei prescreverá".[15] A garantia retornou na Carta seguinte, de 18 de setembro de 1946, no artigo 141, §§ 26 e 27,[16] cuja redação é semelhante à da Constituição de 1934.

A Constituição promulgada em 24 de janeiro de 1967 acolheu a garantia ao proibir juízos ou tribunais de exceção no artigo 150, § 15, dispondo *in verbis*: "A lei assegurará aos acusados ampla defesa, com os recursos a ela inerentes. Não haverá foro privilegiado nem tribunais de exceção." Posteriormente, com a redação dada pela Emenda Constitucional nº 1, de 17 de outubro de 1969, o postulado constitucional foi redigido de igual forma no artigo 153, § 15.

Assim, temos que o postulado do Juiz Natural primeiramente desenvolveu-se no ordenamento anglo-saxão e após desdobrou-se no constitucionalismo francês e no norte-americano,[17] tendo chegado ao Brasil ainda na época do império com o seu duplo efeito e consolidou-se numa garantia atualmente presente em quase todos os ordenamentos jurídicos dos países democráticos, conforme analisaremos em seguida.

2. O JUIZ NATURAL NO DIREITO COMPARADO

A garantia do Juiz Natural, para os brasileiros e italianos, ou Juiz Legal (*gesetzlicher Richter*), para os portugueses e alemães, ou ainda Juiz Competente, para os espanhóis, tem previsão nas constituições da *maioria dos países cultos*.[18] Na América Latina, o dito postulado também foi recepcionado pelos textos constitucionais de nossos países vizinhos.[19]

De acordo com a Constituição da Argentina (*Constitución de la Nación Argentina*), em seu artigo 18: "Ningún habitante de la Nación puede ser penado sin juicio previo fundado en ley anterior al hecho del proceso, ni juzgado por comisiones especiales, o sacado de los jueces designados por la ley antes del hecho de la causa.(...)" Nos dizeres de

---

[15] GRINOVER. *O Princípio...*, p. 29.

[16] Art. 141, § 26: "Não haverá foro privilegiado, nem juízos e tribunais de exceção". § 27: "Ninguém será processado nem sentenciado senão pela autoridade competente e na forma de lei anterior".

[17] GRINOVER, Ada Pellegrini. *O Procedimento Sumário, o Princípio do Juiz Natural e a Lei Orgânica do MP*. Revista da Ajuris, nº 32, p. 98-107, 1984.

[18] NERY JUNIOR. *op. cit.*, p. 65.

[19] *Constituições dos países do Mercosul 1996-2000 - textos constitucionais - Argentina, Bolívia, Brasil, Chile, Paraguai e Uruguai* – Brasília: Câmara dos Deputados, Coordenação de Publicações, 2001. 508p. – (Série ação parlamentar; n. 153).

Luiz Flávio Gomes,[20] a Carta argentina foi de "felicidade inusitada ao dispor, em seu artigo 18, que nenhum habitante pode ser julgado por comissões especiais ou subtraído dos juízes designados pela lei antes do fato da causa".

Conforme a Contituição da Colombia de 1991, no artigo 29: "El debido proceso se aplicará a toda clase de actuaciones judiciales y administrativas. Nadie podrá ser juzgado sino conforme a leyes preexistentes al acto que se le imputa, ante juez o tribunal competente y con observancia de la plenitud de las formas propias de cada juicio".

A Constituição do Uruguai (*Constitución de la República Oriental del Uruguay*), em seu artigo 19, também prevê a garantia do Juiz Natural, *in verbis*, "Quedan prohibidos los juicios por comisión". Por seu turno, a Constituição Chilena (*Constitutión Política de la República de Chile*), no artigo 19, nº 1, preceitua: "(...) Nadie puede ser juzgado por comissiones especiales, sino por el tribunal que le señale la ley y que se halle establecido con anterioridad por ésta".

Outra Carta latina, a Constituição da Bolívia (*Constitución Política del Estado de la República de Bolívia*), no artigo 14, preceitua: "Nadie puede ser juzgado por comisiones especiales o sometido a otros jueces que los designados con anterioridad al hecho de la causa (...)".

Na Europa, como dissemos anteriormente, esta garantia constitucional se encontra na quase totalidade dos textos fundamentais comtemporâneos.[21] Assim, vejamos alguns deles:

A Lei Fundamental para a República Federal da Alemanha (*Grundgezetz für die Bundesrepublik Deutschland*), de 23 de maio de 1949, mais conhecida como a Lei Fundamental de Bonn (*Bonner Grundgezetz*), preceitua em seu artigo 101, nº 1, que serão ilícitos quaisquer tribunais de exceção e ninguém poderá ser subtraído de seu juiz legal, e no nº 2, que somente pela lei poderão ser criados tribunais para matérias determinadas.

A Constituição da Suíça de 1999, quanto à garantia do Juiz Natural, assim determina em seu artigo 30 que "nelle cause giudiziarie ognuno ha diritto dessere giudicato da un tribunale fondato sulla legge, competente nel merito e imparziale. I Tribunali deccezione sono vietati".

A Constituição Portuguesa, de 2 de abril de 1976, acolhe, em parte, a garantia do Juiz Legal, uma vez que não veda expressamente a criação de tribunais de exceção, uma vez que no artigo 211, nº 4, determina que é proibida a existência de tribunais com competência exclusiva para o ajuizamento de *certas categorias* de delitos. No entanto, o artigo 32, nº 4, estabelece a instrução criminal ao juiz competente que

---

[20] GOMES, *op. cit.*, p. 419.

[21] Conforme nota de FRANCISCO RUBIO LLORENTE e MARIANO DARANAS PELÁEZ. *Constituciones de los Estados de la Unión Europea*, Barcelona: Ariel, p. 346, 1997.

poderá delegar os atos de instrução que não afetem os direitos fundamentais.

A Constituição da Espanha, de 31 de outubro de 1978, preceitua no artigo 24, nº 2, que todos têm direito ao *juiz ordinário pré-determinado pela lei*, e no artigo 117, nº 6, *in verbis*: "Se prohíben los Tribunales de excepción".

Diz a Carta Italiana de 27 de dezembro de 1947, em seu artigo 25 *caput*, que ninguém poderá ser subtraído do juiz natural pré-constituído por lei e, no artigo 102, que não poderão ser instituídos juízes de exceção (*giuridici straordinari*) nem juízes especiais.

Para Ada Pellegrini Grinover,[22] a expressão "Juiz Natural" não equivaleria à "juiz pré-constituído por lei", uma vez que a expressão constitucional italiana significa que o juiz deve ser instituído antes do fato a ser julgado; e que não se pode criar *ex post facto* uma competência especial, nem mesmo para o juiz já instituído.

A Lei Constitucional Federal austríaca de 1929 (*Bundes-Verfassungsgesetz in der Fassung von 1929*) estabelece a garantia do Juiz Natural em seu artigo 83, nº 2, ao afirmar que ninguém poderá ser subtraído do juiz que legalmente lhe corresponda, deixando, porém, implícita a proibição dos tribunais de exceção.

A Constituição belga, originária de 1831, no artigo 146, 2ª parte, proíbe a criação de comissões ou tribunais de exceção, quaisquer que sejam as suas denominações.

A Constituição da Grécia, votada pela 5ª Câmara de Revisão Constitucional em 9 de junho de 1975, vigorando a partir do dia 11 do mesmo mês e ano,[23] estabeleceu quanto ao preceito do Juiz Natural a regra do artigo 8º, determinando que ninguém poderá ser subtraído contra sua vontade do juiz que a lei lhe assegura, e que está proibida a criação de comissões judiciais e de tribunais extraordinários, seja qual for a sua denominação.

A Constituição do Reino da Dinamarca, de 5 de junho de 1953, em seu artigo 61, diz que o exercício do poder judicial somente poderá ser regulado pela lei e proíbe o estabelecimento de tribunal de exceção investido de poder judicial.

3. Juiz Natural: significado e abrangência

A expressão "Juiz Natural" significa *juiz previsto abstratamente*,[24] àquele pelo qual o cidadão deve ser julgado, não sendo apenas o juiz da

---

[22] GRINOVER. *O Princípio...*, p. 17.

[23] LLORENTE, *op. cit.*, p. 275.

[24] NERY JÚNIOR, *op. cit.*, p. 66.

sentença de primeiro grau, mas todos os juízes e tribunais chamados a intervir em determinado feito,[25] considerando como "juiz" somente o órgão do Estado investido de jurisdição, afastando os casos do *bill of attainder*, em que eram impostas penas sem processo judicial, mas por intermédio do Parlamento inglês.[26] Tribunal de exceção ou tribunal *ad hoc* consiste no órgão transitório e arbitrário,[27] previsto *ex post facto* e criado para caso específico.

A garantia do Juiz Natural no direito pátrio tem duplo efeito, quer seja a proibição de juízo ou tribunal de exceção (inc. XXXVII do art. 5º da CF) e a vedação do processamento e sentenciamento senão por autoridade competente (inc. LIII). Trata-se, em realidade, da sua chamada natureza dúplice. A regra contida no inciso LIII não faz distinção entre processo judicial e administrativo,[28] tampouco diferencia processo de natureza penal, cível ou trabalhista.

Tais normas visam a coibir uma justiça de privilégios ou de exceção, assegurando a todos que seus litígios sejam julgados por juízes legais, juízes investidos nas suas funções de conformidade com as exigências constitucionais, vedando a criação de juízos destinados a julgamentos de determinados casos ou pessoas.[29]

É importante ressaltar que a garantia do Juiz Natural não tem como destinatários apenas os Juízes, Desembargadores ou Ministros do STF ou do STJ, mas também, em casos excepcionais, o Senado Federal.[30] Não consiste em ofensa ao postulado do *Juiz Legal* a previsão constitucional de competência originária de tribunal superior[31] para o processamento e o julgamento de determinadas pessoas em razão da prerrogativa de função.[32]

---

[25] De acordo com CELSO RIBEIRO BASTOS e IVES GANDRA MARTINS. *Comentários à Constituição do Brasil: promulgada em 5 de outubro de 1988*. São Paulo: Saraiva, p. 205, 1988-1989.

[26] MARQUES, José Frederico. *Juiz Natural*. Enciclopédia Saraiva de Direito, v. 46, p. 444-450, São Paulo: Saraiva, 1977.

[27] GRINOVER. *O Princípio...*, p. 18.

[28] ALVIM, Angélica Arruda. *Princípios Constitucionais do Processo*. Revista de Processo, nº 74, p. 35, abr./jun.,1994.

[29] DELGADO, José Augusto. *A Supremacia dos Princípios nas Garantias Processuais do Cidadão*. Revista de Processo, nº 65, p. 96, jan./mar., 1992.

[30] Art. 52, inc. II da Constituição Federal: "Art. 52. Compete privativamente ao Senado Federal: I – processar e julgar o Presidente e o Vice-Presidente de República nos crimes de responsabilidade, bem como os Ministros de Estado e os Comandantes da Marinha, do Exército e da Aeronáutica nos crimes da mesma natureza conexos com aqueles; II – processar e julgar os Ministros do Supremo Tribunal Federal, o Procurador-Geral da República e o Advogado-Geral da União nos crimes de responsabilidade; (...) Parágrafo único. Nos casos previstos nos incisos I e II, funcionará como Presidente o do Supremo Tribunal Federal, limitando-se a condenação, que somente será proferida por dois terços dos votos do Senado Federal, à perda do cargo, com inabilitação, por oito anos, para o exercício de função pública, sem prejuízo dfas demais sanções judiciais cabíveis".

[31] *V.g.* arts. 102, I, e 105, I, da Constituição Federal.

[32] PORTANOVA, Rui. *Princípios do Processo Civil*. Porto Alegre: Livraria do Advogado, p. 68-69, 1997.

Quanto aos pressupostos da garantia, conforme preceitua o constitucionalista José Joaquim Gomes Canotilho,[33] são atribuídos os seguintes: da existência de prévia individualização através de leis gerais; da neutralidade e da independência do juiz; da fixação de competência e da observância de determinações do procedimento referentes à *divisão funcional interna*[34] (distribuição de processos).

Para um melhor entendimento do alcance do juiz natural, podemos invocar a "clássica tripartição da garantia em proibição do poder de comissão, do poder de evocação e do poder de atribuição".[35] A proibição do poder de comissão significa a impossibilidade de criação de tribunais de exceção ou tribunais *ex post facto*; o poder de evocação viola a garantia do Juiz Natural e está expresso na norma que garanta à parte o processo e a sentença pela autoridade competente e na forma de lei anterior; e a proibição do poder de atribuição (não adotada no Brasil, uma vez que existe a necessidade de uma justiça especializada) significa a impossibilidade da criação de juízos ou tribunais especiais.

No ordenamento jurídico pátrio, como vimos anteriormente, tem-se uma concepção mais ampla e moderna da garantia do Juiz Natural, pois adota-se a dupla garantia, i.é, a vedação de juízo ou tribunal excepcional, e a não subtração do juiz constitucionalmente competente. Esta natureza dúplice desdobra-se em três conceitos fundamentais: só são órgãos jurisdicionais os instituídos pela Constituição; ninguém pode ser julgado por órgão constituído após a ocorrência do fato; e entre os juízes pré-constituídos existe uma ordem taxativa de competências, afastando a possibilidade de "escolha" do juízo.

Não podemos falar em Juiz Natural sem tratar também do postulado constitucional do Promotor Natural[36] concebido com o advento da Constituição de 1988 que conferiu ao Ministério Público a titularidade exclusiva da ação penal pública, pois o inc. LII do art. 5º da CF aduz

---

[33] CANOTILHO apud BASTOS, op. cit.

[34] A respeito do "Plano de Divisão de Funções": SCHWAB, op. cit.

[35] GRINOVER. O Princípio..., p. 18.

[36] O Promotor Natural teve reconhecida a sua existência pelo STF, que em caso pioneiro assim decidiu: "(...) o postulado do Promotor Natural, que se revela imanente ao sistema constitucional brasileiro, repele, a partir da vedação de designações casuísticas efetuadas pela Chefia da Instituição, a figura do 'acusador de exceção'. Este princípio consagra uma garantia de ordem jurídica, destinada tanto a proteger o membro do Ministério Público, na medida em que lhe assegura o exercício pleno e independente do seu ofício, quanto a tutelar a própria coletividade, a quem se reconhece o direito de ver atuando, em quaisquer causas, apenas o Promotor cuja intervenção se justifique a partir de critérios abstratos e predeterminados, estabelecidos em lei. A matriz constitucional desse princípio assenta-se nas cláusulas da independência funcional e na inamovibilidade dos membros da Instituição. O Postulado do Promotor Natural limita, por isso mesmo, o poder do Procurador-Geral que, embora expressão visível da unidade institucional, não deve exercer a Chefia do Ministério Público de modo hegemônico e incontrastável (...). (HC nº 67.759/RJ, rel. Min. Celso de Mello, RTJ, 150/123. No mesmo sentido: HC nº 74.052/RJ, rel. Min. Marco Aurélio, 28.8.96, Informativo STF - Brasília, 28.8.96, nº 41)".

que "ninguém será processado (...) senão por autoridade competente", depreendendo-se daí que a autoridade processante competente é o membro do MP, e não o juiz ou o delegado de polícia, que no sistema anterior podiam iniciar a ação penal mediante portaria, nos chamados procedimentos criminais *ex officio*.[37] Note-se que ao juiz se aplica apenas o vocábulo "sentenciar", uma vez que a locução "processar" está-se referindo à atribuição que se confere ao MP para mover ação judicial, e não mais ao magistrado.[38]

Assim, entendemos que as normas dos artigos 531 do Código de Processo Penal[39] e 17 da Lei das Contravenções Penais (Decreto-Lei 3.688/41)[40] ofendem o referido postulado constitucional,[41] [42] pois o MP detém a exclusividade da ação penal na forma da lei.

Trata-se de uma garantia do jurisdicionado que passa a ser processado apenas pelas autoridades competentes, previamente estabelecidas pelas leis processuais e de organização judiciária,[43] e, principalmente, de uma garantia dos próprios membros do MP que estarão mais protegidos e independentes.

4. A questão do Juízo Arbitral e das Justiças Especializadas

Quanto aos juízos arbitrais, instituídos pela Lei 9.307, de 23 de setembro de 1996, conhecida como a Lei da Arbitragem, estes não ofendem a garantia do Juiz Natural.

Uma vez realizado o compromisso arbitral (arts. 3º e segs.), as partes que o celebram não renunciam ao direito de ação, tampouco ao juiz natural, *apenas estão transferindo, deslocando a jurisdição*.[44]

Com muita propriedade, Nelson Nery Júnior esclarece: "O que não se pode tolerar por flagrante inconstitucionalidade é a exclusão, pela lei, da apreciação de lesão a direito pelo Poder Judiciário, que não é o caso do juízo arbitral. O que se exclui pelo compromisso arbitral é o acesso à via judicial, mas não à jurisdição. Não se poderá ir à justiça

---

[37] NERY JUNIOR, *op. cit.*, p. 89.
[38] Id., p. 90.
[39] "Art. 531. O processo das contravenções terá forma sumária, iniciando-se pelo auto de prisão em flagrante ou mediante portaria expedida pela autoridade policial ou pelo juiz, de ofício ou a requerimento do Ministério Público".
[40] "Art. 17. A ação penal é pública, devendo a autoridade proceder de ofício".
[41] No mesmo sentido: NERY JÚNIOR, *op. cit.*, p. 90 e MAZZILLI, Hugo Nigro. *O Ministério Público na Constituição de 1988*, São Paulo: Saraiva, p. 102, 1989.
[42] Com opinião diversa: RT 643/311.
[43] NERY JÚNIOR, *op. cit.*, p. 90.
[44] PODETTI, J. Ramiro. *Tratado de la competencia*, 2 ed., Buenos Aires, n. 209, p. 540-541, 1973 *apud* NERY JÚNIOR, *op. cit.*, p. 85.

estatal, mas a lide será resolvida pela justiça arbitral".[45] Acrescenta o Eminente doutrinador que haveria inconstitucionalidade se a Lei de Arbitragem instituísse casos de arbitragem obrigatória, concluindo que não há nenhuma inconstitucionalidade ao permitir a escolha pelas partes dentre o juízo estatal e o arbitral para solucionar a lide.

No entanto, concordamos que esta garantia refere-se apenas aos órgãos estatais da jurisdição, e não aos juízes instituídos por compromisso arbitral.[46]

Quanto aos juizados especiais, não há dúvidas de que não ferem a garantia do Juiz Natural, uma vez que são instituídos por lei, sendo órgãos do Poder Judiciário previamente constituídos.

Segundo Ada Pellegrini Grinover,[47] "o Juiz Natural, em sua dupla garantia, não se contrapõe a juízos especiais, orgânicos, pré-constituídos, integrantes do Poder Judiciário, em que o que ocorre é apenas uma prévia distribuição de competências, ora em razão das pessoas, ora em razão da matéria. Não se confundem, pois, tribunais de exceção – transitórios e arbitrários – com justiça especializada – permanente e orgânica; os primeiros funcionam *ad hoc*, para cada caso concreto, enquanto que a segunda aplica a lei a todos os casos de determinada matéria ou que envolvam determinadas partes".

A garantia do Juiz Natural, nos dizeres de José Frederico Marques,[48] contrapõe-se, "não a juízo especial, mas a juízos de exceção ou instituídos para contingências particulares".

5. Brevíssimas noções sobre o Litisconsórcio no CPC

Nenhum dos pólos (autor e réu) da relação processual deve, necessariamente, ser ocupado sempre por uma só pessoa. Portanto, a essa reunião de duas ou mais pessoas, assumindo simultaneamente a posição de autor ou de réu, dá-se o nome de litisconsórcio.[49]

O litisconsórcio possui várias espécies, que podem ser distribuídas em diversas categorias a fim de facilitar o seu entendimento e precisar o seu significado. Para isso, adotamos os *quatro critérios para a classificação* utilizados por Cândido Dinamarco:[50] a) quanto ao poder aglutinador das razões que conduzem à formação do litisconsórcio; b)

---

[45] NERY JÚNIOR, *op. cit.*, p. 85.
[46] Conforme entendimento de ERWIN MARX *apud* NERY JÚNIOR, *op. cit.*, p. 85.
[47] GRINOVER. *O Princípio*..., p. 20.
[48] MARQUES, José Frederico. *Instituições de Direito Processual Civil*, Rio de Janeiro: Forense, v. I, 1958, p. 175.
[49] SILVA, Ovídio Baptista da e GOMES, Fábio. *Teoria Geral do Processo Civil*, 3. ed., São Paulo: Revista dos Tribunais, 2002, p. 149.
[50] DINAMARCO, Cândido Rangel. *Litisconsórcio*, 6. ed., São Paulo: Malheiros, 2001, p. 66.

quanto ao regime de tratamento dos litisconsortes; c) quanto à posição destes na relação processual; d) quanto ao momento de formação do litisconsórcio.

O litisconsórcio pode ser necessário[51] ou facultativo, quanto ao poder aglutinador das razões que conduziram à sua formação, pois nos casos em que a lei não dita a necessariedade, o litisconsórcio é facultativo, ficando a critério dos autores a propositura conjunta das demandas, que está sujeita a limitações pelo CPC quanto ao número de litigantes,[52] uma vez que "o elevado número de figurantes num dos pólos da relação processual pode transformar-se num indesejável embaraço ao exercício do direito de defesa ou mesmo à eficiência da prestação jurisdicional. Havendo, portanto, prejuízo à defesa da parte ou ao desenvolvimento regular da atividade do juízo, o litisconsórcio facultativo poderá ser recusado, cabendo ao juiz o poder de, de ofício ou a requerimento, limitar o número de participantes do processo (art. 46, parágrafo único, acrescentado pela Lei nº 8.952/94)".[53] [54]

Segundo o ensinamento do professor Ovídio Baptista da Silva, "o litisconsórcio é necessário quando, por disposição de lei, ou pela natureza da relação litigiosa, o processo só se possa formar com a presença de mais de um autor ou mais de um réu, ou seja, de todos os interessados".[55]

Quanto ao regime de tratamento dos litisconsortes, temos o litisconsórcio unitário, cujo *destino que tiver um dos litisconsortes haverá de ser o consentâneo ao que será dado aos demais,* ou o comum, que segue a regra da *relativa* independência dos co-litigantes, *segundo a qual os atos e omissões de cada um são em princípio indiferentes para os demais,* conforme a norma do art. 48 do CPC.[56] [57] Para Humberto Theodoro Júnior,[58] ao tratar da autonomia dos litisconsortes para os atos processuais: "Ainda que seja unitário o litisconsórcio, 'cada litisconsorte tem o direito de promover o andamento do processo e todos devem ser intimados dos

---

[51] Art. 47, *caput*, do CPC: "Há litisconsórcio necessário, quando, por disposição de lei ou pela natureza da relação jurídica, o juiz tiver de decidir a lide de modo uniforme para todas as partes; caso em que a eficácia da sentença dependerá da citação de todos os litisconsortes do processo."

[52] DINAMARCO, *op. cit.*. p. 67.

[53] THEODORO JÚNIOR, Humberto. *Litisconsórcio e intervenção de terceiros no processo civil brasileiro.* Revista Forense, v. 334, abr-jun, 1996, p. 59.

[54] Art. 46, par. único: "O juiz poderá limitar o litisconsórcio facultativo quanto ao número de litigantes, quando este comprometer a rápida solução do litígio ou dificultar a defesa. O pedido de limitação interrompe o prazo para resposta, que recomeça da intimação da decisão."

[55] SILVA, *op. cit.*, p. 155.

[56] Art. 48: "Salvo disposição em contrário, os litisconsortes serão considerados, em suas relações com a parte adversa, como litigantes distintos; os atos e as omissões de um não prejudicarão nem beneficiarão os outros."

[57] DINAMARCO, *op. cit.*, p. 68.

[58] THEODORO JÚNIOR, *op. cit.*, p. 60-61.

respectivos atos' (art. 49). Para a prática dos atos processuais prevalece a autonomia dos litisconsortes, em qualquer circunstância, seja no que toca à iniciativa, seja no que se refere à intimação dos atos do juiz, dos outros litisconsortes, ou de outra parte. Em razão dessa autonomia e da maior complexidade que dela resulta, na prática, para o andamento do processo, há, no Código, uma regra especial sobre contagem de prazo: quando forem diferentes os procuradores dos vários litisconsortes, serão contados em dobro os prazos para contestar, para recorrer e, de modo geral, para falar nos autos (art. 191)."

O litisconsórcio, quanto a posição dos litisconsortes no processo, pode ser ativo, quando houver pluralidade de autores, passivo, quando a pluralidade for de réus, ou misto, quando a pluralidade for de ambos.

Quanto ao momento de sua formação, o litisconsórcio pode ser inicial (originário), que é o meio ordinário em que se dá a maioria dos casos de litisconsórcio, ou seja, é aquele formado *ab initio* quando a ação é ajuizada pelos litisconsortes, ou ulterior (sucessivo), quando formado por iniciativa do autor, do réu, de um terceiro que intervém como litisconsorte ou do próprio juiz.

Assim, temos que o litisconsórcio, considerado geralmente como uma conseqüência do cúmulo subjetivo, por atuarem vários autores contra um demandado, um demandante contra vários demandados ou vários demandantes contra vários demandados, é *caracterizado pela presença simultânea de pessoas que, de alguma forma, adquiriram a qualidade de autores ou de réus no mesmo processo.*[59] Acrescenta Dinamarco que o litisconsórcio é um fenômeno situado basicamente na teoria do processo, porque diz respeito aos sujeitos processuais, apresentando situações peculiares em que vários autores e/ou réus figuram num mesmo processo.

6. O Juiz Natural, o Litisconsócio e a Lei 10.358/01

Durante muito tempo a questão do litisconsórcio e o Juiz Natural atormentava os tribunais brasileiros, e espera-se que cesse agora em definitivo com a entrada em vigor da Lei 10.358, de 27 de dezembro de 2001, que em seu art. 1º alterou algumas normas da Lei 5.869, de 11 de janeiro de 1973 (Código de Processo Civil), dando nova redação a alguns de seus artigos, dentre eles:

"Art. 253. Distribuir-se-ão por dependência as causas de qualquer natureza:

---
[59] DINAMARCO. *op. cit.*, p. 39-40.

I - *quando se relacionarem, por conexão ou continência, com outra já ajuizada;*
II - *quando, tendo havido desistência, o pedido for reiterado, mesmo que em litisconsórcio com outros autores.*"[60] (Grifo nosso).

Ocorria que poderiam ser distribuídas a diversos juízos ações versando sobre o mesmo objeto, propostas por autores distintos, todas com pedido de liminar. Quando a primeira delas tivesse a sua liminar deferida, os demais autores desistiam de suas ações e reiteravam o pedido em litisconsórcio com o autor que obteve a concessão de sua liminar. Assim, havia a possibilidade, totalmente inconstitucional, da parte "aproveitar-se" da liminar já concedida, uma vez que o magistrado poderia acolher o pedido e estendê-la ao litisconsorte.

Tal prática configurava flagrante ofensa ao postulado constitucional processual do Juiz Natural, uma vez que a parte não pode "escolher" o juízo que mais lhe favorece, fugindo de seu Juiz Natural.[61] Em recente parecer de caso semelhante, Athos Gusmão Carneiro[62] condena o fato de um litigante buscar "aproveitar" uma liminar já concedida e "escolher" o juízo que de antemão já sabia favorável à sua tese.

A esse respeito, elucida o Professor Sérgio Gilberto Porto,[63] ao preceituar que "se é certo que ninguém será subtraído de seu Juiz constitucional, também é certo que ninguém poderá obter qualquer privilégio ou escolher o juízo que lhe aprouver, sob pena de tal atitude padecer de vício de inconstitucionalidade por violação do princípio do juiz natural". E segue: "Posto isto e tendo a exata compreensão daquilo que representa o litisconsórcio facultativo – ulterior (seja unitário ou não), uma vez concedida liminar em determinado feito, a partir deste momento – embora não fosse originariamente, em face do sistema adotado – obrigatória torna-se a recusa na formação de qualquer litisconsórcio, pena de violação do juízo natural, muito embora presentes qualquer das hipóteses do art. 46 do CPC. Com efeito, após concedida liminar a se permitir futura litisconsorciação facultativa, estar-se-á permitindo que uma determinada parte 'escolha' o juízo de

---

[60] A redação anterior assim dispunha: "Art. 253. Distribuir-se-ão por dependência os feitos de qualquer natureza, quando se relacionarem, por conexão ou continência, com outro já ajuizado". "Parágrafo único. Havendo reconvenção ou intervenção de terceiro, o juiz, de ofício, mandará proceder à respectiva anotação pelo distribuidor."

[61] A respeito da inadmissibilidade da formação de litisconsórcio após o ajuizamento da ação sob pena de violação da garantia do Juiz Natural: TRF 2ª R., M.S. nº 98.02.35299-3, RJ, 5ª T., Rel. Desa. Fed. Vera Lúcia Lima da Silva, *in*. DJU 16.05.2000. Da inadmissibilidade antes da citação: TRF 2ª R., AG 99.02.06920-7, ES, 3ª T., Relª Juíza Maria Helena Cisne, *in*. DJU 21.11.2000. E antes da distribuição: TRF 1ª R., AG 200001000438700, GO, 3ª T., Rel. Juiz Olindo Menezes, *in*. DJU 25.01.2002.

[62] CARNEIRO, Athos Gusmão. *O Litisconsórcio Facultativo Ativo Ulterior e os Princípios do "Juiz Natural" e do "Devido Processo Legal"*, Revista Jurídica Notadez, nº 269, p. 56-68, mar., 2000.

[63] PORTO, *op. cit.* p. 41.

sua causa que, em razão da concessão de liminar, já externou convencimento em torno da matéria".

O entendimento jurisprudencial nesse sentido já se pacificou. Segundo o posicionamento firmado pelo Superior Tribunal de Justiça:

"Processual Civil – Mandado de Segurança – Litisconsórcio ativo facultativo – Pedido formulado após o deferimento da medida liminar e antes do recebimento das informações – Impossibilidade – Violação ao princípio do juiz natural – 1. Deferida a medida liminar em mandado de segurança, cessa a possibilidade de formação do litisconsórcio ativo facultativo, mesmo que ainda não tenham sido prestadas as informações. 2. *A admissão do listisconsorte, após o provimento liminar, implicaria violação ao princípio do juiz natural, uma vez que se estaria possibilitando à parte escolher o julgador que, pelo menos a princípio, seria consentâneo com sua tese.* 3. Recurso especial conhecido e provido. (STJ – RESP 111885 – PR – 2ª T. – Rel. Ministra Laurita Vaz – DJU 18.02.2002 – p. 00281)". (Grifo nosso)

Agora, com o advento da nova lei, a jurisprudência e a doutrina dominante encontraram o devido respaldo legal, pois, ocorrendo a desistência da ação e sendo o pedido reiterado por parte do autor a fim de "aproveitar" uma liminar, a referida causa será distribuída por dependência e, via de conseqüência, não haverá mais a possibilidade da a liminar ser estendida, uma vez que o juiz processante será o mesmo do processo anterior.

Conclusão

Imaginemos que um Juiz fosse nomeado *ad hoc* para um determinado processo considerando-se apenas a importância do caso, a sua independência certamente sofreria perigo. Vamos mais além, imaginemos que um Promotor de Justiça, em virtude de ser mais experiente, fosse nomeado *ad hoc* para um caso específico, a sua independência funcional – que é um dos princípios institucionais do Ministério Público[64] – estaria seriamente comprometida. É isso que o Juiz e o Promotor Natural visam assegurar: as garantias a eles inerentes.

A ofensa às garantias do Juiz e do Promotor Natural atenta também contra outros postulados constitucionais, dentre eles as garantias de independência do juiz[65] e do promotor e, principalmente, a da

---

[64] Preceitua a nossa Constituição Federal no § 1º do art. 127: "São princípios institucionais do Ministério Público a unidade, a indivisibilidade e a independência funcional".

[65] Nas palavras de SCHWAB, *op. cit.*, p.131: "Para o próprio juiz significa esta legitimidade constitucional um reforço à sua independência".

igualdade jurisdicional. Entendemos que este preceito do *Juiz Legal* deve ser compreendido na sua forma mais abrangente, com o intuito de fazer com que legislador e intérprete sejam seus mais fiéis seguidores,[66] o que realmente vem ocorrendo, *v.g.*, a recente Lei 10.358/01, quanto ao litisconsórcio.

Ora, o órgão judicante só existe em razão de seu usuário, o cidadão, e o postulado do Juízo Natural serve para protegê-lo, garantindo a neutralidade do juiz ou do tribunal a quem seja confiada a sua causa, e justamente a fim de que a confiança deste usuário nunca seja traída por "percalços antidemocráticos" é que a garantia do Juiz Natural está alçada em nível constitucional e vem sendo considerada, desde muito, como sendo uma das mais importantes do ordenamento jurídico pátrio.

Bibliografia

ALVARO DE OLIVEIRA, Carlos Alberto. *Do Formalismo no Processo Civil*. São Paulo: Saraiva, 1997.

ALVIM, Angélica Arruda. *Princípios Constitucionais do Processo*. Revista de Processo, nº 74, p. 20-39, abr./jun., 1994.

BARBI, Celso Agrícola. *Garantias Constitucionais Processuais*. Revista dos Tribunais, nº 659, p. 7-12, set., 1990.

BASTOS, Celso Ribeiro e MARTINS, Ives Gandra. *Comentários à Constituição do Brasil: promulgada em 5 de outubro de 1988*. São Paulo: Saraiva, 1988-1989.

BRASIL. *Constituições do Brasil / compilação e atualização dos textos, notas, revisão e índices, Adriano Campanhole, Hilton Lobo Campanhole*. 12. ed., São Paulo: Atlas, 1998.

CALAMANDREI, Piero. *Instituzioni di Diritto Processuale Civile*. v. IV, Napoli, Morano: 1970.

CARNEIRO, Athos Gusmão. *O Litisconsórcio Facultativo Ativo Ulterior e os Princípios do "Juiz Natural" e do "Devido Processo Legal"*, Revista Jurídica Notadez, nº 269, p. 56-68, mar., 2000.

CONSTITUIÇÕES DOS PAÍSES DO MERCOSUL 1996-2000 - TEXTOS CONSTITUCIONAIS - ARGENTINA, BOLÍVIA, BRASIL, CHILE, PARAGUAI E URUGUAI – (Série ação parlamentar; nº 153), Brasília: Câmara dos Deputados, Coordenação de Publicações, 2001.

DELGADO, José Augusto. *A Supremacia dos Princípios nas Garantias Processuais do Cidadão*. Revista de Processo, nº 65, p. 89-103, jan./mar., 1992.

DINAMARCO, Cândido Rangel. *Litisconsórcio*, 6. ed., São Paulo: Malheiros, 2001.

GOMES, Luiz Flávio. *Apontamentos sobre o Princípio do Juiz Natural*. Revista dos Tribunais, nº 703, p. 417-422, mai., 1994.

GRINOVER. Ada Pellegrini. *O Princípio do Juiz Natural e sua Dupla Garantia*, Revista de Processo. nº 29, p. 11-33, jan./mar., 1983.

---

[66] GRINOVER. *O Princípio...*, p. 28.

——. *O Procedimento Sumário, o Princípio do Juiz Natural e a Lei Orgânica do MP*. Revista da Ajuris, nº 32, p. 98-107, 1984.

HABSCHEID, Walter J. *As Bases do Direito Processual Civil*. Trad. por Arruda Alvim. Revista de Processo. nº 11-12, p. 117-145, jul./dez., 1978.

LLORENTE, Francisco Rubio e PELÁEZ, Mariano Daranas. *Constituciones de los Estados de la Unión Europea*, Barcelona: Ariel, p. 346, 1997.

MARQUES, José Frederico. *Enciclopédia Saraiva do Direito*. Prof. R. Limongi (Coord.), São Paulo: Saraiva, 1977.

——. *Instituições de Direito Processual Civil*. Rio de Janeiro: Forense, v. I, 1958.

MAZZILLI, Hugo Nigro. *O Ministério Público na Constituição de 1988*. São Paulo: Saraiva, 1989.

MORAES. Alexandre de. *Direitos Humanos Fundamentais: teoria geral, comentários aos arts. 1º ao 5º da CF, doutrina e jurisprudência*. 3. ed., São Paulo: Atlas, 2000.

NERY JÚNIOR. Nelson. *Princípios do Processo Civil na Constituição Federal*. 5. ed. São Paulo: Revista dos Tribunais, p. 65-93, 1999.

PENTEADO, Jaques de Camargo. *O Princípio do Promotor Natural*. Revista dos Tribunais, nº 619, p. 407-413, 1987.

PONTES DE MIRANDA. *Comentários à Constituição da República dos E. U. do Brasil*, Rio de Janeiro: Guanabara, t. 2, 1937.

——. *Comentários à Constituição de 1946*. 4. ed. t. V., Rio de Janeiro: Borsoi, 1963.

——. *Comentários à Constituição de 1967*. t. V. São Paulo: Revista dos Tribunais, 1968.

PORTANOVA, Rui. *Princípios do Processo Civil*, Porto Alegre: Livraria do Advogado, 1997.

PORTO, Sérgio Gilberto. *Litisconsórcio: Noções e Recusabilidade da Formação por Violação do Juízo Natural*. Revista da Ajuris, p. 31-41, 1984.

SCHWAB, Karl Heinz. *Divisão de Funções e o Juiz Natural*. Trad. de Nelson Nery Júnior. Revista de Processo, nº 48, p. 124-131, out./dez., 1987.

SILVA, Ovídio Baptista da e GOMES, Fábio. *Teoria Geral do Processo Civil*. 3. ed., São Paulo: Revista dos Tribunais, 2002.

THEODORO JÚNIOR. Humberto. *Litisconsórcio e intervenção de terceiros no processo civil brasileiro*. Revista Forense, v. 334, p. 57-70, abr./jun., 1996.

TUCCI, Rogério Lauria. *Juiz Natural e Competência em Tribunal*. Revista dos Tribunais nº 765, p. 7-107, 1999.

8. A Garantia da Licitude das Provas e o Princípio da Proporcionalidade no Direito Brasileiro

GUSTAVO BOHRER PAIM
Advogado

Sumário: Introdução; 1. Processo civil e processo penal; 2. Direito à prova; 2.1. A verdade a ser buscada; 2.2. Limites; 3. Prova ilícita e prova ilegítima; 4. Teorias doutrinárias sobre a prova ilícita; 5. O princípio da proporcionalidade; 6. As provas ilícitas e o princípio da proporcionalidade no ordenamento jurídico brasileiro; 7. Provas ilícitas por derivação; Conclusão; Bibliografia.

Introdução

Quando batemos à porta do Poder Judiciário para que ele cumpra o seu dever de prestar a jurisdição, estamos exercendo o nosso direito constitucional de ação, direito este que não se exaure na simples propositura da demanda ao órgão julgador, tendo em vista que de nada serviria tal garantia se não nos fosse assegurado, também, o direito de provar os fatos que alegamos, ajudando na formação do convencimento do julgador. Não resta dúvida de que o direito à prova encontra-se inerente ao direito de ação, estando, portanto, previsto no inciso XXXV, do art. 5º, da Constituição Federal, que estabelece que *a lei não excluirá da apreciação do Poder Judiciário lesão ou ameaça a direito*.

Às partes é assegurada ampla faculdade de produção probatória, com o objetivo de trazer ao mundo processual um fiel retrato da verdade histórica, no escopo da prestação de uma jurisdição justa, de um direito ideal. A regra é a admissibilidade das provas, havendo, entretanto, limites, em razão do direito à prova não ser absoluto, como de resto nenhum direito o é. Sem sombra de dúvidas, a grande limitação a esse direito é a garantia da licitude das provas, elevada ao *status* de norma formalmente constitucional, no direito pátrio, com o advento da Constituição Federal de 1988.

Reza o art. 5º, LVI, da Magna Carta, que *são inadmissíveis, no processo, as provas obtidas por meios ilícitos*. Esse dispositivo constitucional traz, em seu bojo, muitas peculiaridades relevantes, que têm gerado, ao longo dos anos, grandes controvérsias. Trata-se, aqui, de um dos temas mais árduos enfrentados pelos operadores do Direito, suscitando questões de ordem teórica e prática.

Conforme ressalta o ilustre constitucionalista Celso Ribeiro Bastos, *o saber-se como uma prova foi obtida não deveria ter relevância perante o processo*, pelo menos em princípio, pois *já tendo o ilícito sido praticado, nenhum mal haveria em se utilizar o seu subproduto útil, que seria fazê-lo valer como meio probatório*. Segue o mestre, a *contrario sensu*, advertindo que *uma prova obtida de forma violenta, com a utilização inclusive de tortura, nunca seria aceitável sem que com isso nós estivéssemos de alguma forma convalidando a própria tortura*.[1]

Nesse diapasão, percebe-se claramente as diferentes possibilidades de encarar a garantia da licitude da prova, não obstante a taxativa vedação constitucional. Tanto em nível doutrinário como jurisprudencial, podemos observar estimulantes duelos jurídicos, em que muitos brilhantes juristas, e outros nem tanto, têm-se digladiado com esmero na defesa de suas teses, esgrimindo suas argumentações, almejando a prevalência de seus entendimentos.

Assim, encontramos distintas interpretações acerca das provas ilícitas, destacando-se quatro grandes correntes. A primeira admite toda e qualquer prova ilícita, sem prejuízo de eventual sanção ao praticante da ilicitude; a segunda veda peremptoriamente, em razão da unidade do ordenamento jurídico; a terceira igualmente veda as provas ilicitamente obtidas, mas em decorrência de sua inconstitucionalidade; e a quarta corrente, que propõe uma interpretação do Texto Constitucional sem radicalismo, concede ao juiz uma maior liberdade para avaliar a situação em seus diversos aspectos, com a importação do direito alemão do Princípio da Proporcionalidade.

No intuito de expor nossas considerações acerca desse tema, procuraremos nos posicionar em relação às grandes divergências doutrinárias e jurisprudenciais, no afã de propiciar aos estudiosos do Direito uma visão concisa do direito à prova e suas limitações, diferenciando as provas ilícitas das ilegítimas, tecendo opiniões sobre o tema no direito brasileiro e a utilização do princípio da proporcionalidade, além de enfrentar a polêmica das provas ilícitas por derivação.

---

[1] BASTOS, Celso Ribeiro. *Comentários à Constituição do Brasil*. v. 2. p. 272-273.

1. Processo civil e processo penal

Discute-se muito, no tocante ao direito probatório, a suposta diferenciação de seu âmbito no processo penal e no processo civil. Para muitos autores, o processo penal buscaria a "verdade real", enquanto o processo civil conformar-se-ia com a "verdade formal". Entretanto, compartilhamos do entendimento defendido por Sentís Melendo, para quem *hay que plantearlo sin la preocupación de si la prueba es la civil o la penal, porque creo que se incurre en el mayor de los errores al distinguir entre ellas: la prueba es la misma en la justicia civil que en la justicia penal, en la del trabajo que en la administrativa; y hasta puede decirsi que es la misma en la actividad judicial que fuera de ella. Soy absolutamente unitarista.*[2]

Esse entendimento de Sentís Melendo é acompanhado por grande parte da doutrina estrangeira,[3] bem como pelos doutrinadores pátrios, salientando-se Ada Pellegrini Grinover e Barbosa Moreira. Ademais, no que tange às garantias dadas aos litigantes, e em especial à licitude da prova, a Constituição Federal não estabelece distinção entre processo civil e penal, equiparando-os, como se percebe no art. 5º, LVI, que não admite as provas obtidas por meios ilícitos no *processo*, em geral.

Quanto à diferenciação entre "verdade real" e "verdade formal", esta dá-se em relação aos direitos indisponíveis e os disponíveis, que tanto podem ser encontrados em sede de processo penal como civil, afinal, no processo civil também encontramos direitos relevantíssimos na vida das pessoas, não tratando apenas de aspectos patrimoniais, das relações jurídicas de caráter privado. É na seara civil, conforme bem salienta Barbosa Moreira, que se discutem pleitos atinentes a matérias reguladas pelo Direito Público (constitucional, administrativo e tributário), em regra subtraídas, não menos que as de Direito Penal, ao poder de disposição das partes.[4]

Afirmar que o processo penal busca a "verdade real", e o processo civil, a "verdade formal" é um equívoco, visto que a verdade é uma e interessa a qualquer processo. É claro que, tanto na esfera civil como na penal, pode-se (e até deve-se), em determinados casos, renunciar à busca da verdade em atenção a outros valores de igual importância, como o direito à privacidade e à honra, por exemplo.[5]

A grande diferença entre processo civil e processo penal quanto à prova ilícita, salienta Ada Pellegrini Grinover, é em relação à prova

---
[2] *Apud* Danilo Knijnik. A doutrina dos "frutos da árvore venenosa" e os discursos da Suprema Corte na decisão de 16.12.93. *Revista da Ajuris*, nº 66, p. 61.
[3] Nesse sentido, ressalta Vicenzo Vigoriti que *"non è rilevante, a mio avviso, che la prova illecita debba essere utilizzata in un proceso civile o amministrativo invece che penale".*
[4] BARBOSA MOREIRA, José Carlos. A Constituição e as provas ilicitamente adquiridas. *Revista Ajuris*, nº 68, p. 23.
[5] Idem, ibidem.

penal colhida com infringência aos direitos da personalidade do réu, mas que viesse por fim beneficiá-lo. Admite-se a prova ilícita frente à predominância do direito constitucional de defesa. Afora essa hipótese, a matéria apresenta-se exatamente da mesma maneira, atentando-se que a diferença entre "verdade real" e "verdade formal" reflete apenas a distinção entre processo disponível e indisponível.[6]

Entretanto, a Constituição da República Federativa do Brasil, em seu art. 5º, XII, *in fine*, estabelece a possibilidade de violação do sigilo das comunicações telefônicas, por ordem judicial, nas hipóteses em que a lei estabelecer para fins de investigação *criminal* ou instrução *processual penal*. Aqui fez-se uma clara ressalva quanto à possibilidade de interceptação de comunicação telefônica autorizada por juiz criminal, no âmbito das investigações e do processo penal, não sendo admitido no processo civil.

Esse "privilégio" concedido à esfera criminal de poder usar gravações telefônicas autorizadas, posteriores à Lei 9.296/96, suscita uma série de questões relevantes do ponto de vista teórico e prático. Afinal, como ficaria a utilização dessa prova lícita no processo penal como "prova emprestada" para o processo civil? E em relação à utilização da sentença criminal condenatória, com base numa prova lícita apenas no juízo penal, transitada em julgado, como título executivo na esfera civil?

Em relação ao segundo questionamento, a resposta parece ser evidente, pois mesmo que a prova que sustenta a condenação criminal seja considerada ilícita no processo civil, estaria ela acobertada pelo manto da coisa julgada material. O art. 584, II, do Código de Processo Civil é cristalino ao expressar que a sentença penal condenatória transitada em julgado é título executivo judicial no processo civil, fazendo coisa julgada, também, na esfera cível. Nesse caso, o executado não poderia questionar o fato da condenção criminal repousar em prova inadmissível no processo civil, tendo em vista a eficácia preclusiva da coisa julgada material. A coisa julgada tem o efeito de subtrair à relevância das questões enfrentadas e resolvidas no processo de conhecimento (e até às questões que nele se poderiam ter enfrentado e resolvido).[7]

A primeira questão parece mais espinhosa, em face da utilização de uma interceptação telefônica lícita no processo penal, porque autorizada judicialmente, como "prova emprestada" no processo civil. Poder-se-ia concluir que essa prova seria inadmissível na área civil pela exclusão do Texto Constitucional, eis por que o constituinte fez uma restrição, admitindo sua utilização tão-somente na área penal.

---

[6] GRINOVER, Ada Pellegrini. *O Processo em sua Unidade II*.

[7] BARBOSA MOREIRA, *op. cit.*, p. 25.

Pode-se argumentar em dois sentidos, como faz Barbosa Moreira, ao expor que *uma vez rompido o sigilo, e por conseguinte sacrificado o direito da parte à preservação da intimidade, não faria sentido que continuássemos a preocupar-nos com o risco de arrombar-se um cofre já aberto. Mas por outro lado, talvez se objete que assim se acaba por condescender com autêntica fraude à Constituição. A prova ilícita, expulsa pela porta, voltaria a entrar pela janela.*[8]

No entanto, a doutrina brasileira tem admitido a prova obtida licitamente (porque autorizada pela Constituição) para a investigação criminal ou instrução processual penal, como prova emprestada no processo civil. A natureza da causa civil seria irrelevante para a admissão da prova. Desde que a escuta fosse determinada para servir de prova direta na esfera criminal, poderia ser emprestada ao processo civil.[9]

2. Direito à prova

O Estado, no momento em que veda a autotutela, compromete-se a oferecer a jurisdição a todos, assumindo sua obrigação natural de bem resolver os litígios. Assim, deve assegurar o direito constitucional de ação, possibilitando uma efetiva prestação jurisdicional. Este direito constitucional de ação abrange não apenas a mera formulação de pedido ao Poder Judiciário, mas sim o efetivo acesso à ordem jurídica justa, colocando à disposição de todas as pessoas mecanismos que proporcionem a satisfação dos direitos. Não basta assegurar abstratamente o direito de ação, é necessário garantir o acesso efetivo à tutela jurisdicional, por parte de quem dela necessite. O acesso à ordem jurídica justa significa proporcionar a todos, sem restrição, o direito de postular a prestação jurisdicional do Estado e ter à disposição o meio constitucionalmente previsto para alcançar um resultado *equo, correto e giusto*. Não é direito a um resultado favorável, mas sim um direito à efetividade da tutela.[10]

Entretanto, de nada serviria assegurar o direito constitucional de ação se não fossem fornecidos à coletividade os meios necessários para alcançar um resultado útil, uma prestação jurisdicional efetiva. Nesse sentido, necessária é a possibilidade de as partes participarem amplamente do convencimento do juiz. Portanto, ínsito ao direito de ação encontra-se o direito à prova, disponibilizando às partes a ampla utilização dos meios probatórios disponíveis. É inegável, como ressalta

---

[8] Idem. p. 24-25.
[9] NERY JÚNIOR, Nelson. *Princípios do Processo Civil na Constituição Federal*, p. 145-6.
[10] BEDAQUE, José Roberto dos Santos. *Garantias Constitucionais do Processo Civil*, p. 165-6.

Barbosa Moreira, a necessidade de assegurar aos litigantes a iniciativa no que tange à busca e apresentação de elementos capazes de contribuir para a formação do convencimento do órgão judicial, sem embargo da forte tendência ao incremento dos poderes dos juízes na investigação da verdade.[11]

O contraditório efetivo e a ampla defesa, previstos no art. 5º, LV, da Constituição Federal, compreendem o poder conferido à parte de se valer de todos os meios de prova possíveis e adequados à reconstrução dos fatos que legitimem o seu direito. Para que o processo possibilite real acesso à jurisdição justa, faz-se necessária a garantia à produção probatória, que tem como titular, primeiramente, as partes, mas que também confere ao julgador a determinação das provas necessárias à formação de seu convencimento.[12]

Encontramos no direito à prova, por conseguinte, a presença marcante do princípio dispositivo – em que o ônus da prova incumbe às partes –, e do princípio inquisitório – em que o magistrado pode buscar os elementos que formarão seu convencimento –, tendo como escopo a busca da verdade. Essa faculdade aos julgadores, aliás, é uma imposição do próprio ordenamento jurídico, que veda o *non liquet*, ou seja, não permite ao magistrado que decline de seu dever de julgar a controvérsia a ele apresentada. Portanto, nada mais justo que não se deixem os juízes ao alvedrio das partes, impondo que decidam sem a base necessária para tanto, muitas vezes pela falta de diligência de autor e réu.

Como referido alhures, a possibilidade de provar as alegações em juízo é ínsita na de submeter à apreciação do Poder Judiciário qualquer lesão ou ameaça ao direito, com base no disposto no art. 5º, XXXV, do Texto Constitucional, visto que de nada adiantaria assegurar aos litigantes o direito de ir a juízo, se não lhes fosse concedida a faculdade de comprovar suas alegações. Concordamos com Rui Portanova, para quem as partes têm direito a *propor a prova como expressão do seu direito de ação e defesa, e a participar na formação da prova como apanágio do princípio do contraditório.*[13]

O direito à prova é visto como expressão do direito de ação e defesa, ou seja, o direito das partes de participar na formação e na administração das provas como expressão do princípio do contraditório. Assim, salvo em casos excepcionais, as partes teriam o direito de servirem-se de todos os meios de prova adequados.[14]

---

[11] BARBOSA MOREIRA, *op. cit.* p. 13.
[12] BEDAQUE, *op. cit.* p. 169.
[13] PORTANOVA, Rui. *Princípios do Processo Civil.* p. 211.
[14] MICHELI, Gian Antonio; TARUFFO, Michele. A prova. *Revista de Processo*, nº 16, p. 165.

Ademais, defende Ada Pellegrini Grinover, a garantia do contraditório não tem apenas como objetivo a defesa entendida em sentido negativo, mas principalmente a defesa vista em sua dimensão positiva, como direito de incidir ativamente sobre o desenvolvimento e o resultado do processo. É essa visão que coloca ação, defesa e contraditório como direitos que visam ao desenvolvimento de todas as atividades necessárias à tutela dos próprios interesses ao longo de todo o processo.[15]

Merece alusão o entendimento de que a *garantia constitucional da ação tem como objeto o direito ao processo, assegurando às partes não só a resposta do Estado, mas ainda o direito de sustentar as suas razões, o direito ao contraditório, o direito de influir sobre a formação do convencimento do juiz*.[16]

Por outro lado, também não adiantaria a simples garantia de produzir as provas perante o juízo competente se o julgador pudesse deixar de apreciá-las e valorá-las quando do julgamento, sendo imperativo que as provas e alegações das partes sejam objeto de avaliação, sob pena de infringirmos a garantia constitucional do efetivo direito de ação, com a sua conseqüente possibilidade de provar os fatos aduzidos, de ver examinadas pelo órgão julgador as questões suscitadas.

Alude-se, a tal propósito, que o direito probatório possui particular importância no quadro do contraditório, representando a atividade probatória o momento central do processo, que visa a trazer uma certeza jurídica. A efetiva realização da ação e da defesa centra-se na disposição aos litigantes de se servirem das provas, sem o que haveria o chamado cerceamento de defesa, visto tanto no sentido negativo como positivo.

A regra, portanto, é que as partes podem provar os fatos que lhe são úteis, sem olvidar que esse direito não pode ser absolutizado. E é como resultado lógico dessa premissa que os modernos ordenamentos processuais têm abandonado a técnica taxativa no direito probatório, podendo-se recorrer às provas atípicas, ou seja, a expedientes não previstos em termos expressos, mas idôneos para ministrar ao juiz informações úteis à reconstituição dos fatos.[17]

---

[15] GRINOVER Ada Pellegrini et al. As Nulidades no Processo Penal. p. 119.

[16] GRINOVER et al. Teoria Geral do Processo. 12ª ed.

[17] COMOGLIO, Luigi Paolo. Prove ed accertamento dei fatti nel nuovo CPP. *Rivista Italiana di Diritto e Procedura Penale*, v. 33, 1990, p. 137: "Nella prospettiva contenutistica – in armonia com il fine primario della ricerca di una 'verità giudiziale' quanto più prossima a quella 'reale' – ricopre un ruolo centrale il sovvertimento del principio di tassatività e di tipicità delle c. d. prove nominate Il diritto alla prova, mantenendo una propria funzione di adeguamento ai progressi tecnologici nei metodi o nelle tecniche di conoscenza dei fatti controversi, comprende in modo esplicito anche la possibilità di richiedere 'una prova non disciplinata dalla legge'".

2.1. A verdade a ser buscada

Conforme exposto anteriormente, não há que se falar em busca da "verdade material" ou da "verdade formal", tendo em vista que o processo busca a verdade única, busca uma segurança jurídica. O que se pretende, como bem salienta Carlos Alberto Alvaro de Oliveira, é extrair do processo a verdade provável e possível.[18]

Obviamente não se pode exigir que o processo forneça sempre a fiel representação da verdade histórica, principalmente em razão de o ordenamento jurídico apresentar, com freqüência, garantias em conflitante oposição, o que não permite a plenitude de sua realização. Por isso, muitas vezes, a justiça pode renunciar à completa reconstituição da verdade, em atenção a outros valores de igual grandeza. Esse entendimento encontra guarida na afirmação de Mittermaier, para quem é *essa certeza da razão que o legislador quis que fosse a base para o julgamento. Exigir mais seria querer o impossível; porque em todos, os fatos que dependem do domínio da verdade histórica jamais se deixa atingir a verdade absoluta.*[19]

Não se está, com isso, defendendo a "verdade formal" como a verdade buscada pelo processo civil, mas apenas referendando o entendimento de que o direito à prova, e a conseqüente busca de uma verdade substancial, encontram, sim, obstáculos. Dentre os limites enfrentados na persecução da verdade histórica, o principal é a garantia da licitude das provas.

Não podemos olvidar, no mesmo sentido, que ainda que consigamos reproduzir em juízo a verdade empírica, ela pode ser interpretada de maneiras diferentes. Esse é o grande problema da avaliação das provas, pois *o mesmo objeto pode ser interpretado de tantas maneiras quanto interlocutores houver, ou seja, mesmo a mais inequívoca prova, pode ter seu aspecto inequívoco contestado, afinal o que parece induvidoso a alguém, pode não o parecer a outrem.*[20]

Em suma, a busca da verdade não pode ser incondicionada,[21] encontrando-se, no ordenamento jurídico, inúmeras limitações a essa persecução da reconstrução da realidade, não sendo possível utilizar-se de meios ilícitos para atingir um fim ideal, pois o próprio ordenamento jurídico não permite a prova de fatos em sacrifício de outros valores superiores, juridicamente tutelados. Portanto, deve ser despre-

---

[18] OLIVEIRA, Carlos Alberto Alvaro. Problemas atuais da livre apreciação da prova. *Revista da Faculdade de Direito da Ufrgs*, nº 17, p. 49.

[19] MITTERMAIER, C. J. A. *Tratado da Prova em Matéria Criminal.* p. 66.

[20] USTÁRROZ, Daniel. *Provas ilícitas lícitas?* Publicado no site www.faroljuridico.com.br.

[21] TROCKER, Nicolò. Svolgimenti giurisprudenziale in materia di garanzie costituzionali del processo civile nella Repubblica Federale Tedesca. *Rivista Trimestrale di Diritto e Procedura Civile*, ano 24/1970, p. 239: "Non è un principio fondamentale dell'ordinamento processuale penale che la verità debba essere ricercata a qualsiasi prezzo".

zada a prova ilícita, ainda que em prejuízo da apuração da verdade, em prol do ideal maior de um processo justo, condizente com o respeito devido a direitos e garantias fundamentais da pessoa humana.[22]

Não devemos compreender, contudo, a vedação à prova ilícita como um obstáculo absoluto e sempre intransponível na busca de uma tutela jurisdicional mais justa, consistindo a garantia da licitude das provas em um forte limite à ampla produção probatória, mas que comporta uma relativização, não sendo entendida de forma absoluta e incompatível ao Estado de Direito. *A verdade, assim, não é um fim em si mesma, mas é necessário buscá-la enquanto condição para que haja uma "justiça mais justa".*[23]

2.2. Limites

O ordenamento jurídico pátrio não prevê a existência de qualquer direito absoluto, eis por que as garantias encontram-se em coexistência, limitando-se mutuamente, merecendo relevância na medida em que sirvam à consecução dos fins do processo, e só em tal medida. Ocorre com freqüência a oposição recíproca de garantias fundamentais, devendo-se permitir aos magistrados uma margem de flexibilidade na aplicação do direito.

Não se pode permitir que as partes, com o objetivo de formar o convencimento do órgão julgador, utilizem-se de expedientes repudiados pelo ordenamento jurídico, excedendo a razoabilidade em prejuízo de valores igualmente tutelados pelo direito. O direito à prova, como qualquer outro, encontra barreiras e limitações,[24] devendo ser intrepretado em harmonia com as demais garantias previstas, a fim de que seja respeitado o Estado de Direito.

Saliente-se, inclusive, o fato de não ser punível o aborto praticado por médico em caso de gravidez decorrente de estupro. Nesse contexto, em que o próprio direito à vida pode ser relativizado para que haja a garantia de outros direitos juridicamente relevantes, é que encontramos limitações à produção de provas, que não podem ir de encontro à segurança do ordenamento jurídico.

É preciso que reconheçamos que os valores se limitam reciprocamente, visando a assegurar a preservação de todo o conjunto. Não podemos aplicar determinadas normas quando em confronto com

---

[22] MORAES, Alexandre de. *Direitos Humanos Fundamentais.* p. 260.

[23] MICHELI; TARUFFO. *Op. cit.* p. 168.

[24] VESCOVI, Enrique. Provas ilícitas. *Revista da Procuradoria Geral do Estado de São Paulo*, 13/15, dezembro 1978/ dezembro 1979, p. 378: "Por eso, en defensa de un derecho de libertad, que es fundamental para todos, es que cuando estudiamos el tema de la prueba, cuando estudiamos el desarrollo de los poderes del Juez, decimos, tenemos que llegar a un límite, tenemos que llegar a un momento en que digamos, mas de allí no se puede pasar, porque estamos vulnerando derechos fundamentales".

outras mais relevantes, razão pela qual todas as normas devem ser interpretadas no contexto em que se inserem, e não isoladamente, em prol da preservação de todo o sistema jurídico. Portanto, normas jurídicas não se encontram independentes das demais, devendo ser interpretadas conjuntamente.

O valor verdade não pode, pois, ser absolutizado, encontrando a garantia à prova limitações como a vedação da prova ilícita, assistindo razão a Jayme Vegas Torres, que ensina que *ahora, ya no basta el convencimiento subjetivo del juzgador para que sea posible la condena. Debe tratarse de un convencimiento obtenido determinada manera: basado en elementos que puedan considerarse prueba, que hayan sido obtenidos de forma lícita y/o introducidos en el proceso de forma respetuosa con las garantías constitucionais y legales.*[25]

Como se vê, a busca da verdade, via de regra, não pode passar por cima da licitude da prova, tendo em vista que o direito à intimidade e à honra também estão tutelados constitucionalmente, impondo amarras na ação persecutória do Estado, que deve ser atenuada em garantia a direitos igualmente ou até mais relevantes. Não podemos aplicar normas positivadas em nosso direito se estiverem desarrazoadas e em contradição com outras normas de maior relevância no caso concreto, ou que não cumpram com seus propósitos.

A garantia da licitude da prova é, por conseguinte, um limite à busca desenfreada da verdade, não sendo o processo um campo de batalha em que são permitidas todas as armas para buscar a vitória, em desrespeito a valores de superior grandeza que comprometam o Estado de Direito, como bem salienta Hernando Devis Echandia.[26]

Assim, quando nos defrontamos com dois ou mais valores juridicamente tutelados e relevantes ao ordenamento jurídico, *v. g.* o direito à prova como integrante do direito de ação e o direito à privacidade, devemos encontrar um ponto de equilíbrio entre as garantias contrapostas. É nesse sentido que podemos afirmar não haver garantia total à mais ampla produção de provas, bem como temos a certeza de que não se pode vedar a produção de prova ilicitamente obtida de forma taxativa, sendo imperativa uma interpretação mais flexiva do Diploma Constitucional, sob pena de fecharmos os olhos às injustiças cometidas na preservação de valores de menor relevância em detrimento de outros de superior grandeza hierárquica.

---

[25] TORRES, Jayme Vegas *Apud* KNIJNIK. op. cit., p. 69.

[26] ECHANDIA, Hernando Devis. *Tratado de la* Prueba. p. 539: "El proceso contencioso no es un campo de batalla en el cual sean permitidos todos los medios útiles para triunfar; por el contrario, es un trámite legal para resolver jurídicamente los litigios en interés de la colectividad y secundariamente para tutelar los derechos particulares que en él se discuten".

Percebe-se, pois, a existência de limites ao direito à prova, devendo o processo ser feito dentro de uma escrupulosa regra moral, que rege a atividade das partes e do magistrado. A verdade que não seja, então, substancial, deve ser antes de tudo uma verdade judicial, prática e, sobretudo, não uma verdade obtida a qualquer preço, mas sim uma verdade processualmente válida.[27]

3. Prova ilícita e prova ilegítima

Convém, antes de adentrarmos na garantia da licitude das provas, diferenciar as provas ilícitas das provas ilegítimas. Parece-nos correta a posição de Nuvolone, que considera a prova ilícita e a prova ilegítima como sendo espécies do gênero prova vedada.[28] O referido jurista trata por prova vedada em sentido relativo a prova ilegítima,[29] e por prova vedada em sentido absoluto a prova ilícita.[30] O centro dessa distinção dar-se-ia no tocante à natureza da norma violada, podendo ser de ordem material ou processual. Não obstante, diferenciam-se também em relação ao momento da contrariedade ao ordenamento jurídico.

As provas vedadas, portanto, podem surgir em razão de infração ao direito material ou processual,[31] também ocorrendo no momento de sua obtenção, bem como de sua produção. A distinção entre prova ilícita e prova ilegítima dá-se, pois, em dois planos, o primeiro em relação à norma infringida e o segundo em razão do momento em que ocorre a ilegalidade.

Fala-se em prova ilegítima quando a norma violada é de ordem processual, enquanto a prova ilícita decorre de infração à norma de direito material. Assim, a ilegitimidade é conseqüência da ilegalidade no momento da produção da prova no processo, que ao ser introduzida viola uma ordem de natureza processual. Já a ilicitude é própria do

---

[27] GRINOVER, Ada Pellegrini. *As Nulidades no Processo Penal*, p. 130.

[28] NUVOLONE, Pietro. Le prove vietate nel processo penale nei paesi di diritto latino. *Rivista di Diritto Processuale*. v. 21/1996, p. 448: "Prova vietata significa prova che, in senso assoluto, o in senso relativo, è contraria a una specifica norma di legge o a un principio del diritto positivo"

[29] Idem, p. 449: "La prova è vietata in senso relativo, quando l'ordinamento giuridico, pur ammettendo un certo mezzo di prova (ad esempio, l'interrogatorio dell'imputato), ne condiziona la legittimità all'osservanza di determinate forme".

[30] Idem, ibidem: "La prova è vietata in senso assoluto, quando il diritto proibisce in ogni caso, qualunque ne sia il modo di assunzione, l'acquisizione di un certa prova da un punto di vista generale o limitadamente a un determinato oggetto".

[31] Idem, p. 470: "Un divieto ha natura esclusivamente processuale, quando è posto in funzione di interessi attinenti unicamente alla logica e alle finalità del processo; un divieto ha natura sostanziale, allorché, pur servendo mediatamente anche interessi processuali, è posto essenzialmente in funzione dei diritti che l'ordinamento riconosce ai singoli, indipendentemente dal processo... La violazione del divieto costituisce in entrambi i casi un'illegalità; ma mentre, nel primo caso, sarà solo un atto illegittimo, nel secondo caso sarà anche un atto illecito".

momento da obtenção, ou seja, a prova é colhida com infração a um direito material, a um direito fundamental. Trata-se de prova ilícita a que diz respeito ao seu momento formativo, enquanto ilegítima a que diz com o momento introdutório no processo.

Será ilícita a prova que for obtida com sacrifício a um direito material, usando-se como exemplo um documento que tenha sido subtraído ou uma confissão obtida por meio de tortura. A prova será, no entanto, ilegítima, quando, ao ser produzida, viole o direito instrumental, exemplificando-se com o testemunho de uma pessoa impedida. Em ambos os casos, estaremos diante de provas ilegais ou vedadas, que têm sua diferença justificada pelas conseqüências a elas aplicadas.

Quanto à prova ilegítima, não há dúvidas, ela é vedada, bastando a sanção erigida por meio da nulidade do ato cumprido e da ineficácia da decisão que se fundar sobre os resultados do acertamento.[32] A sanção prevista para o descumprimento de norma processual encontra-se na própria lei instrumental.[33] Problemas surgem quando da prova obtida por meios ilícitos, tendo em vista os diferentes entendimentos que variam desde a admissão em qualquer caso, até a rejeição peremptória de sua utilização.

4. Teorias doutrinárias sobre a prova ilícita

Destacam-se, no tocante à prova ilicitamente obtida, quatro correntes, em que uma aceita sem exceções a sua utilização, duas não admitem, em nenhuma hipótese, por diferentes fundamentações, e uma quarta, mais equilibrada, que igualmente veda a prova obtida por meio ilícito, mas que utiliza o princípio da proporcionalidade para, em casos excepcionais e graves, admitir essa prova.

A primeira corrente não permite tão-somente a prova ilegítima, eis por que afronta o ordenamento processual, aceitando a prova ilícita, quando validamente introduzida no processo. Sustenta essa teoria, que a prova somente pode ser afastada se o próprio ordenamento processual assim o determinar, devendo-se admitir a prova ilícita validamente introduzida, punindo-se, contudo, quem agir *contra ius*.[34] Daí porque dizer que a prova ilícita que não seja também ilegítima deva ser validada, sem prejuízo de sanção ao responsável pela ilicitude. É o princípio do *male captum, bene retentum*. Essa posição é rejeitada pela doutrina moderna, visto que incentivaria a prática de atos ilícitos pelos agentes públicos.

---

[32] GRINOVER, Ada Pellegrini *et al.* As Nulidades no Processo Penal, p. 131.

[33] RABONEZE, Ricardo. *Provas Obtidas por Meios Ilícitos*, 15-16.

[34] BERGMANN, Érico. *Prova Ilícita: a Constituição de 1988 e o princípio da proporcionalidade*, p. 14.

A segunda corrente considera inadmissível a prova ilícita em razão da visão unitária do ordenamento jurídico. Para seus defensores, não se pode admitir a prova mesmo que não viole norma processual, pois a ilicitude é conceito geral do direito, contaminando todo o ordenamento, e não apenas o direito material, sendo ineficaz também no plano processual.

A terceira teoria, melhor fundamentada, não admite as provas obtidas ilicitamente, tendo em vista o prisma constitucional, pois estar-se-ia violando norma constitucional, como a liberdade, a honra, a privacidade e até mesmo a dignidade da pessoa humana. Uma prova colhida com a infringência de direitos fundamentais do indivíduo seria uma prova inconstitucional, devendo ser proibida mesmo que não seja ilegítima, advindo a vedação das normas constitucionais.

Finalmente, destaca-se a quarta corrente, que como regra não admite as provas ilicitamente obtidas, mas, excepcionalmente, adotando o princípio da proporcionalidade do direito alemão (semelhante à razoabilidade prevista no direito norte-americano), permite a sua utilização, desde que seja a única forma possível e razoável para proteger outros valores fundamentais e tidos como mais urgentes na concreta avaliação do julgador.[35] Abranda-se a proibição em casos excepcionalmente graves e quando a prova ilícita for a única a ser produzida com o objetivo de tutelar outros direitos constitucionalmente valorados, verificando-se a proporcionalidade entre a infringência à norma e os valores que a produção da prova possa proteger pela via processual.

5. O princípio da proporcionalidade

É sabido que as garantias processuais, como referido anteriormente, não são absolutas, merecendo reverência na medida em que sirvam às consecuções dos fins do processo, e só em tal medida.[36] Aliás, freqüentemente encontramos valores fundamentais conflitantes, sendo necessária a relativização de uns em prol da salvaguarda de outros, tendo em vista a manutenção harmônica de todo o conjunto.

Assim, fez-se necessária a criação de um mecanismo racional, capaz de outorgar a devida segurança jurídica à sociedade, garantindo a observação da norma quando cumpra sua função. O que se pretende é a garantia do Estado de Direito, não se permitindo a aplicação de normas desarrazoadas quando em confronto com o ordenamento vigente. Nenhuma norma pode ser entendida distante do contexto em que se insere, devendo ter sua aplicação restringida na medida em que

---
[35] Idem, p. 16.
[36] BARBOSA MOREIRA, op. cit., p. 14.

afronte disposições outras de maior envergadura ou não cumpra com seus objetivos originários.[37]

É nesse contexto que se origina o princípio da proporcionalidade (*verhältnismässigkeitsprinzip*), de origem suíça, mas que encontrou maior aplicabilidade no direito alemão. Foi reconhecido, sistematicamente, pela primeira vez, na decisão do Tribunal Constitucional Alemão, no caso *elfes* (Elfes x Urteil): *As leis, para serem constitucionais, não basta que hajam sido formalmente exaradas. Devem estar também materialmente em consonância com os superiores valores básicos da ordem fundamental liberal e democrática, bem como com a ordem valorativa da Constituição, e ainda hão de guardar, por igual, correspondência com os princípios elementares não escritos da lei maior, bem como com as decisões tutelares da Lei Fundamental, nomeadamente as que entendem como o axioma da estabilidade jurídica e o princípio do Estado Social.*[38]

No Brasil, é defendido como princípio do interesse preponderante.[39] Permite-se, com a aplicação dessa teoria, a fuga às soluções radicais, utilizando-se um critério mais matizado, que leva em conta o caso concreto, permitindo ao juiz balancear os interesses em jogo. Pode-se definir a proporcionalidade como o vínculo constitucional capaz de limitar os fins de um ato estatal e os meios eleitos para que tal finalidade seja alcançada.

Conforme ressalta Gilmar Ferreira Mendes, o princípio da proporcionalidade é considerado como derivação do postulado do Estado de Direito (*rechtsstaatsprinzip*) e exige que a lei consagre as limitações estritamente necessárias à tutela do bem jurídico constitucionalmente reconhecido.[40] *A lei, para corresponder ao princípio da reserva da lei proporcional, deverá ser simultaneamente adequada* (geeignet), *necessária* (notwendig) *e razoável* (angemessen).[41]

Portanto, o meio empregado deve ser adequado e exigível para que seja atingido o fim almejado. Ele é adequado, quando com o seu auxílio pode-se promover o resultado desejado; é exigível, quando não poderia ter sido escolhido outro igualmente eficaz, sendo um meio não-prejudicial ou portador de uma limitação menos perceptível a direito fundamental.[42] Deve-se atentar, também, à *proporcionalidade stricto sensu*, em que há obrigação de fazer uso de meios adequados, e proibição quanto ao uso de meios desproporcionais

---

[37] USTÁRROZ, Daniel. *op. cit.*

[38] *Apud* BONAVIDES, Paulo. *Curso de Direito Constitucional.* 6ª ed. São Paulo: Malheiros, p. 384.

[39] ARANHA, Adalberto José de Camargo, *apud* BAPTISTA DA SILVA, Ovídio. *Curso de Processo Civil*, 4ª ed., v.1, p. 358.

[40] FERREIRA MENDES, *apud* BERGMANN, *op. cit.*, p. 17.

[41] SCHOLLER, Heinrich. O princípio da proporcionalidade no direito constitucional e administrativo da Alemanha. *Revista do Interesse Público*, nº 2, p. 97.

[42] RABONEZE, *op. cit.*, p. 21.

No que tange às provas ilicitamente obtidas, a doutrina moderna tem aplicado o princípio da proporcionalidade para atenuar a vedação absoluta, visando a corrigir possíveis distorções a que a rigidez da exclusão poderia levar em casos de excepcional gravidade, pois nenhuma liberdade pública é absoluta.[43] É utilizado em caráter excepcional e em casos extremamente graves, buscando um equilíbrio entre os valores fundamentais contrastantes, visto que às vezes a observância intransigente de uma norma constitucional pode levar à lesão de outro direito fundamental ainda mais valorado.

Para que se admita a prova obtida por meios ilícitos, cumpre verificar se a transgressão explicava-se por autêntica necessidade, suficiente para tornar escusável o comportamento da parte, e se esta manteve-se nos limites determinados pela necessidade. Perquire-se, também, se existia a possibilidade de provar a alegação por meios regulares, e se a infração gerou dano inferior ao benefício trazido à instrução do processo, escolhendo-se o menor mal.[44]

Assim, admitir-se-ia, por exemplo, uma interceptação telefônica não autorizada judicialmente, mas que fosse a única prova capaz de inocentar o réu, tendo em vista a necessidade da transgressão para preservar o bem maior da liberdade de um em detrimento da privacidade de outrem.

Os Tribunais alemães têm admitido, excepcionalmente, as provas ilícitas, em sendo a única forma possível e razoável para a preservação de outros valores fundamentais, considerados de maior relevância no caso concreto segundo a avaliação do julgador. Utiliza-se a prova ilícita para expungir possíveis distorções ou para evitar resultados desproporcionais, estabelecendo o equilíbrio de todo o sistema jurídico. Trata-se de relativização do princípio constitucional que veda a prova ilícita, baseada num equilíbrio entre valores fundamentais conflitantes.[45] Reconhece-se a inconstitucionalidade da prova ilícita, mas permite-se ao juiz cotejar os princípios protegidos para escolher o caminho mais justo, sopesando os valores postos em conflito para que seja preservado o Estado de Direito.

Tecem-se críticas quanto à aplicação do princípio da proporcionalidade, que seria perigosa por sua própria subjetividade.[46] Entretanto,

---

[43] MORAES, *op. cit.* p. 261.

[44] PHILLIPPE, Xavier. *Le Contrôle de Proportionnalité dans les Jurisprudences Constitutionelle et Administrative Françaises*. 2ª ed. Marseille: Aix, 1994, p. 46.

[45] BERGMANN, *op. cit.*, p. 16.

[46] TROCKER, Nicolò. *op. cit.*, p. 239-240: "I principi testé menzionati sono strumenti non poco pericolosi per la determinazione dei divieti probatori; infatti, fintantoché manchi una chiara determinazione del contenuto e della portata dei diritti fondamentali, esiste il pericolo che i giudici fraintendano il vero significato del verhältnismässigkeitsprinzip e lo portino ad applicazioni costituzionalmente dubbie" – 239-240.

é um instrumento necessário para a salvaguarda e a manutenção do justo equilíbrio entre os valores conflitantes, hoje estendendo-se a todos os ramos do direito alemão. Ademais, *a subjetividade do julgador atua constante e inevitavelmente no modo de dirigir o processo e de decidir*.[47] Deve-se, é claro, limitar a utilização do princípio da proporcionalidade, não constituindo um pseudocritério para a solução de todos os problemas de avaliação.[48]

6. As provas ilícitas e o princípio da proporcionalidade no ordenamento jurídico brasileiro

Atualmente, o art. 5º, LVI, da Constituição da República Federativa do Brasil, consagra a vedação absoluta das provas ilicitamente obtidas, mas mesmo anteriormente à Constituição de 05 de outubro de 1988, já havia uma forte tendência e um posicionamento majoritário no sentido de proibir a utilização dessas provas no processo, tendo em vista o disposto no art. 332, do CPC, que admite "todos os meios legais, bem como os moralmente legítimos" de prova. A conclusão que se extrai é que o direito pátrio mesmo antes da Constituição de 1988 proibia as provas ilícitas, pois o dispositivo sob comento, mesmo sendo novo na esfera constitucional, já era previsto na legislação processual, tendo o constituinte tornado formalmente constitucional uma tendência majoritária.[49]

Esse tem sido o entendimento doutrinário prevalente no Brasil, em que as provas ilícitas são repudiadas, tendo em vista a necessidade de uma conduta processual limpa, sendo o processo um trâmite legal, devendo ser feito dentro de uma escrupulosa regra moral. Portanto, a busca de um fiel retrato da realidade histórica não pode justificar condutas reprováveis, que violem garantias fundamentais. Entretanto, não obstante a taxatividade do Texto Constitucional, percebe-se que os doutrinadores pátrios, muito embora rejeitem as provas ilicitamente obtidas, têm propugnado uma sorte de abrandamento dessa vedação, fazendo-se *certas ressalvas que resultam da sua interpretação finalística teleológica e da sua inserção sistemática no contexto das normas protetoras do direito processual penal.*[50]

Assim, não se admite, como regra, a prova ilícita, mas, em casos excepcionais deve-se flexibilizar a interpretação do dispositivo constitucional, pois *afastar por completo a possibilidade de o juiz determinar a*

---

[47] BARBOSA MOREIRA, *op. cit.* p. 16.
[48] JAKOBS, Michael. *apud* BERGMANN, *op. cit.* p. 22.
[49] BASTOS, *op. cit.*, p. 273.
[50] Idem, p. 274.

produção de uma prova ilícita significa aceitar um provimento jurisdicional que pode não corresponder à realidade substancial.[51]

O tema da prova ilícita é muito controverso, pois de um lado seria repulsivo que se pudesse *tirar proveito de uma ação antijurídica e, em não poucos casos, antiética; de outro, há o interesse público de assegurar ao processo resultado justo, o qual normalmente impõe que não se despreze elemento algum capaz de contribuir para o descobrimento da verdade.*[52]

A doutrina moderna tem-se manifestado no sentido da adoção do princípio da proporcionalidade no direito pátrio,[53] atenuando a vedação absoluta constitucionalmente prevista, para, em casos excepcionais, admitir a prova ilicitamente obtida, tendo em vista a preservação do Estado de Direito.

Diferentemente tem sido o posicionamento jurisprudencial que, tems-se mostrado mais relutante na aceitação da importação da teoria da proporcionalidade do direito alemão, como pode-se perceber pela leitura da ementa do *Habeas Corpus* 80949/RJ,[54] Relator Ministro Sepúl-

---

[51] BEDAQUE, *op. cit.*, p. 186.

[52] BARBOSA MOREIRA, *op. cit.* p. 26.

[53] Nesse sentido CELSO RIBEIRO BASTOS, BARBOSA MOREIRA, NÉLSON NERY JR. e outros.

[54] I. *Habeas corpus*: cabimento: prova ilícita. 1. Admissibilidade, em tese, do habeas corpus para impugnar a inserção de provas ilícitas em procedimento penal e postular o seu desentranhamento: sempre que, da imputação, possa advir condenação a pena privativa de liberdade: precedentes do Supremo Tribunal. II. Provas ilícitas: sua inadmissibilidade no processo (CF, art. 5º, LVI): considerações gerais. 2. Da explícita proscrição da prova ilícita, sem distinções quanto ao crime objeto do processo (CF, art. 5º, LVI), resulta a prevalência da garantia nela estabelecida sobre o interesse na busca, a qualquer custo, da verdade real no processo: conseqüente impertinência de apelar-se ao princípio da proporcionalidade - à luz de teorias estrangeiras inadequadas à ordem constitucional brasileira - para sobrepor, à vedação constitucional da admissão da prova ilícita, considerações sobre a gravidade da infração penal objeto da investigação ou da imputação. III. Gravação clandestina de "conversa informal" do indiciado com policiais. 3. Ilicitude decorrente - quando não da evidência de estar o suspeito, na ocasião, ilegalmente preso ou da falta de prova idônea do seu assentimento à gravação ambiental - de constituir, dita "conversa informal", modalidade de "interrogatório" sub-reptício, o qual - além de realizar-se sem as formalidades legais do interrogatório no inquérito policial (C.Pr.Pen., art. 6º, V) - se faz sem que o indiciado seja advertido do seu direito ao silêncio. 4. O privilégio contra a auto-incriminação - nemo tenetur se detegere -, erigido em garantia fundamental pela Constituição - além da inconstitucionalidade superveniente da parte final do art. 186 C.Pr.Pen. - importou compelir o inquiridor, na polícia ou em juízo, ao dever de advertir o interrogado do seu direito ao silêncio: a falta da advertência - e da sua documentação formal - faz ilícita a prova que, contra si mesmo, forneça o indiciado ou acusado no interrogatório formal e, com mais razão, em "conversa informal" gravada, clandestinamente ou não. IV. Escuta gravada da comunicação telefônica com terceiro, que conteria evidência de quadrilha que integrariam: ilicitude, nas circunstâncias, com relação a ambos os interlocutores. 5. A hipótese não configura a gravação da conversa telefônica própria por um dos interlocutores - cujo uso como prova o STF, em dadas circunstâncias, tem julgado lícito - mas, sim, escuta e gravação por terceiro de comunicação telefônica alheia, ainda que com a ciência ou mesmo a cooperação de um dos interlocutores: essa última, dada a intervenção de terceiro, se compreende no âmbito da garantia constitucional do sigilo das comunicações telefônicas e o seu registro só se admitirá como prova, se realizada mediante prévia e regular autorização judicial. 6. A prova obtida mediante a escuta gravada por terceiro de conversa telefônica alheia é patentemente ilícita em relação ao interlocutor insciente da intromissão indevida, não importando o conteúdo do diálogo assim captado. 7. A ilicitude da escuta e

veda Pertence, julgado em 30/10/2001, que traz da *explícita proscrição da prova ilícita, sem distinções quanto ao crime objeto do processo (CF, art. 5º, LVI), a prevalência da garantia nela estabelecida sobre o interesse na busca, a qualquer custo, da verdade real no processo: conseqüente impertinência de apelar-se ao princípio da proporcionalidade - à luz de teorias estrangeiras inadequadas à ordem constitucional brasileira - para sobrepor, à vedação constitucional da admissão da prova ilícita*. Percebe-se, pois, a posição do STF, que nega a aplicação do princípio da proporcionalidade no direito brasileiro. No entanto, mesmo que não se adote expressamente o princípio da proporcionalidade, diversos arestos admitem a prova ilícita para absolver o réu, o que evidencia a relativização da garantia constitucional.

Não obstante a admissão da prova ilícita *pro reo*, pois como bem salienta Barbosa Moreira *o direito de provar a inocência deve prevalecer sobre o interesse de proteção que inspira a norma proibitiva*, pois *não pode interessar para o Estado a condenação de um inocente, a qual implicará, talvez, a impunidade do verdadeiro culpado*,[55] o Ministro Nelson Jobim, no *Habeas Corpus* 75338-8/RJ, em 11/03/1998, referiu ser *o princípio da proporcionalidade o instrumento de controle* para limitar o direito à privacidade quando em conflito com outros direitos. No mesmo sentido foi o posicionamento do mais novo Ministro do Supremo Tribunal Federal, Gilmar Ferreira Mendes, comentando voto do Ministro Moreira Alves no julgamento do mérito das Ações Diretas de Inconstitucionalidade nºs 966-4 e 958-3.[56]

Assiste razão, portanto, a Avolio, quando expressa que a teoria da proporcionalidade é *reconhecida no Brasil pela doutrina, especialmente a*

---

gravação não autorizadas de conversa alheia não aproveita, em princípio, ao interlocutor que, ciente, haja aquiescido na operação; aproveita-lhe, no entanto, se, ilegalmente preso na ocasião, o seu aparente assentimento na empreitada policial, ainda que existente, não seria válido. 8. A extensão ao interlocutor ciente da exclusão processual do registro da escuta telefônica clandestina - ainda quando livre o seu assentimento nela - em princípio, parece inevitável, se a participação de ambos os interlocutores no fato probando for incindível ou mesmo necessária à composição do tipo criminal cogitado, qual, na espécie, o de quadrilha. V. Prova ilícita e contaminação de provas derivadas (fruits of the poisonous tree). 9. A imprecisão do pedido genérico de exclusão de provas derivadas daquelas cuja ilicitude se declara e o estágio do procedimento (ainda em curso o inquérito policial) levam, no ponto, ao indeferimento do pedido.

[55] BARBOSA MOREIRA, *op. cit.*, p. 17-18.

[56] FERREIRA MENDES, Gilmar. A proporcionalidade na jurisprudência do Supremo Tribunal Federal. *Repertório IOB de Jurisprudência*, nº 23/94, p. 475: "Essa decisão consolida o desenvolvimento do princípio da proporcionalidade ou da razoabilidade como postulado constitucional autônomo que tem a sua sedes materiae na disposição constitucional que disciplina o devido processo legal (art. 5º, LIV). Por outro lado, afirma-se de maneira inequívoca a possibilidade de se declarar a inconstitucionalidade de lei em caso de sua dispensabilidade (inexigibilidade), inadequação (falta de utilidade para o fim perseguido) ou de ausência de razoabilidade em sentido estrito (desproporção entre o objetivo perseguido e o ônus imposto ao atingido)".

administrativa, e vem sendo esporadicamente aplicada pela jurisprudência, principalmente no que se refere à admissibilidade da prova ilícita pro reo.[57]

Aliás, a aplicação do princípio da proporcionalidade no direito pátrio justifica-se legalmente, conforme percebe-se na Lei 9.784/99, que regula o processo administrativo no âmbito da Administração Pública Federal, e que traz expressa, em seu art. 2º, a obediência da Administração Pública, dentre outros princípios, ao princípio da proporcionalidade.

Entendemos que a aplicação do princípio da proporcionalidade é uma tendência dos ordenamentos jurídicos modernos, sendo necessária a sua adoção no direito pátrio, a fim de preservar o Estado de Direito, admitindo-se, em caráter excepcional, as provas ilicitamente obtidas quando for a única forma de preservar um direito fundamental de maior valia no caso concreto, ou seja, quando houver necessidade, adequação e proporcionalidade *stricto sensu*.

Cremos que estas regras abrem as portas para uma interpretação ponderada e equilibrada do Texto Constitucional, permitindo que se dê eficácia ao propósito de banir as provas ilícitas sem contudo extremar este princípio a ponto de se permitir a eficácia de outros direitos constitucionais também fartamente protegidos, como o da ampla defesa.[58]

Deve-se ter em conta que a admissão de uma prova ilícita deve ocorrer tendo em vista a preservação de um direito constitucional mais encarecido e valorado que aquele cuja violação se deu, buscando sempre a preservação de garantias hierarquicamente superiores no caso concreto, por meio da aplicação do *verhältnismässigkeitsprinzip*.

7. Provas ilícitas por derivação

Para Ada Pellegrini Grinover, são provas ilícitas por derivação aquelas que *são em si mesmas lícitas, mas a que se chegou por intermédio de informação obtida pela prova ilicitamente colhida*.[59] Trata-se de um tema de certa forma recente e longe de ser pacífico na jurisprudência pátria, consistindo na aplicação pelos nossos Tribunais da doutrina norte-americana dos *fruits of the poisonous tree*, ou seja, os "frutos da árvore venenosa". Assim, tem-se que as provas que se originam de uma prova ilícita estariam contaminadas pela sua ilegalidade, pois não se poderia aproveitar os frutos de uma árvore venenosa.

No Brasil, o Supremo Tribunal Federal manifestou-se pela primeira vez acerca das provas ilícitas por derivação quando do julgamento

---
[57] AVOLIO, Luiz Francisco Torquato. *Provas Ilícitas*. p. 162.
[58] BASTOS, *op. cit.* p. 276.
[59] GRINOVER, *As Nulidades*. p. 135.

do *Habeas Corpus* 69912-0/RS, publicado no Diário de Justiça da União de 26.11.93.[60] Nesse julgamento, o Supremo Tribunal Federal decidiu, por maioria de votos, indeferir o *Habeas Corpus*, considerando que as provas decorrentes de uma gravação telefônica ilícita não estariam contaminadas pelo seu vício.

O referido *decisum* deu-se por seis votos a cinco, o que demonstrava inequivocamente a controvérsia da admissão, no Brasil, da teoria dos "frutos da árvore venenosa". Entretanto, o paciente impetrou Mandado de Segurança em razão de o filho do eminente Ministro Néri da Silveira, o Procurador da República Domingos Sávio Dresch da Silveira ter atuado pelo Ministério Público no processo condenatório. O Mandado de Segurança não foi conhecido, mas o Tribunal reconheceu o impedimento alegado, deferindo *Habeas Corpus* de ofício para anular o julgamento anterior.

Em razão da anulação do julgamento anterior, o Tribunal pleno reuniu-se novamente para julgar o *Habeas Corpus* impetrado, agora sem o voto do Ministro impedido, que havia votado pelo seu indeferimento. Por essa razão, a decisão definitiva foi pelo deferimento da ordem, conforme acórdão publicado no DJU de 25.03.1994 (LEX STF 186-361).[61]

Mesmo com o julgado que considerava contaminadas as provas derivadas de uma prova ilícita, tendo em vista que em caso de empate deve-se conceder a ordem ao paciente, ainda permanecia uma maioria de votos contrários à importação da doutrina americana da teoria dos *fruits of the poisonous tree*. Ocorre que, com a aposentadoria do brilhante Ministro gaúcho Paulo Brossard de Souza Pinto, defensor da incomunicabilidade da ilicitude das provas, e a posse do novo Ministro Maurício Corrêa, reacendeu-se a discussão acerca do controvertido tema.

Tal dúvida foi dissipada em 08.11.1995, quando o Ministro Maurício Corrêa, Relator do *Habeas Corpus* 72.588-1/PB votou pela inadmissibilidade das provas derivadas de uma prova ilícita, invertendo a anterior maioria de nossa Corte Superior. Assim, por maioria de votos,

---

[60] LEX-STF 183/290-330.

[61] Eis a íntegra da ementa: "Prova ilícita: escuta telefônica mediante autorização judicial: afirmação pela maioria da exigência de lei, até agora não editada, para que, 'nas hipóteses e na forma' por ela estabelecidas, possa o juiz, nos termos do art. 5º, XII, da Constituição, autorizar a interceptação de comunicação telefônica para fins de investigação criminal; não obstante, indeferimento inicial do habeas corpus pela soma dos votos, no total de seis, que, ou recusaram a tese da contaminação das provas decorrentes da escuta telefônica, indevidamente autorizada, ou entenderam ser impossível, na via processual do *habeas corpus*, verificar a existência de provas livres da contaminação e suficientes a sustentar a condenação questionada; nulidade da primeira decisão, dada a participação decisiva, no julgamento, de Ministro impedido (MS 21.750, 24.11.93, Velloso); conseqüente renovação do julgamento, no qual se deferiu a ordem pela prevalência dos cinco votos vencidos no anterior, no sentido de que a ilicitude da interceptação telefônica - à falta de lei que, nos termos constitucionais, venha a disciplina-la e viabilizá-la - contaminou, no caso, as demais provas, todas oriundas, direta ou indiretamente, das informações obtidas na escuta (*fruits of the poisonous tree*), nas quais se fundou a condenação do paciente.

em 12.06.1996, era deferido *Habeas Corpus* considerando contaminados os frutos da árvore venenosa.[62]

Necessário trazer à baila alguns posicionamentos expressados nos julgados supra-referidos, para que se possa perceber o real alcance da ilicitude por derivação em nosso ordenamento jurídico, ressaltando pontos favoráveis e contrários à doutrina norte-americana.

Primeiramente, percebe-se que a maioria dos casos versa sobre gravações telefônicas que, mesmo com autorização judicial, deram-se anteriormente à Lei 9296/96, e que portanto seriam provas ilícitas. Essas gravações, em sua maioria, serviram para descobrir traficantes de drogas, motivo pelo qual a maioria dos votos contrários à contaminação das provas derivadas da prova ilícita foram no sentido de coibir o tráfico de entorpecentes, que como bem ressalta o Ministro Paulo Brossard, é reiteradamente expurgado pela Constituição da República Federativa do Brasil. Assevera o eminente Ministro que *o comércio de drogas não conhece fronteiras e sua força expansiva não tem rival, tendo em vista a lucratividade que oferece; como o jogo, que não distingue classes sociais e abarca na sua vertigem, as mais belas expressões de inteligências, como as mais toscas figuras humanas, o entorpecente penetra tanto nos salões mais elegantes e fidalgos como nas masmorras mais miseráveis.*[63]

Nesse mesmo sentido é o voto do Ministro Carlos Velloso, no HC 72.588-1/PB, argumentando que *a questão dos "fruits of the poisonous tree" há de ser encarada com cautela, a fim de não servir de biombo encobridor de delitos, num tempo em que, a violência e os crimes do narcotráfico assumem proporções inquietantes.*

---

[62] EMENTA: HABEAS-CORPUS. CRIME QUALIFICADO DE EXPLORAÇÃO DE PRESTÍGIO (CP, ART. 357, PÁR. ÚNICO). CONJUNTO PROBATÓRIO FUNDADO, EXCLUSIVAMENTE, DE INTERCEPTAÇÃO TELEFÔNICA, POR ORDEM JUDICIAL, PORÉM, PARA APURAR OUTROS FATOS (TRÁFICO DE ENTORPECENTES): VIOLAÇÃO DO ART. 5º, XII, DA CONSTITUIÇÃO. 1. O art. 5º, XII, da Constituição, que prevê, excepcionalmente, a violação do sigilo das comunicações telefônicas para fins de investigação criminal ou instrução processual penal, não é auto-aplicável: exige lei que estabeleça as hipóteses e a forma que permitam a autorização judicial. Precedentes. a) Enquanto a referida lei não for editada pelo Congresso Nacional, é considerada prova ilícita a obtida mediante quebra do sigilo das comunicações telefônicas, mesmo quando haja ordem judicial (CF, art. 5º, LVI). b) O art. 57, II, *a*, do Código Brasileiro de Telecomunicações não foi recepcionado pela atual Constituição (art. 5º, XII), a qual exige *numerus clausus* para a definição das hipóteses e formas pelas quais é legítima a violação do sigilo das comunicações telefônicas. 2. A garantia que a Constituição dá, até que a lei o defina, não distingue o telefone público do particular, ainda que instalado em interior de presídio, pois o bem jurídico protegido é a privacidade das pessoas, prerrogativa dogmática de todos os cidadãos. 3. As provas obtidas por meios ilícitos contaminam as que são exclusivamente delas decorrentes; tornam-se inadmissíveis no processo e não podem ensejar a investigação criminal e, com mais razão, a denúncia, a instrução e o julgamento (CF, art. 5º, LVI), ainda que tenha restado sobejamente comprovado, por meio delas, que o Juiz foi vítima das contumélias do paciente. 4. Inexistência, nos autos do processo-crime, de prova autônoma e não decorrente de prova ilícita, que permita o prosseguimento do processo. 5. Habeas-corpus conhecido e provido para trancar a ação penal instaurada contra o paciente, por maioria de 6 votos contra 5.

[63] LEX STF 183, p. 313.

Já os Ministros Moreira Alves e Sydney Sanches trazem exemplos interessantes de casos em que as provas decorrentes de uma prova ilícita deveriam ser admitidas para evitar a impunidade. Poder-se-ia formular um exemplo no sentido de que um professor coordenasse o tráfico de drogas dentro do colégio em que leciona, fazendo com que vários alunos seus, adolescentes e crianças, ficassem viciados e, por meio de uma gravação clandestina, fosse descoberto todo o esquema de venda de substâncias entorpecentes, invadindo-se a casa do referido "mestre" e lá encontrando cem quilos de cocaína. Posteriormente, tanto em sede policial como judicial, o professor confessasse o delito e delatasse toda a quadrilha, descobrindo-se, também, que o tráfico ocorria em todas as escolas do Município. Ora, como admitir, sob a alegação de que todas as provas do tráfico derivavam de uma prova ilícita, incluindo a apreensão da droga, a confissão e a descoberta de todos os envolvidos, que não possam elas embasar um juízo condenatório do professor e sua quadrilha?

Como ressalta Moreira Alves, no HC 72.588-1/PB, só faltaria que, *sob pena de confisco ilícito, se teria que devolver ao traficante a cocaína apreendida com o carimbo de que se trata de mercadoria ilícita insusceptível de apreensão por ter sido trancada a ação penal e, portanto, não ser ela objeto de crime.*

Em sentido contrário, bem expressa o Ministro Sepúlveda Pertence, Relator do HC 69.912-0/RS, o posicionamento majoritário do Supremo Tribunal Federal de que *essa doutrina da invalidade probatória do "fruits of the poisonous tree" é a única capaz de dar eficácia à garantia constitucional da inadmissibilidade da prova ilícita.*[64]

Nesse mesmo sentido é o magistério de Ada Pellegrini Grinover, que considera como posição mais sensível às garantias da pessoa humana, e conseqüentemente mais intransigente com os princípios e normas constitucionais, a ilicitude da obtenção da prova transmitir-se às provas derivadas, que seriam, assim, igualmente banidas do processo.[65]

Entendemos que essas questões teriam uma solução mais justa com a adoção do princípio da proporcionalidade que, em casos excepcionais como o do nosso professor traficante, admitiriam a prova mesmo que ilicitamente obtida para proteger direitos superiores, levando-se em conta a soma da proteção do Estatuto da Criança e do Adolescente, a saúde pública e os dispositivos constitucionais que reiteradamente mostram o interesse do constituinte em abolir o "tráfico ilícito de entorpecentes e drogas afins".

---

[64] Idem, p. 300.
[65] GRINOVER, *As nulidades*, p. 135.

Certo é que o direito norte-americano, precursor do *fruits of the poisonous tree*, não adota um posicionamento radical no sentido de vedar toda e qualquer prova derivada de uma prova ilícita, trazendo algumas exceções à *exclusary rule*. Assim, não há vedação probatória das provas derivadas da ilícita, quando a conexão entre umas e outra é tênue, de modo a não se colocarem a primária e as secundárias como causa e efeito; ou, ainda, quando as provas derivadas da ilícita poderiam ser descobertas por outra maneira. Fala-se, no primeiro caso, em *independent source* e, no segundo, na *inevitable discovery*. Isso significa que se a prova ilícita não foi absolutamente determinante para o descobrimento das derivadas, ou se estas derivam de fonte própria, não ficam contaminadas e podem ser produzidas em juízo.[66]

Danilo Knijnik acrescenta às exceções da "Fonte Independente" e da "Descoberta Inevitável", a "Limitação da Descontaminação" (*The Purged Taint Limitation*), *segundo a qual, embora ilícita a prova, poderá intervir no processo de apropriação um acontecimento capaz de purgar o veneno, imunizando assim os respectivos frutos obtidos.*[67] O eminente jurista ressalta, ainda, que três seriam as hipóteses de descontaminação: *a existência de um largo espaço de tempo entre a ilegalidade e a obtenção da prova; a intervenção de fatores independentes e adicionais; e o grau de ilegalidade na conduta do agente policial.*[68] Por fim, acrescenta a "limitação da Boa-Fé" (*The Good Faith Exception*), ressaltando ser a mais discutível e nem sempre aceita.[69]

No intuito de respeitarmos a norma esculpida na Constituição da República Federativa do Brasil, percebemos que a comunicabilidade da ilicitude seria a única forma de preservarmos alguns direitos fundamentais, como a própria garantia da licitude da prova, visto que esta seria vilipendiada se fossem permitidas as provas que decorreram daquela ilicitamente obtida, pois, não obstante a sua vedação, estaria ela produzindo efeitos. Contudo, parece-nos salutar a adoção das atenuações trazidas pela doutrina norte-americana.

Conclusão

A vedação das provas ilicitamente obtidas é, sem sombra de dúvidas, um tema muito polêmico e longe de uma solução pacífica. Entendemos, entretanto, que se faz necessário mitigar o dispositivo

---
[66] Idem, p. 135-6.
[67] KNIJNIK, *op. cit.*, p. 79.
[68] Idem, p. 81.
[69] Idem, ibidem.

constitucional que proíbe sua utilização no processo, tendo em vista a preservação de todo o ordenamento jurídico.

Freqüentemente encontramos valores fundamentais em conflito, razão pela qual devemos optar pela preservação daquele que seja mais importante no caso concreto, mediante a utilização do princípio da proporcionalidade. Assim, por exemplo, o direito à liberdade deve prevalecer sobre a vedação das provas ilícitas, sendo admissível uma gravação sub-reptícia quando for a única prova cabal para absolver um inocente. Contudo, não poderíamos admitir essa mesma prova ilícita, com violação ao direito à privacidade, para a mera cobrança de uma dívida, sobretudo quando já houver outras provas que atestem sua existência.

O dispositivo constitucional deve ser respeitado, sim, mas não de forma absoluta, comportando uma sorte de abrandamento quando necessário à preservação de garantias de maior relevância. Nesse mesmo sentido, necessária a proibição das provas ilícitas por derivação, para que não se torne inútil a vedação constitucional das provas ilicitamente obtidas, que muito embora desconsideradas, poderiam gerar efeitos. Salientamos, no entanto, que é imperativa a aplicação das atenuações previstas no direito norte-americano, sempre buscando a preponderância dos valores mais importantes no caso concreto.

Em suma, o direito à prova e a busca da verdade histórica encontram barreiras como a garantia da licitude da prova. Entretanto, compartilhamos do entendimento de que não há nenhum direito absoluto e, portanto, pode-se admitir, excepcionalmente, a utilização no processo de uma prova colhida com infração a algum direito material, inclusive constitucional, desde que seja a única forma de garantir a preservação de um valor fundamental de superior hierarquia no processo em questão.

É nesse sentido que propugnamos pela aplicação do princípio da proporcionalidade no direito brasileiro, como, aliás, tem sido o entendimento majoritário de nossos doutrinadores. Consideramos que a Lei 9.784/99 já nos traz um dispositivo legal a justificar sua aplicação em nossos julgados, o que tem ocorrido esparsamente em alguns Tribunais, muitas vezes sem a adoção expressa de sua nomenclatura, mas com a preponderância de alguns princípios em detrimento de outros, no intuito de preservar todo o sistema, de preservar o Estado de Direito.

Bibliografia

AGUIAR SILVA, João Carlos Pestana de. *A Constituição Federal de 1988 e o Processo Civil*. Livro de Estudos Jurídicos, 1991.

AVOLIO, Luiz Francisco Torquato. *Provas Ilícitas: interceptações telefônicas e gravações clandestinas, atualizada em face da Lei 9296/96 e da jurisprudência.* 2ª ed., rev., atual. e ampl. São Paulo: Revista dos Tribunais, 1999.

BAPTISTA DA SILVA, Ovídio Araújo. *Curso de Processo Civil.* v. 1, 4ª ed. rev. e atual. São Paulo: Revista dos Tribunais, 1998.

BARBOSA MOREIRA, José Carlos. A Constituição e as provas ilicitamente adquiridas. *Revista da Ajuris.* nº 68, p. 13-27.

——. Miradas sobre o processo civil contemporâneo. *Revista da Ajuris,* nº 65.

BASTOS, Celso Ribeiro e MARTINS, Ives Gandra. *Comentários à Constituição do Brasil: promulgada em 5 de outubro de 1988.* v.2. São Paulo: Saraiva, 1989.

BEDAQUE, José Roberto dos Santos. Garantia da amplitude da produção probatória. In *Garantias Constitucionais do Processo Civil.* Revista dos Tribunais, 1999.

BERGMANN, Érico R. *Prova Ilícita: A Constituição de 1988 e o princípio da proporcionalidade.* Porto Alegre: Escola Superior do Ministério Público, 1992.

BONAVIDES, Paulo. *Curso de Direito Constitucional.* 6ª ed. rev. atual. ampl. São Paulo: Malheiros, 1996.

CARNELUTTI, Francesco. *La Prova Civile: parte generale.* Milano: Giuffrè, 1992.

CINTRA, Antônio Carlos de Araújo; DINAMARCO, Cândido Rangel e GRINOVER, Ada Pellegrini. *Teoria Geral do Processo.* 12ª ed. São Paulo: RT, 1996

COMOGLIO, Luigi Paolo. Prove ed accertamento dei fatti nel nuovo CPP. *Rivista Italiana di Diritto e Procedura Penale.* v. 23, 1990.

DEVIS ECHANDIA, Hernando. *Teoria General de la Prueba Judicial.* 3ª ed., 1974.

——. Pruebas ilícitas. *Revista de Processo,* nº 32, p. 82-93. 1983.

FERREIRA FILHO, Manoel Gonçalves. *Comentários à Constituição Brasileira de 1988,* v.1, arts. 1º a 43. São Paulo: Saraiva, 1990.

FERREIRA MENDES, Gilmar. A proporcionalidade na Jurisprudência do Supremo Tribunal Federal. *Repertório IOB de Jurisprudência.* 1ª Quinzena de dezembro de 1994, nº 23/94.

GRECO FILHO, Vicente. *Tutela Constitucional das Liberdades: direitos individuais na Constituição de 1988.* São Paulo: Saraiva, 1989.

GRINOVER, Ada Pellegrini. *O Processo em sua Unidade II.* Rio de janeiro: Forense, 1984.

——. *Liberdades Públicas e Processo Penal: as interceptações telefônicas,* 1976.

GRINOVER, Ada Pellegrini; SCARANCE FERNANDES, Antônio; GOMES FILHO, Antônio Magalhães. *As Nulidades no Processo Penal.* 6ª ed. São Paulo: Revista dos Tribunais, 1998.

KNIJNIK, Danilo. A "doutrina dos frutos da árvore venenosa" e os discursos da Suprema Corte na decisão de 16.12.93. *Revista da Ajuris,* nº 66, p. 61-84.

MICHELI, Gian Antonio; TARUFFO, Michele. A prova. Trad. Teresa Arruda Alvim. *Revista de Processo.* nº 16, 1979.

MITTERMAIER, C. J. A. *Tratado das Provas em Matéria Criminal.* Bookseller, 1997.

MORAES, Alexandre de. *Direitos Humanos Fundamentais: comentários doutrinários e jurisprudenciais aos arts. 1º a 5º.* São Paulo: Atlas, 1997.

NERY JÚNIOR, Nélson. *Princípios do Processo Civil na Constituição Federal.* São Paulo: RT, 1992.

NUVOLONE, Pietro. Le prove vietate nel processo penale nei paesi di diritto latino. *Rivista di Diritto Processuale,* v. 21, 1966.

OLIVEIRA, Carlos Alberto Alvaro (coord.). *Prova Cível.* Rio de Janeiro: Forense, 1999.

——. Problemas atuais da livre apreciação da prova. *Revista da Faculdade de Direito da UFRGS*, v. 17, 1999.

PHILIPPE, Xavier. *Le Contrôle de Proportionnalité dans le Jurisprudences Constitutionelle et Administrative Française*. 2ª ed. Marseille: Aix, 1994.

PORTANOVA, Rui. *Princípios do Processo Civil*. Porto Alegre: Livraria do Advogado, 1995.

RABONEZE, Ricardo. *Provas Obtidas por Meios Ilícitos*. 2ª ed. Porto Alegre: Síntese, 1999.

SCHOLLER, Heinrich. O princípio da proporcionalidade no direito constitucional e administrativo da Alemanha. Trad. Ingo Sarlet. *Revista Interesse Público*, nº 2, p. 93-107, 1999.

TROCKER, Nicolò. Svolgimenti giurisprudenziali in materia di garantizie costituzionali del processo civile nella Repubblica Federale Tedesca. *Rivista Trimestrale di Diritto e Procedura Civile*, v. 24, 1970.

TUCCI, José Rogério Cruz e (coord.). *Garantias Constitucionais do Processo Civil*. São Paulo: Revista dos Tribunais, 1999.

USTÁRROZ, Daniel. *Provas Ilícitas Lícitas?* Disponível no site: www.faroljuridico.com.br, acesso em 15 de agosto de 2002.

VESCOVI, Enrique. Provas ilícitas. *Revista da Procuradoria Geral do Estado de São Paulo*, nº 13/15, dezembro de 1978/dezembro de 1979.

VIGORITI, Vicenzo. Prove illecite e Costituzione. *Rivista di Diritto Processuale*. v. 23, 1968.

9. O Duplo Grau de Jurisdição como Garantia Constitucional

DUÍLIO LANDELL DE MOURA BERNI
Advogado. Mestre em Relações Internacionais pela Universidade de Bolonha – Itália

Sumário: 1. Introdução; 2. Conceito de Duplo Grau de Jurisdição; 2.1. "Duplo" e "Grau"; 2.2. "Jurisdição"; 2.3. Ocorrência; 2.4. Duplo Grau de Jurisdição e Direito de Recorrer; 3. Fundamentos; 4. Críticas; 5. Histórico Constitucional Brasileiro – Duplo Grau de Jurisdição e Direito de Recorrer; 5.1. Constituição Política do Império do Brasil de 1824; 5.2. Constituição da República dos Estados Unidos do Brasil de 1891; 5.3. Emendas à Constituição de 1891; 5.4. Constituição da República dos Estados Unidos do Brasil de 1934; 5.5. Constituição da República dos Estados Unidos do Brasil de 1937; 5.6. Constituição da República dos Estados Unidos do Brasil de 1946; 5.7. Constituição do Brasil de 1967; 5.8. Constituição do Brasil de 1967 com Emenda Constitucional nº 1 de 1969; 6. Constituição da República Federativa do Brasil de 1988; 6.1. Artigo 5º, § 2º, CF/1988 (Dos Direitos e Garantias Fundamentais); 6.2. Artigo 5º, inciso LIV, CF/1988 (Garantia do Devido Processo Legal); 6.3. Artigo 5º, inciso LV, CF/1988 (Garantia do Contraditório e da Ampla Defesa); 6.4. Artigo 92, CF/1988 (Do Poder Judiciário); 6.5. Artigos 93, inciso III, e 95, inciso I, CF/1988 (Do Poder Judiciário); 6.6. Artigos 102 e 105, CF/1988 (Do Supremo Tribunal Federal e do Superior Tribunal de Justiça); 6.7. Artigos 108, inciso II, e 125, CF/1988 (Da Justiça Federal e da Justiça Estadual); 6.8. Artigo 98, inciso I (Dos Juizados Especiais); 6.9. Artigo 33, § 3º (Dos Territórios); 7. O Duplo Grau de Jurisdição e o Pacto de San José da Costa Rica; 8. Conclusão; Bibliografia

1. Introdução

O princípio do duplo grau de jurisdição, sobretudo depois de sua adoção em nível constitucional na França pós-revolucionária no ano de 1795, vem suscitando estudos de juristas de diversas nações. Estes buscam defini-lo, caracterizá-lo, apontar seus benefícios, desvantagens, e configurá-lo em determinado ordenamento jurídico.

O presente estudo tem por objetivo inquirir se o princípio do duplo grau de jurisdição está dentre aquelas garantias constitucionais do processo civil implementadas pela Constituição da República Federativa do Brasil promulgada em 5 de outubro de 1988. A dificuldade reside no fato de que o princípio do duplo grau de jurisdição não está explícito, nem claramente positivado como outras garantias processuais, a saber, a garantia da publicidade, do contraditório, do juiz natural, da motivação das decisões judicias, entre outras. De plano se esclarece que não serão abordadas questões atinentes ao processo penal, a não ser para delimitação da matéria no que pertine à inserção do duplo grau de jurisdição no ordenamento constitucional.

Se existe ainda polêmica quanto ao alcance de garantia constitucional do duplo grau de jurisdição, é certo que o princípio já restou consagrado na legislação ordinária. O Código de Processo Civil se refere a ele explícita e implicitamente. O assunto também demonstra atualidade em decorrência das novas reformas implementadas no CPC pela Lei nº 10.352, de 26 de dezembro de 2001, que alterou dispositivos referentes a recursos e ao reexame necessário.

Mas o que se entende por garantia constitucional? Na busca de um conceito, encontra-se a definição de Pontes de Miranda, que divide o tema em duas classes: as *garantias institucionais* e as *garantias de status quo*. As primeiras "têm como objetivo a proteção de determinadas instituições estatais ou, até, supra-estatais. Elas são limitadas e o que se garante não é alguma coisa que preexiste ao Estado, mas alguma coisa como o Estado mesmo a concebe. (...) Se garante a permanência institucional, a despeito da mudança de regras jurídicas".[1] Como exemplo, ele aponta o direito de propriedade, tal qual é organizado e concebido pela lei brasileira, e não pelo direito francês, o italiano ou o russo. O legislador infraconstitucional poderia mudar a sua concepção, mas se garante a sua permanência institucional. Por *garantias de status quo* ele cita como exemplo o artigo 184 da Constituição de 1937, que conferia garantias ligadas à permanência dos Estados em seus respectivos territórios. O mestre ainda menciona as *regras jurídicas de criação*, pelas quais o legislador constituinte cria a instituição para lhe conferir durabilidade, ao menos até enquanto durar a Constituição.

Entende-se que o duplo grau de jurisdição estaria dentre *as garantias institucionais* do ordenamento jurídico brasileiro, pois quem o concebe é o próprio Estado, que o torna possível através da organização hierárquica do Poder Judiciário como um instituto da jurisdição em

---
[1] PONTES DE MIRANDA, Francisco Cavalcanti. *Comentários à Constituição de 1967*, v. 4, São Paulo, RT, 1967, p. 634.

sintonia com outros direitos e garantias fundamentais. No decorrer deste estudo, buscar-se-á demonstrar que o duplo grau de jurisdição é uma garantia constitucional implícita. Se o legislador constituinte não dispensou artigo próprio a este princípio de direito processual, certamente sinalizou para ele em diversas regras constantes do texto constitucional interpretadas dentro de uma leitura hermenêutica sistemática.

2. Conceito de Duplo Grau de Jurisdição

Antes de buscar um conceito de duplo grau de jurisdição, cumpre mencionar que não existe uma configuração universal para o princípio, pois ele apresentará peculiaridades em cada ordenamento jurídico em que for adotado. O direito positivo de cada Estado irá determinar os *recursos* e os *institutos* por meio dos quais ele se perfectibilizará. Também, nesse sentido, irão variar os *órgãos legitimados* a efetuar o reexame e o *modo* como o duplo grau de jurisdição é acolhido no respectivo ordenamento: se de maneira absoluta (para toda e qualquer causa) ou limitada (como regra no ordenamento jurídico, mas passível de limitações); e ainda se de maneira implícita ou explícita.

Também tem-se discutido quanto à *matéria de cognição* que poderia ser levada ao segundo grau. Reza grande parte da doutrina que a reapreciação deve ser sobre toda matéria, de ampla cognição, abarcando questões de fato e de direito.[2] Noutra posição, tem-se defendido um reexame apenas de questões de direito em benefício da celeridade processual.

Também controversa é a definição da *natureza jurídica* do duplo grau de jurisdição. Assim, ele pode ser visualizado como *princípio de direito processual* – inerente à teoria geral dos recursos –, como *direito e/ou garantia fundamental*, ou ainda como mero corolário de uma *escolha política* quanto à organização do Poder Judiciário. Isto sem prejuízo da idéia de que possui uma *natureza híbrida*, esta mais de acordo com o ordenamento jurídico constitucional e infraconstitucional pátrio.

Definição de ampla abrangência é a formulada por Oreste N. de Souza Laspro ao referir-se ao duplo grau de jurisdição como "aquele sistema jurídico em que, para cada demanda, existe a possibilidade de

---
[2] Neste sentido, ADA PELLEGRINI GRINOVER entende que "os sistemas, como o nosso, em que o juízo de primeiro grau é monocrático, é preferível estender o duplo grau de jurisdição à matéria de fato, como garantia de uma correta valoração dos fatos". GRINOVER, Ada Pellegrini. *O processo em evolução*, RJ, Forense Universitária, 1996, p. 67. Do mesmo modo, ORESTE N. DE SOUZA LASPRO entende que se a cognição não é exauriente, não ocorre o duplo grau de jurisdição, mas apenas simples reexame, fundado no direito de recorrer. LASPRO, Oreste N. de Souza. Garantia do Duplo Grau de Jurisdição, *Garantias Constitucionais do Processo Civil*, CRUZ E TUCCI, José Rogério (Coord.), São Paulo, RT, 1999, p. 194.

duas decisões válidas e completas no mesmo processo, emanadas por juízes diferentes, prevalecendo sempre a segunda em relação à primeira".[3]

No Direito Brasileiro Positivo o duplo grau de jurisdição apresenta-se como a possibilidade de reformulação de decisões nas quais vierem a sucumbir uma ou ambas as partes do litígio,[4] ou ainda nos casos de decisões em que a lei determinar o reexame. Tal decisão deverá ser reapreciada por um órgão diverso daquele que a proferiu, que será livre para mantê-la ou para modificá-la. Esta decisão poderá ser uma sentença, uma decisão interlocutória ou um acórdão.

2.1. "Duplo" e "Grau"

Na locução "duplo grau de jurisdição", a palavra "duplo" nos remete aos conceitos de duplicidade, de dois, de um primeiro e de um segundo. Pela palavra "grau" – do latim *gradus*, degrau, passo – surgem as idéias de estágio sucessivo, não-planificação, posição hierárquica e progressão.[5] De regra, será um órgão hierarquicamente superior aquele competente para reexaminar as primeiras decisões.

Diz-se de regra, pois poderá ocorrer hipótese em que o reexame dar-se-á por outro órgão de mesmo grau.[6] Porém, mais do que um conceito meramente burocrático, a hierarquia, evocada na locução, se traduz como *o poder do segundo juízo de reformular*. Não será duplo grau de jurisdição o reexame pelo mesmo juízo.[7] Daí a denominação juízo *a quo* (aquele que proferiu a decisão) e juízo *ad quem* (aquele que a reaprecia).

Existem ainda os conceitos de duplo grau de jurisdição vertical e horizontal. O primeiro seria aquele em que um órgão de hierarquia superior procede ao reexame; o segundo seria aquele em que a reapreciação é efetuada por outro órgão de mesmo grau. Nos Juizados Especiais se manifestaria o duplo grau de jurisdição horizontal.[8]

---

[3] LASPRO, Oreste N. de Souza. *Duplo grau de jurisdição no direito processual civil*, São Paulo, RT, 1995, p. 27.

[4] Foi dito ambas as partes, já que podem ocorrer casos de sucumbência recíproca. Também o Ministério Público poderá recorrer, ainda que não se possa considerá-lo sucumbente.

[5] Na exposição de motivos do Código de Processo Civil, o Ministro Buzaid eliminou a expressão *instância*, por considerá-la palavra equívoca. Contudo, na tradição jurídica brasileira, muitas vezes ela é utilizada como sinônimo da palavra *grau*.

[6] As decisões dos Juizados Especiais serão reexaminadas no mesmo grau, contudo por órgão diverso, conforme o disposto pelo artigo 98, I, da CF/1988: "julgamento por turmas de juízes de primeiro grau". Portanto não se entende que haja mácula ao duplo grau de jurisdição na espécie. A própria Lei 9.099/95 dos Juizados Especiais atenta para uma "hierarquia interna" quando refere "sentença de primeiro grau" e "Em segundo grau, (...)" em seu artigo 55.

[7] O CPC, em seu artigo 134, inciso III, atenta para o impedimento do magistrado de reexaminar em segundo grau de jurisdição processo em que proferiu decisão em primeiro grau.

[8] Neste sentido, ver COVAS, Silvânio. O Duplo Grau de Jurisdição, *Aspectos polêmicos e atuais dos recursos*, ARRUDA ALVIM, Eduardo Pellegrini; ARRUDA ALVIM WAMBIER, Teresa; NERY JÚNIOR, Nelson (Coords.), São Paulo, RT, 2000, p. 599.

2.2. "Jurisdição"

Dentro da expressão "duplo grau de jurisdição", a palavra "jurisdição" poderia ser considerada como uma antinomia, pois jurisdição é una. Cabe apenas ao Estado o *poder-dever de administrar a Justiça*. Por isso, dentro desta locução, ela deve ser entendida como competência para reapreciar a primeira decisão.

Devido à diversidade de pretensões postas em juízo, a jurisdição é classificada em civil e penal, e se especializa quando é federal, trabalhista, eleitoral e militar, mas isso não retira o seu caráter uno e homogêneo.[9] Etimologicamente, a palavra "jurisdição" vem do latim *jurisdictio*, que significa literalmente *dizer o direito*.

2.3. Ocorrência

No primeiro grau, é a parte que por sua iniciativa ingressa em juízo com a ação de direito processual. O Poder Judiciário permanecerá inerte até que seja provocado; após, o impulso oficial conduzirá o processo até que se chegue a uma decisão motivada. A partir dessa decisão é que se implementam as condições para a consecução do duplo grau de jurisdição que, embora previsto legalmente no ordenamento jurídico pátrio, ainda não se operacionalizou materialmente.

O duplo grau de jurisdição se perfectibilizará nas hipóteses de recurso e de reexame necessário. O recurso através do qual tipicamente se manifesta o princípio do duplo grau de jurisdição é o de apelação, contudo o princípio também ocorre nos casos de recurso ordinário e de agravo de instrumento. Quanto aos recursos extraordinário e especial, uma abordagem específica será feita no item 6.6.

No caso de utilização de um destes recursos – apelação, recurso ordinário e agravo de instrumento – são as partes que decidem sobre a interposição dos mesmos e, ao recorrerem, estarão exercendo seu direito e criando a possibilidade de reformulação da decisão. Se decidirem por não o fazer, estarão simplesmente abrindo mão desta possibilidade. Hipótese diversa é o que ocorre nos casos de reexame necessário, quando o legislador, por *"técnica de controle das decisões judiciais"*,[10] optou por percorrer sempre a via da reapreciação *ex officio*.

Desse modo, o duplo grau de jurisdição se manifesta quando o julgado é submetido a outro órgão para reapreciação por meio de um recurso (remédio voluntário), ou através do reexame necessário (instituto advindo do processo inquisitório medieval), já chamado de *apela-*

---

[9] A este respeito, vide CARNEIRO, Athos Gusmão. Jurisdição – Noções fundamentais, *in* Revista de Processo, nº 19, São Paulo, RT, 1980, p. 9.

[10] BAPTISTA DA SILVA, Ovídio A. *Curso de Processo Civil*, v. 1, Porto Alegre, Fabris, 1996, p. 407.

ção *ex officio* e previsto nos casos em que é prevalente o interesse público. Este outro órgão, em geral de hierarquia superior, será livre para manter ou modificar a primeira decisão, tanto na hipótese de recurso, como na de reexame necessário.

Cabe ainda menção à ação rescisória, que poucas divagações tem recebido por parte da doutrina no que tange a sua abordagem como meio implementador do princípio do duplo grau de jurisdição. Provavelmente, a relutância maior em considerá-la como tal, seja porque a ação rescisória faz parte de outra relação jurídica processual que não aquela geradora da decisão transitada em julgado a rescindir. A ação rescisória é uma ação autônoma de impugnação que tem como origem uma decisão transitada em julgado considerada eivada de algum vício (artigo 485, CPC). Sendo a ocorrência do princípio do duplo grau de jurisdição admitida em uma única relação processual, excluir-se-ia a ação rescisória como uma de suas manifestações.

Todavia, a despeito da existência de duas relações jurídicas processuais diversas – uma já encerrada e com coisa julgada e outra com fundamento neste primeiro *decisum* – a ação rescisória assemelha-se muito ao que ocorre entre os recursos e o princípio do duplo grau de jurisdição, uma vez que o juízo competente para julgá-la é aquele que seria competente para apreciar eventual recurso.

2.4. Duplo Grau de Jurisdição e Direito de Recorrer

Ovídio A. Baptista da Silva aponta para o vínculo entre o conceito de recurso e o princípio do duplo grau de jurisdição. Ao tratar do *instituto dos recursos*, ele ensina: "(...) não se pode esquecer que sua disciplina sistemática, num dado ordenamento jurídico, a ponto de considerar-se o recurso como uma prerrogativa processual, ou mesmo um direito do recorrente; ou até, como certos processualistas o consideram, uma ação, pressupõe a existência de uma certa organização hierárquica e burocrática do poder estatal incumbido de prestar jurisdição. *Daí a idéia, de certo modo implícita no conceito de recurso, de uma autoridade hierarquicamente superior ao magistrado que haja proferido a decisão de que se recorre, ou seja, da existência do duplo grau de jurisdição*".[11]

Conforme esta citação do insigne mestre gaúcho, ressalta a aliança entre um *direito geral de recorrer* – historicamente universal – e a garantia do duplo grau de jurisdição. Neste sentido, a positivação de um direito de recorrer a um grau superior de jurisdição deve ser interpretada como intenção do legislador (constitucional ou infraconstitucional) de configurar o princípio do duplo grau de jurisdição como garantia.

---

[11] *Idem*, p. 346. (Grifei)

Por outro lado, ainda que intimamente ligado à idéia de recurso, o conceito de duplo grau de jurisdição transcende-a no Direito Positivo Brasileiro. Isso porque o duplo grau de jurisdição também abarca o reexame necessário, que não é recurso. Da mesma forma, nem todo recurso implica duplo grau de jurisdição. Tome-se como exemplo o recurso de embargos de declaração que não promove um reexame do julgado por órgão diverso.

3. Fundamentos

Os fundamentos para a adoção do princípio do duplo grau de jurisdição em determinado ordenamento jurídico seriam: a falibilidade humana, o controle dos atos jurisdicionais, a exigência psicológica do vencido em ver reapreciada a decisão e a maior experiência do magistrado de segundo grau para reexaminá-la. O primeiro fundamento elencado parte de uma premissa inconteste: o ser humano é passível de erros. Sendo assim, o juiz poderia decidir injustamente e de maneira ilegal, ainda que por simples erro. Para não mencionar eventual caso em que ele pudesse ser arbitrário ou parcial. A revisão do julgado pelo juízo de segundo grau possibilitaria a correção de injustiças e ilegalidades, apesar de também este ser falível. Quando do reexame, caberia ao segundo órgão dirimir o erro, promovendo, assim, a segurança jurídica do sistema.

Quanto ao segundo fundamento destacado, o duplo grau de jurisdição funcionaria como mecanismo interno de controle dos atos jurisdicionais, constituindo, desta forma, em garantia do Estado Democrático de Direito. Modernamente, também vem-se discutindo acerca da necessidade de um *controle externo* do Poder Judiciário, com vistas a que se fiscalize a atuação dos julgadores.[12] A polêmica não é de pouca monta e sempre vem a lume a questão de que a fiscalização poderia transformar-se em interferência externa nas decisões judiciais. Entretanto, esta hipótese não será objeto de indagação, uma vez que o presente estudo deve centrar-se no *controle interno* das decisões, que se consuma através do princípio do duplo grau de jurisdição.

Nesse sentido, a mestra Ada Pellegrini Grinover utiliza-se de forte argumento para caracterizar a existência do duplo grau de jurisdição, qual seja, a necessidade do referido *controle interno* do Poder Judiciário de aferir a legalidade e a justiça das decisões judiciais: "nenhum ato

---

[12] Na Itália, por exemplo, o *controle externo* é efetuado pelo *Consiglio Superiore della Magistratura*, órgão presidido pelo Presidente da República, composto pelo primeiro Presidente da Corte de Cassação, pelo Procurador-Geral da Corte de Cassação e por outros trinta membros eleitos dentre juízes (20 membros), advogados e professores universitários de disciplinas jurídicas (10 membros), conforme deliberação constitucional daquele país (artigo 104).

estatal pode escapar de controle".[13] Sem a previsão de reexame das decisões por outro órgão do Poder Judiciário, o litigante estaria à mercê de um eventual juiz parcial e arbitrário.

Daí surgem três questões a respeito do *controle interno* das decisões judiciais e de como ele se manifesta no Direito brasileiro: 1) *quem efetuará o controle?* 2) *quem promoverá o controle?* e 3) *como se dará este controle?* A primeira pergunta parece já respondida; um outro órgão do Poder Judiciário seria o competente para efetuar tal controle decisório. A revisão do julgado por órgão de outro Poder estatal representaria gravíssima ofensa à harmonia dos poderes.

Quanto à segunda pergunta, restando inequívoca a necessidade de um controle das decisões judiciais por outro órgão do Poder Judiciário, cumpre indagar quem poderá promovê-lo. A reposta surge naturalmente: as partes, um terceiro interessado e o próprio Estado, como *custos legis*, através do Ministério Público, que deve promover a defesa da ordem jurídica.

Quanto ao meio pelo qual se perfectibilizará tal controle das decisões judiciais, entende-se como o mais preciso o recurso conjugado ao princípio do duplo grau de jurisdição, sem prejuízo de outros meios de controle. É bem verdade que este *controle interno* das decisões judiciais também é realizado através dos sucedâneos recursais, todavia na maioria dos casos isto ocorre de maneira deficitária, se comparado ao que sucede utilizando-se os recursos. Os principais sucedâneos recursais são as ações autônomas de impugnação, a correição parcial e o reexame necessário.[14] Evidentemente não se está a pregar a negação dos sucedâneos recursais, mas deseja-se apenas apontar as vantagens dos recursos em relação aos primeiros.

Nas ações autônomas de impugnação, resta claro que se perde muito em celeridade comparando-se aos recursos, pois é preciso iniciar novo processo para realizar o referido controle das decisões judiciais. Nos recursos, o reexame é efetuado dentro da mesma relação jurídica processual, sendo evidente a economia processual.

Também na correição parcial, medida de cunho administrativo-disciplinar, a reapreciação da decisão judicial ocorre. Porém a correição parcial tem natureza mais disciplinar do que processual, sendo desvirtuado o seu fim e subvertido o sistema recursal quando utilizada como

---

[13] GRINOVER, Ada Pellegrini. *O processo em evolução*, Rio de Janeiro, Forense Universitária, 1996, p. 65. Também neste sentido, CALMON DE PASSOS: "Destarte, a existência, no mínimo, de controles internos ao próprio Judiciário se mostra indeclinável, sob pena de se desnaturar uma característica básica do Estado de Direito, privilegiando-se, no seu bojo, agentes públicos que pairem acima de qualquer espécie de fiscalização ou disciplina quanto a atos concretos de exercício de poder por eles praticados.". CALMON DE PASSOS, J. J. O Devido Processo Legal e o Duplo Grau de Jurisdição, *in* Revista da AJURIS, n. 25, p. 143.

[14] Uma análise vertical dos sucedâneos recursais é feita por NELSON NERY JÚNIOR em sua obra *Princípios Fundamentais – Teoria Geral dos Recursos*, São Paulo, RT, 1997, p. 53.

recurso. Não obstante, como afirma Nelson Nery Júnior, tratar-se-ia de medida inconstitucional.[15] Ele aponta dois fundamentos para a inconstitucionalidade: 1) se considerada como medida processual, seria inconstitucional se instituída pelo Poder Legislativo Estadual, pois somente a União tem competência para legislar em matéria processual; 2) se considerada como medida administrativa, seria também inconstitucional, pois infringiria a independência da função jurisdicional, sujeitando a decisão judicial ao controle administrativo.

Dentre estes sucedâneos recursais em foco, o reexame necessário assemelha-se muito com os recursos, apesar de ser desprovido do elemento volitivo da parte e de outros requisitos caracterizadores dos mesmos. Como já foi examinado, a *apelação ex officio* vem também implementar o princípio do duplo grau de jurisdição, e, por conseguinte, o controle interno das decisões judiciais nos casos em que seja prevalente o interesse público (*vide* item 2.3).

Quanto aos outros dois fundamentos levantados pela doutrina – a necessidade psicológica do vencido em ver reapreciada a sua decisão por juízo diverso e a maior experiência do magistrado de segundo grau para efetuar o reexame – por tratarem-se de questões extremamente subjetivas, não seria oportuno aqui conjeturá-las como critério para a adoção do princípio do duplo grau de jurisdição em determinado ordenamento jurídico. Da mesma forma, entende-se também como muito subjetiva a asserção de que o juiz de primeiro grau, com a adoção do princípio, ficaria psicologicamente compelido a julgar melhor.

4. Críticas

As críticas quanto à adoção do princípio do duplo grau de jurisdição em determinado ordenamento jurídico são diversas. Subjetivamente, diz-se que a adoção do princípio traria desprestígio ao magistrado de primeiro grau e que a este seria relegado o papel de mero instrutor da causa. A questão mais uma vez é altamente subjetiva, porém, é inegável que a decisão de primeiro grau irá gerar forte ponderação no juízo de segunda instância nos casos de reapreciação. É com a sentença que o juiz de primeiro grau põe termo ao processo, aplicando a lei ao caso concreto e encerrando sua prestação jurisdicional. Entretanto, até que não transite em julgado, esta sentença é passível de recurso; caso este ocorra, o órgão de segundo grau proferirá outro juízo de mérito ou confirmará o anterior.

Nesse passo, parte da doutrina afirma que o princípio seria inútil em caso de manutenção da decisão em segundo grau, e que, se

---
[15] *Idem*, p. 64.

reformada a decisão, o princípio do duplo grau de jurisdição serviria apenas para apontar divergências no sistema. Em defesa do princípio do duplo grau de jurisdição, outros doutrinadores admitem ambos os casos por considerá-los menores em confronto com a segurança jurídica que o princípio pode promover, erradicando eventuais erros e injustiças. Se o segundo grau confirma a sentença, estaria aumentando a certeza na espécie; se a modifica, estaria exemplarmente corrigindo um erro.

Ademais, aqueles contrários à adoção do princípio do duplo grau de jurisdição asseveram que ele seria um instrumento em favor do prolongamento do processo em detrimento da celeridade e que, também, ofenderia o princípio da oralidade.

No que pertine ao prolongamento da resolução do processo em decorrência da segunda decisão, trata-se realmente de característica inarredável do duplo grau de jurisdição. Um processo no qual são permitidas duas decisões, de regra, durará mais do que aquele no qual só uma decisão é permitida. Porém a garantia da tempestiva tutela jurisdicional não será necessariamente maculada com a adoção do duplo grau de jurisdição, pois embora o sistema perca em celeridade, estará ganhando em segurança jurídica como já afirmado.[16] Carlos Alberto Alvaro de Oliveira, em seu artigo *Efetividade e Processo de Conhecimento*, afirma que "O paroxismo chegou a tal ponto que para alguns espíritos mais práticos tudo se resume na solução rápida, expedita, fulminante às vezes do próprio valor Justiça".[17]

Finalmente, parte da doutrina entende o duplo grau de jurisdição como ofensivo ou até mesmo incompatível com o princípio da oralidade – muito celebrado na Lei 9.099/95, que dispõe sobre os Juizados Especiais. Segundo Luiz Guilherme Marinoni, a referida lei, apesar de exaltar a oralidade, cai em contradição ao "privilegiar de forma ilógica a 'segurança jurídica' através da instituição de um juízo repetitivo sobre o mérito".[18] Cotejando esta situação, mais uma vez surge o

---

[16] ADA PELLEGRINI GRINOVER ensina que esta é a preocupação dos modernos sistemas processuais. É o confronto *justiça versus certeza*, onde busca-se "conciliar os dois princípios, de modo a encontrar um ponto de equilíbrio, garantindo o duplo grau de jurisdição, sem deixar infinitamente aberta a possibilidade de reexame das decisões". GRINOVER, *op. cit.*, p. 65.

[17] ALVARO DE OLIVEIRA, Carlos Alberto. Efetividade e Processo de Conhecimento, *in Revista da Faculdade de Direito da UFRGS*, v. 16, p. 7, 1999. Embora o mestre tenha destacado em seu estudo a necessidade de um maior informalismo e acentuação da cooperação entre o juízo e as partes, também ele manifesta preocupação quanto ao tempo de resolução dos litígios.

[18] MARINONI, Luiz Guilherme. Garantia da Tempestividade da Tutela Jurisdicional e Duplo Grau de Jurisdição, *Garantias Constitucionais do Processo Civil*, CRUZ E TUCCI, José Rogério (Coord.), São Paulo, RT, p. 211. E segue: "A necessidade de um duplo juízo sobre o mérito simplesmente anula a principal vantagem da oralidade. É contraditório falar em benefícios da oralidade e pensar em juízo repetitivo sobre o mérito, proferido por juízes que não tiveram qualquer contato com as partes e com a prova.". Também neste sentido, LASPRO, *Duplo Grau... op. cit.*, p.117 e seguintes.

dilema *justiça versus certeza*. Admitem-se a recorribilidade e o duplo grau de jurisdição horizontal em nome da segurança jurídica, que seria um bem maior que a pretensa oralidade objetivada com a criação daqueles juizados.

A Lei 9.099/95 utilizou-se do dispositivo constitucional inserto no artigo 98, inciso I, CF/1988,[19] para estabelecer a criação dos Juizados Especiais. Tal norma constitucional seria uma norma de eficácia limitada, pois solicita a intervenção do legislador ordinário para criação de legislação futura, conforme a classificação de José Afonso da Silva.[20]

Na subespécie, é uma norma definidora de princípio institutivo, pois normas futuras deverão observar o esquema por ela determinado. Assim, quando o referido artigo 98, em seu inciso I, dispõe: "permitidos, nas hipóteses previstas em lei, a transação e o julgamento de recurso por turmas de juízes de primeiro grau", ele cria uma imposição ao legislador ordinário e não concede faculdade ao mesmo. Ainda que o verbo "permitir" possa conduzir a uma idéia de licença, no caso em tela, a norma vem sim determinar os pilares fundadores dos Juizados Especiais. Portanto, supondo que a Lei 9.099/95 não houvesse criado um recurso para suas decisões, nem a transação, e não houvesse adotado o princípio do duplo grau de jurisdição (de maneira horizontal), e houvesse, ao contrário, privilegiado a oralidade como é defendido nas colocações retro expostas, ela seria manifestamente inconstitucional (vide item 6.8).

Em que pesem críticas e fundamentações doutrinárias quanto à adoção do princípio do duplo grau de jurisdição em determinado ordenamento jurídico, cumpre ressaltar que o objetivo maior deste estudo é inquirir se o legislador constituinte de 1988 – ainda que implicitamente – elegeu o princípio como uma garantia constitucional. Os argumentos que vêm sendo expostos tenderão a confirmar este entendimento.

5. Histórico Constitucional Brasileiro – Duplo Grau de Jurisdição e Direito de Recorrer

Em menos de dois séculos, o histórico constitucional brasileiro sofreu diversas mudanças: foram sete Constituições e uma emenda constitucional que tecnicamente representou uma nova Constituição (a

---

[19] "Art. 98. A União, no Distrito Federal e nos Territórios, e os Estados criarão: I - juizados especiais, providos por juízes togados, ou togados e leigos, competentes para a conciliação, o julgamento e a execução de causas cíveis de menor complexidade e infrações penais de menor potencial ofensivo, mediante os procedimentos oral e sumaríssimo, permitidos, nas hipóteses previstas em lei, a transação e o julgamento de recursos por turmas de juízes de primeiro grau;".

[20] SILVA, José Afonso da. *Aplicabilidade das Normas Constitucionais*, São Paulo, RT, 1982, p. 106.

Emenda Constitucional nº 1, de 30/10/1969). No que tange à abordagem do princípio do duplo grau de jurisdição e ao direito de recorrer, muitas modificações significativas aconteceram. O divisor de águas foi a transição da Constituição Imperial para as Republicanas. A partir daí, não mais o princípio do duplo grau de jurisdição foi inscrito de modo explícito.

Hodiernamente, o desenvolvimento do Direito Constitucional, dentro dos princípios que regem o Estado Democrático de Direito, está a impulsionar a positivação dos direitos e garantias fundamentais, de sorte que disciplinas mais antigas já estão atentas para o fenômeno da constitucionalização de alguns de seus institutos. Assim ocorre com o Direito Processual Civil.

5.1. Constituição Política do Império do Brasil de 1824

A Constituição Política do Império do Brasil, célebre pela presença do Poder Moderador, foi a única a consagrar explicitamente o princípio do duplo grau de jurisdição. Ela determinava que o reexame das causas seria feito pelos tribunais de segunda e última instância nas províncias, os Tribunais de Relação. Assim determinava a carta:

> "Art. 158 – Para julgar as Causas em segunda e última instância haverá nas Províncias do Império as Relações, que forem necessárias a comodidade dos povos".

Porém, a despeito de ser previsto para todas as causas sem distinção, o princípio do duplo grau de jurisdição não era ilimitado. A mesma Carta Imperial criou o Supremo Tribunal de Justiça, a quem dotou de competência originária e recursal, conforme os arts. 163 e 164. O princípio do duplo grau de jurisdição encontrou limitação na competência originária do Supremo Tribunal de Justiça; sendo este a Corte Máxima do país, não haveria para quem recorrer de suas decisões.[21]

Pertinente à matéria, cabe ainda menção ao dispositivo que permitia a arbitragem nas causas cíveis e naquelas penais civilmente propostas na busca de ressarcimento por dano. A propositura de recurso nestas causas poderia ser vedada por disposição das partes.[22]

---

[21] Sobre a competência do Supremo Tribunal de Justiça assim dispôs o artigo 164 da Carta Imperial: "Art. 164 – A este tribunal compete: (...) 2º) Conhecer dos delitos e erros de ofício que cometerem os seus ministros, os das relações, os empregados no corpo diplomático e os presidentes das províncias. (...)". Nelson Nery Júnior aponta para uma limitação inconstitucional ao princípio do duplo grau de jurisdição pelo Decreto 737 de 25/11/1850 que estipulava um valor de alçada para o cabimento dos recursos. NERY JÚNIOR, *op. cit.*, p. 38. Contudo, diferentemente do retroexposto, o mestre entende o duplo grau de jurisdição como ilimitado naquele período.

[22] Assim dispôs o artigo 160 da Constituição Imperial quanto às causas cíveis e penais: "Art. 160 – Nas cíveis e nas penais civilmente intentadas poderão as partes nomear juízes árbitros. Suas sentenças serão executadas sem recurso, se assim o convencionarem as mesmas partes".

5.2. Constituição da República dos Estado Unidos do Brasil de 1891

A primeira Constituição Republicana não manteve o princípio do duplo grau de jurisdição de forma expressa. Desde então, não mais o princípio recebeu artigo próprio que o caracterizasse, entretanto ele sempre permaneceu como garantia implícita. Havia duas justiças de primeiro grau: uma estadual, outra federal. A federal tinha como órgãos os Juízes e os Tribunais Federais. No que concerne à Justiça Estadual, nas matérias de sua competência (*i.e.* aquelas exclusas da Justiça Federal), *as decisões, de regra, poriam termo aos processos*. Haveria hipótese de recurso ao STF (recurso voluntário) nos casos de decisões em *habeas corpus* e espólio de estrangeiro. O artigo 61 assim determinava:

"Art. 61 – As decisões dos juízes ou tribunais dos Estados nas matérias de sua competência porão termo aos processos e às questões, salvo quanto a:
1º, *habeas corpus*, ou
2º, espólio de estrangeiro, quando a espécie não estiver prevista em convenção, ou tratado.
Em tais casos haverá recurso voluntário para o Supremo Tribunal Federal."

A diferença em relação à constituição anterior é muito grande. Se antes tínhamos o duplo grau de jurisdição como regra para todas as causas de competência originária da Justiça de primeiro grau, agora o legislador constituinte republicano optou por fazer do recurso a exceção na esfera estadual, permitindo que os feitos ali fossem resolvidos. Como os Estados tinham competência para elaborar normas processuais civis próprias, estes entes poderiam inclusive determinar a exclusão do duplo grau de jurisdição naquelas matérias não defesas pela Lei Maior através de seus Códigos de Processo Civil. Assim, dentro desta nova sistemática, as lides poderiam ser decididas num único grau, uma vez que a constituição expressamente determinava que "decisões dos juízes ou tribunais porão termo aos processos e às questões".

Não obstante esta regra constitucional que poderia ser entendida como extremamente limitativa, os Estados, ao criarem suas legislações, inspiraram-se no Decreto nº 737, de 25 de novembro de 1850 (o chamado Regulamento 737), no qual era previsto o duplo grau de jurisdição. Este princípio se perfectibilizava com a existência dos recursos de apelação e agravo. Inclusive alguns Estados optaram por abrir mão de um Código de Processo Civil próprio e mantiveram em vigor o referido regramento.

Ainda ao tratar da organização do Poder Judiciário, a mesma Constituição deu o nome de Supremo Tribunal Federal à corte máxima do País e determinou competência originária e recursal a ela.[23]

5.3. Emendas à Constituição de 1891

As emendas de 1926 mantiveram a redação original do artigo 61 da Constituição da República de 1891, porém ampliaram as hipóteses de recurso das decisões estaduais para o Supremo Tribunal Federal. Neste sentido dispôs o texto constitucional emendado que o recurso ao STF se daria nas seguintes situações, de acordo com o artigo 60, § 1º, alíneas, "a", "b", "c" e "d": 1) quando questionasse a validade ou vigência de lei federal em face da constituição e lhe negasse aplicação; 2) quando validasse lei ou ato dos governos dos estados contestados em face da constituição ou de lei federal; 3) quando houvesse interpretação divergente de lei federal em dois ou mais tribunais estaduais (este recurso poderia também ser interposto por um dos tribunais ou pelo Procurador-Geral da República); e, 4) quando tratasse de questões de direito criminal ou civil internacional.

Além das hipóteses elencadas, o Supremo Tribunal Federal recebeu ainda competência para apreciar em grau de recurso as questões excedentes ao valor da alçada legal.[24]

Cumpre salientar que as crises políticas instauradas no início da década de 20 foram-se acentuando com os confrontos entre setores militares, oligarquias dominantes e o governo, na figura do Presidente Artur Bernardes (1922-1926). Eram sinais de ruptura com o esquema "café com leite" – São Paulo e Minas Gerais alternando-se na chefia do Poder Executivo. O desgaste político-institucional refletiu-se, portanto, nas emendas à Constituição.

Assim, foi editada disposição que impedia recursos (qualquer recurso judicial) na Justiça Federal na Estadual contra atos relativos à intervenção nos Estados-Membros, declaração de estado de sítio, verificação de poderes, posse, legitimidade e perda de mandato de membros dos Poderes Legislativo ou Executivo (artigo 60, § 5º, daquele diploma legal).

---

[23] Em grau de recurso o STF conheceria: "Art. 59 – Ao Supremo Tribunal Federal compete: (...) II. Julgar, em grau de recurso, as questões resolvidas pelos juízes e tribunais federais, assim como as de que tratam o presente artigo, § 1º, e o art. 60. (...) § 1.º) Das sentenças das justiças dos Estados, última instância, haverá recurso para o Supremo Tribunal Federal: a) quando se questionar sobre a validade, ou a aplicação de tratados e leis federais, e a decisão do tribunal do Estado for contra ela; b) quando se contestar a validade de leis ou de atos dos governos dos Estados em face da Constituição, ou das leis federais, e a decisão do tribunal do Estado considerar válidos esses atos, ou essas leis impugnadas."

[24] O artigo 59 emendado assim determinava: "Art. 59 – À Justiça Federal compete: Ao Supremo Tribunal Federal: (...) II, julgar, em grau de recurso, as questões excedentes da alçada legal resolvidas pelos juízes e tribunais;".

5.4. Constituição da República dos Estados Unidos do Brasil de 1934

A Carta que inaugurou a Segunda República foi um misto ideológico entre nacionalismo e liberalismo. Dentre outras inovações, ampliou os poderes da União, estabeleceu o voto universal, discriminou o Sistema Tributário entre União, Estados e Municípios, criou a representação corporativa ao lado da representação política tradicional e devolveu à União a competência para legislar em matéria processual.

No que tange ao Poder Judiciário, criou a Justiça Eleitoral, a Corte Suprema (no lugar do Supremo Tribunal Federal), delimitou os âmbitos de atuação entre a Justiça da União e a Justiça dos Estados, mantendo as duas justiças de primeiro grau.[25] Manteve-se também o duplo grau de jurisdição, ainda que implicitamente, celebrado no recurso ordinário constitucionalmente assegurado, conforme o que se expõe a seguir.

A Corte Suprema foi incumbida da análise dos recursos ordinário e também extraordinário, que até então não existia. Em sede de recurso ordinário conheceria, conforme o artigo 76, 2, II: 1) as causas que fossem decididas por juízes e tribunais federais, inclusive mandado de segurança; 2) as causas que fossem decididas pelo Tribunal Superior de Justiça Eleitoral; e, 3) as decisões em última ou única instância denegatórias de *habeas corpus*, nas justiças locais e federal.

Quanto ao recurso extraordinário, a Corte Suprema apreciaria as causas decididas em única ou última instância nas justiças locais, conforme o artigo 76, 2, III: 1) quando a decisão fosse contra disposição de tratado ou lei federal; 2) quando se questionasse sobre vigência ou validade de lei federal em face da Constituição, e o tribunal local negasse aplicação à lei impugnada; 3) quando validasse lei ou ato dos governos dos estados contestados em face da Constituição ou de lei federal; e, 4) quando ocorresse interpretação divergente de lei federal entre as Cortes de Apelação dos Estados.

Caberia ainda recurso voluntário à Corte Suprema das decisões dos Tribunais Federais que tivessem como controversa matéria constitucional e nos casos de denegação de *habeas corpus* (artigo 78, par. único).

O artigo 79 do mesmo diploma constitucional, por sua vez, determinou a criação de um tribunal, com denominação a ser definida, que tivesse como competência a apreciação, em grau de recurso, dos atos e decisões do Poder Executivo e das sentenças dos Juízes Federais que tratassem do funcionamento dos serviços públicos e de atos de direito administrativo em que a União fosse parte.

---

[25] Assim dispôs o artigo 70 da Constituição de 1934: "Art. 70 – A justiça da União e a dos Estados não podem reciprocamente intervir em questões submetidas aos tribunais e juízes respectivos, nem lhes anular, alterar ou suspender as decisões, ou ordens, salvo os casos expressos na Constituição".

5.5. Constituição da República dos Estados Unidos do Brasil de 1937

A constituição ditatorial do Estado Novo, também conhecida como "Polaca", ao tratar da organização do Poder Judiciário, extinguiu a figura da Justiça Federal de primeiro grau, deixando somente a Justiça Estadual com esta incumbência. Caberiam às Justiças Estaduais organizarem sua administração e seus quadros, atribuindo como órgão de segundo grau os Tribunais de Apelação dos Estados – mantendo-se o princípio do duplo grau de jurisdição.

Retoma-se, pois, a denominação de Supremo Tribunal Federal para a corte máxima brasileira, que continuou tendo competência originária e recursal – ordinária e extraordinária. Conforme o artigo 101, II, § 2º, da Constituição de 1937, em grau de recurso ordinário, ela apreciaria: 1) as causas em que a União fosse parte, assistente ou oponente; e, 2) as decisões em única ou última instância denegatórias de *habeas corpus*.

E em grau de recurso extraordinário, de acordo com o artigo 101, III, do referido diploma legal, o Supremo Tribunal Federal seria competente: 1) quando a decisão fosse contra tratado ou lei federal; 2) quando se questionasse sobre vigência ou validade de lei federal em face da Constituição, e o tribunal local negasse aplicação à lei impugnada; e, 3) quando validasse lei ou ato dos governos dos estados contestados em face da Constituição ou de lei federal.

Traço marcante desta época ditatorial e que evidencia ofensa ao Estado de Direito e à harmonia dos Poderes foi a Lei Constitucional nº 18, de 11/12/1945. Ela determinava a redação do parágrafo único do artigo 96 da Carta deste modo:

> "Art. 96 – Só por maioria absoluta de votos da totalidade dos seus juízes poderão os tribunais declarar a inconstitucionalidade de lei ou de ato do Presidente da República.
> Parágrafo único) No caso de ser declarada a inconstitucionalidade de uma lei que, a juízo do Presidente da República, seja necessária ao bem-estar do povo, à promoção ou defesa de interesse nacional de alta monta, poderá o Presidente da República submetê-la novamente ao exame do Parlamento: se este a confirmar por dois terços de votos em cada uma das Câmaras, ficará sem efeito a decisão do Tribunal."

5.6. Constituição da República dos Estados Unidos do Brasil de 1946

O período que se seguiu à II Guerra Mundial, marcado pela reconstrução da ordem constitucional na Europa, influenciou sobremaneira a reconstitucionalização brasileira. Após passar pela ditadura do

Estado Novo, o País seguia em busca da vez democrática plena. No plano da sistemática recursal, poucas mudanças foram feitas.

Manteve-se a Justiça Estadual como a única de primeiro grau e também o princípio do duplo grau de jurisdição na espécie. O Supremo Tribunal Federal conservou as mesmas competências originária e recursal, em recurso, ordinário e extraordinário. Em grau de recurso ordinário, conforme o artigo 101, II, conheceria: 1) as decisões denegatórias dos mandados de segurança e *habeas corpus* dos tribunais locais ou federais; 2) as causas que fossem decididas por juízes locais, fundadas em tratado ou contrato da União com Estado estrangeiro, assim como as em que fossem partes um Estado estrangeiro e pessoa domiciliada no país; e, 3) os crimes políticos.

Em grau de recurso extraordinário, conforme o artigo 101, III, conheceria: 1) quando a decisão fosse contrária a dispositivo da Constituição, a tratado ou lei federal; 2) quando se questionasse sobre validade de lei federal em face da Constituição, e a decisão negasse aplicação à lei impugnada; 3) quando validasse lei ou ato dos governos dos estados contestados em face da Constituição ou de lei federal; e, 4) quando houvesse divergência de interpretação de lei federal na decisão entre tribunais ou entre o tribunal e o próprio Supremo Tribunal Federal.

A Constituição de 1946, buscando a reconstrução da ordem constitucional, celebrou a recorribilidade, bem como o princípio do duplo grau de jurisdição. Também inovou, criando o Tribunal Federal de Recursos, a quem dotou de competência originária e recursal.[26]

5.7. *Constituição do Brasil de 1967*

A Carta de 1967, promulgada após o golpe militar de 1964, teve como preocupação fundamental a segurança nacional. Timidamente, através da Declaração de Direitos, em seu Título II, buscou restaurar a democracia. Entretanto, em 13 de dezembro de 1968, foi editado o Ato Institucional nº 5, que representou o ápice do autoritarismo daquele período. Foi decretado o recesso parlamentar, o Poder Executivo ficou legitimado a legislar, diretos políticos foram cassados, e a garantia de *habeas corpus* foi suspensa. Estas e outras arbitrariedades entraram em vigor com o referido ato.

Ao dispor sobre o Poder Judiciário, a Constituição de 1967 retomou o primeiro grau de jurisdição na Justiça Federal e nas Justiças

---

[26] Em grau de recurso conheceria: "Art. 104 – Compete ao Tribunal Federal de Recursos: (...) II – julgar em grau de recurso: a) as causas decididas em primeira instância, quando a União for interessada como autora, ré, assistente ou oponente, exceto as de falência, ou quando se tratar de crimes praticados em detrimento de bens, serviços ou interesses da União, ressalvada a competência da Justiça Eleitoral e da Justiça Militar; b) as decisões de juízes locais, denegatórias de *habeas corpus*, e as proferidas em mandados de segurança, se federal a autoridade coatora;".

Estaduais, como ocorreu nas Constituições de 1891 e de 1934. Ao Supremo Tribunal Federal conferiu competência originária e recursal. Em grau de recurso ordinário, de acordo com o artigo 114, inciso, II, o STF conheceria: 1) os mandados de segurança e os *habeas corpus* que fossem decididos em única ou última instância pelos tribunais locais e federais quando denegatória a decisão; 2) as causas em que fossem parte um Estado estrangeiro e pessoa domiciliada ou residente no País; e, 3) os casos de crimes militares julgados pela Justiça Militar.

No que se refere à competência recursal extraordinária, a Corte Suprema, conforme o artigo 114, inciso III, da Constituição de 1967, conheceria as decisões recorridas quando: 1) contrariassem dispositivo desta Constituição ou negassem vigência de tratado ou lei federal; 2) declarassem a inconstitucionalidade de tratado ou lei federal; 3) julgassem válida lei ou ato de Governo local em face da Constituição ou de lei federal; e, 4) dessem à lei interpretação divergente da que lhe houvesse dado outro Tribunal ou o próprio Supremo Tribunal Federal.

Sob esta égide, manteve-se o Tribunal Federal de Recursos, que ganhou competência para julgar em segundo grau as decisões dos Juízes Federais de primeira instância, em recurso ordinário. No que tange às Justiças Estaduais, estas também deveriam observar a duplicidade de graus, tendo como órgão de segunda instância os seus respectivos Tribunais. A Carta Magna ainda delegava poderes aos Tribunais de Justiça para criarem outros tribunais de segunda instância em decorrência da alçada de suas causas. Assim determinava o artigo 136, § 1º, "a":

"Art. 136 – Os Estados organizarão a sua Justiça, observados os artigos 108 a 112 da Constituição e dos dispositivos seguintes:
(...)
Parágrafo 1º - A lei poderá criar, mediante proposta do Tribunal de Justiça:
a) Tribunais inferiores de segunda instância, com alçada em causas de valor limitado, ou de espécies, ou de umas e outras;"

5.8. Constituição do Brasil de 1967 com Emenda Constitucional nº 1 de 1969

A Emenda Constitucional nº 1, de 1969, era, em verdade, uma nova constituição, pois foi promulgado texto inteiramente reformulado. Ela também foi produto daquele regime ditatorial instaurado no ano de 1964 e foi mais uma das conseqüências do Ato Institucional nº 5 de 1968.

Manteve-se o sistema de duas Justiças de primeiro grau, uma Federal e outra Estadual e o Tribunal Federal de Recursos. Mais uma vez afirma-se a figura do Juiz Federal como órgão jurisdicional de primeiro grau. Também quanto às Justiças Estaduais continuou-se com o mesmo sistema da Constituição anterior e com a possibilidade de criação de outros tribunais (os Tribunais inferiores de segunda instância). Dessa forma, perfectibilizou-se também o princípio do duplo grau de jurisdição em ambas as Justiças.

O Supremo Tribunal Federal manteve a competência recursal ordinária e extraordinária. O recurso extraordinário permaneceu com as mesmas hipóteses elencadas da Constituição de 1967; já o recurso ordinário era cabível, à época, nas seguintes situações, conforme ditava o artigo 119, inciso II, da Constituição emendada: 1) as causas em que fossem partes Estado estrangeiro ou organismo internacional, de um lado, e, de outro, município ou pessoa domiciliada ou residente no País; 2) os casos de crimes militares julgados pela Justiça Militar; e, 3) os *habeas corpus* que fossem decididos em única ou última instância pelos tribunais federais ou tribunais de justiça dos Estados, se denegatória a decisão, não podendo o recurso ser substituído por pedido originário.

6. Constituição da República Federativa do Brasil de 1988

A atual Constituição brasileira, promulgada após a transição do regime militar para o da Nova República, representou marco fundamental na retomada da vida democrática do País. Fruto de uma Assembléia Nacional Constituinte livre e soberana, denominada *Constituição Cidadã* por Ulysses Guimarães, presidente daquela Assembléia, ela não foi módica em determinar direitos e conferir garantias.

A Carta, ao deliberar sobre as Justiças de primeiro grau, manteve-as nos âmbitos Federal e Estadual, como nas duas Constituições anteriores. Também, como vem ocorrendo desde a primeira Constituição republicana, não mais o legislador constituinte considerou o princípio do duplo grau de jurisdição merecedor de artigo próprio e não mais o insculpiu expressamente. Entretanto, por meio de uma interpretação sistemática e de diversos dispositivos constitucionais confrontados, o princípio do duplo grau de jurisdição ressalta do texto de nossa Lei Maior de 1988, ainda que implicitamente, como garantia constitucional e elemento integrante do Estado Democrático de Direito.

6.1. Artigo 5º, § 2º, CF/1988 (Dos Direitos e Garantias Fundamentais)

A simples ausência de menção ao princípio do duplo grau de jurisdição em artigo específico da Constituição Federal não deve autorizar a sua descaracterização como garantia constitucional. A Constituição é muito mais do que uma compilação estanque de artigos. Embora tenha dispensado setenta e sete incisos em seu artigo 5º, elencando Direitos e Garantias Fundamentais, o legislador constituinte atenta para a impossibilidade de configurar expressamente todos os existentes.[27] Assim, no § 2º do artigo 5º, a Carta dispôs:

> "Art. 5º Todos são iguais perante a lei, sem distinção de qualquer natureza, garantindo-se aos brasileiros e aos estrangeiros residentes no País a inviolabilidade do direito à vida, à liberdade, à igualdade, à segurança e à propriedade, nos termos seguintes:
> (...)
> § 2º *Os direitos e garantias expressos nesta Constituição não excluem outros decorrentes do regime e dos princípios por ela adotados*, ou dos tratados internacionais em que a República Federativa do Brasil seja parte." (Grifei).

O princípio do duplo grau de jurisdição ingressaria, assim, no direito pátrio como garantia constitucional por meio do parágrafo retro-citado, decorrente do sistema adotado pela Constituição da República de 1988, conjugado, ademais, com outros princípios a seguir referenciados.

6.2. *Artigo 5º, inciso LIV, CF/1988 (Garantia do Devido Processo Legal)*

Argumenta-se que o duplo grau de jurisdição estaria contido no princípio do devido processo legal disposto pela Carta Magna no artigo 5º, inciso LIV.[28] Também desta vez duas posições antagônicas podem ser levantadas no que diz respeito a esta afirmação. Têm-se aqueles que entendem o duplo grau de jurisdição como condão do princípio do devido processo legal, e aqueles que entendem pela existência de um devido processo legal sem o duplo grau de jurisdição. Com igual pertinência, ambas as posições são defendidas dentro da doutrina constitucional e processual pátria.

Antes de entrar em maiores esclarecimentos, cumpre afirmar que o princípio do devido processo legal é um instituto de ampla abrangência e extremamente complexo, representando verdadeiro bastião na defesa de direitos e garantias fundamentais nos ordenamentos jurídicos em que é adotado. Dele decorrem inúmeras ilações e tão maior será sua amplitude quanto for a visão protetora do jurista. Entretanto, a

---

[27] Uma profunda abordagem sobre o enorme potencial do conceito materialmente aberto de direitos e garantias fundamentais consagrado no § 2º do artigo 5º é feita por INGO WOLFGANG SARLET em seu artigo Valor de alçada e limitação do acesso ao duplo grau de jurisdição: problematização em nível constitucional à luz de um conceito material de direitos fundamentais, in Revista AJURIS, v. 66, 1996, p. 85-130.

[28] Artigo 5º, inciso LIV – "ninguém será privado da liberdade ou de seus bens sem o devido processo legal;".

proteção excessiva por vezes pode implicar um obstáculo à tempestiva tutela jurisdicional pretendida.

É neste sentido que a moderna doutrina processual entende o diálogo entre o princípio do duplo grau de jurisdição e o devido processo legal "com a ressalva de que o princípio (do duplo grau de jurisdição) deve ser de aplicação moderada pelos ordenamentos, de sorte a não divorciar-se o processo civil da realidade contemporânea de buscar-se uma justiça mais efetiva e rápida, sem perder de vista a segurança."[29]

Calmon de Passos, em seu estudo "O devido processo legal e o duplo grau de jurisdição", realiza um breve histórico do *due process of law* no Direito Anglo-saxão e o divide em três fases. Num primeiro momento ele seria uma simples garantia de legalidade, após, predominou o entendimento de que "uma norma processual é segundo o devido processo quando não viole nenhuma das outras garantias processuais da Constituição" (Caso Murray x Hoboken Land, 1855). Em seguida, ampliou-se esta idéia, podendo o *due process of law* também abarcar normas inovadoras que oferecessem proteção aos litigantes de acordo com a *Common Law*, podendo também estas ser consideradas constitucionais (Caso Hurtado). Na terceira fase, firmou-se o entendimento de que o *due process of law* não seria expressão de uma norma abstrata e superior, absoluta e transcendental, e sim uma cláusula aplicável com vistas a circunstâncias históricas, locais e de opinião pública em determinado momento.[30]

O mestre elege como o mínimo imprescindível para o desenvolvimento do devido processo legal a imparcialidade e a independência do juiz. Portanto, nas hipóteses de desvio da parcialidade do magistrado, a eliminação de reexame das decisões representaria violação à garantia do devido processo legal, "devendo-se entender como marcada pelo estigma da inconstitucionalidade qualquer disposição de lei que a esse resultado conduza".[31] Também nos casos de gravame objetivo causado pelo *decisum*, a exclusão de qualquer tipo de controle da decisão implicaria, inquestionavelmente, em violação ao devido processo legal.

Já em sede de conclusão do referido estudo sobre o devido processo legal e o duplo grau de jurisdição, Calmon de Passos afirma que não seria da essência do mesmo devido processo legal assegurar "o recurso de apelo a toda e qualquer decisão de primeiro grau desfavorável ao interesse da parte".[32] A utilização indiscriminada do recurso de

---

[29] NERY JÚNIOR, *op. cit.* p. 41. (Aditei)
[30] CALMON DE PASSOS, *op. cit.*, p. 132.
[31] *Idem*, p. 139.
[32] *Ibidem*, p. 143.

apelação geraria um prolongamento desnecessário no processo e um abalo na credibilidade dos juízes de primeiro grau.

Ou seja, a celebração da imparcialidade no devido processo legal dar-se-ia através do *reexame* e do *controle* das decisões, entretanto a possibilidade de recurso (recurso de apelação) para toda e qualquer decisão viria mais em prejuízo do devido processo legal. Objetivamente, face ao exposto, pode-se auferir do ordenamento jurídico brasileiro que o princípio do duplo grau de jurisdição se presta para realizar estas duas funções de *reexame* e de *controle* das decisões, não sendo mais considerado garantia constitucional absoluta (para toda e qualquer decisão) desde o início da República. *O princípio do duplo grau de jurisdição, como garantia limitável, vem operacionalizar o devido processo legal em nosso sistema.* Mas o duplo grau de jurisdição não se configuraria como elemento imprescindível ao devido processo legal em qualquer ordenamento jurídico, pois podem existir outros meios de reexame e de controle das decisões asseguradores da imparcialidade no devido processo legal.

Neste sentido, professa Oreste N. de Souza Laspro: "Os princípios de devido processo legal e do duplo grau de jurisdição, apesar de ligados entre si, não traduzem relação de dependência ou continência. Isso porque é possível assegurar o devido processo legal sem o duplo grau de jurisdição e vice-versa. (...) Permite-se, portanto, o estabelecimento de um sistema de reexame restrito sem qualquer ofensa às garantias constitucionais processuais".[33]

6.3. Artigo 5º, inciso LV, CF/1988 (Garantia do Contraditório e da Ampla Defesa)

Para alguns doutrinadores, a existência do duplo grau de jurisdição como garantia constitucional deriva do inciso LV do artigo 5º, que assegura o contraditório e a ampla defesa, *com os recursos a ela inerentes*.[34] Com certeza esta é uma disposição que vem confirmar a recorribilidade das decisões, contudo deve-se atentar para o fato de que nem todo recurso implica reexame por órgão diverso daquele que

---

[33] LASPRO, Garantia do Duplo Grau... *op. cit.*, p. 197 e seguintes. Para o autor, sob o prisma do devido processo legal, a CF/1988 não garante o duplo grau de jurisdição, "É possível, pois, que se conclua ser melhor restringir os meios recursais e atingir, em menor espaço de tempo, a certeza jurídica e a efetividade do processo que proporcionar inúmeras etapas de impugnação, com o objetivo de alcançar, em tese, a verdade sobre os fatos, ainda que se congestione as vias de acesso aos tribunais com um volume gigantesco de demandas. Tanto isto é certo que, entre os elementos essenciais ao devido processo legal, não se pode incluir o duplo grau de jurisdição, que é mero elemento acidental."

[34] JOSÉ J. BEZERRA DINIZ afirma com veemência que "(...) o duplo grau de jurisdição é uma garantia constitucional prevista expressamente na CF na medida em que o inciso LV do art. 5º prevê a ampla defesa com os meios e recursos a ela inerentes.". DINIZ, José J. Bezerra. *Princípios Constitucionais do Processo, in* Revista da ESMAPE, Recife, 1996, p. 438.

emanou decisão, e, portanto, nem todo recurso implica a consecução do princípio do duplo grau de jurisdição, como ocorre com os embargos de declaração, onde o mesmo juízo esclarece a sua decisão. Outrossim, como já foi tratado no item 2 deste estudo (Conceito de Duplo Grau de Jurisdição), o princípio transcende a idéia de recurso na medida em que contém o reexame necessário.

Não obstante, a garantia de recorribilidade – inerente à ampla defesa – está muito mais ligada à adoção do princípio do duplo grau de jurisdição do que à figura de um juízo monocrático, conforme a argumentação que vem sendo exposta sobremaneira nos ensinamentos do ilustre professor Ovídio A. Baptista da Silva, para quem o princípio do duplo grau de jurisdição estaria de certo modo subentendido no conceito de recurso (vide subitem 2.4).

Por oportuno se transcreve, também, a concepção do insigne mestre Pontes de Miranda, configurando a recorribilidade como princípio constitucional, ao tratar do recurso ordinário, em seus Comentários à Constituição de 1967: "A recorribilidade depende de lei. Se a Constituição cogitou do recurso, a lei não pode pré-excluir; tornou-se princípio constitucional a recorribilidade, na espécie. Se foi a lei mesma que criou o recurso, há de ter-lhe apontado os pressupostos subjetivos e os objetivos, inclusive os de tempo. Se deu prazo para a interposição, não há encurtá-lo; de regra o alargamento prejudicaria a outro figurante, pessoa privada ou pública. Os mesmos princípios incidem quanto ao direito processual civil e penal como a outros ramos do direito processual".[35]

6.4. Artigo 92, CF/1988 (Do Poder Judiciário)

Também nas disposições referentes à organização do Poder Judiciário, quando o legislador constituinte define como órgãos *juízes e Tribunais* (artigo 92, CF/1988), estaria implicitamente assegurado o duplo grau de jurisdição, não de forma absoluta. Na tradição judiciária brasileira, os tribunais correspondem a órgãos de segundo grau também dotados de competência originária. A sua função primordial como órgãos de segundo grau seria a análise dos recursos de grau inferior.[36]

---

[35] PONTES DE MIRANDA, op. cit., p. 71.

[36] Neste sentido, ensina ARRUDA ALVIM ao tratar da competência dos tribunais: "*Aos tribunais cabe, em regra, a revisão das decisões já proferidas em primeiro grau* (juízo singular), o que constitui sua competência funcional, em razão dos recursos (competência hierárquica, que é absoluta – vejam-se os arts. 93, 111 e normas de organização judiciária). Entretanto, casos há de competência originária dos próprios tribunais, quando os processos são aí diretamente instaurados. Mas *competência originária dos tribunais não significa que seja elidido, normal e necessariamente, o princípio do duplo grau de jurisdição*, pois, depois de julgado no tribunal, há, em tese, a possibilidade – de julgamento pelo Superior Tribunal de Justiça ou pelo Supremo Tribunal Federal (...)" (Grifei). ARRUDA ALVIM, *Manual de Direito Processual Civil*, v. 1, Parte Geral, São Paulo, RT, 1996, p. 186.

Mesmo que se considerasse como mera escolha de política judiciária, sem maiores implicações subjacentes, o modo como se define o organograma do Poder Judiciário é sim pressuposto fundamental para a existência do princípio do duplo grau de jurisdição. Se não fosse prevista a duplicidade de graus, o duplo grau de jurisdição não se perfectibilizaria, à exceção do que ocorre nos Juizados Especiais, onde o princípio do duplo grau de jurisdição se operacionaliza por via horizontal.

Ingo Wolfgang Sarlet, perquirindo o duplo grau de jurisdição como garantia fundamental, conjuga a necessidade do vencido em ver reapreciada a decisão adversa com a sistemática constitucional sobre a competência dos tribunais para encontrar uma solução. "Se nos aferrarmos à idéia dominante no senso comum de que a possibilidade de ver submetida a decisão adversa a uma revisão por uma outra instância é um anseio inerente à personalidade humana, lograríamos até mesmo solucionar a questão à luz do direito natural. (...) Assim, parece razoável que o direito de acesso a um segundo grau de jurisdição e, consideradas as diferenças já apontadas, o de recorrer das decisões judiciais para uma instância superior, encontra-se fundado no valor maior da dignidade humana, além de guardar sintonia com a sistemática da Constituição e do ordenamento jurídico. Para tanto, basta referir todas as normas relativas à competência dos tribunais, cuja existência encontra justificação fundamentalmente na tarefa de analisar os recursos interpostos contra as decisões das instâncias inferiores".[37]

Entretanto, o autor afirma que estes argumentos não seriam bastantes para configurar o duplo grau de jurisdição como garantia e/ou direito fundamental autônomo e reconhece a necessidade da existência de outros dispositivos, decorrentes do regime e dos princípios adotados pela Constituição da República de 1988, fortes no § 2º do artigo 5º, que corroborem tal caracterização.

Conforme a exposição que vem sendo promovida neste estudo, mormente no presente item 6, a caracterização do princípio do duplo grau de jurisdição como garantia constitucional implícita transcende em muito *a necessidade psicológica do vencido em ver reapreciada a decisão desfavorável* e *as normas relativas às competências dos tribunais*, não se esgotando nesses dois elementos.

Somados a estas duas hipóteses e, também, todos os fundamentos já destacados como essenciais para a adoção do princípio do duplo grau de jurisdição (item 3), tem-se, ainda, como elementos configuradores do duplo grau de jurisdição na categoria de garantia constitucional implícita: a) o princípio do devido processo legal; b) o princípio do

---
[37] SARLET, *op. cit.*, p. 116.

contraditório e da ampla defesa com todos os recursos a ela inerentes; c) as normas que dispõem quanto aos recursos no STF e no STJ; d) a norma que determina a recorribilidade das decisões de primeira instância na Justiça Federal para uma segunda instância; e) a norma definidora dos Juizados Especiais; e f) a norma sobre a organização do Poder Judiciário nos Territórios.

Ademais, e por oportuno, não se pode olvidar a garantia de inafastabilidade da apreciação de lesão ou ameaça de direito do Poder Judiciário (artigo 5º, inciso XXXV, CF/1988), como bem recorda Ingo Wolfgang Sarlet, "(...) na medida em que a lesão ou ameaça ao direito pode advir de ato do próprio Judiciário, tal garantia constitucional fundamental correria o risco de se tornar inoperante, caso não se viabilizasse de alguma forma a sua revisão".[38]

6.5. Artigos 93, inciso III, e 95, I, CF/1988 (Do Poder Judiciário)

Nesse item, como o já exposto no anterior, a Constituição de 1988 alerta para a *duplicidade de graus* ao determinar em seu artigo 93 o acesso aos *tribunais de segundo grau*. Também, em seu artigo 95, ao tratar das garantias dos magistrados, quando estabelece a existência de *juízes de primeiro grau*, e, conseqüentemente, a existência de juízes de grau superior, a Carta evidencia sobremodo a existência de dois graus de jurisdição. As disposições que abaixo seguem referendam literalmente o antes exposto:

"Art. 93. Lei complementar, de iniciativa do Supremo Tribunal Federal, disporá sobre o Estatuto da Magistratura, observados os seguintes princípios:
(...)
III - o acesso aos *tribunais de segundo grau* far-se-á por antigüidade e merecimento, alternadamente, apurados na última entrância ou, onde houver, no Tribunal de Alçada, quando se tratar de promoção para o Tribunal de Justiça, de acordo com o inciso II e a classe de origem;" e

"Art. 95. Os juízes gozam das seguintes garantias:
I - vitaliciedade, que, *no primeiro grau*, só será adquirida após dois anos de exercício, dependendo a perda do cargo, nesse período, de deliberação do tribunal a que o juiz estiver vinculado e, nos demais casos, de sentença judicial transitada em julgado;" (Grifei).

Outrossim, a Lei Maior de 1988, em seu artigo 105, parágrafo único, outra vez explicita a duplicidade de graus no âmbito federal ao dispor que o Conselho da Justiça Federal deve exercer supervisão

---
[38] *Idem*, p. 118.

administrativa e orçamentária da *Justiça Federal de primeiro e segundo graus*.

É bem verdade que a duplicidade de graus, *per se*, não implica a consumação do duplo grau de jurisdição, pois poderia ocorrer que ambas as instâncias tivessem apenas competências originárias, e não recursais, sem nenhuma possibilidade de reapreciação entre elas e/ou dentro delas. Porém, não é o que ocorre no Direito Brasileiro, onde o órgão de grau superior, de regra, tem o poder de reapreciar com ampla cognição o que foi decidido no grau inferior.

6.6. *Artigos 102 e 105, CF/1988 (Do Supremo Tribunal Federal e do Superior Tribunal de Justiça)*

Ao tratar das competências recursais do Supremo Tribunal Federal e do Superior Tribunal de Justiça, a Constituição da República de 1988 indubitavelmente consagrou o princípio do duplo grau de jurisdição ao prever o recurso ordinário em ambas as Cortes. A previsão legal para o recurso ordinário está nos artigos 102, inciso II, e 105, inciso II, na forma seguinte:

"Art. 102. Compete ao Supremo Tribunal Federal, precipuamente, a guarda da Constituição, cabendo-lhe:
(...)
II - julgar, em recurso ordinário:
a) o *habeas corpus*, o mandado de segurança, o *habeas data* e o mandado de injunção decididos em única instância pelos Tribunais Superiores, se denegatória a decisão;
b) o crime político;" e

"Art. 105. Compete ao Superior Tribunal de Justiça:
(...)
II - julgar, em recurso ordinário:
a) os *habeas corpus* decididos em única ou última instância pelos Tribunais Regionais Federais ou pelos tribunais dos Estados, do Distrito Federal e Territórios, quando a decisão for denegatória;
b) os mandados de segurança decididos em única instância pelos Tribunais Regionais Federais ou pelos tribunais dos Estados, do Distrito Federal e Territórios, quando denegatória a decisão;
c) as causas em que forem partes Estado estrangeiro ou organismo internacional, de um lado, e, do outro, Município ou pessoa residente ou domiciliada no País;".

Dessa forma, o recurso ordinário, como vem previsto na Constituição Federal de 1988, nas hipóteses retro-transcritas, confirma a garantia do duplo grau de jurisdição. Isto ocorre, na medida em que é permitido o reexame das decisões dos Tribunais Superiores, dos Tribunais Regionais Federais e dos Tribunais dos Estados e do Distrito Federal – com ampla cognição, sobre matéria de fato e de direito – por órgão de grau superior, que será livre para mantê-las ou modificá-las.

Na mesma trilha, o eminente processualista Arruda Alvim, ao tratar do recurso ordinário previsto pela Carta de 1988, configura o princípio do duplo grau de jurisdição como regra geral em nosso ordenamento jurídico, ao assim destacar: "Ademais o recurso ordinário constitucional não tem, diferentemente do recurso extraordinário (...) e do recurso especial (...) fundamentação vinculada. Sendo assim, na hipótese ventilada, não se pode sustentar qualquer ofensa ao duplo grau de jurisdição. Antes, *com a previsão deste recurso ordinário em sede constitucional (...), ao que o intérprete deve atentar é, precisamente, a confirmação explícita e inequívoca do acolhimento do duplo grau pelo legislador de 1988, como regra geral.*".[39]

No que concerne aos recursos extraordinário e especial, a questão ganha outra dimensão. Por tratarem-se de recursos de fundamentação vinculada, grande parte da doutrina tende a descaracterizá-los como implementadores do princípio do duplo grau de jurisdição. Quando da apreciação dos recursos extraordinário e especial, o STF e o STJ ficariam adstritos ao conhecimento apenas da matéria de direito. Por não serem de ampla cognição, não realizariam o princípio do duplo grau de jurisdição. Suas hipóteses de apreciação são as seguintes:

"Art. 102. Compete ao Supremo Tribunal Federal, precipuamente, a guarda da Constituição, cabendo-lhe:
(...)
III - julgar, mediante recurso extraordinário, as causas decididas em única ou última instância, quando a decisão recorrida:
a) contrariar dispositivo desta Constituição;
b) declarar a inconstitucionalidade de tratado ou lei federal;
c) julgar válida lei ou ato de governo local contestado em face desta Constituição.," e

"Art. 105. Compete ao Superior Tribunal de Justiça:
(...)
III - julgar, em recurso especial, as causas decididas, em única ou última instância, pelos Tribunais Regionais Federais ou pelos tribunais dos Estados, do Distrito Federal e Territórios, quando a decisão recorrida:
a) contrariar tratado ou lei federal, ou negar-lhes vigência;
b) julgar válida lei ou ato de governo local contestado em face de lei federal;
c) der a lei federal interpretação divergente da que lhe haja atribuído outro tribunal."

---
[39] ARRUDA ALVIM, *op. cit.*, p. 186. (Grifei)

No entanto, tal entendimento, de que os recursos extraordinário e especial não configuram o princípio do duplo grau de jurisdição, merece ressalvas. Primeiramente, pode-se afirmar que o duplo grau de jurisdição independe de ampla cognição, sendo bastante para a sua caracterização o reexame de matéria de direito. Por outro lado, entendendo-se como necessária a cognição total, podem ocorrer hipóteses em que desde o primeiro grau venha-se discutindo apenas matéria de direito, o que permitiria uma reapreciação exauriente em segundo grau. Portanto, ainda que aleatoriamente, o duplo grau de jurisdição também pode ser vislumbrado nos recursos extraordinário e especial.[40]

Por derradeiro, cabe ainda frisar que nas hipóteses de competência originária do Supremo Tribunal Federal não teremos a configuração do princípio do duplo grau de jurisdição, pois sendo o Supremo Tribunal Federal a Corte Máxima em nosso ordenamento, não haveria órgão superior para reapreciar suas decisões em grau de recurso. Seria, na hipótese, um caso de exceção ao princípio do duplo grau de jurisdição constitucionalmente destacado.

6.7. Artigos 108, inciso II, e 125, CF/1988 (Da Justiça Federal e da Justiça Estadual)

Ao tratar da Justiça Federal, a *Lex Fundamentalis* de 1988 dispõs sobre a existência do duplo grau de jurisdição, qualificando-o, pois, como garantia constitucional. As decisões de primeiro grau no âmbito federal, portanto, poderão ser reapreciadas pelos Tribunais Regionais Federais, em grau de recurso, e vedações nesse sentido seriam inconstitucionais. Assim dispôs a Carta:

"Art. 108. Compete aos Tribunais Regionais Federais:
(...)
II - julgar, em grau de recurso, as causas decididas pelos juízes federais e pelos juízes estaduais no exercício da competência federal da área de sua jurisdição."

Conforta a tese exposta o que asseverou Calmon de Passos, em seu estudo aqui amplamente citado, ao tratar da competência recursal da Justiça Federal de segundo grau (extinto Tribunal Federal de Recursos) na Constituição de 1967 com a Emenda nº 1 de 1969. De fato, a redação do artigo 122 do antigo diploma legal é praticamente a mesma do

---

[40] Afirma ANDRÉ RAMOS TAVARES: "(...) É que, se estes recursos, que estão plasmados constitucionalmente, são apenas parciais (quanto às questões de Direito), e se a ação apenas disser respeito, desde o momento inicial, a questões de Direito, tem-se, como decorrência lógica, assegurado o duplo grau de jurisdição. Contudo, dado o casuísmo desta proposição, tem-se que afastá-la como conclusão científica abstratamente aceitável". TAVARES, André Ramos. Análise do duplo grau de jurisdição como princípio constitucional, *in* Revista de Direito Constitucional e Internacional, São Paulo, RT, Ano 8, nº 30, janeiro-março de 2000, p. 177-186.

artigo 108, inciso II, da atual Carta Magna, diferenciando-se somente na ampliação da competência para as causas decididas por juízes estaduais em exercício da competência federal.[41]

O mestre, ao se referir ao artigo 122, leciona: "O preceito maior, amplo e desprovido de qualquer limitação, coloca sob o crivo do controle do TFR toda e qualquer decisão dos juízes federais de primeiro grau. Excluí-lo no tocante a qualquer delas é legislar de modo manifestamente vicioso. (...) Ora, impossível, portanto, pensar-se que a garantia do duplo grau, expressa e inequivocamente assegurada no âmbito federal, inexiste para a Justiça comum, quando os litígios que em ambas têm curso só se diversificam subjetivamente. (...) E seria grave deslize hermenêutico interpretá-la (a Constituição) como prevendo a desarmonia do sistema por ela instituído sem que para tanto haja preceito expresso e claro nesse sentido. A desarmonia e a falta de isonomia é que deveriam estar inequivocamente prescritas (...) ".[42]

Dessa forma, o princípio do duplo grau de jurisdição vale também para a Justiça Estadual, na medida em que o artigo 125 da Constituição da República de 1988, ao tratar das Justiças Estaduais, impõe a observação dos princípios estabelecidos pela Lei Maior aos Estados-Membros na criação e organização de suas Justiças.

Entender de maneira diversa a proposição retrocitada representaria ofensa ao princípio da isonomia também constitucionalmente assegurado. Neste sentido são os ensinamentos de Ada Pellegrini Grinover: "Quer se trate de princípio constitucional autônomo, garantido, implicitamente embora, pela nossa constituição; quer se trate daquele princípio da igualdade a que já nos referimos, haverá, em nosso entender, desrespeito às regras constitucionais do processo, quando se suprimir o segundo grau de jurisdição".[43]

6.8. Artigo 98, inciso I (Dos Juizados Especiais)

Seguindo sempre na leitura do Título IV, Capítulo III, Da Organização do Poder Judiciário, a Constituição de 1988 ressalta a situação excepcional de reapreciação de recurso por órgão de mesmo grau

---

[41] "Art. 122. Compete aos Tribunais Federais de Recursos: (...) II - julgar, em graus de recurso, as causas decididas pelos juízes federais."

[42] CALMON DE PASSOS, op. cit., p. 136. (Aditei)

[43] E segue: "Todos aqueles que ingressam em juízo devem ter, em igualdade de condições, a possibilidade de pleitear a revisão da sentença, por tribunal hierarquicamente superior àquele que proferiu a decisão. Se tal possibilidade for reservada apenas a alguns, como privilégio, enquanto a outros estará vedado esse direito, não podendo recorrer ou recorrendo apenas ao próprio órgão de que emanou a sentença, estará de qualquer maneira desrespeitado o princípio constitucional da isonomia. O duplo grau de jurisdição, ainda que não configure – ad argumentandum – garantia constitucional autônoma, faz parte, sem dúvida alguma, daquele conjunto de garantias que configuram o 'devido processo legal'." GRINOVER, Ada Pellegrini. *Os princípios Constitucionais e o Código de Processo Civil*, São Paulo, Bushatsky, 1975, p. 143.

quando trata dos Juizados Especiais. Pela expressa regra constitucional do artigo 98, inciso I, os recursos referentes a este juizado serão julgados *por turmas de juízes de primeiro grau*.

Ainda assim a Lei Maior não descuidou neste caso do princípio do duplo grau de jurisdição ao permitir um recurso interno para outro órgão. Mesmo nesta hipótese excepcional de unicidade de grau, subsistirá o princípio da duplo grau de jurisdição de maneira horizontal. Como já foi afirmado, a Lei 9.099, de 26 de setembro de 1995, operacionaliza o princípio através de sua *hierarquia interna*, e não poderia dispor noutro sentido, uma vez que o artigo 98, inciso I, é uma norma definidora de princípio institutivo impositiva, e não facultativa ou permissiva.

Por sabor à argumentação, entendendo-se a referida norma constitucional como facultativa ou permissiva, e não impositiva, ainda assim a lei definidora dos Juizados Especiais teria que adotar o princípio do duplo grau de jurisdição, pois este, conforme a argumentação que vem sendo exposta, decorre de garantia constitucional implícita, devendo ser estendido a todo ordenamento jurídico pátrio. O princípio do duplo grau de jurisdição é a regra geral no Direito Positivo Brasileiro, podendo ser restringido, mas não suprimido totalmente em qualquer dos procedimentos adotados pelo sistema processual.

Com pertinência, SILVÂNIO COVAS salienta que "se existe previsão de duplo grau de jurisdição para as causas de menor complexidade, é elementar que as causas de maior complexidade estejam sujeitas à dupla rescisão (*sic*)".[44] Ou seja, uma vez que a Carta Magna de 1988 preocupou-se em acobertar as causas mais simples com a proteção do princípio do duplo grau de jurisdição – ainda que de maneira horizontal – naturalmente que tal proteção também deve estender-se para as causas mais complexas.

6.9. Artigo 33, § 3º (Dos Territórios)

Finalmente, a Constituição da República de 1988, ao regulamentar a existência de Território Federal, determina que ali haverá órgãos judiciários de primeira e segunda instâncias, bem como membros do Ministério Público e defensores públicos federais atuando.[45] Nesta regra constitucional, mais uma vez o legislador constituinte destaca a obrigatoriedade de adoção do princípio do duplo grau de jurisdição.

---

[44] COVAS, *op. cit.*, p. 599.

[45] "Art. 33. A lei disporá sobre a organização administrativa e judiciária dos Territórios. (...) § 3º Nos Territórios Federais com mais de cem mil habitantes, além do Governador nomeado na forma desta Constituição, haverá órgãos judiciários de primeira e segunda instância, membros do Ministério Público e defensores públicos federais; a lei disporá sobre as eleições para a Câmara Territorial e sua competência deliberativa.".

Resta evidente que se o legislador constituinte entendeu dotar os Territórios Federais, entes públicos federativos administrativos ligados à União, de órgãos jurisdicionais de primeiro e segundo graus, também a duplicidade de graus deverá ser adotada nos Estados-Membros como mínimo, vez que estes são entes muito mais complexos, entidades federativas dotadas de diversas competências específicas.

Apesar de a Carta Magna determinar a existência de órgãos judiciários de primeiro e segundo graus e a presença de membros de Ministério Público e defensores públicos federais em Territórios com mais de cem mil habitantes, não seria demais concluir que estes órgãos também deveriam existir em Território Federal que porventura tivesse população inferior àquela determinada. Novamente, invocam-se os fundamentos de adoção do princípio do duplo grau de jurisdição num determinado ordenamento jurídico, bem como os dispositivos constitucionais retro-citados, com fito de configurar o princípio como garantia constitucional, para percebê-lo como ínsito a toda organização judiciária implementada pelo Estado Pátrio.

De modo similar, não seria admitida a existência de Território Federal sem a presença do Ministério Público e da Defensoria Pública Federal, ainda que sua população fosse inferior a cem mil habitantes. Ora, sendo estas instituições essenciais à justiça, é mister que atuem em toda extensão do território nacional.

7. O Duplo Grau de Jurisdição e o Pacto de San José da Costa Rica

A Convenção Americana de Direitos Humanos de 1969 – Pacto de San José da Costa Rica – foi acolhida no ordenamento jurídico pátrio pelo Decreto 678, de 6 de novembro de 1992. Ela consagra uma série de direitos e garantias fundamentais – direitos civis, políticos, econômicos, sociais, entre outros – aos cidadãos dos países signatários da mesma. A Constituição Federal de 1988 admite a recepção desses direitos e garantias supra-estatais por meio de tratados internacionais em que a República Federativa do Brasil seja parte, conforme dispõe o artigo 5º, §§ 1º e 2º, conferindo, inclusive, imediata aplicabilidade quando forem normas definidoras de direitos e garantias.

Por oportuno, transcreve-se o artigo 8º da Convenção, que remete ao estudo aqui proposto sobre o duplo grau de jurisdição e que especialmente trata das garantias judiciais:

"Artigo 8º - Garantias judiciais
1. Toda pessoa terá direito de ser ouvida, com as devidas garantias e dentro de um prazo razoável, por um juiz ou Tribunal competente, independente e imparcial, estabelecido anteriormente por

lei, na apuração de qualquer acusação penal formulada contra ela, ou na determinação de seus direitos e obrigações de caráter civil, trabalhista, fiscal, ou de qualquer outra natureza.
2. Toda pessoa acusada de delito tem direito a que se presuma sua inocência, enquanto não for legalmente comprovada sua culpa. Durante o processo, toda pessoa tem direito, em plena igualdade, às seguintes garantias mínimas:
(...)
h) direito de recorrer da sentença a juiz ou tribunal superior."

Observa-se que os direitos e garantias retroelencados não destoam da sistemática da Constituição Federal de 1988; de fato, vêm compactuar com aqueles por ela chancelados. Estão ali presentes, entre outros, o princípio do devido processo legal, a garantia do juiz natural, o princípio do contraditório e a presunção de inocência. Portanto são recepcionados pelo direito brasileiro expressamente no artigo 5º, § 2º, da Constituição de 1988.

Desse modo, o inciso 1 do artigo 8º da Convenção referida estabelece que toda pessoa terá direito a ser ouvida, com as devidas garantias e dentro de um prazo razoável, na *determinação de seus direitos e obrigações de caráter civil*, trabalhista, fiscal ou de qualquer outra natureza, *e na apuração de qualquer acusação penal* formulada contra ela.

Ao tratar das garantias mínimas, a partir de seu inciso 2, a citada regra convencional tratou apenas do *processo penal*. É bem verdade que o princípio do duplo grau de jurisdição encontra-se explícito na alínea "h", mas não pode ser interpretado como garantia expressa no processo civil. A alínea "h" e as demais do inciso 2 do artigo 8º tratam do processo penal.

Entretanto, isto não implicaria a exclusão do duplo grau de jurisdição da esfera civil e das demais elencadas no inciso 1 do artigo 8º da referida Convenção (trabalhista, fiscal, etc.); não é o caso da aplicação do princípio hermenêutico *inclusio unius exclusio alterius*. Não se pode deduzir pela exclusão. Pontes de Miranda professa que "diante de direitos supra-estatais, o papel do Estado é apenas definidor das exceções. Quer dizer: o Estado aponta casos em que o direito não existe, devendo porém ficar dentro do âmbito que o conceito supra-estatal de cada um desses direitos lhe deixa".[46] Ademais o inciso acima referido descreve aquelas *devidas garantias judiciais* como mínimas, sendo bem-vinda sua ampliação em tudo aquilo que vier referendá-las.

No que tange ao tema abordado, a Convenção Americana de Direitos Humanos vem conferir o princípio do duplo grau de jurisdição na esfera penal aos cidadãos americanos que se encontrem em algum dos países signatários do Pacto. Quanto às demais esferas de

---

[46] PONTES DE MIRANDA, *op. cit.*, p. 630.

eficácia, incluída a civil, o princípio poderá ser vislumbrado implicitamente no inciso 1, do artigo 8º, como inserido dentre as *devidas garantias judiciais*, prestigiando-se, assim, os fundamentos de sua adoção em determinado ordenamento jurídico. Se comparada com a Constituição da República Federativa do Brasil de 1988, abundante em dispositivos que confirmam o princípio do duplo grau de jurisdição como garantia implícita, a referida Convenção traz consigo elementos menos convincentes para amparar esta garantia normativa também implicitamente considerada no processo civil.

8. Conclusão

De todo o exposto no presente estudo e da pesquisa doutrinária realizada, ressalta o entendimento de que o princípio do duplo grau de jurisdição é uma garantia constitucional, ainda que implícita. Face à complexidade do Estado Moderno, Direitos e Garantias Fundamentais vêm sofrendo um processo de relativização dentro dos ordenamentos jurídicos democráticos, buscando-se conciliar Justiça com os anseios de celeridade e segurança. Assim, o duplo grau de jurisdição, ainda que considerado como garantia constitucional implícita, deve ser encarado como passível de limitações no ordenamento jurídico brasileiro.

Contudo, ao determinar tais limitações, o legislador infraconstitucional não pode olvidar que, sendo o duplo grau de jurisdição garantia constitucional, ele é regra geral do sistema. Leis infraconstitucionais poderão limitá-lo, mas não suprimi-lo totalmente, pois as decisões proferidas pelo Poder Judiciário não podem restar sem a guarida de qualquer controle; controle, este, ínsito ao Estado Democrático de Direito. O princípio do duplo grau de jurisdição é regra ditada ao Direito Processual Pátrio pela Constituição. Nesta esteira, o duplo grau de jurisdição não deve ser entendido como um empecilho à tempestiva tutela jurisdicional pretendida, cabendo ao legislador infraconstitucional operacionalizá-lo sem embaraçar a justa execução esperada.

As conclusões que conduzem ao entendimento expresso neste estudo, de que o princípio do duplo grau de jurisdição é uma garantia fundamental, encontram sintonia neste pensamento do jurista francês Roger Perrot, transcrito a seguir: "La règle du double degré de juridiction a toujours été considérée comme une garantie fondamentale. La justice des hommes est faillible: ses décisions peuvent être entachées d'erreurs ou d'insuffisances".[47] Daí, em evidência, a relação indissociável entre a Regra Jurídica, a Justiça e a falibilidade humana.

---

[47] PERROT, Roger. Le principe du double degré de juridiction et son evolution en droit judiciaire privé français. *Studi in onore di Enrico Tullio Liebman*, v. III, Milão, Giuffrè, 1979, p. 1783.

Bibliografia

ALLORIO, Enrico. Sul Doppio Grado del Processo Civile. *Studi in Onore di Enrico Tullio Liebman*, v. III, Milão: Giuffrè, 1979.

ALVARO DE OLIVEIRA, Carlos Alberto. Efetividade e processo de conhecimento, *in* Revista da Faculdade de Direito da UFRGS, v. 16, 1999.

ARRUDA ALVIM. *Manual de direito processual civil*, v. 1 – Parte Geral, São Paulo: RT, 1996.

BAPTISTA DA SILVA, Ovídio Araújo. *Curso de Processo Civil*, v. I, Porto Alegre: Fabris, 1996.

BARBOSA MOREIRA, José Carlos. *Comentários ao Código de Processo Civil*, v. V, Rio de Janeiro: Forense, 1994.

BEZERRA DINIZ, José Jangulê. Princípios Constitucionais do Processo, *in Revista da ESMAPE*, Recife, 1996.

CALMON DE PASSOS, Joaquim José. O Devido processo legal e o duplo grau de jurisdição, *in Revista da AJURIS*, v. 25, Porto Alegre, 1982.

CARNEIRO, Athos Gusmão. Jurisdição – Noções Fundamentais, *in Revista de Processo*, v. 19, São Paulo: RT, 1980.

COVAS, Silvânio. O duplo grau de jurisdição, *Aspectos polêmicos e atuais dos recursos*, coords.: Eduardo Pellegrini Arruda Alvim, Teresa Arruda Alvim Wambier e Nelson Nery Júnior. São Paulo: RT, 2000.

CRUZ E TUCCI, José Rogério (coord.). *Garantias Constitucionais do Processo Civil*, São Paulo: RT, 1999.

——; TUCCI, Rogério Lauria. *Constituição de 1988 e Processo – regramentos e garantias constitucionais do processo*. São Paulo: Saraiva, 1989.

GRECO FILHO, Vicente. Tutela Constitucional das Liberdades. São Paulo: Saraiva, 1989.

GRINOVER, Ada Pellegrini. *O Processo em Evolução*. Rio de Janeiro: Forense Universitária, 1996.

——. *As Garantias Constitucionais do Direito de Ação*. São Paulo: RT, 1973.

——. *Novas Tendências do Direito Processual*. Rio de Janeiro: Forense Universitária, 1990.

——. *Os Princípios Constitucionais e o Código de Processo Civil*. São Paulo: Bushatsky, 1975.

HART, Herbert L.A. *O Conceito de Direito*, tradução de Armindo Ribeiro Mendes. Lisboa: Gulbenkian, 1996.

LASPRO, Oreste Nestor de Souza. *Duplo grau de jurisdição no direito processual civil*. São Paulo: RT, 1995.

——. Garantia do duplo grau de jurisdição, *Garantias Constitucionais do Processo Civil*. coord. José Rogério Cruz e Tucci. São Paulo: RT, 1999.

MARINONI, Luiz Guilherme. Garantia da tempestividade da tutela jurisdicional e duplo grau de jurisdição, *Garantias Constitucionais do Processo Civil*, coord. José Rogério Cruz e Tucci. São Paulo: RT, 1999.

MAXIMILIANO, Carlos. *Hermenêutica e aplicação do direito*. Rio de Janeiro: Forense, 1997.

MEDINA, Paulo Roberto Gouvêa. Duplo grau de jurisdição e efeito suspensivo, *Aspectos polêmicos e atuais dos recursos cíveis de acordo com a Lei 9.756/98*, coord.: Teresa Arruda Alvim Wambier e Nelson Nery Júnior. São Paulo: RT, 1999.

NADAI, Elza e NEVES, Joana. *História do Brasil – da colônia à república*. São Paulo: Saraiva, 1991.

NERY JUNIOR, Nelson. *Princípios Fundamentais – Teoria Geral dos Recursos*. São Paulo: RT, 1997.

——. *Princípios do Processo Civil na Constituição Federal*. São Paulo: RT, 1992.

——; NERY, Rosa Maria Andrade. *Código de Processo Civil Comentado e legislação processual civil extravagante em vigor*. São Paulo: RT, 1997.

PERROT, Roger. Le principe du double degré de juridiction et son evolution en droit judiciaire privé français. *Studi in onore di Enrico Tullio Liebman*. v. III, Milão: Giuffrè, 1979

PONTES DE MIRANDA, Francisco Cavalcanti. *Comentários à constituição de 1967*, tomo IV. São Paulo: RT, 1967.

RADAMÉS DE SÁ, Djanira Maria. O duplo grau de jurisdição como garantia constitucional, *Aspectos polêmicos e atuais dos recursos cíveis de acordo com a Lei 9.756/98*, coord.: Teresa Arruda Alvim Wambier e Nelson Nery Júnior. São Paulo: RT, 1999.

ROENICK, Hermann Homem de Carvalho. *Recursos no Código de Processo Civil*. Rio de Janeiro: AIDE, 1997.

ROSAS, Roberto. *Direito Processual Constitucional (princípios constitucionais do processo civil)*. São Paulo: RT, 1983.

SALERT, Ingo Wolfgang. Valor de alçada e limitação do acesso ao duplo grau de jurisdição: problematização em nível constitucional à luz de um conceito material de direitos fundamentais, *in Revista da AJURIS*, v. 66. Porto Alegre, 1996.

SILVA, José Afonso da. *Aplicabilidade das Normas Constitucionais*. São Paulo: RT, 1982.

——. *Curso de Direito Constitucional Positivo*. São Paulo: Malheiros, 1999.

TAVARES, André Ramos. Análise do duplo grau de jurisdição como princípio constitucional, *in Revista de Direito Constitucional e Internacional*, nº 30. São Paulo: RT, 2000.

10. A Garantia Constitucional da Coisa Julgada: Compreensão e Alcance

ADRIANE DONADEL
Advogada, tutora do Curso de Especialização a Distância em Direito Processual Civil da PUCRS e mestranda em Direito Processual Civil pela PUCRS

Sumário: Introdução; 1. Fundamentos políticos da coisa julgada; 2. Alcance da garantia constitucional da coisa julgada; 3. Teorias jurídicas sobre a coisa julgada; 4. Considerações acerca do conceito legal de coisa julgada material; 5. Coisa julgada formal, coisa julgada material e preclusão; 6. Função positiva e negativa da coisa julgada; 7. Limites objetivos da coisa julgada; 8. Eficácia preclusiva da sentença; 9. Limites temporais da coisa julgada; 10. Limites subjetivos da coisa julgada; Conclusões; Bibliografia.

Introdução

Diante do caráter naturalmente espinhoso de que se reveste a matéria referente à coisa julgada, optamos por atribuir a este ensaio um traço, por vezes, minucioso. Disso decorre a apresentação de alguns conceitos relacionados ao instituto da coisa julgada cujo correto entendimento entendemos vital para compreender o alcance pretendido pelo legislador constitucional quando da inclusão da garantia constitucional da coisa julgada no rol do art. 5º da Constituição Federal.

Assim sendo, iniciamos o estudo com uma breve apresentação dos fundamentos políticos que levaram o legislador constitucional a incluir o respeito à coisa julgada dentre as garantias constitucionais. Em seguida, delineamos o real alcance pretendido pela norma constitucional ao proteger a coisa julgada. Partimos, então, para uma exposição acerca da evolução histórica do instituto com a apresentação das diversas teorias jurídicas sobre a coisa julgada. Prosseguimos com algumas considerações sobre as diferenças e semelhanças perceptíveis entre a coisa julgada formal, material e as diversas formas de preclusão. Expomos as funções positiva e negativa da coisa julgada. Em compasso com as definições expostas, demarcamos seus limites objetivos, realizamos algumas notas referentes ao efeito preclusivo da sentença e concluímos o estudo com a análise dos limites temporais e subjetivos da coisa julgada.

Pretendemos, ao longo de toda a exposição, apontar através da análise de decisões dos tribunais efeitos práticos da melhor interpretação do instituto da coisa julgada e do sentido quisto pelo legislador constitucional ao elaborar a norma.

Cabe ainda lembrar que se tem notado na doutrina recente uma forte tendência no sentido de mitigar ou relativizar as garantias constitucionais processuais. O instituto processual da coisa julgada não poderia fugir disso. O presente trabalho, entretanto, não segue esse objetivo.[1] Este estudo busca contribuir para a compreensão e delimitação da garantia constitucional da coisa julgada no processo.

1. Fundamentos políticos da coisa julgada

Uma vez ocorrida uma controvérsia no mundo dos fatos, a parte que se sentiu lesada levará o conflito à apreciação do Poder Judiciário. A provocação da tutela jurisdicional do Estado acarretará a instauração de uma relação jurídica processual.

O Estado, na figura do magistrado, deverá se pronunciar sobre a contenda que lhe é apresentada. Ao proibir a autotutela e avocar para si o monopólio da jurisdição, o Estado assumiu uma obrigação para com todos os credores da prestação jurisdicional: o dever de bem solucionar os litígios através da correta interpretação e aplicação do direito e, dessa forma, promover a realização da justiça.

Todo esse mecanismo institucionalizado apresenta o objetivo de assegurar a solução dos conflitos em nome da garantia de tranqüilidade e da convivência pacífica em sociedade.

Para contribuir com que isso realmente ocorra, foi criado o instituto da coisa julgada, como garantia de que os conflitos venham, em determinado momento, a ter um fim, pois, caso contrário, estar-se-ia fazendo perdurar, por tempo indefinido, um estado de incerteza e insegurança jurídicas que em nada contribui para a manutenção da paz social.

---
[1] Sobre o fenômeno da relativização da garantia constitucional da coisa julgada, vide: TESHEINER, José Maria Rosa. Relativização da coisa julgada. *Revista Nacional de Direito e Jurisprudência*, São Paulo, v. 2, n. 23, p. 11-7, nov. 2001.

Assim, a coisa julgada consiste em um mecanismo criado para assegurar a certeza e a estabilidade da decisão jurisdicional. Com esse objetivo, como ficção jurídica, fixou-se um certo momento em que a decisão não poderá mais ser discutida, tornando-se imutável em processos futuros. Esses são os fundamentos da criação do instituto da coisa julgada.

2. Alcance da garantia constitucional da coisa julgada

A preservação da coisa julgada decorre de preceito constitucional: "a lei não prejudicará o direito adquirido, o ato jurídico perfeito e a coisa julgada" (art. 5º, XXXVI, da Constituição Federal).

Através da leitura do dispositivo constitucional, percebe-se que a garantia constitucional da coisa julgada é dirigida ao legislador, que não poderá criar normas que prevejam sua aplicação a situações passadas em julgado, sob pena de tal lei ser considerada inconstitucional.

Todavia, a garantia constitucional também é direcionada a todos os demais particulares que ficam impedidos de propor ação tendente a reexaminar e modificar matéria já transitada em julgado.

A garantia constitucional ainda é encaminhada ao Poder Judiciário. Este deverá não só respeitar as situações passadas em julgado, mas também considerá-las quando do julgamento de outras ações. Nesse sentido, Luís Roberto Barroso dispõe que: "a regra do art. 5º, XXXVI dirige-se, primariamente, ao legislador e, reflexamente, aos órgãos judiciários e administrativos".[2] Assim, não somente o legislador, mas também o órgão jurisdicional é destinatário do preceito constitucional.

O respeito de todos pela coisa julgada deve-se dar nos moldes delineados pelo Código de Processo Civil, que regulamentou o dispositivo constitucional de garantia da coisa julgada nos arts. 458 a 475, estabelecendo seus limites. "A sentença não pode atingir a coisa julgada não pelo princípio constitucional da intangibilidade da *res judicata*, mas porque o legislador em atenção a esse princípio insculpiu no Código de Processo Civil a regra da invulnerabilidade da coisa julgada".[3]

Não se pode olvidar que o direito processual é ramo do direito público e tem as suas linhas traçadas pelo direito constitucional.[4] A

---

[2] BARROSO, Luís Roberto. A segurança jurídica na era da velocidade e do pragmatismo (Reflexões sobre direito adquirido, ponderação de interesses, papel do Poder Judiciário e dos meios de comunicação). In: BARROSO, Luís Roberto. *Temas de direito constitucional*. Rio de Janeiro: Renovar, 2001, p. 49-73, p. 55.

[3] ROSAS, Roberto. *Direito processual constitucional*. 3. ed. São Paulo: Revista dos Tribunais, 1999, p. 41.

[4] GRINOVER, Ada Pellegrini. *As garantias constitucionais do direito de ação*. São Paulo: Revista dos Tribunais, 1973, p. 12.

Constituição é o centro do ordenamento e deve influenciar a interpretação de todas as normas infraconstitucionais. Assim, ainda que não houvesse regulamentação na legislação infraconstitucional sobre os limites da coisa julgada essa garantia deveria ser respeitada.

A supremacia da Constituição Federal é revelada por muitas razões. Em primeiro lugar, a Constituição Federal é a fonte primária das normas jurídicas. Outro fator relevante é o de que a Constituição Federal traz arraigada a idéia de rigidez, permanência e supremacia, o que agrega segurança a todo o sistema.

A noção de que todo o ordenamento jurídico deve ser interpretado conforme os princípios constitucionais também decorre da idéia de que os princípios jurídicos positivados na Constituição Federal têm eficácia normativa.[5] Não se sustenta mais a idéia de os princípios constitucionais não passarem de normas programáticas.[6] "A Constituição é dotada de elementos normativos substanciais aptos a regular situações jurídicas presentes na vida de relação, não apenas de formas e procedimentos prestáveis pela ação estatal".[7]

Parece evidentemente equivocada a concepção que entende que os princípios constitucionais equivaleriam a normas políticas destinadas ao legislador e, apenas excepcionalmente, ao intérprete, que delas poderia timidamente se utilizar, nos termos do art. 4º da Lei de Introdução ao Código Civil brasileiro, como meio de confirmação ou de legitimação de um princípio geral de direito.[8]

Enfim, os valores albergados nos princípios constitucionais devem permear todo o ordenamento jurídico.[9]

3. Teorias jurídicas sobre a coisa julgada

Ao longo do tempo desenvolveram-se várias teorias que tentaram explicar os fundamentos jurídicos da coisa julgada. Apresentaremos a seguir as principais dessas teorias.

---

[5] SARLET, Ingo Wolfgang. *Dignidade da pessoa humana e direitos fundamentais na Constituição Federal de 1988*. Porto Alegre: Livraria do Advogado, 2001, p. 96.

[6] TEPEDINO, Maria Celina Bodin de Moraes. A caminho de um direito civil constitucional. *Revista de Direito Civil*. v. 65, p. 21 a 32, 1993, p. 27.

[7] MATTIETTO, Leonardo. O direito civil constitucional e a nova teoria dos contratos. In.: TEPEDINO, Gustavo (coord.). *Problemas de direito civil-constitucional*. Rio de Janeiro: Renovar, p. 163-186, 2000, p. 168-169.

[8] TEPEDINO, Gustavo. Normas constitucionais e relações de direito civil na experiência brasileira. *Revista Jurídica*. Rio de Janeiro, v. 278, p. 5 a 21, dez., 2000, p. 7.

[9] FINGER, Júlio César. Constituição e direito privado: algumas notas sobre a chamada constitucionalização do direito civil. In.: SARLET, Ingo Wolfgang (org.). *A Constituição concretizada: construindo pontes com o público e o privado*. Porto Alegre: Livraria do Advogado, p. 85-106, 2000, p. 97.

Teoria de Ulpiano e Pothier

Segundo essa teoria, a coisa julgada decorre de uma presunção de verdade conferida à sentença. A coisa julgada consistiria em uma presunção absoluta de verdade (*iuris et de iure*) sem a possibilidade de prova em contrário. A sentença definitiva, justa ou não, era protegida por uma presunção de verdade. Do fato de também as sentenças injustas serem acobertadas pela coisa julgada é que decorre a presunção, pois elas nem sempre reproduzem a verdade.[10]

Egas Dirceu Moniz de Aragão afirma que Pothier, ao estudar as presunções absolutas, concluiu que "a principal espécie de presunção *iuris et de iure* é a que nasce da autoridade da coisa julgada". E, ainda, que "a autoridade da coisa julgada faz presumir verdadeiro e justo o conteúdo da sentença, e sendo essa presunção *iuris et de iure*, exclui toda outra prova". Continua o autor: "assim, como o julgamento pode representar a verdade presume-se que a sentença represente sempre 'a verdade' e a coisa julgada constitui, portanto, uma presunção de verdade".[11] Nisso constitui a essência dessa teoria.

Teoria de Savigny

Savigny desenvolveu, posteriormente, a *teoria da ficção da verdade*. "A exemplo da teoria da presunção da verdade, partiu ele da constatação de que também as sentenças injustas adquiriam autoridade de coisa julgada. Dessa forma, aduzia que a sentença se constituía em mera ficção da verdade, uma vez que a declaração nela contida nada mais representava do que uma verdade aparente e, nessa medida, produzia uma verdade artificial. E, em assim sendo, na realidade, reduzia-se a uma ficção".[12]

Essa teoria baseia-se na idéia da autoridade da coisa julgada como "'força legal' da sentença que outra coisa não é senão a 'ficção de verdade', mercê da qual a sentença passada em julgado é garantida contra qualquer tentativa futura de impugnação ou de invalidação".[13]

Teoria de Pagenstecher

Essa teoria é conhecida como *teoria da força legal, substancial* da sentença. É "assente no pressuposto de que toda sentença, inclusive a declaratória, deve ser, sempre, constitutiva de direitos, ligando-se a esse elemento a sua 'força legal substancial', criadora da certeza jurídica".[14]

---

[10] SANTOS, Moacyr Amaral. *Comentários ao Código de Processo Civil*. v. 4. Rio de Janeiro: Forense, 1976, p. 462.
[11] ARAGÃO, Egas Dirceu Moniz de. *Sentença e coisa julgada*. Rio de Janeiro: Aide, 1992, p. 205.
[12] PORTO, Sérgio Gilberto. *Coisa julgada civil*. 2. ed. Rio de Janeiro: Aide, 1998, p. 40.
[13] NEVES, Celso. *Contribuição ao estudo da coisa julgada civil*. São Paulo: Revista dos Tribunais, 1970, p. 108.
[14] *Id.*, p. 333.

Assim, "o fundamento da coisa julgada está no direito novo, por força de lei criado pela sentença. A sentença, pelo seu trânsito em julgado, atribui ao direito novo ('direito substancial'), por ela criado, força de lei".[15]

Teoria de Hellwig
A *teoria da eficácia da declaração* é atribuída aos doutrinadores alemães, principalmente a Konrad Hellwig. Ele foi o primeiro a colocar o fenômeno da coisa julgada no campo exclusivo do direito processual. Isso porque os efeitos produzidos por uma sentença trânsita em julgado são puramente processuais, não influindo sobre a relação substancial deduzida em juízo.[16]

A idéia central dessa teoria é a de que a sentença não cria direitos, ela apenas os declara, e é o efeito de declaração constante na sentença que produz a certeza do direito.

No entendimento de Hellwig, "o conteúdo declaratório das sentenças passadas em julgado não tem nenhuma influência sobre as relações jurídicas substanciais que, em caso de erro na declaração judicial, 'permanecem o que são'; o único efeito que se produz é um direito processual daqueles para os quais a sentença tem efeito, em face dos órgãos jurisdicionais, direito esse à observância daquilo que foi declarado, e uma correspondente obrigação desses órgãos de respeitar a precedente declaração contida em uma sentença passada em julgado".[17]

Teoria de Ugo Rocco
Ugo Rocco desenvolveu a denominada *teoria da extinção da obrigação jurisdicional*. Essa teoria tenta entender o instituto da coisa julgada inserindo-o na obrigação estatal de prestar a atividade jurisdicional às partes.

Rocco discorda de Hellwig ao afirmar que não se pode negar que aos efeitos processuais se sigam também efeitos sobre o direito substancial, necessários e reflexos. Esses efeitos fazem com que o direito substancial não possa mais ser suscetível de discussões em processos futuros, pois vinculado está à declaração jurisdicional.[18]

Segundo essa teoria, "o fenômeno da coisa julgada se apresenta, antes de tudo, como um fenômeno processual que 'extingue' o direito público subjetivo à prestação jurisdicional, relativamente a um certo e determinado direito de ação".[19]

---

[15] SANTOS, *op. cit.*, p. 464.
[16] NEVES, *op. cit.*, p. 335-6 e 341.
[17] *Id.*, p. 336.
[18] *Id.*, p. 338.
[19] *Id.*, p. 336-7.

Teoria de Chiovenda
Chiovenda foi o responsável pela *teoria da vontade do Estado*. Para o autor, a sentença é resultado de um ato de vontade do Estado expresso através dos órgãos jurisdicionais de acordo com a vontade declarada na norma jurídica. Entende que se converte em coisa julgada "o bem da vida que o autor deduziu em juízo (*res in iudicium deducta*) com a afirmação de que uma vontade concreta de lei o garante a seu favor ou nega ao réu, depois que o juízo reconheceu ou desconheceu com a sentença de recebimento ou de rejeição da demanda".[20]

Para Sérgio Gilberto Porto, "realmente, Chiovenda entendia que era na vontade do Estado que efetivamente se encontrava o fundamento da coisa julgada, consistindo ele na simples circunstância do atuar da lei no caso concreto, na medida em que isso representa o desejo do Estado".[21]

Dispõe o mentor da teoria que "o juiz, portanto, 'enquanto razoa', não representa o Estado; representa-o enquanto lhe afirma a vontade. A sentença é unicamente a afirmação ou a negação de uma vontade do Estado que garanta a alguém um bem de vida no caso concreto; e só a isto se pode estender a autoridade do julgado; com a sentença só se consegue a certeza da existência de tal vontade e, pois, a incontestabilidade do bem reconhecido ou negado".[22]

Dessa forma, Chiovenda semeou as bases dessa teoria jurídica explicando "a autoridade da coisa julgada como resultado da atuação volitiva do juiz, no exercício de sua função jurisdicional como órgão do Estado" e vislumbrando "a sentença na afirmação ou negação da vontade estatal, que garante a alguém um bem da vida".[23]

Teoria de Liebman
Com o intuito de estabelecer os fundamentos jurídicos do instituto da coisa julgada, Liebman se preocupou primeiramente em distinguir alguns conceitos que, segundo ele, seriam fundamentais ao seu desiderato e que os demais doutrinadores não vinham sabendo distinguir: eficácia e autoridade da sentença.

Para Liebman, "a autoridade da coisa julgada não é efeito da sentença, como postula a doutrina unânime, mas sim modo de manifestar-se e produzir-se dos efeitos da própria sentença, algo que esses efeitos se ajunta para qualificá-los e reforçá-los em sentido bem determinado".[24] Complementa o autor: "considerar a coisa julgada

---
[20] CHIOVENDA, Giuseppe. *Instituições de direito processual civil*. v.1. 3. ed. São Paulo: Saraiva, 1969, p. 369.
[21] PORTO, *Coisa julgada...*, p. 41.
[22] CHIOVENDA, *op. cit.*, p. 372.
[23] TUCCI, Rogério Lauria. *Curso de direito processual*. v.2. São Paulo: Bushatsky, 1976, p. 89.
[24] LIEBMAN, Enrico Tullio. *Eficácia e autoridade da sentença* (e outros escritos sobre a coisa julgada). Trad. de Alfredo Buzaid e Benvindo Aires. Rio de Janeiro: Forense, 1945, p. 36.

como efeito da sentença é ao mesmo tempo admitir que a sentença ora produz declaração, ora efeito constitutivo, assim de direito substantivo, como de direito processual, significa colocar frente a frente elementos inconciliáveis, grandezas incongruentes e entre si incomensuráveis".[25]

Segundo o doutrinador, a coisa julgada não se confunde com os efeitos da sentença. É, sim, uma qualidade incorporada a esses efeitos, para torná-los imutáveis: "a autoridade da coisa julgada não é o efeito da sentença, mas uma qualidade, um modo de ser e de manifestar-se dos seus efeitos, quaisquer que sejam, vários e diversos, consoante as diferentes categorias das sentenças".[26]

Teoria de Ovídio Baptista da Silva

Ovídio Baptista da Silva concorda parcialmente com a doutrina de Liebman: "Liebman efetivamente tem razão ao afirmar que a coisa julgada material não pode ser equiparada a um efeito da sentença, semelhante aos efeitos declaratórios, constitutivo, executório, condenatório ou mandamental. Esses cinco são os únicos efeitos que a sentença pode produzir. A coisa julgada deve ser entendida como uma maneira ou 'uma qualidade', pela qual o efeito se manifesta, qual seja a imutabilidade e indiscutibilidade".[27]

Assim, para Ovídio Baptista da Silva, a coisa julgada não é um efeito da sentença, como sustentava Hellwig, mas uma qualidade, pela qual o efeito se manifesta, qual seja a imutabilidade e indiscutibilidade. Entretanto, a doutrina de Ovídio Baptista da Silva difere da teoria exposta por Liebman em um ponto fundamental. Para o autor, a coisa julgada é uma qualidade que se agrega apenas ao efeito declaratório do conteúdo da sentença, e não, como expunha Liebman, ao conteúdo e a todos os efeitos da sentença, tornando-a indiscutível em julgamentos futuros.[28]

Teoria de José Carlos Barbosa Moreira

Para José Carlos Barbosa Moreira, a autoridade da coisa julgada envolve todo o conteúdo decisório da sentença, e não apenas seu elemento declaratório, como prega Ovídio Baptista da Silva. Confirma o autor: "ao nosso ver (...) o que se coloca sob o pálio da incontestabilidade, 'com referência à situação existente ao tempo em que a sentença foi prolatada' não são os efeitos, mas a própria sentença, ou mais precisamente, a norma jurídica concreta nela contida".[29]

---

[25] *Id.*, p. 14-5.

[26] *Id.*, p. 16.

[27] SILVA, Ovídio Baptista da. *Curso de processo civil* (processo de conhecimento). 3. ed. Porto Alegre: Fabris, 1996, p. 413.

[28] *Id.*, p. 422.

[29] MOREIRA, José Carlos Barbosa. Eficácia da sentença e autoridade da coisa julgada. *Ajuris*, Porto Alegre, n. 28, p. 15-31, jul., 1983, p. 27.

Os efeitos, para o autor, são perfeitamente modificáveis pela vontade das partes. "A imutabilidade conseqüente ao trânsito em julgado reveste, em suma, o 'conteúdo' da sentença, não os seus efeitos. Reveste, convém frisar, 'todo' o conteúdo decisório. Deixa de fora a motivação, com a solução dada pelo Juiz a cada uma das questões de fato e de direito, e mesmo a das questões prejudiciais (CPC, art. 469, II e III). Não deixa fora, entretanto, os elementos do *decisum* de natureza não puramente declaratória".[30]

José Maria Rosa Tesheiner compartilha desse posicionamento. Para o autor, a imutabilidade não se refere aos efeitos da sentença, que evidentemente podem ser mudados, como no caso, por exemplo, de o condenado pagar o valor da condenação. A imutabilidade se refere "à circunstância de o comando contido na sentença (declaro, condeno, constituo, mando) não mais poder ser desconstituído, seja mediante recurso, seja mediante ação autônoma, salvo a rescisória".[31]

Assim, "a coisa julgada é o efeito do trânsito em julgado da sentença de mérito, efeito consistente na imutabilidade (e, conseqüentemente, na indiscutibilidade) do conteúdo de uma sentença, não de seus efeitos".[32] Esse posicionamento explica a possibilidade de renúncia ao direito declarado por sentença e que acarreta o afastamento de seus efeitos, sem, entretanto, modificar o conteúdo da decisão.[33]

Teoria de Sérgio Gilberto Porto
Sérgio Gilberto Porto, através da *teoria do direito posto em causa*, traz para o debate questão essencial. Afirma que para a correta ponderação acerca da modificabilidade ou não dos efeitos da sentença não se pode deixar de considerar a natureza do direito posto em causa.[34]

De fato, quando posto em causa direito indisponível às partes, como ocorre, por exemplo, na hipótese de demanda investigatória de paternidade julgada procedente, não há como modificar certos efeitos produzidos pela sentença. O efeito sentencial de expedição de mandado de retificação do assento de nascimento do investigante para inclusão do nome do pai é imodificável pelas partes. Desta forma, "não há como impedir a produção deste resultado no sistema brasileiro, sendo, portanto, imodificável o efeito, razão pela qual não pode ser aceita a afirmação genérica de que os efeitos são modificáveis, pois nem sempre serão".[35]

---

[30] *Id.*, p. 30.
[31] TESHEINER, José Maria Rosa. *Eficácia da sentença e coisa julgada no processo civil*. São Paulo: Revista dos Tribunais, 2001, p. 72.
[32] *Idem*.
[33] *Idem*.
[34] PORTO, Sérgio Gilberto. *Comentários ao código de processo civil*. v. 6. São Paulo: Editora Revista dos Tribunais, 2000, p. 173.
[35] *Idem*.

A conclusão mais acertada parece ser no sentido de aceitar que as partes poderão modificar os efeitos da sentença somente se o direito posto em causa for disponível.

Como se pode perceber, não há consenso acerca dos fundamentos jurídicos do instituto da coisa julgada, permanecendo abertos os debates entre os doutrinadores até o corrente momento. Para os efeitos deste ensaio, nos socorreremos das teorias e dos conceitos delineados por José Maria Rosa Tesheiner e Sérgio Gilberto Porto, acima expostos, uma vez que complementares e não excludentes.

Dessa forma, face à garantia constitucional da coisa julgada, não pode a lei ou o Judiciário atingir a imutabilidade agregada ao conteúdo da sentença de mérito que transitou em julgado. Os efeitos da sentença serão passíveis de modificação pelas partes somente se o direito posto em causa for disponível.

4. Considerações acerca do conceito legal de coisa julgada material

O Código de Processo Civil apresenta a seguinte definição de coisa julgada: "denomina-se coisa julgada material a eficácia, que torna imutável e indiscutível a sentença, não mais sujeita a recurso ordinário ou extraordinário". A definição legal de coisa julgada apresentada no art. 467 do Código de Processo Civil é bastante criticada pela doutrina.[36]

De fato, a redação do dispositivo sob análise mistura conceitos que não podem ser confundidos: conteúdo, eficácia, efeitos e qualidade da sentença.

Ovídio Baptista da Silva elucida a distinção entre conteúdo da sentença, eficácia e efeitos. Para ele, "o conteúdo da sentença corresponderia à declaração pronunciada pelo juiz, enquanto seus efeitos seriam externos e somente surgiriam em momento subseqüente ao julgado". Os efeitos hão de ser, por definição, exteriores ao ato que os produz, na medida em que, até mesmo, o pressupõem existente e capaz de produzi-los, vale dizer, eficaz.[37]

A eficácia, por sua vez, "faz parte do 'ser da sentença' e, pois, não se confunde com os efeitos que ela seja capaz de produzir".[38] As

---

[36] Ovídio Baptista da Silva entende a definição legal de coisa julgada "de certo modo ambígua" (SILVA, O., *Curso...*, p. 412); Antonio Carlos de Araújo Cintra refere que "a disposição legal não prima pela clareza" (CINTRA, Antonio Carlos de Araújo. *Comentários ao Código de processo civil*. v. IV. Rio de Janeiro: Forense, 2000, p. 297); Egas Dirceu Moniz de Aragão critica o conceito de coisa julgada em vários momentos no corpo da obra *Sentença e coisa julgada* (ARAGÃO, *Sentença...*, p. 238 a 241); entre outros.

[37] SILVA, O., *Curso...*, p. 415.

[38] *Id.*, p. 418.

eficácias "são as qualidades de uma determinada sentença que as fazem produzir os efeitos que lhe são peculiares, sejam eles declaratórios, constitutivos, condenatórios, mandamentais ou executivos".[39]

Para finalizar a explicação, conclui o autor que "as eficácias de uma dada sentença fazem parte de seu conteúdo. Através delas é que uma sentença declaratória ou constitutiva, ou condenatória, ou executiva, ou mandamental, é diferente das demais".[40]

A inclusão da eficácia, seja ela qual for, no conteúdo da sentença, pode ser demonstrada através do seguinte exercício: se retirarmos o verbo "condenar", por exemplo, do conteúdo da decisão, ela deixará de possuir a eficácia condenatória e passará a ser simplesmente declaratória. Sempre lembrando que o componente declaratório é comum a todas as sentenças.

A eficácia da sentença está inserta em seu conteúdo e pode ser declaratória, constitutiva, condenatória, executiva ou mandamental. É o verbo exposto na decisão que as diferenciará umas das outras. Já os efeitos são externos e podem ou não existir. Como exemplo, podemos citar: numa sentença mandamental pode-se perfeitamente conceber a ordem (eficácia mandamental) sem o cumprimento da ordem (efeito mandamental).[41]

O conceito originalmente proposto pela Exposição de Motivos tinha a seguinte redação: "Chama-se coisa julgada material a qualidade, que torna imutável e indiscutível a sentença, não mais sujeita a recursos ordinários ou extraordinários". Da forma como proposto, o conceito espelhava claramente a doutrina de Liebman acerca da teoria jurídica sobre a coisa julgada. Todavia, em versão posterior, optou-se por substituir o vocábulo "qualidade" por "eficácia". Essa modificação afastou por completo a tese inicialmente adotada, pois é ponto crucial da doutrina exposta por Liebman o entendimento da coisa julgada como uma "qualidade". Por outro lado, aproximou a definição das idéias difundidas por Hellwig que entendia a coisa julgada relacionada ao efeito declaratório contido na sentença.[42]

O legislador, ao identificar a coisa julgada como a "eficácia" que torna imutável e indiscutível a sentença, criou um grande alvoroço no âmbito doutrinário, pois deixou nebulosos os limites e o alcance dessa imutabilidade. Além disso, a definição codificada confundiu os conceitos de coisa julgada material e de coisa julgada formal.

Teria sido mais claro o legislador se tivesse definido a coisa julgada material como a qualidade que torna imutável o conteúdo da

---
[39] Id., p. 427.
[40] Id., p. 418.
[41] Id., p. 420.
[42] ARAGÃO, Sentença..., p. 238-9.

sentença de mérito em processos futuros (coisa julgada material), não mais sujeita a recurso ordinário ou extraordinário (coisa julgada formal preexistente).[43] Dessa forma, teria aclarado os limites objetivos da coisa julgada e o alcance de sua imutabilidade.

Outra crítica cabível ao texto legal refere-se ao fato de que não é a coisa julgada material que torna imutável e indiscutível a sentença. O que torna a sentença imutável é o trânsito em julgado, ou seja, a preclusão das vias recursais e, no caso de reexame necessário (art. 475 do Código de Processo Civil) o exaurimento do duplo grau de jurisdição.[44]

A despeito disso, a Lei de Introdução do Código Civil nos apresenta outra conceituação, no art. 6, §3º: "chama-se coisa julgada ou caso julgado a decisão judicial de que já não caiba recurso". Esse conceito também se mostra falho por não abranger as decisões para as quais não há a previsibilidade de recurso.

5. Coisa julgada formal, coisa julgada material e preclusão

A coisa julgada formal é o fenômeno que se observa com o trânsito em julgado de uma sentença terminativa (sem julgamento de mérito – art. 267 do CPC) ou de uma sentença definitiva (com julgamento de mérito – art. 269 do CPC). O trânsito em julgado de uma sentença e a conseqüente formação da coisa julgada formal pode-se dar em decorrência de uma das seguintes situações: inexistência de forma de impugnação idônea a permitir o reexame da decisão; em caso de existência de recurso próprio, que ele já tenha sido aproveitado; ou que o recurso próprio não tenha sido interposto pelas partes tempestivamente.

Sérgio Gilberto Porto é claro ao comentar a matéria. Ele esclarece com precisão o fenômeno da coisa julgada formal: "proferida a decisão, a parte podendo recorrer, não o fez, ou apresentou alguns recursos possíveis e esgotou a via recursal em todos os seus graus, operando-se, pois, a preclusão máxima, quer tenha ou não havido análise de mérito".[45]

O principal efeito que se opera na sentença, ao transitar em julgado, é o de pôr fim à relação jurídica processual em que a decisão foi prolatada e torná-la indiscutível dentro daquele processo específico. A coisa julgada formal só produz efeitos endoprocessuais, ou seja, dentro do processo onde se verificou. Impede-se, dessa forma, que haja

---

[43] Consoante doutrina José Maria Rosa Tesheiner.

[44] MOREIRA, *op., cit.*, p. 24-5.

[45] PORTO, *Comentários...*, p. 184.

reabertura das discussões dentro da mesma relação jurídica processual em que a sentença acobertada pela coisa julgada tenha sido proferida.

Isso significa, por exemplo, que a parte que teve em seu desfavor sentença terminativa de improcedência com a produção da coisa julgada formal poderá renovar o pedido em outra ação posterior sem nenhum embaraço. Como não ocorreu a coisa julgada material, e a coisa julgada formal só produz efeitos no próprio processo, não há impedimento acerca da sua rediscussão em processos futuros.

Ovídio Baptista da Silva elucida: "a esta estabilidade relativa, através da qual, uma vez proferida a sentença e exauridos os possíveis recursos contra ela admissíveis, não mais se poderá modificá-la 'na mesma relação processual', dá-se o nome de 'coisa julgada formal', por muitos definida como a preclusão máxima, na medida em que encerra o respectivo processo e as possibilidades que as partes teriam, a partir daí, de reabri-lo para novas discussões, ou para pedidos de modificação daquilo que fora decidido".[46]

A preclusão consiste, em linhas gerais, na perda da possibilidade de a parte praticar um ato processual: a) diante do decurso do prazo assinado para realizá-lo (preclusão temporal); b) em face de a parte já haver praticado ato proveitoso tempestivamente (preclusão consumativa); c) ou devido à prática de outros atos incompatíveis com o intuito de vir a praticá-lo (preclusão lógica).[47]

É o que dispõe o art. 473 do Código de Processo Civil: "é defeso à parte discutir, no curso do processo, as questões já decididas, a cujo se operou a preclusão".

Dessa forma, a preclusão máxima pode representar a própria coisa julgada formal quando se trata de processo em que a parte não possa mais reabrir as discussões para pleitear a modificação de uma sentença.

A expressão coisa julgada formal deve ser usada apenas com referência às sentenças. Em suma, as decisões interlocutórias proferidas no curso do processo ficam sujeitas à preclusão; já sentença produz coisa julgada formal (e, eventualmente também coisa julgada material).[48]

A coisa julgada formal é sempre preexistente à formação da coisa julgada material. Assim, "para que haja imutabilidade da sentença no futuro, primeiro é necessário conseguir-se sua indiscutibilidade na própria relação jurídica de onde ela provém. Não há 'coisa julgada

---

[46] SILVA, O., *Curso...*, p. 412.

[47] Vide: FERREIRA FILHO, Manoel Caetano. *A preclusão no direito processual civil*. Curitiba: Juruá, 1991.

[48] ARAGÃO, Egas Dirceu Moniz de. Preclusão (Processo civil). In: OLIVEIRA, Carlos Alberto Alvaro de (org.). *Saneamento do processo:* Estudos em homenagem ao prof. Galeno Lacerda. Porto Alegre: Fabris, 1989, p. 141-183, p. 159 e TESHEINER, José Maria Rosa. *Elementos para uma teoria geral do processo*. São Paulo: Saraiva, 1993, p. 177.

material', sem a prévia formação da 'coisa julgada formal', de modo que somente as sentenças contra as quais não caibam mais recursos poderão produzir 'coisa julgada material'".[49]

A coisa julgada material só se estabelece nas sentenças definitivas (com exame do mérito) já acobertadas pela coisa julgada formal e consiste na imutabilidade agregada à decisão que a impede de ser reapreciada em processos futuros. Ovídio Baptista da Silva apresenta o seguinte conceito de coisa julgada material: "se pode defini-la como a virtude própria de certas sentenças judiciais, que as faz imunes às futuras controvérsias impedindo que se modifique, ou discuta, num processo subseqüente, aquilo que o juiz tiver declarado como sendo a 'lei do caso concreto'".[50]

A coisa julgada material barra a pretensão da parte que ingressa em juízo e provoca a atividade jurisdicional do Estado para exigir que o magistrado se manifeste sobre matéria já decidida em processo anterior transitado em julgado. Vale lembrar que a coisa julgada material difere da litispendência, pois aquela consiste na repetição da ação idêntica que já foi decidida por sentença de mérito transitada em julgado, enquanto esta consiste na renovação de ação idêntica que ainda está em curso (art. 301, § 3º, do Código de Processo Civil). Uma ação é idêntica à outra quando tem as mesmas partes, a mesma causa de pedir e o mesmo pedido (art. 301, § 2º, do Código de Processo Civil). Esses são os três elementos identificadores de uma ação.

Por fim, vale distinguir ainda os conceitos de imutabilidade e indiscutibilidade, trazidos pela nossa legislação processual. Sérgio Gilberto Porto mais uma vez nos auxilia: "a idéia de indiscutibilidade mais se amolda a concepção de coisa julgada formal, pois a proposta do ordenamento processual é impedir, pela via desta fórmula, a retomada da mesma discussão, no mesmo processo, de forma eficaz. Nada impedindo, contudo, que a mesma discussão, na hipótese de não ter ocorrido análise de mérito, seja reaberta, em outro processo e de forma apta a produzir resultado diverso". O autor continua os esclarecimentos: "a idéia de imutabilidade, de sua parte, diversamente da indiscutibilidade, mais se afeiçoa a concepção de coisa julgada material, visto que quando a decisão adquire o selo da imutabilidade este é aposto tanto para o processo em que foi proferida como para qualquer outro".[51]

Resta claro, dessa forma, que a coisa julgada formal torna a decisão indiscutível na mesma relação jurídica processual, mas, contudo, mutável em processos futuros se o pedido for renovado. Já a coisa

---

[49] SILVA, O., *Curso...*, p. 413.

[50] *Id.*, p. 413.

[51] PORTO, *Comentários...*, p. 186.

julgada material produz a situação de imutabilidade devido ao fato de que a decisão não poderá ser discutida e, portanto mudada, nem no mesmo processo nem em relação processual futura subseqüente.

Há casos, expressa e taxativamente previstos em lei (art. 485 do Código de Processo Civil), em que mesmo depois de produzida a coisa julgada material, a decisão ainda poderá ser modificada por meio de ação rescisória, desde que respeitado o prazo de dois anos (art. 495 do Código de Processo Civil). Decorrido esse prazo, diz-se que a decisão adquiriu o *status* de coisa soberanamente julgada.

A garantia constitucional refere-se à coisa julgada material, e não à coisa julgada formal, nem tampouco somente à coisa soberanamente julgada. O que se resguarda é a proteção jurisdicional definitivamente outorgada. "A proteção constitucional da coisa julgada não impede, contudo, que a lei preordene regras para a sua rescisão mediante atividade jurisdicional. Dizendo que a lei não prejudicará a coisa julgada, quer-se tutelar esta contra atuação direta do legislador, contra ataque direto da lei. A lei não pode desfazer (rescindir ou anular ou tornar ineficaz) a coisa julgada. Mas pode prever licitamente, como o fez o art. 485 do Código de Processo Civil, sua rescindibilidade por meio de ação rescisória".[52] Assim, o meio de desconstituição pela via rescisória conta com amparo constitucional. "Trata-se de controle sobre os vícios de que padece a sentença, não ofendendo a norma constitucional analisada".[53]

A previsão do prazo para a propositura da ação rescisória é irrelevante, uma vez que a Constituição Federal não protege somente as sentenças acobertadas pela coisa soberanamente julgada, isto é, as sentenças de mérito que não apenas transitaram em julgado, mas também se tornaram irrescindíveis devido ao decurso do prazo decadencial de dois anos. "A proteção constitucional é mais ampla. Não se limita a proteger as sentenças irrescindíveis, mas toda e qualquer sentença que haja produzido coisa julgada material".[54] "Para a observância da Constituição, o importante é que não se rescinda a sentença por violação de norma superveniente".[55]

O problema do respeito à garantia constitucional da coisa julgada pode ser analisado sob dois aspectos.

A primeira situação de afronta à garantia constitucional da coisa julgada se vislumbra quando da aplicação de determinada legislação a situações amparadas pela coisa julgada, sem que haja exceções previa-

---

[52] SILVA, José Afonso da. *Curso de Direito Constitucional Positivo*. 10. ed. São Paulo: Malheiros, 1995, p. 415.
[53] NERY, *Código...*, p. 91.
[54] TESHEINER, *Eficácia...*, p. 237.
[55] *Idem*.

mente regulamentadas. Essa hipótese se dá no âmbito do Poder Judiciário quando o juiz desconsidera a coisa julgada anterior ao proferir nova decisão.

A segunda situação de violação ocorre quando a própria legislação superveniente ressalva que o seu conteúdo deverá ser aplicado também aos casos transitados em julgado. Nessa hipótese, pode-se dizer que a norma constitucional que prevê a garantia da coisa julgada tem como destinatário o legislador. A legislação claramente incompatível com os princípios e regras constitucionais posterior à Constituição Federal será tida como inconstitucional. Vislumbrando essa possibilidade em um caso concreto, poder-se-ia imaginar a hipótese de edição de lei que previsse a sua aplicação inclusive a situações já transitadas em julgado. Essa lei estaria violando a garantia constitucional da coisa julgada e, portanto, poderia ser passível de declaração de inconstitucionalidade. Trata-se de situação de frontal desrespeito à garantia constitucional da coisa julgada.

Assim, segundo José Maria Rosa Tesheiner, o que se veda é a retroatividade da lei, pois a regra é a aplicação da lei apenas aos fatos posteriores ao início da sua vigência.[56] Dessa forma, tanto as leis infraconstitucionais quanto as emendas à Constituição não podem arranhar o princípio da coisa julgada.[57]

Hugo de Brito Machado apanha o tema da coisa julgada como questão constitucional, dizendo que "se uma lei disciplina determinada situação de certo modo, e nada diz a respeito da aplicação desse novo disciplinamento às situações amparadas pela coisa julgada, é evidente que a aplicação desse novo disciplinamento àquelas situações é que viola a coisa julgada. Entretanto, se a lei diz expressamente que o seu disciplinamento aplica-se inclusive àquelas situações, é a própria lei que violou a garantia da coisa julgada. Neste último caso, portanto, trata-se de lei inconstitucional".[58]

6. Função positiva e negativa da coisa julgada

A coisa julgada pode refletir-se sobre os processos futuros de duas formas: positiva e negativamente.

A coisa julgada influenciará positivamente a decisão de um processo futuro quando determinar a sua solução através da vinculação que se estabelece com a decisão anterior transitada em julgado. Em

---

[56] Idem.

[57] BARROSO, op. cit., p. 55.

[58] MACHADO, Hugo de Brito. Direito adquirido e coisa julgada como garantias constitucionais. Revista dos Tribunais, São Paulo, n. 714, p. 19-26, abr., 1995, p. 21-23.

outras palavras, a função positiva da sentença consiste em impedir que o magistrado desconsidere a coisa julgada anterior quando da solução de uma lide. O órgão jurisdicional deverá levar em consideração as decisões já passadas em julgado e respeitá-las no momento de proferir a sua própria decisão, sob pena de violação da garantia constitucional da coisa julgada.

A função positiva da coisa julgada pode ser identificada quando a matéria apreciada com julgamento de mérito em um processo anterior determina o julgamento de uma questão incidente em um processo posterior.

A função negativa da coisa julgada se manifesta diante da impossibilidade de propositura de outra demanda com os mesmos elementos processuais daquela que transitou em julgado: partes, pedido e causa de pedir. Essa função se justifica para evitar que ocorram julgamentos contraditórios, pois a decisão posterior não deve contradizer a anterior.

Se acaso a parte vencida pretender instaurar novamente o processo que já transitou em julgado, competirá ao réu alegar, antes de discutir o mérito, a formação da coisa julgada (art. 301, VI, do Código de Processo Civil). Ocorrendo omissão da parte, deverá o juiz fazê-lo de ofício, pois se trata de matéria de ordem pública que se transmuta em direito exercitável em qualquer tempo ou grau de jurisdição (arts. 267, § 3º, e 301, VI, § 4º, do Código de Processo Civil). O juiz deverá extinguir o processo sem julgamento do mérito e fazer prevalecer a garantia da coisa julgada.

Nesse sentido, Celso Neves proclama: "a função da coisa julgada é, pois, dúplice: de um lado, define, vinculativamente, a situação jurídica das partes; de outro lado, impede que se restabeleça, em outro processo, a mesma controvérsia. Em virtude da primeira, não podem as partes, unilateralmente, escapar aos efeitos da declaração jurisdicional; por decorrência da segunda, cabe a qualquer dos litigantes a *exceptio rei iudicatae*, para excluir novo debate sobre a relação jurídica decidida".[59] O autor está a tratar, respectivamente, da função negativa e positiva da coisa julgada.

Pode-se identificar a função negativa da coisa julgada com o princípio do *ne bis in idem*, que também consiste na impossibilidade de o magistrado proferir julgamento acerca de uma lide já decidida.

7. Limites objetivos da coisa julgada

O propósito do estudo dos limites objetivos da coisa julgada é a delimitação dos pontos da sentença que serão atingidos pela imutabili-

---
[59] NEVES, *op. cit.*, p 489.

dade, ou seja, a determinação daquilo que é protegido constitucionalmente. No dizer de Sérgio Gilberto Porto, os limites objetivos da coisa julgada "dizem respeito 'àquilo' que, na sentença trânsita em julgado, adquire o selo da imutabilidade ou aquilo que se torna imodificável".[60]

Os requisitos essenciais da sentença, quanto à sua estrutura são: o relatório, a fundamentação e o dispositivo (art. 458, I, II e III, do Código de Processo Civil).

O art. 469 do Código de Processo Civil apresenta as três questões que não fazem coisa julgada: "I – os motivos, ainda que importantes para determinar o alcance da parte dispositiva da sentença; II – a verdade dos fatos, estabelecida como fundamento da sentença; III – a apreciação da questão prejudicial, decidida incidentalmente no processo".

O relatório conterá os nomes das partes, a suma do pedido e da resposta do réu, bem como o registro das principais ocorrências havidas no andamento do processo (art. 458, I, do Código de Processo Civil).

Para Pontes de Miranda, o "relatório é a exposição que o juiz faz, de todos os fatos e razões de direito que as partes alegaram, e da história relevante do processo".[61] Em outras palavras, no relatório, o juiz tem de descrever o estado do processo e, sobretudo, apontar quais as questões que precisam ser resolvidas para que se possa chegar a uma solução de mérito.

O relatório deverá conter a identificação dos litigantes através de seus nomes e qualificação. A lide também deverá ser identificada por meio da descrição do pedido e da causa de pedir, bem como da defesa que lhe tiver sido contraposta. A identificação dos elementos da ação (partes, pedido e causa de pedir) é de vital importância para mais tarde bem caracterizar a ocorrência ou não de litispendência ou coisa julgada (art. 301, § 2º, do Código de Processo Civil).[62]

É por meio do relatório "que as partes podem aferir se o julgador examinou com a devida atenção todas as peculiaridades da prova existente nos autos e a fundamentação jurídica com que cada litigante pretende demonstrar a procedência de suas alegações".[63] Mas ele não tem somente essa função. O relatório tem ainda o condão de formar o convencimento da parte vencida relativamente ao acerto da decisão que foi proferida e evitar a sua irresignação através de recurso. Daí surge a necessidade de o julgador demonstrar que efetivamente conhece os fatos e as provas trazidas aos autos. "É com o relatório que o juiz demonstra às partes que conhece o processo que vai julgar, transferin-

---

[60] PORTO, Comentários..., p. 184.

[61] MIRANDA, Francisco Cavalcanti Pontes de. *Comentários ao Código de Processo Civil*. v. 5. São Paulo: Forense, 1974, p. 87.

[62] ARAGÃO, Sentença..., p. 99.

[63] SILVA, O., Curso..., p. 343.

do a elas, com isso, a segurança e a confiança necessárias ao eventual acatamento da decisão".[64]

Postas na sentença, através do relatório, as principais questões de fato e de direito sobre a lide, o juiz passará ao seu exame uma a uma. Na fundamentação, o juiz analisará as questões de fato e de direito (458, II, do Código de Processo Civil). Esse exame e solução sucessiva e sistemática das questões é o que se chama de fundamentação ou motivação da decisão contida na sentença. É o momento em que o juiz prepara o processo para a conclusão final que será dada no dispositivo.

"A exigência da declaração dos fundamentos da decisão, contida na disposição em exame, foi elevada ao nível de norma constitucional, na conformidade do disposto no inciso IX do artigo 93 da Constituição Federal que, além do mais, determina sejam as decisões judiciais fundamentadas, sob pena de nulidade".[65] A fundamentação tem, no dizer de Sérgio Gilberto Porto, o cunho de "afastar a possibilidade de arbítrio do juízo ao decidir, na medida em que exige que este decline as razões pelas quais decidiu desta ou daquela forma".[66] A sentença não fundamentada é nula.[67]

O dispositivo, segundo a redação codificada, corresponde ao momento em que o juiz resolverá as questões que as partes lhe submeteram (art. 458, III, do Código de Processo Civil). É o julgamento propriamente dito, em que será anunciado o vencedor.

O dispositivo ou *decisum* é o terceiro momento da sentença que culmina com a declaração de procedência ou improcedência da ação em conformidade com as soluções dadas às questões suscitadas no processo e que já foram expostas na motivação.

Assim, ao contrário do que induz a redação do art. 458, III, do Código de Processo Civil, não é na parte dispositiva da sentença que são resolvidas as questões pelo juiz, e sim na fundamentação.[68] O dispositivo da sentença é reservado para a declaração de procedência ou improcedência do pedido formulado pelo autor. Dessa forma, é essencial que não se confunda a solução da lide, feita no dispositivo, com a solução de questões da lide, feita na fundamentação. A decisão sobre as questões (argumentos usados pelo juiz na fundamentação) não faz coisa julgada. Somente a porção do ato jurisdicional denominada dispositivo é que fará coisa julgada material.

---

[64] PORTO, *Comentários...*, p. 98.
[65] CINTRA, *op. cit.*, p. 276.
[66] PORTO, *Comentários...*, p. 98.
[67] MIRANDA, *Comentários...*, p. 88.
[68] Conforme DINAMARCO, Cândido Rangel. *Instituições de Direito Processual Civil*. v. 3. São Paulo: Malheiros, 2001, p. 663.

A correta delimitação da tênue linha que diferencia a fundamentação do dispositivo da sentença é de grande importância no caso concreto. A jurisprudência do Superior Tribunal de Justiça espelha esta afirmação em decisão paradigmática: "Os motivos, ainda que relevantes para fixação do dispositivo da decisão, limitam-se ao plano lógico da elaboração do julgado. Influenciam em sua interpretação mas não se recobrem do manto de intangibilidade, que é próprio da *res iudicata* (art. 469, I, do CPC)".[69] A seguinte decisão também acabou por fazer prevalecer essa tese: "O que faz coisa julgada é o dispositivo da decisão. A fundamentação é expressamente excluída dos limites da coisa julgada. Ora, no caso, o acórdão que concedeu segurança, limitou-se, na parte expositiva, a conceder efeito suspensivo do recurso. Para fazê-lo, é verdade, traçou as mais amplas considerações de mérito, mas estas devem ser reputadas simplesmente, fundamentação do julgado. Se a conclusão foi tão-só dando efeito suspensivo, é porque não se pretendeu mais que isso".[70]

Nessa linha de pensamento, para Sérgio Gilberto Porto, "os limites objetivos da coisa julgada material são representados pela declaração jurisdicional que define a nova situação jurídica de quem está sujeito à autoridade da sentença passada em julgado".[71] Ovídio Baptista da Silva corrobora esse entendimento: "o que transita em julgado é apenas a declaração que o magistrado faz na sentença de que tal ou qual preceito de lei incidiu, transformando-se na 'lei do caso concreto'".[72]

De fato, "apenas o *decisum* adquire a condição de coisa julgada, nunca os motivos e os fundamentos da sentença que, como 'elementos lógicos' necessários ao julgador, para que ele alcance o *decisum*, devem desaparecer, ou tornar-se indiferentes ao alcance da coisa julgada".[73]

Essa é a melhor hermenêutica do art. 468 do Código de Processo Civil que dispõe: "a sentença, que julgar total ou parcialmente a lide, tem força de lei nos limites da lide e das questões decididas".

A expressão empregada aqui julgamento total ou parcial da lide não significa julgamento *citra petita*. O que o dispositivo quis mencionar é a possibilidade de acolhimento total ou parcial dos pedidos formulados, mas sempre com julgamento total da lide posta em juízo, conforme prescrito no art. 459 do Código de Processo Civil. O art. 459 consagra a possibilidade de o juiz proferir sentença parcialmente procedente. Não é necessário que o magistrado acolha ou rejeite

---

[69] Terceira Turma do STJ, REsp. nº 187004/BA, de 13.03.2001, Rel. Min. Waldemar Zveiter, DJU, de 09.04.2001, p. 00352.
[70] Terceira Turma do STJ, REsp. nº 27490/MG, de 11.05.1993, Rel. Min. Nilson Naves, DJU, de 14.06.1993, p. 11783.
[71] PORTO, *Comentários*..., p. 185.
[72] SILVA, O., *Curso*..., p. 424.
[73] *Id.*, p. 433.

totalmente o pedido formulado pelo autor na inicial. Ele poderá proferir sentença parcialmente procedente, sem que isso fira a correta prestação jurisdicional. O que o juiz deverá fazer é analisar a totalidade dos pedidos formulados, podendo conceder os que fundamentadamente entender adequados.

Isso significa dizer que deve ser respeitado o princípio da congruência entre o pedido e a decisão do juiz. A sentença deve funcionar como um espelho a refletir com exatidão os pedidos formulados pelo autor na inicial, de modo que todos eles sejam discutidos e decididos, evitando a sentença *citra* ou *infra petita*.

A omissão da decisão poderá ser suprida por via de embargos de declaração, mas se não o for, a parcela que escapou à análise do magistrado poderá ser reproposta através de outra ação, pois sobre ela não desceu o manto da coisa julgada. Da decisão *citra petita* transitada em julgado caberá a propositura de ação rescisória com base no art. 485, V, do Código de Processo Civil por ofensa à literal disposição de lei (arts. 128 e 460 do Código de Processo Civil).

Esse é o entendimento do nosso Tribunal de Justiça: "o julgamento de mérito que acolhe o primeiro pedido, em demanda com dois pedidos sucessivos e alternativos, sem apreciação do segundo, por ter ficado prejudicado, impõe ao órgão *ad quem* o exame da matéria integralmente. A comissão do julgamento do segundo grau em não apreciar o pedido sucessivo e, assim, *citra petita*, devendo, assim, ser rescindido".[74]

Não pode o magistrado, igualmente, julgar *extra* ou *ultra petita*. Ambos os casos ensejam a interposição do recurso de apelação para ver corrigido o defeito da sentença.[75] Após o trânsito em julgado, o remédio é a propositura de ação rescisória com apoio no mesmo art. 485, V, do Código de Processo Civil. Nesse sentido, com relação a julgamento *extra petita*: "Ação rescisória. Preclusão. Suspensão do prazo recursal. Sentença *extra petita*. (...) 3. a sentença rescindenda evidentemente extrapolou os limites da demanda, divorciando-se do pedido pelo autor, quando conferiu a ele direito sobre o imóvel que não foi pedido, reconhecendo que somente a ele pertence o imóvel, quando a própria inicial admitia ter havido colaboração da parte ré, cabendo a ela a meação sobre o bem questionado. Violação dos art. 460 e art. 120 do Código de Processo Civil".[76]

---

[74] Segundo Grupo de Câmaras Cíveis do TJRS, Embargos infringentes nº 598186575, de 27/11/98, Rel. Des. Perciano de Castilhos Bertoluci.

[75] NERY JÚNIOR, Nelson. *Princípios fundamentais*: teoria geral dos recursos. 4. ed. São Paulo: Revista dos Tribunais, 1997, p. 108.

[76] Sétima Câmara Cível do TJRS, Ação Rescisória nº 70000215251, de 24/11/99, Rel. Des. Sérgio Fernando de Vasconcellos Chaves. Sobre rescisão de julgamento *ultra petita*, vide: Quarta Câmara Cível do TJRS, Ação Rescisória nº 596193771, de 02/04/97, Rel. Des. José Maria Rosa Tesheiner.

A verdade dos fatos (art. 469, II, do Código de Processo Civil) e as questões prejudiciais estão incluídas na motivação ou fundamentação da sentença, pois é na fundamentação que essas questões são resolvidas. Elas, portanto, não produzem coisa julgada. Apenas o dispositivo ou *decisum* adquire o *status* de coisa julgada. Portanto, bastaria que se tivesse dito que, dos três requisitos essenciais à prolação da sentença: relatório, fundamentação e dispositivo (art. 458 do Código de Processo Civil), apenas esse último é acobertado pela coisa julgada.

Todavia, deve-se atentar para o fato de que a resolução de questões prejudiciais pode adquirir o *status* de coisa julgada desde que, para tanto, concorram três requisitos: a) haja requerimento de ação declaratória incidental (arts. 5º e 325 do Código de Processo Civil) pela parte interessada; b) o juiz da causa seja competente para a matéria objeto da ação incidental; c) a questão incidental constitua pressuposto necessário para o julgamento da lide (art. 470 do Código de Processo Civil).

Através da ação declaratória incidental, é facultado a qualquer das partes requerer ao juiz pronunciamento acerca de relação jurídica que se tornou litigiosa no curso do processo e de cuja existência ou inexistência depende o julgamento da lide (art. 5º do Código de Processo Civil). Na ação declaratória incidental, a questão prejudicial incidente na lide principal tomará a forma de questão principal (mérito) da ação declaratória incidental. Logo, fará coisa julgada e estará protegida de futuros ataques de intenção modificativa.

Fácil apreender a razão da importância de estabelecerem-se com precisão os limites objetivos da coisa julgada. Somente em relação à parcela sentencial composta pela decisão nos moldes acima estabelecidos é que irá recair o véu da coisa julgada. Conseqüentemente, apenas com referência a esse fragmento é que poderá ser erguida a proteção da garantia constitucional da coisa julgada. Não poderá a parte se bater para ver cumprida a lei do caso concreto que não foi acobertada pela coisa julgada.

8. Eficácia preclusiva da sentença

Dispõe o art. 474 do Código de Processo Civil: "passada em julgado a sentença de mérito, reputar-se-ão deduzidas e repelidas todas as alegações e defesas, que a parte poderia opor assim ao acolhimento como à rejeição do pedido".

O propósito do art. 474 do Código de Processo Civil é agregar perenidade e certeza à coisa julgada impedindo que as partes, aflitas por não terem deduzido todas as alegações ou defesas cabíveis no momento oportuno da petição inicial, contestação ou recursos, venham a juízo requerer a revisão do julgado já imutável. Ainda que a alegação sozinha tenha o condão de reverter o julgamento, não será mais possível a sua revisão. Esse dispositivo vem adicionar estabilidade ao instituto da coisa julgada.

Note-se que o artigo se refere a "alegações e defesas". Se o autor, entretanto, estiver de posse de documento novo, cuja existência ignorava, ou de que não pôde fazer uso, capaz, por si só, de reverter o julgamento favoravelmente, ele poderá fazer uso da ação rescisória, desde que respeitado o prazo decadencial de dois anos (arts. 485, VII, e 495 do Código de Processo Civil).

Segundo Sérgio Gilberto Porto, o dispositivo em questão tem por fito ampliar os limites objetivos da coisa julgada, mas limita-se a consumir todas as alegações e defesas que a parte poderia opor assim ao acolhimento como à rejeição do pedido, nos parâmetros da lide deduzida, ou seja, sem que altere ou extrapole qualquer dos elementos individualizadores das demandas.[77] Assim, não só a matéria deduzida, mas também as dedutíveis integram os limites objetivos da coisa julgada.[78]

9. Limites temporais da coisa julgada

Conforme o que dita o art. 471 do Código de Processo Civil, "nenhum juiz decidirá novamente as questões já decididas, relativas à mesma lide, salvo: I – se, tratando-se de relação jurídica continuativa, sobreveio modificação no estado de fato ou de direito; caso em que poderá a parte pedir a revisão do que foi estatuído na sentença; II – nos demais casos previstos em lei".

A sentença proferida em sede de relação jurídica continuativa tem uma peculiaridade a ela inerente: a possibilidade de revisão do julgamento sempre que sobrevier modificação na situação de fato ou de direito. Isso ocorre porque as sentenças que julgam relações jurídicas continuativas trazem implícita a cláusula *rebus sic stantibus*.

Não ocorre, nesses casos, a violação da garantia da coisa julgada material produzida na sentença que julgou a ação de alimentos, por exemplo. O que ocorre é que os fatos que originaram o primeiro julgamento sofreram alteração. Com a mudança na situação de fato ou de direito, inevitável que também se modifique o comando judicial

---

[77] PORTO, *Comentários...*, p. 232.

[78] PORTO, Sérgio Gilberto. Sobre o propósito e alcance do artigo 474, do CPC. *Revista Síntese de Direito Civil e Processual Civil*, Porto Alegre, n. 1, p. 39-47, set./out., 1999, p. 40.

para adequá-lo à nova situação fática ou jurídica. É nisso que consiste a cláusula *rebus sic stantibus*, originária do direito obrigacional civil.

Nesse sentido é o entendimento de José Maria Rosa Tesheiner: "a revisão da sentença, por fato superveniente, em relação jurídica continuativa, não ofende a Constituição".[79] "A ação de revisão apenas atentaria contra a coisa julgada, se implicasse reapreciação do estado de fato existente ao tempo da sentença revisada".[80]

Essa também é a inclinação do Superior Tribunal de Justiça: "Em se tratando de relação continuativa é possível rever decisão transitada em julgado, se ocorrer alteração no estado de fato".[81] E, ainda: "Descabe alegação de coisa julgada para pedido de revisão de reajuste de benefício concedido judicialmente".[82]

Entre os demais casos previstos em lei, que toleram que o mesmo juiz decida novamente questões já decididas relativas à mesma lide, estão os previstos nos artigos 296, 462, 463, I e II, 527 e do Código de Processo Civil.

O art. 296 do Código de Processo Civil faculta ao juiz a reforma da sentença de indeferimento da petição inicial no prazo de quarenta e oito horas caso o autor tenha interposto recurso de apelação. Nessa situação, não se cogita de violação à garantia constitucional da coisa julgada porque esta sequer havia se formado. A modificação da sentença se processa por provocação da parte através de via recursal.

O art. 462 do Código de Processo Civil autoriza ao juiz tomar em consideração, de ofício ou a requerimento da parte, no momento de proferir a sentença, os fatos constitutivos, modificativos ou extintivos do direito, tanto do autor quanto do réu, que puderem influir no julgamento da lide e que tiverem surgido após a propositura da ação. A jurisprudência do Superior Tribunal de Justiça aceita a possibilidade de aplicação do art. 462 também em fase recursal: "o juiz, em qualquer grau de jurisdição, deve levar em consideração a ocorrência de fatos supervenientes a propositura da ação que tenham força suficiente para influenciar no resultado do *decisum*, nos termos do art. 462 do CPC, sob pena de incorrer em omissão".[83] Aqui a matéria também é anterior à configuração da coisa julgada material, uma vez que a modificação de

---

[79] TESHEINER, *Eficácia...*, p. 237.

[80] *Id.*, p. 199.

[81] Primeira Turma do STJ, REsp. nº 193500/PE, de 06.05.1999, Rel. Min. Garcia Vieira, DJU, de 13.09.1999, p. 43.

[82] Quinta Turma do STJ, REsp. nº 70572/SP, de 19.11.1998, Rel. Min. Gilson Dipp, DJU, de 14.12.1998, p. 264. Vide também: Quinta Turma do STJ, REsp. nº 74932/SP, de 22.09.1998, Rel. Min. Felix Fischer, DJU, de 03.11.1998, p. 00186 e Sexta Turma do STJ, REsp. nº 57024/SP, de 15.04.1997, Rel. Min. Anselmo Santiago, DJU, de 26.05.1997, p. 22571.

[83] Sexta Turma do STJ, Embargos de Declaração no REsp. nº 132877/SP, de 16.12.1997, Rel. Min. Vicente Leal, DJU, de 25.02.1998, p. 00130. Ainda neste sentido: Primeira Turma do STJ, REsp. nº 84071/SP, de 05.08.1996, Rel. Min. Milton Luiz Pereira, DJU, de 02.09.1996, p. 31028.

fato irá influenciar a prolatação da sentença ou do acórdão em fase recursal.

O art. 463 do Código de Processo Civil alerta que ao publicar a sentença de mérito o juiz cumpre e acaba o ofício jurisdicional. Todavia, nos incisos I e II, o texto legal apresenta duas situações em que é permitido ao juiz alterar a sentença.

O inciso II do art. 463 do Código de Processo Civil concede à parte a via de embargos de declaração para incitar o magistrado a aclarar alguma obscuridade, contradição ou omissão sobre a qual devia pronunciar-se. Essa hipótese se assemelha com a faculdade do art. 296 do Código de Processo Civil, ou seja, por meio de recurso a parte requer a modificação do julgado, antes do trânsito em julgado.

O inciso I do art. 463 do Código de Processo Civil possibilita a correção de inexatidões materiais ou a retificação de erros de cálculo pelo juiz, de ofício ou a requerimento da parte. Essa hipótese constitui exemplo típico de possibilidade de modificação formal da decisão após o trânsito em julgado: "mesmo depois de transitada em julgado a sentença, o juiz pode corrigi-la dos erros materiais e de cálculo de que padece".[84] Assim, não constitui afronta à garantia constitucional da coisa julgada a correção de inexatidões materiais ou a retificação de erros de cálculo pelo juiz após o trânsito em julgado, pois esses não têm o condão de modificar substancialmente a matéria julgada. Nesse sentido: "é admissível a retificação da conta se constatada a ocorrência de erro material, sem que de tal providência resulte ofensa à coisa julgada".[85]

O art. 527 do Código de Processo Civil refere-se ao agravo de instrumento. Através desse recurso, a parte peticiona ao juiz a revisão de uma decisão interlocutória e a ele ou ao tribunal é admitida a modificação do julgado e a revisão de questões já decididas, relativas à mesma lide. Trata-se de possibilidade de modificação de decisão pela via recursal.

10. Limites subjetivos da coisa julgada

De extrema relevância a compreensão dos limites subjetivos da coisa julgada para a correta delimitação dos indivíduos que poderão se valer da garantia constitucional da coisa julgada para fazer prevalecer o seu direito e protegê-lo contra ingerências de terceiros.

---

[84] NERY, Código..., p. 913.

[85] Sexta Turma do STJ, REsp. nº 203416/RJ, de 05.04.2001, Rel. Min. Vicente Leal, DJU, de 28.05.2001, p. 211.

O art. 472 do Código de Processo Civil traça os limites subjetivos da coisa julgada dispondo que "a sentença faz coisa julgada às partes entre as quais é dada, não beneficiando, nem prejudicando terceiros". Essa regra jurídica tem o objetivo de fixar o alcance da sentença transitada em julgado e quais as pessoas que serão atingidas pelo preceito trazido em seu dispositivo.

O primeiro passo para se identificar os limites subjetivos da coisa julgada é estabelecer a distinção entre ações para a defesa de interesses individuais e ações para defesa de interesses coletivos ou transindividuais.

As ações para a defesa de interesses individuais são todas aquelas em que as partes que figuram nos pólos da relação jurídica processual estejam defendendo interesses particulares. As ações para a defesa de interesses coletivos ou transindividuais correspondem àquelas destinadas a resolver conflitos originados pelas relações de massa estabelecidas em sociedade, como por exemplo, os direitos do consumidor e do meio ambiente. Os direitos coletivos *lato sensu* se subdividem em direitos difusos, direitos coletivos *stricto sensu* e direitos individuais homogêneos.

O art. 472 do Código de Processo Civil apenas disciplina a coisa julgada relativamente às ações para a defesa de interesses individuais. Isso pode ser extraído da própria redação do artigo. O dispositivo em questão trata da coisa julgada *inter omnes*.

Nas ações para a defesa de interesses difusos e individuais homogêneos, a coisa julgada produzirá efeitos *erga omnes*, ou seja, a parte dispositiva da sentença contendo o comando judicial atingirá a todos, até mesmo os terceiros estranhos à relação jurídica processual posta em causa. Nas ações coletivas *stricto sensu*, a coisa julgada terá sempre eficácia para além das partes (coisa julgada *ultra partes*), mas limitada ao grupo, categoria ou classe de pessoas a que se refere o direito coletivo discutido em juízo e objeto da coisa julgada material.[86]

Com o intuito de explicitar os limites subjetivos da coisa julgada nas ações individuais em relação a terceiros, Liebman partiu da distinção entre a eficácia natural da sentença em relação a terceiros e a autoridade da coisa julgada.[87] Para o autor, o princípio tradicional segundo o qual se produz a coisa julgada entre as partes e só entre as partes não pode bastar a exaurir o tema da extensão subjetiva da sentença. Com efeito, não se pode negar ao lado da relação jurídica que foi objeto de decisão e sobre a qual incide a coisa julgada a coexistência de inúmeras outras relações a ela ligadas de modo variado.[88] Dessa

---
[86] NERY, *Código...*, p. 925.
[87] LIEBMAN, *op. cit.*, p. 67 e ss.
[88] *Id.*, p. 68.

forma, adotando a lição de Liebman, a eficácia natural da sentença atinge a todos (eficácia *erga omnes*). Já a autoridade da coisa julgada não se estende a terceiros, pois ela está limitada por lei somente às partes.[89]

Liebman também explica em que consiste a eficácia natural da sentença: "certamente, muitos terceiros permanecem indiferentes em face da sentença que decidiu somente a relação que em concreto foi submetida ao exame do juiz; mas todos, sem distinção, se encontram potencialmente em pé de igualdade de sujeição a respeito dos efeitos da sentença, efeitos que produzirão efetivamente para todos aqueles cuja posição jurídica tenha qualquer conexão com o objeto do processo, porque para todos contém a decisão a atuação da vontade da lei no caso concreto".[90] A esse efeito, que é por todos percebido, é que se dá o nome de eficácia natural da sentença, na denominação peculiar de Liebman, ou efeitos reflexos da sentença.

O segundo passo para compreender os limites subjetivos da coisa julgada em relação a terceiros é estabelecer uma clara distinção entre os vários tipos de terceiros que podem estar relacionados à relação jurídica processual acobertada pela coisa julgada.

Ovídio Baptista da Silva, seguindo a lição de Liebman, observa que há duas grandes classes de terceiros: os terceiros indiferentes e os terceiros juridicamente interessados. Esses ainda se subdividem em terceiros juridicamente interessados atingidos pela coisa julgada e terceiros juridicamente interessados atingidos por efeitos reflexos da sentença.[91]

Os terceiros indiferentes, segundo Sérgio Gilberto Porto, "poderão ser, à evidência, alcançados por reflexos fáticos da sentença em razão de sua eficácia natural, mas jamais, como visto, em sua condição jurídica".[92] É o caso do inquilino cujo locador acaba de separar-se judicialmente e que se vê demandado por este para desocupar o imóvel, pois o locador passou a ter necessidade de ocupá-lo para uso próprio. Não há outra alternativa para o inquilino senão restituir o imóvel. Ele é atingido por um fato, somente. Nessa hipótese, perante o terceiro, a sentença opera, no dizer de Ovídio Baptista da Silva, mais como fato do que propriamente em função específica de ato jurisdicional.[93]

Os terceiros juridicamente interessados atingidos pela coisa julgada são os sucessores das partes, os cessionários do direito litigioso e o substituído processual. De fato, os direitos desses sujeitos se confundem com o direito da parte integrante da relação jurídica processual de

---

[89] *Id.*, p. 103.
[90] *Id.*, p. 105.
[91] SILVA, O., *Curso...*, p. 430.
[92] PORTO, *Comentários...*, p. 213.
[93] SILVA, O., *Curso...*, p. 429.

modo que a coisa julgada lhes produz o mesmo efeito aplicado às partes.[94]

Os terceiros juridicamente interessados atingidos por efeitos reflexos da sentença são aqueles terceiros titulares de relação jurídica conexa ou acessória à relação jurídica principal, como ocorre no caso clássico de despejo do locatário em relação ao sublocatário. O sublocatário é terceiro e, portanto, a coisa julgada produzida entre locador e locatário não o atinge. Entretanto, é afetado pelos efeitos reflexos dessa decisão que traz consigo modificações no plano jurídico e não somente no plano fático, como ocorre com a eficácia natural da sentença.

Essa modalidade de terceiro juridicamente interessado sempre poderá intervir no processo principal como assistente litisconsorcial. Eles poderão recorrer (arts. 50 e 52 do Código de Processo Civil), ajuizar ação rescisória (art. 487, II, do Código de Processo Civil) e opor embargos de terceiros (art. 1.046 do Código de Processo Civil).

Liebman chega à seguinte conclusão no que se refere aos limites subjetivos da coisa julgada: "a sentença produz normalmente efeitos também para os terceiros, mas com intensidade menor que para as partes; porque, para estas, os efeitos se tornam imutáveis pela autoridade da coisa julgada, ao passo que para os terceiros podem ser combatidos com a demonstração da injustiça da sentença".[95] Em outras palavras, os efeitos naturais da sentença são percebidos por todos, enquanto a autoridade da coisa julgada somente será produzida perante as partes. Daí a possibilidade de terceiros rediscutirem a matéria objeto de um processo acobertado pela coisa julgada, desde que tenham interesse jurídico.

A segunda parte do art. 472 do Código de Processo Civil dispõe sobre os limites subjetivos da coisa julgada nas ações de estado: "nas causas relativas ao estado de pessoas, se houverem sido citados no processo, em litisconsórcio necessário, todos os interessados, a sentença produz coisa julgada em relação a terceiros".

As causas de estado são aquelas que discutem em juízo estados pessoais decorrentes de um fato jurídico, como o nascimento, ou em razão de atos jurídicos, como o casamento, a adoção, entre outros.[96] Jorge Salomão traz a seguinte definição de estado: "a posição ou situação do indivíduo considerado como membro de uma coletividade orgânica, posição que é pressuposto de uma série de importantes e complexas relações jurídicas".[97]

---

[94] *Id.*, p. 430.
[95] LIEBMAN, *op. cit.*, p. 130.
[96] SALOMÃO, Jorge. *Da coisa julgada nas ações de estado*. Rio de Janeiro: Freitas Bastos S.A., 1965, p. 78.
[97] *Idem*.

Com a menção a esse tipo de ação (divórcio, anulação de casamento, investigação de paternidade, etc.), o texto legal aparentemente excepcionou a regra geral de que somente as partes são atingidas pela autoridade da coisa julgada, e não os terceiros.

O litisconsórcio se verifica quando duas ou mais pessoas litigam no mesmo processo, em conjunto, ativa ou passivamente (art. 46 do Código de Processo Civil). Em se tratando de litisconsórcio necessário, a eficácia da sentença dependerá da citação de todos os litisconsortes no processo (art. 47 do Código de Processo Civil). Caso o autor não promova a citação de todos os litisconsortes necessários, dentro do prazo que o juiz assinar, o processo será extinto sem o exame do mérito (art. 47, parágrafo único, do Código de Processo Civil). Sendo assim, sem a citação de todos os litisconsortes necessários, a ação não poderá prosseguir.

Isso leva ao fato de que, uma vez citados todos os litisconsortes, eles são considerados partes da relação jurídica processual para todos os efeitos e, portanto, a autoridade da coisa julgada sobre eles recairá. Com relação aos terceiros em geral, não serão atingidos pela autoridade da coisa julgada se não houver a reunião no processo de todos os litisconsortes necessários. Até aqui, as duas hipóteses se enquadram na regra geral de que somente as partes são atingidas pela autoridade da coisa julgada.

A peculiaridade da regra está relacionada ao fato de que os terceiros juridicamente interessados serão atingidos pela autoridade da coisa julgada se forem citados todos os litisconsortes necessários na ação determinada. Isso significa dizer que se citados todos os litisconsortes necessários, a eficácia será *erga omnes*: nenhum terceiro poderá discutir a matéria em outro processo distinto posterior, ainda que tenha interesse jurídico. Essa é uma exceção à regra geral disposta no art. 472, primeira parte, do Código de Processo Civil.

Todavia, a doutrina maciça[98] combate essa possibilidade trazida pela lei, entendendo que o art. 472, segunda parte, não excepcionou a regra geral de que somente as partes são atingidas pela coisa julgada, e não terceiros. "Assim, quando se afirma, entre nós, que o julgado nas ações de estado vale contra todos, quer dizer, na verdade, que ninguém pode ignorar o *status* definido pela sentença alheia, embora se faculte ao terceiro juridicamente prejudicado repelir-lhe os efeitos danosos, uma vez que demonstre a desconformidade dela com o Direito".[99] Com efeito, "não há como sustentar a possibilidade de que terceiros venham a ser atingidos pela autoridade da coisa julgada, se posto em causa

---

[98] Vide: PORTO, *Comentários...*, p. 214-7.; ARAGÃO, *Sentença...*, p. 318-9; NEVES, *op. cit.*, p. 495; CINTRA, *op. cit.*, p. 306-7; SALOMÃO, *op. cit.*, p. 134; entre outros.

[99] SALOMÃO, *op. cit.*, p. 134.

direito individual, mesmo nas ações de estado, inclusive, quando atendidas as exigências de citação de todos os interessados, consoante apregoa a segunda parte do artigo em exame".[100] Além disso, ao impedir a rediscussão em processo posterior por terceiro juridicamente interessado, o texto legal infringiu a garantia constitucional expressa no art. 5º, XXXV, da Constituição Federal, segundo a qual a lei não excluirá da apreciação do Poder Judiciário lesão ou ameaça a direito.

Conclusões

Ao inserir a garantia constitucional da coisa julga no rol do art. 5º da Constituição Federal, o legislador constitucional procedeu a uma clara opção pelos valores da segurança e certeza jurídicas em detrimento da justiça. Essa preferência se justifica no contexto da vida em sociedade no sentido de evitar a eterna revisão de situações já julgadas, o que acarretaria uma grave convulsão social. Na lição de Pontes de Miranda, "o que é preciso é que se acabem as controvérsias, a insegurança, o pisar e repisar das questões; a isso serve a coisa julgada material".[101]

A garantia constitucional da coisa julgada é endereçada ao legislador e o impede de editar normas aplicáveis a situações anteriores resguardadas pela coisa julgada. Tem como destinatário também o Poder Judiciário compelido a observar as situações julgadas sob seu aspecto positivo e negativo.

A garantia constitucional da coisa julgada determina que a lei ou o Poder Judiciário não poderá atingir a imutabilidade agregada ao conteúdo da sentença de mérito que transitou em julgado, de acordo com os ensinamentos de José Maria Rosa Tesheiner. Os efeitos da sentença poderão ser modificados pelas partes se o direito posto em causa for disponível, conforme a doutrina de Sérgio Gilberto Porto.

A coisa julgada formal só produz efeitos endoprocessuais, ou seja, impede que haja reabertura das discussões dentro da mesma relação jurídica processual em que a sentença acobertada pela coisa julgada tenha sido proferida. A preclusão consiste na perda da possibilidade de a parte praticar um ato processual e distingue-se da coisa julgada formal por ser usada com referência às decisões interlocutórias. A coisa julgada material só se estabelece nas sentenças definitivas (com exame do mérito) já acobertadas pela coisa julgada formal e consiste na imutabilidade agregada à decisão que a impede de ser reapreciada em

---

[100] PORTO, Comentários..., p. 216.

[101] MIRANDA, Francisco Cavalcanti. *Tratado das ações*. Tomo 1. São Paulo: Bookseller, 1998, p. 240.

processos futuros. A garantia constitucional refere-se à coisa julgada material, e não à coisa julgada formal, pois o que se resguarda é a proteção jurisdicional definitivamente outorgada.

A proteção constitucional recai sobre a coisa julgada material constituída de forma ilesa. Assim, as sentenças acometidas de algum vício passível de ação rescisória, entre os taxativamente enumerados no art. 485 do Código de Processo Civil, refogem da proteção assegurada constitucionalmente.

Dentre os três requisitos essenciais da sentença dispostos no art. 458 do Código de Processo Civil somente adquirirá o *status* de coisa julgada o dispositivo, ou seja, a parcela da sentença reservada à declaração de procedência ou improcedência do pedido formulado pelo autor. Apenas com referência a esse fragmento é que poderá ser erigida a proteção da garantia constitucional da coisa julgada. Tanto a matéria deduzida quanto aquela dedutível integra os limites objetivos da coisa julgada em face da eficácia preclusiva da sentença.

A revisão da sentença por fato superveniente em relação jurídica continuativa não ofende a garantia constitucional da coisa julgada, pois o novo pronunciamento judicial é emitido levando em conta fatos novos, diversos daqueles agasalhados pela coisa julgada anterior.

Outro caso de possibilidade de modificação formal da decisão após o trânsito em julgado é correção de erros materiais e de cálculo de que padece a decisão.

O art. 472 do Código de Processo Civil, que traça os limites subjetivos da coisa julgada, apenas disciplina o instituto relativamente às ações para a defesa de interesses individuais entre particulares. De acordo com a lição de Liebman, a eficácia natural da sentença atinge a todos. Já a autoridade da coisa julgada não se estende a terceiros, pois ela é limitada por lei somente às partes. A segunda parte do mesmo artigo que trata das causas relativas ao estado de pessoa não excepcionou a regra de que somente as partes são atingidas pela coisa julgada.

Bibliografia

ALVIM, Angélica Arruda. Princípios constitucionais do processo. *Revista de Processo*, São Paulo, n. 74, p. 20-39, abr./maio/jun., 1994.

ALVIM, José Eduardo Carreira. *Elementos de teoria geral do processo*. 7. ed. Rio de Janeiro: Editora Forense, 1998.

ARAGÃO, Egas Dirceu Moniz de. *Sentença e coisa julgada*. Rio de Janeiro: Aide, 1992.

——. Preclusão (Processo civil). In: OLIVEIRA, Carlos Alberto Álvaro de (org.). *Saneamento do processo*: Estudos em homenagem ao prof. Galeno Lacerda. Porto Alegre: Fabris, 1989, p. 141-183.

ARAÚJO, Luís Ivani de Amorim. Da coisa julgada. *Revista Forense*, Rio de Janeiro, n. 321, p. 61-68, jan./fev./mar. 1993.

ASSIS, Araken. Reflexões sobre a eficácia preclusiva da coisa julgada. In: OLIVEIRA, Carlos Alberto Alvaro de (org.). *Saneamento do processo:* Estudos em homenagem ao prof. Galeno Lacerda. Porto Alegre: Fabris, 1989, p. 109-129.

BARACHO, José Alfredo de Oliveira. *Processo constitucional*. Rio de Janeiro: Forense, 1984.

BARBI, Celso Agrícola. Garantias constitucionais processuais. *Revista dos Tribunais*, n. 659, p. 7-12, set. 1990.

BARROSO, Luís Roberto. A segurança jurídica na era da velocidade e do pragmatismo (Reflexões sobre direito adquirido, ponderação de interesses, papel do Poder Judiciário e dos meios de comunicação). In: BARROSO, Luís Roberto. *Temas de direito constitucional*. Rio de Janeiro: Renovar, 2001, p. 49-73.

BARROSO, Luís Roberto. *Temas de direito constitucional*. Rio de Janeiro: Renovar, 2001.

BORGES, Marcos Afonso. Da audiência, da sentença e da coisa julgada. *Revista de Processo*, São Paulo, n. 2, p. 263-270, abr./jun. 1976.

BOJUNGA, Luiz Edmundo Appel. Apontamentos sobre os efeitos da sentença e da coisa julgada. *Revista Jurídica*, Porto Alegre, n. 127, p. 5-19, maio, 1988.

CINTRA, Antonio Carlos de Araújo. *Comentários ao Código de processo civil*. v. IV. Rio de Janeiro: Forense, 2000.

——; GRINOVER, Ada Pellegrini; DINAMARCO, Cândido Rangel. *Teoria geral do processo*. 8. ed. São Paulo: Revista dos Tribunais, 1991.

CHIOVENDA, Giuseppe. *Instituições de direito processual civil*. v.1. 3. ed. São Paulo: Saraiva, 1969.

CRUZ E TUCCI, José Rogério (coord.). *Garantias constitucionais do processo civil*. São Paulo: Revista dos Tribunais, 1999.

DINAMARCO, Cândido Rangel. *Instituições de Direito Processual Civil*. v. 3. São Paulo: Malheiros, 2001.

DINIZ, Maria Helena. *Código civil anotado*. 5. ed. São Paulo: Editora Saraiva, 1999.

FERREIRA FILHO, Manoel Caetano. *A preclusão no direito processual civil*. Curitiba: Juruá, 1991.

FINGER, Júlio César. Constituição e direito privado: algumas notas sobre a chamada constitucionalização do direito civil. In: SARLET, Ingo Wolfgang (org.). *A Constituição concretizada:* construindo pontes com o público e o privado. Porto Alegre: Livraria do Advogado, 2000, p. 85-106.

FIX-ZAMUDIO. Héctor. *Constitución y processo civil en Latinoamérica*. México: Instituto de Investigaciones Jurídicas, 1974.

GRECO FILHO, Vicente. *Direito processual civil brasileiro*. v. 1. São Paulo: Saraiva, 1981.

GRINOVER, Ada Pellegrini. *As garantias constitucionais do direito de ação*. São Paulo: Revista dos Tribunais, 1973.

GUERRA FILHO, Willis Santiago. *Introdução ao direito processual constitucional*. Porto Alegre: Síntese, 1999.

LIEBMAN, Enrico Tullio. *Eficácia e autoridade da sentença* (e outros escritos sobre a coisa julgada). Trad. de Alfredo Buzaid e Benvindo Aires. Rio de Janeiro: Forense, 1945.

——. *Efficacia ed autorità della sentenza* (ed altri scritti sulla cosa giudicata). Milão: Giuffrè, 1962.

LÔBO, Luiz Paulo Netto. Constitucionalização do direito civil. *Revista de Informação Legislativa*, Brasília, ano 36, n. 141, p. 99 a 109, jan./mar. 1999.

MACHADO, Hugo de Brito. Direito adquirido e coisa julgada como garantias constitucionais. *Revista dos Tribunais*, São Paulo, n. 714, p. 19-26, abr. 1995.

MARQUES, José Frederico. *Manual de direito processual civil*. 2. ed. São Paulo: Millennium, 1998.

MATTIETTO, Leonardo. O direito civil constitucional e a nova teoria dos contratos. In: TEPEDINO, Gustavo (coord.). *Problemas de direito civil-constitucional*. Rio de Janeiro: Renovar, 2000, p. 163-186.

MIRANDA, Francisco Cavalcanti Pontes de. *Comentários ao Código de Processo Civil*. v. 5. São Paulo: Forense, 1974.

——. *Tratado das ações*. t. 1. São Paulo: Bookseller, 1998.

MORAES, Paulo Valério Dal Pai. *Conteúdo interno da sentença*: eficácia e coisa julgada. Porto Alegre: Livraria do Advogado, 1997.

MOREIRA, José Carlos Barbosa. Eficácia da sentença e autoridade da coisa julgada. *Ajuris*, Porto Alegre, n. 28, p. 15-31, jul. 1983.

MOURA, Mário Aguiar. As condições da ação em face da coisa julgada. *Ajuris*, Porto Alegre, n. 24, p. 189-195, mar. 1982.

MUSSI, Breno Moreira. As condições da ação e a coisa julgada. *Ajuris*, Porto Alegre, n. 43, p. 79-106, jul. 1988.

NEGRÃO, Theotonio. *Código de processo civil e legislação processual em vigor*. 30. ed. São Paulo: Saraiva, 1999.

NERY JÚNIOR, Nelson. *Princípios fundamentais*: teoria geral dos recursos. 4. ed. São Paulo: Revista dos Tribunais, 1997.

——. *Princípios do processo civil na Constituição Federal*. São Paulo: Revista dos Tribunais, 2000.

——; NERY, Rosa Maria Andrade. *Código de processo civil comentado e legislação processual civil extravagante em vigor*. 4. ed. São Paulo: Revista dos Tribunais, 1999.

NEVES, Celso. *Contribuição ao estudo da coisa julgada civil*. São Paulo: Revista dos Tribunais, 1970.

OLIVEIRA, Carlos Alberto Álvaro de (org.). *Saneamento do processo*: Estudos em homenagem ao prof. Galeno Lacerda. Porto Alegre: Fabris, 1989.

OTERO, Paulo. *Ensaio sobre o caso julgado inconstitucional*. Lisboa: Lex, 1993.

PORTANOVA, Rui. *Princípios do Processo Civil*. 3. ed. Porto Alegre: Livraria do Advogado, 1999.

PORTO, Sérgio Gilberto. Classificação de ações, sentenças e coisa julgada. *Revista de Processo*, São Paulo, n. 73, p. 37-46, jan./fev./mar. 1994.

——. *Coisa julgada civil*. 2.ed. Rio de Janeiro: Aide, 1998.

——. *Comentários ao código de processo civil*. v. 6. São Paulo: Revista dos Tribunais, 2000.

——. Sobre o propósito e alcance do artigo 474, do CPC. *Revista Síntese de Direito Civil e Processual Civil*, Porto Alegre, n. 1, p. 39-47, set./out. 1999.

ROENICK, Hermann Homem de Carvalho. A Sentença cível e a coisa julgada. *Ajuris*, Porto Alegre, n. 251, p. 73-94, jul./ago./set. 1975.

ROSAS, Roberto. *Direito processual constitucional*. 3. ed. São Paulo: Revista dos Tribunais, 1999.

SALOMÃO, Jorge. *Da coisa julgada nas ações de estado*. Rio de Janeiro: Freitas Bastos, 1965.

SANTOS, Moacyr Amaral. *Comentários ao Código de Processo Civil*. v. 4. Rio de Janeiro: Forense, 1976.

——. *Primeiras linhas de direito processual civil*. v. 3. 16. ed. São Paulo: Saraiva, 1997.

SARLET, Ingo Wolfgang. *A eficácia dos direitos fundamentais*. 2. ed. Porto Alegre: Livraria do Advogado, 2001.

——. *Dignidade da pessoa humana e direitos fundamentais na Constituição Federal de 1988*. Porto Alegre: Livraria do Advogado, 2001.

—— (org.). *A Constituição concretizada*: construindo pontes com o público e o privado. Porto Alegre: Livraria do Advogado, 2000.

SILVA, José Afonso da. *Curso de Direito Constitucional Positivo*. 10. ed. São Paulo: Malheiros, 1995.

SILVA, Ovídio Araújo Baptista da. *Curso de processo civil* (processo de conhecimento). v. 1. 3. ed. Porto Alegre: Fabris, 1996.

——. *Sentença e coisa julgada:* ensaios. Porto Alegre: Fabris, 1979.

——. *Sentença e coisa julgada:* ensaios. 3. ed. Porto Alegre: Fabris, 1995.

TEIXEIRA, Sálvio de Figueiredo (coord.). *As garantias do cidadão na justiça*. São Paulo: Saraiva, 1993.

TEPEDINO, Gustavo. Normas constitucionais e relações de direito civil na experiência brasileira. *Revista Jurídica*. Rio de Janeiro, v. 278, p. 5 a 21, dez. 2000.

—— (coord.). *Problemas de direito civil-constitucional*. Rio de Janeiro: Renovar, 2000.

TEPEDINO, Maria Celina Bodin de Moraes. A caminho de um direito civil constitucional. *Revista de Direito Civil*, São Paulo, v. 65, p. 21 a 32, jul./ago./set. 1993.

TESHEINER, José Maria Rosa. *Eficácia da sentença e coisa julgada no processo civil*. São Paulo: Revista dos Tribunais, 2001.

——. *Elementos para uma teoria geral do processo*. São Paulo: Saraiva, 1993.

THEODORO JÚNIOR, Humberto. *Curso de direito processual civil*. v. 1. 29. ed. Rio de Janeiro: Forense, 1999.

TUCCI, Rogério Lauria. *Curso de direito processual*. v. 2. São Paulo: Bushatsky, 1976.

11. *Due Process of Law*

CRISTINA REINDOLFF DA MOTTA
Advogada, Especialista em Direito Processual Civil e
Mestre em Direito pela PUCRS.

Sumário: 1. Introdução; 2. *Due Process of Law*; 3. O Surgimento do *Due Process of Law*; 4. *Due process* no sentido genérico; 5. O sistema adotado no Brasil e o sistema da *Common Law*; 6. O *Substantive Due Process*; 7. O *Procedural Due Process*; 8. Conclusão. Referências bibliográficas

"No one shall be condemned without trial. Also that no man, of what estate or condition that he be, shall be put out of land or tenement, nor taken or imprisioned, nor disinhited, nor put to death, without being brought to answear by Due Process of Law."[1]

1. Introdução

Passado o período obscuro da sociedade brasileira, onde a ditadura militar cerceou toda e qualquer forma de garantia ao cidadão brasileiro, em nome de poder totalitário e autoritário, viu-se a necessidade de restabelecer a democracia no país.

A abertura política, a formação da Assembléia Nacional Constituinte e a promulgação da Constituição Federal de 1988 foram fatores determinantes na "história democrática" de nossa nação.

A constituição federal de 1988 alargou o leque de direitos fundamentais que havia na CF/69. Além disso, deu-lhes significação majorada tendo-os transposto para o art. 5º da nova Carta Política.

Outra inovação, sem dúvida, foi a inclusão, pela primeira vez de forma explícita no corpo constitucional, do Princípio do Devido Processo Legal. Ainda que timidamente já houvesse aparecido em diversas

---
[1] Edward III, rei da Inglaterra, *Statue of Westminster of the liberties of London*.

outras Cartas Constitucionais nacionais, jamais havia tido a abrangência do Devido Processo Legal, ou assim tinha sido denominado.

Contraditoriamente, no período de repressão, havia preceituado no art. 153, § 4º, da CF/69 o ordenamento de que "A lei não poderá excluir da apreciação do poder judiciário lesão ou ameaça de direito".[2]

O mesmo preceito vinha sendo transcrito da mesma forma desde a Constituição Federal de 1946, contudo pelo que a própria história demonstra não vinha sendo respeitado.

A abertura democrática da Nova República fez renascer a esperança do povo quanto aos direitos fundamentais[3] e o respeito aos mesmos, tanto é verdade que, no que tange ao Princípio do Devido Processo Legal, alargou-se seu campo de atuação, para que o mesmo passasse a tutelar não somente lesão como também ameaça.

Com efeito, a constituição brasileira de 1988 é deveras detalhista no que tange ao elenco das garantias, bem como dos direitos fundamentais. A justificação reside no fato de se estar rompendo com um regime ditatorial e repressivo, visava, pois, a ampla garantia do cidadão.

Outro ponto positivo foi a extensão da garantia a interesses coletivos e difusos, quando anteriormente somente eram tutelados interesses individuais.

Segundo J. J. Calmon de Passos: "O fundamento do Princípio do Devido Processo Legal, e assim dos outros, que, num processo sistemático dão condições de se constituir no Estado um eficaz conduto para se buscarem justas soluções para os diversos conflitos, está ancorado numa idéia muito mais ampla, que é a liberdade do homem".[4]

Assim todo o princípio, erigido em garantia pela Constituição, tem, em última análise, como seu objetivo intrínseco, garantir a liberdade humana, razão de ser de toda a formulação em torno do Estado de Direito.

Resta, contudo, analisar a origem, seu sentido procedimental, efetividade comparando com realidades de países que há muito já o consagraram e a aplicação do *due process of law* no direito brasileiro.

---

[2] Constituição Federal de 1969, art. 153, § 4º.

[3] "(...)com base no nosso direito constitucional positivo, e integrando a perspectiva material e formal já referida, entendemos que os direitos fundamentais podem ser conceituados como aquelas posições jurídicas concernentes às pessoas, que, do ponto de vista do direito constitucional positivo, foram, por seu conteúdo e importância (fundamentalidade material), integradas ao texto da Constituição e, portanto, retiradas da esfera de disponibilidade dos poderes constituídos (fundamentalidade formal), bem como as que, pelo seu objeto e significado, possam lhes ser equiparados, tendo, ou não, assento na Constituição formal (aqui consideramos a abertura material consagrada no art. 5º, § 2º, da CF, que prevê o reconhecimento de direitos fundamentais implícitos, decorrentes do regime e dos princípios da Constituição, bem como direitos expressamente positivados em tratados internacionais)." SARLET, Ingo Wolfgang. www.idp.org.br, em 05.06.2002. Tal conceito expressa a idéia de direito fundamental de Ingo Wolfgang Sarlet, à luz da teoria de Robert Alexy.

[4] CALMON DE PASSOS, José Joaquim. Advocacia - O direito de recorrer a justiça. *Revista de processo*, Instituto brasileiro de Direito Processual Civil, São Paulo, n. 10, 1978, p. 33-46.

2. Due Process of Law

A Constituição Federal de 1988 é repetitiva, mas ainda assim louvável. Bastaria falar em *due process* que poderia ser deixado quase que a totalidade dos incisos do artigo 5º de lado. Não foi isso que ocorreu. Os direitos fundamentais vêm ainda relacionados ao longo do art. 5º, bem como em outros artigos mais esparsos da Constituição Federal.

Foi a forma encontrada pelo constituinte de enfatizar a importância dessas garantias, para que o Judiciário e a administração pública – na esfera administrativa – possam aplicar tal cláusula sem maiores indagações.

O Devido Processo Legal é, sem sombra de dúvidas, princípio fundamental. Dele decorrem todos os demais princípios processuais. De acordo com Nelson Nery Jr., tal princípio é o "gênero enquanto os demais princípios as espécies".[5] Da mesma forma, Paulo Roberto Dantas de Souza Leão.[6] É, pois o mesmo sentir de José Rogério Cruz e Tucci, ao afirmar expressamente que "derivam do devido processo legal outros princípios tais o da isonomia, do juiz natural, da inafastabilidade da jurisdição, do contraditório, da proibição da prova ilícita, da publicidade dos atos processuais, do duplo grau de jurisdição e da motivação das decisões judiciais".[7]

A todo o momento que se fizer análise ou reflexão acerca de algum princípio processual constitucional, com certeza poder-se-á identificar nuances do Princípio do Devido Processo Legal, e vice-versa. Poderá ainda até, causar a sensação de confusão – e confusão aqui na acepção jurídica da palavra – entre o princípio analisado e o Devido Processo Legal. Ocorre que ainda que identificadas facetas do mesmo nos demais princípios, o *due process of law* é deveras mais amplo, contendo, portanto não só aquele Princípio analisado, bem como todos os demais princípios processuais constitucionais.

O Princípio do Devido Processo Legal pode ser encontrado em praticamente todas as constituições liberais democráticas do mundo, uma vez que "refere-se ao direito atribuído ao cidadão do Estado, de buscar abrigo para questões relativas aos conflitos de interesses em que esteja envolvido, numa esfera do poder estatal – o Judiciário –, utilizando-se, para tanto, de mecanismos jurídicos previamente definidos por lei".[8]

---

[5] NERY JR., Nelson. *Princípios do Processo Civil na Constituição Federal*. 3 ed., São Paulo: Revista dos Tribunais, 1996, p. 28.

[6] www.ujgoias.com.br/gabinete/processo/devido%20processo.doc, em 04.06.02.

[7] TUCCI, Rogério Lauria; CRUZ E TUCCI, José Rogério. *Constituição de 1988 e Processo*. São Paulo: Saraiva, 1989. p. 23.

[8] WAMBIER, Luiz Rodrigues. Anotações sobre o devido processo legal. *Revista de Processo*, v.63, ano 16, São Paulo: RT, 1991, p. 54-63.

Há quem sustente ser tal princípio fundamental, para a mantença do sistema democrático liberal, onde as diretrizes legais devem ser previamente determinadas pelo sistema legislativo vigente, num contexto de legitimidade conferida pela escolha de representante incumbido de elaborar as leis que passarão a regrar a nação, e de acatamento das decisões oriundas das esferas jurisdicionais. Para estes, portanto, trata-se da garantia do Estado de Direito.

Adolfo Gelsi Bidar[9] acredita que a Constituição deve conter normas expressas sobre a atividade processual, pois a Constituição é a base também para o direito processual como ciência e como ramo do direito positivo. O processo deve aparecer na Constituição como uma garantia universal e fundamental para que se possa obter a efetividade do direito, quando, nos casos concretos, isso não se obtém espontaneamente.

Em que pese considerações a cerca de ser ou não direito fundamental, o fato é que para o bem viver da sociedade moderna democrática é sustentáculo imprescindível para a efetivação da justiça. Na idéia de J. J. Calmon de Passos "A noção de *devido processo legal*, já anteriormente trabalhada pela doutrina, ganhou dimensão nova, revestindo-se do caráter mais abrangente de garantia do *devido processo constitucional*. Compreendido o direito como algo não *dado* aos homens pela natureza mas por eles *produzido*, revelou-se fundamental entender-se o processo de sua produção, que se percebeu ter matrizes políticas, devendo, portanto, para legitimar-se, adequar-se a quanto *estabelecido constitucionalmente para sua produção*, em qualquer de seus níveis. Disso resultou, por exemplo, e para mencionar apenas uma das mais significativas conseqüências no âmbito do processo, erigir-se o direito de ação, cuja autonomia fora teorizada no século XIX, à categoria de direito fundamental, cujo objeto passou a ser o dever do Estado-juiz de prestar sua atividade jurisdicional com vistas a produzir o direito aplicável ao caso concreto, fazendo-o não de modo arbitrário ou pretensamente racional, sim com obediência irrestrita a quanto disposto como *devido processo constitucional*".[10]

A fusão da percepção de J. J. Calmon de Passos com a idéia de Nelson Nery Jr., quanto a ser gênero e os demais princípios espécies, traduz a essência da fundamentalidade de tal princípio. Não pela localização na Constituição Federal, mas pela natureza do direito que tutela. Não é este, entretanto, o entendimento de Maria Rosynete Oliveira Lima, que diz que "a idéia defendida pelo Professor (sic) tem seu mérito ao ressaltar o excesso do legislador constituinte de 1988 na

---

[9] BIDAR, Adolfo Gelsi, Incidencia constitucional sobre el proceso. *Revista de Processo*, v. 30, São Paulo: RT,1983, p. 137-165.

[10] CALMON DE PASSOS, José Joaquim. Instrumentalidade do Processo e Devido Processo Legal. http://www.direitopublico.com.br/pdf/revista-dialogo-juridico-01-2001-j-j-calmon-passos.pdf.

explicação das diversas garantias processuais, afora o devido processo legal, bem assim na constatação de que o princípio do *due process of law* pode representar todas elas".[11] Ressalta ainda que: "Entretanto, o princípio do devido processo legal não é gênero, do qual todos os demais princípios constitucionais são espécies".[12] [13]

Independentemente de ser considerado direito fundamental ou não, há unanimidade na constatação da imprecisão do conceito de tal princípio. A falta de um conceito técnico e preciso é explanado por uns de uma determinada forma e justificada por outros de forma diversa.

Para Angélica Arruda Alvim: "O devido processo legal pode ser tido como um conceito - em certa escala – vago. Ou seja, há aspectos que são absolutamente indiscutíveis, mas outros há que podem aparecer. Há, desta forma, um núcleo que informa o princípio, que não pode ser desrespeitado, dado que formado pela História e pela reiteração, em vários povos, e, cujo somatório de decisões e conceituações, geraram o que se pode dizer ser o núcleo conceitual do princípio".[14]

Para Karl Larenz, contudo, "o princípio (...) deve ser entendido como uma pauta aberta, carecida de concretização – e só plenamente apreensível nas suas concretizações" razão pela qual é impossível a fixação de um ou alguns sentidos da pauta, porque estaremos diante de mera ilusão tópica. "Um princípio não se deixa precisar a priori, mas somente diante de uma situação histórica, quando o direito legislado e o estado da consciência jurídica geral irão determina-lo".[15]

Nesta linha de pensamento, deve ainda ser considerado que "além de sua estrutura principiológica, a estrutura do devido processo legal deixa margem à erupção de valores extra-legais, necessariamente mutáveis. Pois como dizer o que é devido sem recorrer à valores? É pois, uma pauta que carece de preenchimento valorativo."[16]

Desta feita, toda aplicação de princípio exige, segundo Larenz, uma valoração, que deverá ser guiada pelo *ethos* jurídico dominante, ou seja, pela consciência jurídica geral. Com efeito, os valores sofrem tremenda influência da idéia de justiça de quem irá aplicar o direito ou concretizar o princípio.[17]

---

[11] LIMA, Maria Rosynete de Oliveira. *Devido Processo Legal*. Porto Alegre: Fabris, 1999. p. 178.

[12] Idem, p. 178.

[13] Neste tocante, ainda a faz constar observação de ser este o mesmo entendimento de J.J. Calmon de Passos, na vigência da Constituição Federal anterior à atualmente vigente.

[14] ALVIM, Angélica Arruda. Princípios Constitucionais do Processo. *Revista de Processo*, v. 74, ano 19, São Paulo: RT, 1994, p. 21-39.

[15] LARENZ, KARL. *apud*. CANNARIS, Claus-Wilhelm, *Pensamento sistemático e conceito de sistema na ciência do direito*, Trad. A. Menezes Cordeiro. Lisboa: Fundação Calouste Gulbenkian, 1989, p. 122.

[16] Maria Rosynete de Oliveira Lima, *op. cit.*, p. 183.

[17] LARENZ, Carl. *Apud*, LIMA, Maria Rosynete Oliveira de. *Idem*.

Conforme se vê, a circunstância de a falta de precisão na conceituação de um princípio, e aqui, seja o Princípio do Devido Processo Legal, é inaceitável vez que é salutar, para o bom andamento jurídico, bem como para a segurança da sociedade, o preestabelecimento de contornos ou parâmetros de princípio de tal valia.

Obviamente vislumbra-se a impossibilidade de um conceito perfeito, acabado e *estagne*, pois isso tão-somente seria forma de manipular a realidade, deixando-o como letra morta ou pior ainda, causando injustiças. O que é palpável é a fixação de parâmetros, é a definição de contornos ao Devido Processo Legal a fim de qualquer pessoa comum ter certeza das garantias que tal princípio, bem como inclusão na Carta Magna de 1988 veio propiciar a cada cidadão brasileiro.

Raquel Denize Stumm afirma, quanto à Constituição Federal americana, que "convenientemente vaga a expressão *Due Process of Law*, tanto na 5ª, quanto na 14ª Emenda, apresenta a faceta que a suprema corte declarar. Uma definição de seu conteúdo elástico pode ser extraída da sucessiva consideração de várias hipóteses, nele (sic) incluídas ou dêle (sic) excluídas pelos pronunciamentos judiciários."[18]

3. O Surgimento do *Due Process of Law*

O princípio do Devido Processo Legal surgiu em 1215, na Inglaterra, quando da Magna Carta - também conhecida como "Carta do João Sem Terra". Aponta-se, contudo período anterior como o berço para o seu surgimento. Evidencie-se, entretanto, desde já, que este referido aparecimento foi, basicamente, das idéias norteadoras, e não do Princípio do Devido Processo legal, em sua forma máxima e mais abrangente como princípio. O Devido Processo Legal somente rompeu em 1352, na Inglaterra quando a partir de então passou a ser reconhecido como *due process of law*.[19]

Pode-se remontar a período bastante distante para o surgimento do devido processo legal. Para J. A. Grant, "as raízes do devido processo legal estão no direito natural, nos idos de Platão, Aristóteles, Ésquilo, Sófocles e Eurípedes. Segundo ele, os juristas ingleses que mais influenciaram na evolução do direito constitucional norte ameri-

---

[18] STUMM, Raquel Denize. *Princípio da Proporcionalidade no Direito Constitucional Brasileiro*, Porto Alegre: Livraria do Advogado, 1995, p. 152.

[19] Em discordância a este posicionamento, RUI PORTANOVA afirma que "a idéia com a expressão em língua inglesa, que se tornou consagrada, *due process of law*, apareceu pela primeira vez numa emenda à constituição á Constituição americana. Na primavera de 1789, Madison introduziu no Primeiro Congresso uma emenda, que depois se converteu na Quinta Emenda." (PORTANOVA, Rui. *Princípios do Processo Civil*, segunda tiragem, Porto Alegre: Livraria do Advogado, 1997, p.145.)

cano – Sir. Edward Coke e Blackstone[20] – desenvolveram a base do Princípio do Devido Processo Legal como dos demais direitos basilares, para não dizermos fundamentais, norteadores daquele povo, sob o rumo traçado pela teoria do direito natural".[21]

A Magna Carta, além de profundo valor histórico, guarda, sobretudo para o direito, duas características particularmente especiais: a partir dela se vê os contornos de um sistema judicial nacional inglês, em razão de ter sido através dela feitas determinadas concessões aos súditos que acabaram por repelir as grandes medidas administrativas feitas pelo então rei Henrique II, e é a carta "da liberdade civil inglesa" que até hoje é, por muitos, apontada como fonte da constituição que hoje vige, em que pese a inexistência de constituição escrita.

Muito já se discutiu acerca da real natureza da Magna Carta: se é tratado, resposta real a um postulado, ou declaração de direitos. Se é simples pacto, barganha ou convenção entre partes contratantes, ou se é a combinação de duas ou mais destas mencionadas modalidades. O que sabe por certo é que algo foi dito em favor de todos sob todos os aspectos - o que não pode ser negado – talvez mais para cada um dos cidadãos comuns de todo o mundo, do que para os cientistas, historiadores ou pesquisadores do direito juntos.

Não é exagerado dizer que parte do poder desta carta foi lido somente por gerações posteriores e que a "Carta" tem uma aura quase de romance que a envolve através dos séculos. Torna-se, pois, o grito de guerra a bandeira carregada pelos batalhadores da justiça que seguiram após aquele tempo.

Em 1352, com o rei Henrique III, houve a denominação de *due process of law*, como hoje é conhecido.[22]

Em verdade a carta, extremamente reacionária, era garantia dos nobres contra os abusos por parte da Coroa, e do ponto de vista jurídico, continha exemplos originais e eficazes.

Com aparecimento bastante expressivo nos Estados Unidos da América, consagrou-se, o *due process of law*, como princípio máximo,

---

[20] Blackstone era doutrinador inglês, amigo pessoal do Juiz Wilmon, que teve como trabalho de maior relevância o voto em um caso de *contempt of court* que jamais fora publicado a sua época em razão de um erro de identificação da parte-ré. O *status* que possui atualmente o *contempt* foi dado não somente por seu enunciado, mas em razão da persuasiva decisão, à época severamente criticada. Apesar de ter sido redigida em 1764, somente em 1802 houve a publicação, após a morte de Wilmon. A teoria que embasou o voto de Wilmon foi trazida para discussão por Blackstone, perpetuando o nome de ambos em relação ao instituto. (MORGAN, James Apleton. *The law of literature*. v. I, New York: James CockCroft & Company, 1875, p. 241.)

[21] GRANT, J.A. The natural law backgroud of due process. *Columbia Law Review*, n.31, 1931, p. 56-81.

[22] "No one shall be condemned without trial. Also that no man, of what estate or condition that he be, shall be put out of land or tenement, nor taken or imprisioned, nor disinhited, nor put to death, without being brought to answear by Due Process of Law." (Edward III, rei da Inglaterra, Statue of westminster of the liberties of London.)

invocado até hoje para clamar a justiça em nome de que a justiça trilhe o Devido Processo Legal. Foi consagrando-se paulatinamente através de seu aparecimento nas constituições Estaduais dos Estados Unidos da América: em 1776, nos estados de Maryland e Carolina do Norte; em 1780 no estado de Massachussets e finalmente em 1787 na Pensilvânia, Filadélfia; quando da promulgação da constituição nacional. Portanto, a consagração de tal princípio deu-se, para os estados americanos, em tempo anterior ao seu reconhecimento nacional em nível constitucional.[23]

O desenvolvimento jurisprudencial existente nos Estados Unidos da América admite o controle das leis pelo Judiciário. No intuito de coibir o arbítrio do Legislativo, a jurisprudência americana elabora *standards* jurídicos, em especial o *Due Process of Law*, que veicula uma limitação constitucional dos poderes do Estado. Um julgado servirá como base para os demais seguintes julgamentos como um *standard*, um referencial.

Vale lembrar, a título de exemplificação, que um dos casos de maior repercussão frente a Suprema Corte Norte Americana é o Miranda contra o Povo. Em que pese ter sido decidido em 1966, a discussão que ressurge é se foi respeitado ou não o Devido Processo Legal. À primeira vista pode parecer bobagem tal discussão, e os estudiosos de direito mais afoitos poderiam dizer que já fez coisa julgada ou que já passou o período para a rescisória, entre outros argumentos para não se atentar para tal julgamento. Em verdade o que está a ocorrer é um pseudo controle de constitucionalidade, que também é de competência da Suprema Corte Norte-Americana. O que será decidido não é a mudança da decisão para aquele caso concreto, mas sim se aquela determinada decisão poderá continuar servindo de paradigma para decisões posteriores.

Ocorre que a Suprema Corte Americana, ao decidir, fixa parâmetros em suas decisões, e não só julga o caso concreto como delimita a aplicação de determinada norma ante a outro fato no caso hipotético, dizendo que se não fosse como é, por exemplo X=Y, se X não fosse X, mas sim ? o resultado daquela decisão seria não Y mas sim Z.

Desta feita, a discussão quanto à forma de decidir da Suprema Corte Americana sobre a validade do caso Miranda é bastante razoável, vez que aquela decisão é base para outras demais que vierem, bem como para as que virão até o momento que surja a discussão de ser ou não o que eles chamam de *good law* – lei boa – ainda, aplicável aos casos concretos.

---

[23] NERY JR, Nelson. *op. cit.*, p. 30.

4. *Due Process* no Sentido Genérico

Em todos os casos assenta-se o princípio sobre o trinômio: vida, liberdade e propriedade. Isso, com efeito, em se falando de sua forma mais amplamente possível.

Segundo Nelson Nery Jr., o devido processo legal "trata-se do postulado fundamental do direito constitucional (gênero), do qual derivam todos os outros princípios (espécies). Genericamente a cláusula *Due Process* se manifesta pela proteção à vida – liberdade – propriedade em sentido amplo, o texto foi inspirado nas emendas 5ª e 14ª à CF americana, e não indica apenas tutela processual, mas sim geral, bipartindo-se em devido processo legal substancial e processual".[24]

Infelizmente, a atuação do STF no Brasil dá-se de forma diferenciada. Não há a delimitação do princípio no corpo do *decisum*, o que traduz, por muitas vezes, carência de definição precisa de o que é o devido processo legal. O STF limita-se a dizer se feriu ou não o Princípio do Devido Processo Legal, ante a análise do caso concreto em julgamento.

A liberdade da qual trata o Devido Processo Legal se relaciona com a liberdade ideológica, a de imprensa, a liberdade de religião, bem como o sentido oposto, qual seja a privacidade. Nos Estados Unidos da América, no estado da Virgínia, no caso Loving contra o Povo do estado da Virgínia: sob o manto do devido processo legal foi anulada a lei que proibia o casamento entre pessoas de raças diferentes; no caso Griswold contra o Povo do estado da Virgínia foi invalidada a lei que proibia o uso de métodos contraceptivos para pessoas casadas; e no caso Eisenstand contra o Povo do estado da Virgínia foi considerada inconstitucional a lei que proibia a distribuição de contraceptivos a pessoas não-casadas.[25]

Nos Estados Unidos da América, merecem atenção do Judiciário, várias vezes suscitado, os casos ligados diretamente com a liberdade de credo, liberdade de expressão, direito de ser julgado por um júri, a liberdade de imprensa, bem como o próprio *Contempt of Court*, haja vista que a multa ou a prisão decretada pelo juiz é emanada no sentido de coagir o faltante a ordem do Judiciário a cumpri-la. Inexoravelmente surge a discussão quanto à liberdade do indivíduo de agir de determinada forma, em detrimento da ordem emanada pelo Poder Judiciário.

Como se vê, é muito amplo o sentido que se pode atribuir ao trinômio, que sempre revela mais uma faceta para analisar o caso e que pode ser aplicado o Princípio do Devido Processo Legal. Teoricamente, tudo o que tiver ligação com a vida, liberdade ou propriedade, está sob o manto do devido processo legal.

---

[24] NERY JR., Nelson. *Código de Processo Civil Comentado*, 4 ed., São Paulo: RT, 1999, p. 92.

[25] ROTUNDA, Ronald D., *apud.* NERY JR., Nelson. *Princípios* p. 31.

5. "O Sistema Adotado no Brasil" e o "Sistema da *Common Law*"

Vale identificar primeiramente que aqui não se está a falar de sistema da *common law* e sistema Romano-Canônico propriamente ditos. O que se busca, e esclarece-se desde já, é traçar um paralelo entre as formas de decisão de cada uma das mais altas cortes, seja a do Brasil, seja a de qualquer país que adote o sistema da *common law*.

Impõe-se aqui uma digressão no intuito de esclarecer que o *common law* inglesa, apesar de ter a mesma denominação nos Estados Unidos da América, não pode ser tratada como sendo a mesma coisa. Isto porque, a expressão *common law* quer dizer lei comum, lei pública, lei que serve uma comunidade. Nos Estados Unidos da América não existe uma lei que sirva toda a comunidade. O sistema legal americano é todo subordinado à lei maior, que é a constituição federal; entretanto, cada um dos estados da federação tem competência para legislar, não existindo pois uma lei comum a todos os Estados, a não ser a própria Constituição Federal.

O sistema da *common law*, de reconhecida reputação, fez-se respeitar e provar a eficácia do *due process of law*, em razão da firmeza e da determinação da Suprema Corte Norte-Americana que não só interpreta o princípio de modo a fazer valer o que o espírito do constituinte pretendeu quando adotou a regra, como também a interpreta de forma analítica "declarando" que a corte decidiria desta ou daquela maneira se o problema fosse equacionando de outro modo.

Em verdade, o que a Suprema Corte Norte-Americana faz é fixar novos parâmetros dentro de um julgamento, hipotetizando se aquele determinado caso tivesse esta ou aquela circunstância diferente.

O princípio é interpretado para solucionar o caso concreto em discussão e ao mesmo tempo, dentro do mesmo julgamento, são fixadas regras e padrões para julgamentos semelhantes futuros.

É neste sentido que "perde", falha ou até mesmo, com a devida vênia pela ousadia, se omite ante a decisão que deve proferir. O Supremo Tribunal Federal, desde a sua criação, tão-somente age como órgão de terceiro ou quarto grau de jurisdição, deixando de lado o seu dever maior que é de dar eficácia e sentido à Constituição Federal.

O Supremo Tribunal Federal brasileiro somente soluciona o caso concreto, e mais limita-se a dizer se o princípio foi ou não maculado. Não há fixação de parâmetros, não há interpretação normativa a ser observada em casos futuros.[26]

Parece muitas vezes que os meios para a efetivação são dados, contudo a utilização é precária ou inexpressiva, o que faz com que se perpetue a omissão. A Constituição de 1967, no artigo 119, III, previu

---
[26] NERY JR., Nelson. *op. cit.*, p. 34.

Ação direta para o STF interpretar, em tese, lei ou ato normativo federal ou estadual. Esta possibilidade foi pouco utilizada, vindo praticamente a ser esquecida ou mesmo a cair em desuso. Na Carta Magna subseqüente, tal artigo foi suprimido. "Embora a idéia fosse aproximar o STF da Corte Suprema americana no sentido de o tribunal destacar-se como intérprete maior da Constituição, o sistema não foi bem apreendido no Brasil, nem pelo Procurador Geral da República, que não ajuizou senão pouquíssimas ações diretas interpretativas, como também pelo STF que não se dispôs a desempenhar seu papel fundamental nessa área".[27]

Uma das semelhanças que de pronto pode-se apontar entre o STF e a Suprema Corte Norte-Americana é que ambos têm como função o controle de constitucionalidade das leis e atos administrativos.

No Brasil, somente em 1965 se instituiu a ADIn. Anteriormente, usava-se do mesmo sistema adotado nos Estados Unidos, onde "até hoje não há um controle abstrato, difuso, em tese, pela via da ação direta, mas somente concentrado via exceção".[28]

O que se nota com clareza na análise da jurisprudência, larga é verdade, americana, a cerca do *due process of law* é não só a fixação de novos parâmetros em cada julgamento, mas também, como forma de até mesmo de justificação da decisão, a diuturna colação de julgados pretéritos para servirem de parâmetro ou paradigma à nova jurisprudência que está a nascer.

Em contrapartida, a jurisprudência nacional, em especial os julgados do STF, tribunal competente para proferir decisão a cerca de matéria constitucional, demonstra evidente lacuna de julgados da referida matéria. Isto não porque não tenha sido suscitada tal matéria ao pretório excelso, mas sim em razão de o mesmo cingir-se a constatar na decisão se foi ou não maculado o princípio constitucional do Devido Processo Legal. O *Habeas Corpus* 78097/SP é também prova de tal constatação quando afirma que: "A sustentação oral não constitui ato essencial à defesa. É faculdade concedida às partes, que a utiliza ou não. Todavia, se o defensor manifesta, expressamente, a vontade de fazer sustentação oral, deixando expresso que deseja utilizar-se da faculdade que lhe concede a lei processual, o obstáculo, criado pelos serviços burocráticos da Justiça, impedindo a ocorrência da sustentação oral requerida constitui cerceamento de defesa, aplica maus tratos no princípio do devido processo legal".[29]

---

[27] *Idem.*

[28] NERY JR., Nelson. *Princípios...*p. 33.

[29] STF, Recurso de *Habeas Corpus*, HC 78097/SP, 2ª Turma, Rel. Min. Carlos Velloso, Publicação ata nº 51, DJU 06.08.99 p. 6.

Em referência ao princípio, há falta de parâmetros e definições. O conteúdo e as fronteiras do *Due Process* resultam de puro casuísmo. A dificuldade existente quanto à definição do princípio tem como conseqüência as dificuldades de entendê-la, bem como de invocá-la.

Em larga escala, o repertório jurisprudencial deixa passar *in albis* o aclaramento do conceito e ou definição do Princípio do Devido Processo Legal. Outro exemplo evidente é o aresto que diz que: "A decisão que determina a regressão da medida de semi liberdade para a internação, por constituir restrição ao *status libertatis*, não pode prescindir da oitiva do adolescente infrator, sob pena de ofensa ao postulado do devido processo legal (arts. 110 e 111, V, do ECA)".[30]

A crítica que pode ser feita é que desta forma, como vem sendo julgado no Brasil, não delimitando parâmetros, o emprego do Princípio do Devido Processo Legal representa quase sempre uma decisão de acordo com a vontade de que decide.

A forma de decidir que adotaram os tribunais superiores brasileiros abre uma lacuna conceitual que em nosso ver gera determinada instabilidade ao postulante. A simples análise do caso concreto, que é o que ocorre, traz o mero comentário de se há ou não o ferimento da norma constitucional. A decisão do ministro do Superior Tribunal de Justiça Valdemar Zveiter, no Recurso Ordinário em *Habeas Corpus* nº 8873/SP, aponta novamente esta forma de julgar. "O processo, como instrumento da jurisdição, orienta-se, sobretudo por princípios, dentre os quais os da finalidade e da ausência de prejuízo. Em nome da segurança jurídica, porém, o princípio maior do *due process of law* reclama observância do procedimento regulado em lei, não sendo dado ao Judiciário tomar liberdades com ele inadmissíveis. Subverte o sistema processual e sujeita-se à invalidade o procedimento judicial que não enseja ao *Parquet* manifestar-se no momento previsto no § 1º do art. 1.122 do Código de Processo Civil, especialmente quando há interesses de incapazes".[31]

Há, por parte do Tribunal Superior nacional, competente para o julgamento do recurso no que tange ao Princípio do Devido Processo Legal, tão-somente a mera referência à mácula do princípio ou mesmo a simples análise do caso concreto sem que se estabeleçam novos parâmetros para posterior decisão de caso semelhante.

Como se vê, não diverge das demais decisões já que diz que: "Estando evidenciado o interesse da parte com a realização do preparo após a intimação deve ter prosseguimento a ação, mesmo que as custas

---

[30] RHC 8873/SP; STJ, RECURSO ORDINÁRIO EM *HABEAS CORPUS*, Relator Min. José Arnaldo da Fonseca, 5ª Turma, pub. no DJ em 22.11.1999, p. 166, Data da Decisão 21.10.1999.

[31] RESP 95933/DF; STJ RECURSO ESPECIAL nº 1996/0031430-6, Relator Min. Waldemar Zveiter, 3ª Turma, pub no DJU em 11.10.1999, p. 68.

e a taxa judiciária sejam recolhidas após o prazo do art. 257. As normas processuais devem ser interpretadas sob a visão teleológica de contemporaneidade, voltada para um dinamismo crítico e o aperfeiçoamento da prestação jurisdicional, sempre em atenção à preservação do devido processo legal".[32]

Mais uma vez, há a citação do Princípio do Devido Processo Legal, combinada com análise do caso concreto, sem que, contudo, seja modificado o norte de decidir, qual seja correlacionando situações, problematizando o fato analisado no intuito de criar paradigmas.

6. O Substantive *Due Process*

A garantia do Devido Processo Legal – que manifesta pela proteção à vida-liberdade-propriedade em sentido amplo – não indica apenas tutela processual, mas sim tutela geral e abrangente que se biparte, projetando-se tanto no âmbito material quanto no âmbito procedimental.

O *substantive due process*, também conhecido como o sentido material da garantia constitucional, tem sentido mais genérico, atuando no que diz respeito aos direitos materiais. Um bom exemplo de sua manifestação está no direito administrativo, aparecendo fortemente no princípio da legalidade.

Segundo Nelson Nery Jr.: "O devido processo legal se manifesta em todos os campos do direito, em seu aspecto substancial. No direito administrativo, por exemplo, o princípio da legalidade nada mais é do que manifestação da cláusula *substantive due process*. Os administrativistas identificam o fenômeno do *due process*, muito embora sobre outra roupagem, ora, denominando-o de garantia da legalidade e dos administrados, ora vendo nele o postulado da legalidade."[33]

Sob a ótica de Maria Rosynete Oliveira Lima: "O conteúdo material do devido processo legal significa que o Estado não pode, a despeito de observar a seqüência de etapas em um dado procedimento, privar arbitrariamente os indivíduos de certos direitos fundamentais. Exige-se *razoabilidade da restrição*".[34]

Nas palavras do Ministro do STF, Carlos Velloso, "*due process of law*, com conteúdo substantivo – *substantive due process* – constitui limite ao Legislativo, no sentido de que as leis devem ser elaboradas com justiça, devem ser dotadas de razoabilidade (*reasonableness*) e de

---

[32] REsp 122534/ES, STJ, RECURSO ESPECIAL, 2ª Turma, Relator Min. Francisco Falcão, pub. no DJ 13.09.1999, p. 49.
[33] NERY JR., Nelson. *op. cit.*, p. 35.
[34] LIMA, Maria Rosynete de Oliveira. *op. cit.*, p. 200.

racionalidade (*racinality*), devem guardar, segundo W. Holmes, um real substancial nexo com o objetivo que se quer atingir. Paralelamente, *Due Process of Law*, com caráter processual – *procedural due process* – garante às pessoas um procedimento judicial justo, com direito à defesa."[35]

Sob o manto do *substantive due process*, está a materialidade do direito de cidadão. Como o espectro é amplo, valeria lembrar alguns exemplos para se ter dimensão verdadeira de seu alcance. Contudo, tomando exemplos reais, quais sejam a jurisprudência norte-americana, em razão da maior incidência naquele país, tem-se noção mais exata da incidência. "A liberdade de contratar, consubstanciada na cláusula do contrato, afirmada no caso Fletcher contra Peck (1810), a garantia do direito adquirido (*vested rights doctrine*), a proibição de retroatividade de lei penal, os princípios tributários na anualidade, da legalidade, da incidência única, a proibição do preconceito racial, a garantia dos direitos fundamentais do cidadão",[36] a garantia do uso de métodos contraceptivos, a garantia do aborto (em determinados estados), a garantia e/ou direito à vida, a eutanásia, a pena de morte, entre outros.

No que tange à liberdade, estão acobertadas pelo manto do Devido Processo Legal, a liberdade de imprensa, a liberdade de expressão, a liberdade de culto, a liberdade de credo, bem como a própria liberdade individual. Singular é o caso apontado por Paulo Fernando Silveira, onde a pessoa se negou a fazer o teste do "bafômetro", invocando o preceito do Devido Processo Legal. Isso porque acreditava ele ser livre para não produzir prova que pudesse o incriminar.[37]

Conforme se vê, a amplitude do *substantive due process* pode transcender o esperado e o imaginado, alargando-o de tal forma que acaba por abranger quase que a totalidade das coisas e bens a serem tutelados.

7. O Procedural *Due Process*

O *procedural due process* é mais restrito que o *substancial due process*. É também chamado de Devido Processo Procedimental ou Devido Processo Adjetivo. É, sobretudo, a norma que dispõe basicamente que deverá ser respeitado um procedimento previamente ordenado. "Assim, o aplicador do Direito deve estar atento para não atingir quaisquer dos interesses protegidos pela garantia, sem antes trilhar certos caminhos".[38]

---

[35] ADIn nº 1511-7 DF – MEDIDA LIMINAR, julgado em 14.08.1996.
[36] NERY JR., Nelson. *op. cit.*, p. 37.
[37] SILVEIRA, Paulo Fernando. *Devido Processo Legal*. 2 ed., Belo Horizonte: Del Rey, 1997, p. 163.
[38] LIMA, Maria Rosynete Oliveira. *op. cit.*, p. 190.

Conforme se vê, o aplicador do direito, em decorrência do princípio do devido processo legal em seu sentido procedimental, fica jungido a cada passo descrito na lei sob pena de ferimento do preceito constitucional e de nulidade do ato.

"Sob a visão *instrumental*, o devido processo legal procedimental, implica reconhecer, em qualquer procedimento, caracterizado por uma sucessão ordenada de atos intermediários, *ordely proceedings*, estabelecido pelo Estado, uma medida suficiente para minimizar o risco de decisões que provoquem a restrição indevida de algum dos bens tutelados pela cláusula".[39]

O devido processo procedimental é, de longe, o mais utilizado pelos advogados em defesa de liberdades básicas de seus clientes, mesmo na América. No Brasil, o Princípio do Devido Processo Legal somente é aplicado, somente tem emprego no sentido processual, que garante o direito à citação, do conhecimento ao teor da acusação, o direito a rápido e público julgamento, o direito à isonomia, à proibição da prova ilícita, à gratuidade da justiça ou ao livre acesso à justiça. Quanto ao processo civil, é ainda garantida a igualdade entre as partes, o direito à defesa, o contraditório, ao direito ao juiz natural, ao duplo grau de jurisdição, entre outros.

Paulo Fernando Silveira pondera, quanto ao duplo grau de jurisdição, que "o alcance do devido processo legal, referentemente ao recurso, cinge-se à instância ordinária: decisão e revisão. O acesso em (*sic*) nível de instância especial não se acha amparado por ele salvo nos casos e condições especiais estipulados pela própria lei que propiciar esta fase recursal. Extrai-se dessa assertiva que o vencido não tem direito a mais de uma revisão. Pode ter direito a um pronunciamento da instância especial que fica hierarquicamente acima da ordinária, se demonstrar atender recursais estabelecidos em lei. Geralmente a instância especial só examina questão de direito, desprezando os aspectos fáticos, objeto de dilação probatória examinada na instância ordinária.

Com base no Devido Processo a instância especial não é obrigada a apreciar o recurso a ela interposto, a não ser que tiver a lei assim determinado. O princípio garante apenas que os apelos sejam endereçados ao tribunal revisor, evitando-se recursos diretamente às instâncias superiores, salvo ressalva em lei".[40]

Em que pese a garantia ao acesso à justiça, e conseqüentemente ao processo, deve-se olhar com maior zelo para as garantias constitucionais como um todo, como conjunto uno. A questão do direito a rápido e público julgamento deve ser enfrentada no sentido de tentar estabelecer forma de cada cidadão ter condições de obter resposta do Judiciário

---

[39] AI nº 142.847-3 SP, STF, Min. Rel. Marco Aurélio, julgado em 1º/12/92.

[40] SILVEIRA, Paulo Fernando. *op. cit.*, p. 122.

dentro de prazo justo, e considere-se aqui prazo justo o razoável para a obtenção do provimento jurisdicional. O problema, mais uma vez, é que razoabilidade é um conceito valorativo, portanto impreciso, sem contar que, normalmente, o autor tem interesse em dar cabo à lide com maior brevidade possível, enquanto o réu quer a sua protelação.

Há quem defenda a acepção do *Procedure Due Process*, mais como garantia do que direito. O que é unânime que é verdadeiro corolário do estado de direito.

Segundo Raquel Denize Stumm, "nota-se já um acréscimo de conteúdo ao princípio do devido processo legal, que, de recurso técnico processual, começa a adaptar-se a "um recurso técnico axiológico que limita também o legislador".[41]

Uma situação bastante contestada atualmente, e que claramente afronta a cláusula do *Due Process of Law* no sentido material, é a questão das multas por infrações de trânsito. O que se tem atualmente é a entrega de multa de trânsito para o pagamento e, se quiser, encaminhar recurso administrativo. Ocorre que, segundo a legislação de trânsito vigente no Brasil, deveria, o órgão responsável pela aplicação das sanções disciplinares em razão de infração de trânsito, quando da ocorrência de qualquer infração, primeiramente, notificar o proprietário do veículo para que o mesmo dispusesse de prazo de trinta dias para a apresentação de defesa prévia – que comumente é conhecido por recurso – somente depois de apreciadas as razões para apresentação de defesa prévia é que seria julgado o ato. No caso de condenação, poderia ser enviada multa ao proprietário do veículo.

Ainda sobre multas por infrações de trânsito pondera Paulo Fernando Silveira que: "Espanca o Princípio do Devido Processo Legal a aplicação de multa de trânsito sem a entrega, no ato, do respectivo auto de inflação. Não atende à garantia constitucional do devido processo a notificação posterior, ilegalmente entregue junto com o IPVA, ainda que concedendo prazo para a defesa, em que relata a ocorrência de fato antigo, anotado pela autoridade de trânsito, normalmente às escondidas, ou pelo menos sem o conhecimento do motorista já que impossibilita a oportuna defesa com as provas disponíveis na ocasião que aconteceu o fato. Contudo a prova fotográfica satisfaz o princípio, se permitido prazo para a impugnação".[42]

Exaustivo seria prolongar os exemplos de *procedural due process*, vez que este está caracterizado de forma bastante clara. A tradução dele na limitação do aplicador do direito a normas previamente estabelecidas indica não só especificamente a sua função, bem como embasa o estado de direito do cidadão.

---

[41] STUMM, Raquel Denize, *op. cit.*, p. 47.

[42] SILVEIRA, Paulo Fernando. *op. cit.*, p. 139.

8. Conclusão

A positivação do Princípio do Devido Processo Legal na Carta Constitucional de 1988, é sem dúvida, das maiores conquistas democráticas do povo brasileiro. Somente através dele se conseguirá atingir a plenitude do Estado de direito.

Veio também como garantidor dos princípios constitucionais processuais tais como o do juiz, do promotor natural, da inafastabilidade do controle jurisdicional, da proibição da prova ilícita, da publicidade dos atos processuais, da isonomia, do acesso à justiça , entre outros.

Muito ainda falta para a consagração e a efetividade da aplicação de tal princípio, contudo, o passo mais largo, e, portanto o mais difícil, já foi dado, qual seja o reconhecimento de tal princípio, para o bom andamento de uma sociedade democrática, onde o estado de direito do cidadão é fundamental.

É importante, a partir de agora, a fixação de parâmetros norteadores para a aplicação do princípio em suas variadas manifestações, para que tal delimitação norteie não só a garantia da aplicação cláusula constitucional, mas para que também não seja impedimento para a satisfação da justiça.

Não obstante, a falta de conhecimento do povo acerca dos direitos que a Carta Magna lhes propicia, impõe-se também como grande obstáculo para o deslanchar deste processo de mudança. A pressão em favor da modificação da forma de atuar do Supremo Tribunal Federal deve vir do povo, na ânsia de prestação jurisdicional de vanguarda, tal qual a norte-americana, que não se limita à análise do caso concreto, mas fixa novos parâmetros para decisões futuras.

Referências bibliográficas

ALVIM, Angélica Arruda. Princípios Constitucionais do Processo. *Revista de Processo*, v. 74, ano 19, São Paulo: RT, 1994, p.21-39.

BIDART, Adolfo Gelsi, Incidencia constitucional sobre el proceso. *Revista de Processo*, v. 30, São Paulo: RT,1983, p.137-165.

CALMON DE PASSOS, José Joaquim. Advocacia - O direito de recorrer a justiça. *Revista de processo*, Instituto brasileiro de Direito Processual Civil, São Paulo: n. 10, 1978, p. 33-46.

——. Instrumentalidade do Processo e Devido Processo Legal. http://www.direitopublico.com.br/pdf/revista-dialogo-juridico-01-2001-j-j-calmon-passos.pdf.

CANNARIS, Claus-Wilhelm, *Pensamento sistemático e conceito de sistema na ciência do direito*, Trad. A. Menezes Cordeiro. Lisboa: Fundação Calouste Gulbenkian, 1989.

GRANT, J.A. The natural law backgroud of due process. *Columbia Law Review*, n.31, 1931, p. 56-81.

LIMA, Maria Rosynete de Oliveira. *Devido Processo Legal.* Sergio Antonio Fabris editor, Porto Alegre: Fabris, 1999.
MORGAN, James Apleton. *The law of literature.* v. I, New York: James CockCroft & Company, 1875.
NERY JR., Nelson. *Código de Processo Civil Comentado,* 4 ed., São Paulo: RT, 1999.
——. *Princípios do Processo Civil na Constituição Federal,* 3 ed., São Paulo: Revista dos Tribunais, 1996.
PORTANOVA, Rui. *Princípios do Processo Civil,* segunda tiragem, Porto Alegre: Livraria do Advogado, 1997.
SARLET, Ingo Wolfgang. www.idp.org.br/dfsc.htm, em 05.06.2002..
SILVEIRA, Paulo Fernando. *Devido Processo Legal.* 2 ed., Belo Horizonte: Del Rey, 1997.
STUMM, Raquel Denize. *Princípio da Proporcionalidade no Direito Constitucional Brasileiro,* Porto Alegre: Livraria do Advogado, 1995.
TUCCI, Rogério Lauria; CRUZ E TUCCI, José Rogério. *Constituição de 1988 e Processo.* São Paulo: Saraiva, 1989.
WAMBIER, Luiz Rodrigues. Anotações sobre o devido processo legal. *Revista de Processo,* v.63, ano 16, p. 54-63, São Paulo: RT, 1991.

Jurisprudência

BRASIL. STF, AI nº 142.847-3 SP, Min. Rel. Marco Aurélio, julgado em 1º/12/92
——. STF, ADIN Nº 1511-7 DF – MEDIDA LIMINAR, julgado em 14.08.1996
——.STF, Recurso de *Habeas Corpus,* HC 78097/SP, 2ª Turma, Rel. Min. Carlos Velloso, Publicação ata nº 51, DJU 06.08.99 p. 6
——. STJ, REsp 122534/ES, RECURSO ESPECIAL, 2ª Turma, Relator Min. Francisco Falcão, pub. no DJ 13.09.1999, p. 9
——. STJ, RHC 8873/SP; RECURSO ORDINARIO EM *HABEAS CORPUS* , Relator Min. José Arnaldo da Fonseca, 5ª Turma, pub. no DJ em 22.11.1999, p. 166, Data da Decisão 21.10.1999.
——. STJ REsp 95933/DF; RECURSO ESPECIAL nº 1996/0031430-6, Relator Min. Waldemar Zveiter, 3ª Turma, pub no DJU em 11.10.1999, p. 68.

Outras fontes

http://www.ujgoias.com.br/gabinete/processo/devido%20processo.doc, em 04.06.02.
http:www.idp.org.br/dfsc.htm, em 05.06.02.
http://www.direitopublico.com.br/pdf/revista-dialogo-juridico-01-2001-j-j-calmon-passos.pdf.

Impressão:
Editora Evangraf
Rua Waldomiro Schapke,77 - P. Alegre, RS
Fone: (51) 3336-2466 - Fax: (51) 3336-0422
E-mail: evangraf@terra.com.br